INHALT

	Vorwort	7
1. Kapitel	**Politik geht an die Substanz**	11
2. Kapitel	**Wie ich aus dem Bundestag gedrängt werden sollte**	36
3. Kapitel	**Wie CDU und CSU den Kalten Krieg fortsetzten**	91
4. Kapitel	**Die Eliten wurden nicht vereinigt**	118
5. Kapitel	**Von Kohl zu Schröder**	155
6. Kapitel	**Der Krieg gegen Jugoslawien, mein Treffen mit Milošević**	183
7. Kapitel	**Reisen ins Ausland**	242
8. Kapitel	**Die PDS von 1988 bis 2000 – und darüber hinaus**	287
9. Kapitel	**Unerwünschte Gespräche**	338
	Epilog	379
	Nachwort zur Taschenbuchausgabe	385
	Personenregister	409

Vorwort

Im Jahre 1995 erschienen meine autobiografischen Notizen unter dem Titel »Das war's. Noch lange nicht!«. In meinem neuen Buch versuche ich, meine politischen Erlebnisse und Erfahrungen eher thematisch sortiert zusammenzufassen, dabei aber Wiederholungen des damals Geschriebenen zu vermeiden. An sich ist ein solcher Vorsatz fraglich. Denn viele, die dieses Buch lesen, werden das andere nicht kennen, und andere, die es gelesen haben, würden sich an der einen oder anderen Wiederholung schon deshalb nicht stören, weil man sich über längere Zeit ohnehin nicht merkt, ob einem diese oder jene Begebenheit oder Überlegung schon einmal in einem Buch begegnet ist. Der Versuch, Wiederholungen zu vermeiden, dient weniger den Leserinnen und Lesern als mir selbst. Denn Wiederholungen sind und bleiben mir peinlich, obwohl ich in der Politik gerade als erste Erfahrung lernen musste, dass sie mir nicht peinlich zu sein haben.

Seit dem 3. Oktober 1990 gehörte ich dem Deutschen Bundestag an. Die Volkskammer hatte entsprechend der Stärke der Fraktionen Abgeordnete in den noch bestehenden elften Deutschen Bundestag gewählt. Einen Tag nach der Vereinigung hielt ich deshalb als frisch gebackener Bundestagsabgeordneter und Vorsitzender der Abgeordnetengruppe der PDS im Bundestag meine erste Rede im Berliner Reichstagsgebäude. Dabei passierte mir etwas, das mir nie wieder passieren sollte und das für mich auch völlig atypisch ist. Ich nutzte die mir zustehende Redezeit nicht aus. Der amtierende Vizepräsident wies mich erstaunt darauf hin, dass mir noch mehrere Minuten zur Verfügung stünden, mit meinen Ausführungen fortzufahren. Ich erwiderte, dass ich aber nichts mehr zu sagen hätte, und setzte mich an meinen Platz. Dieses Verhalten lässt sich leicht erklären: Ich hatte damals noch viel größere Hemmungen als heute, mich zu wiederholen.

Zur Frage des Beitritts der Deutschen Demokratischen Republik zum Geltungsbereich des Grundgesetzes der Bundesrepublik Deutschland nach Artikel 23 des Grundgesetzes der Bundesrepublik Deutschland (das ist die offizielle juristische Formulierung dessen, was man Herstellung der deutschen Einheit nennt) hatte ich mich vor meiner ersten Bundestagssitzung in mehreren Reden in der Volkskammer, auf Kundgebungen, in mehr oder weniger feierlichen Stunden geäußert. Ich war nicht nur davon überzeugt, alles schon gesagt zu haben, was ich dazu sagen wollte, sondern glaubte auch, dass stets dieselben Personen im Saal, an Rundfunk- und Fernsehgeräten zuhörten. Daraus resultierte nun wieder meine Vorstellung, dass die Leute sagen könnten: Das hat er doch alles schon mal erzählt, warum glaubt er eigentlich, dass wir es beim ersten oder zweiten Mal nicht verstanden hätten?

Später habe ich mich mühsam daran gewöhnt, mich zu wiederholen, weil ich merkte, dass bestimmte Bilder oder Beispiele erst dann eine gewisse Wirkung erzielen, wenn man sie so lange immer wieder ausspricht, bis sie sich einem bestimmten Kreis von Personen einprägen. Dies zu wissen ist das eine, doch wie es gelingt, das peinliche Gefühl dabei zu verlieren, steht auf einem ganz anderen Blatt. Am schlimmsten war das in Wahlkämpfen, in denen ich über mehrere Monate stets ähnliche Reden hielt.

Gelegentlich kam es vor, dass ich an einem Tag auf fünf Kundgebungen sprach. Dann war der Punkt erreicht, dass ich mich selbst nicht mehr hören konnte. Und wenn ich dann noch in das Gesicht meines Fahrers Manfred Koll sah, der die Rede zum fünfundzwanzigsten Mal ertragen musste, fing ich schon seinetwegen an, sie zu variieren. Bei der fünften Rede an einem Tag zu gleichen Themen passierte mir noch etwas anderes. Da kam es nicht nur vor, dass ich zuweilen nicht mehr genau wusste, in welchem Ort ich gerade war, und deshalb einmal wie der verstorbene Exbundespräsident Heinrich Lübke die Bürgerinnen und Bürger in einer bestimmten Stadt als solche einer anderen begrüßte, sondern ich vergaß gelegentlich auch, ob ich einen bestimmten Baustein meiner Rede schon ausgeführt hatte oder nicht. Damit es für mich selbst nicht ganz so langweilig wurde, habe ich die Themenkomplexe des öfteren getauscht, mal auch welche ausgelassen, andere hinzugefügt. Und so plagte mich ständig die Sorge, dass ich während einer Rede einen Teil zweimal abhandle. Es soll mir aber nicht passiert sein.

Ein Buch zu schreiben fällt mir nicht leicht. Aber mein Weg hin zum und im vereinigten Deutschland war nicht nur in dem Sinne einmalig, wie jedes Leben einmalig ist, sondern meine Situation spiegelt in besonderer Weise die Kompliziertheit des Vereinigungsprozesses wider. Über viele Jahre haben sich an mir die Geister geschieden, und ich will versuchen, die Frage zu beantworten, weshalb das eigentlich so war und zum Teil noch ist. Ich habe beides und manchmal extrem erlebt, Aggression und Ablehnung auf der einen, Zuneigung, fast Liebe, auf der anderen Seite.

Im Laufe der letzten zehn Jahre hat sich meine Stellung dort, wo ich agierte, geändert. Ich will auch die Frage zu beantworten versuchen, ob das vornehmlich daran liegt, dass ich mich geändert habe, oder daran, dass sich andere geändert, zumindest an mich gewöhnt haben, oder ob beides stattgefunden hat. Wie sah ich die Bundesrepublik Deutschland, und wie sehe ich sie heute? In diesem Sinne ist es ein höchst persönliches Buch.

Aber als politisch denkender und handelnder Mensch befasse ich mich mit Fragen, die darüber hinausgehen. Wie wird sich die Linke in Deutschland und in Europa entwickeln, wie geht es weiter mit der deutschen Vereinigung, und welche Auswirkungen hat sie auf den europäischen Einigungsprozess? Ich äußere mich zum Kapitalismus und zu einem demokratischen Sozialismus. Diese und andere Fragen haben mich beim Schreiben beschäftigt und werden mich auch in Zukunft beschäftigen. Es ist also auch und vor allem ein politisches, aber kein wissenschaftlich-theoretisches Buch. Ich bin Politiker, nicht Wissenschaftler, und will deshalb auch gar nicht versuchen, so zu tun, als ob ich einer wäre. Wer übrigens nicht zwischen Wissenschaft und Politik zu unterscheiden vermag, kann weder das eine noch das andere kompetent betreiben. Unter anderem krankte die DDR daran, dass zwischen Politik und Gesellschaftswissenschaften viel zu wenig unterschieden wurde und man ernsthaft unterstellte, dass die wesentlichen gesellschaftswissenschaftlichen Erkenntnisse nicht etwa in den Instituten, sondern im Politbüro gefunden werden könnten.

Wenn ich noch einmal ein Buch schreiben sollte, werde ich versuchen, mich mit den Irrtümern in diesem zu beschäftigen. Jetzt nehme ich einfach das Risiko in Kauf, sie zu begehen.

Kapitel 1

Politik geht an die Substanz

Die Entscheidung, für eine bestimmte Funktion auf politischer Ebene zu kandidieren, ist häufig nicht weniger schwerwiegend als der Entschluss, sich dafür nicht erneut zur Verfügung zu stellen.

Im Dezember 1989 wurde ich zum Vorsitzenden der PDS gewählt. Diese Funktion übte ich bis Januar 1993 aus. Damals entschied ich mich, nicht noch einmal für den Parteivorsitz zu kandidieren. Erstmalig zog ich nach der Wahl zur Volkskammer am 18. März 1990 in ein Parlament ein. Ich wurde der Vorsitzende der PDS-Fraktion und blieb es, bis sich die Volkskammer selbst auflöste. Seit dem 3. Oktober 1990 bin ich Mitglied des Deutschen Bundestages. An diesem Tag übernahm ich die Leitung der parlamentarischen Vertretung der PDS im Bundestag und übte diese Funktion bis zum 2. Oktober 2000 aus. In der elften, zwölften und dreizehnten Legislaturperiode des Bundestages war ich Vorsitzender der Abgeordnetengruppe der PDS, erst in der vierzehnten wurde ich Fraktionsvorsitzender, weil die Partei erst mit der Wahl 1998 ein Ergebnis erreichte, das ihr den Fraktionsstatus im Bundestag sicherte.

Noch heute sehe ich mentale Unterschiede darin, wie Ostdeutsche und wie Westdeutsche – zumindest in der Regel – für politische Ämter kandidieren. Westdeutsche, die so etwas vorhaben, sind darin geübt, für sich selbst zu werben, ihre Vorzüge darzustellen und deshalb selbstbewusst ein bestimmtes Amt anzustreben. Ostdeutsche konnten dies nicht lernen. In der DDR entschieden andere darüber, welche Funktionen jemand übernahm. Eigenwerbung fand kaum statt und fällt Ostdeutschen noch heute schwer. Natürlich kandidieren Westdeutsche gewöhnlich auch nur dann, wenn sie sich einigermaßen sicher sind, auch gewählt zu werden. Niederlagen gehören aber durchaus zum demokratischen Alltag. Ostdeutsche nehmen solche Niederlagen viel persönlicher und versuchen deshalb, eine entsprechende Situation zu vermeiden. Ausnahmen gibt es auf beiden Seiten. Für mich gilt auf jeden Fall, dass ich eher auf eine Kandidatur verzichte, als eine Niederlage in Kauf zu nehmen, was darauf hindeutet, dass ich mich mit dem Thema »Niederlage« im Rahmen der Demokratie noch immer nicht so recht angefreundet habe. Diese Herangehensweise kann man auch übertreiben, und dies unterstelle ich mir. So will ich immer einen Zeitpunkt für das Ende einer Funktion wählen, zu dem klar ist, dass ich noch einmal die Zustimmung erhalten würde, sie fortzuführen. Mir zumindest wäre es unangenehm gewesen, wenn man begründet hätte annehmen können, dass ich nur deshalb auf eine Kandidatur verzichtete, weil ich mit der Möglichkeit hätte rechnen müssen, nicht erneut gewählt zu werden. Eine solche Annahme bestand im Januar 1993 hinsichtlich des Parteivorsitzes ebenso wenig wie für den 2. Oktober 2000 hinsichtlich des Fraktionsvorsitzes.

Die Motive für meine Entscheidung sind komplexer Natur. Wenn ich über mein berufliches und politisches Leben nachdenke, fällt mir auf, dass ich in verschiedenen Abschnitten sehr unterschiedliche Dinge mit großer Leidenschaft betrieben habe. Es gab aber immer auch das Bedürfnis nach Wechsel, um kreativ und leidenschaftlich zu bleiben. Wenn man zu lange die gleiche Aufgabe wahrnimmt, schleift sich vieles ab, auch an einem selbst, man hört auf, neugierig zu sein auf das, was einem begegnet, und auf sich selbst. Es entstehen Ängste, nicht nur sich, sondern auch andere zu langweilen, keine neuen Ideen mehr entwickeln zu können und in Routine zu fallen. So erkläre ich mir, dass ich noch keinen Lebensabschnitt absolviert habe, in dem ich bedauerte, nicht in dem früheren weiter gewirkt zu haben. Während des Studiums habe ich mich nicht nach der Schule zurückgesehnt, als Anwalt nicht nach dem Studium, als Politiker nicht in den Anwaltsberuf. Und so hoffe ich auch jetzt, dass ich mich nicht in meine frühere Funktion zurücksehnen werde.

Ehrlicherweise muss ich hinzufügen, dass mein Rückzug wohl auch etwas mit eher unbewussten Ängsten vor dem Altwerden zu tun hat. Denn irgendwann stellt sich die Frage, ob es überhaupt noch einen neuen beruflichen Lebensabschnitt geben kann oder ob man bereits den letzten eingeleitet hat. Diese Überlegung erklärt meine Entscheidung am ehesten.

Hätte ich am 2. Oktober 2000 erneut für den Fraktionsvorsitz kandidiert und wäre ich gewählt worden, wäre ich bis zum Ende der vierzehnten Legislaturperiode in dieser Position geblieben. Dann hätte ich mich verpflichtet gefühlt, für den fünfzehnten Deutschen Bundestag erneut zu kandidieren, weil keine andere Person aus der PDS die Chance gehabt hätte, sich rechtzeitig für den Wahlkampf 2002 zu profilieren und an meine Stelle zu treten. Kandidierte ich aber für den fünfzehnten Deutschen Bundestag als Fraktionsvorsitzender, würde ich sicherlich auch die Funktion wieder übernehmen. Zum einen würde ich ja wieder so eine Art Spitzenkandidat der PDS werden, und es wäre dann gegenüber den eigenen Wählerinnen und Wählern fast der Bruch eines Wahlversprechens, wenn man an der Spitze kandidierte und anschließend nicht bereit wäre, den Fraktionsvorsitz zu übernehmen. Zum anderen widerspräche es auch meiner Natur, zu kandidieren und dann innerhalb der Fraktion ins zweite Glied zu treten. So gut kenne ich mich inzwischen, um zu wissen, dass mir dies nicht läge. Wie auch immer – hätte ich mich am 2. Oktober 2000 wieder für den Fraktionsvorsitz der PDS zur Verfügung gestellt, hätte ich keinen Entscheidungsspielraum mehr hinsichtlich der nächsten Legislaturperiode des Bundestages gehabt, also auf jeden Fall bis 2006 dort sitzen müssen.

Im Jahre 2006 werde ich achtundfünfzig sein. Mit achtundfünfzig Jahren einen neuen beruflichen Lebensabschnitt beginnen zu wollen ist in unserer Zeit eine eher unrealistische Vorstellung. Ich würde also 2006 wahrscheinlich erneut versuchen, für den Bundestag zu kandidieren. Meine Wiederwahl vorausgesetzt, wäre ich mit dem Ende der dann folgenden Legislaturperiode zweiundsechzig Jahre alt und würde wahrscheinlich versuchen, noch einmal zu kandidieren, um bis zum Eintritt ins Rentenalter noch irgendwie die Zeit beruflich zu verbringen. Mir war also klar: Entweder verzichte ich auf eine erneute Kandidatur für den Fraktionsvorsitz am 2. Oktober 2000, oder aber ich entscheide mich für den Versuch, bis zur Rente im Bundestag zu sitzen. Das aber hätte bedeutet, dass es für mich vor dem Erreichen des Rentenalters keinen neuen beruflichen Lebensabschnitt mehr gegeben hätte. Dieser Gedankengang versetzte mich in leichte Panik. Die Entscheidung, auf eine Kandidatur zu verzichten, machte mich wieder neugierig auf einen neuen Lebensabschnitt, auf das, was mir in ihm begegnen wird, und auch auf mich selbst. Die Herausforderungen mögen vielleicht geringere sein, aber wenigstens sind es neue und andere.

Hinzu kommt eine weitere Überlegung. Hätte ich mich damit abgefunden, bis zur Rente im Bundestag zu verbleiben und, solange es geht, auch als Fraktionsvorsitzender tätig zu sein, würde sich schleichend ein Wechsel in meiner Stellung innerhalb der und zur PDS ergeben. Hinsichtlich einer Kandidatur für die Bundestagswahl 2002 und einer erneuten Kandidatur für den Fraktionsvorsitz nach dieser Wahl bin ich mir einigermaßen sicher, dass Partei und Fraktion mich darum gebeten hätten. Aber für die Zeit danach hatte und habe ich diese Gewissheit nicht. Schon im Jahre 2006 könnte sich die Situation verändert haben. Vielleicht würde dann nicht mehr die Partei mich bitten zu kandidieren, sondern ich würde sie bitten müssen, kandidieren zu dürfen, weil mir nichts anderes mehr möglich wäre, mir zumindest nichts anderes mehr für mich einfiele. Hier schließt sich der Kreis zur eingangs genannten Überlegung, genau eine solche Situation vermeiden zu wollen. Der F.D.P.-Politiker Burkhard Hirsch hat mir 1998 erklärt, dass er nicht erneut für den Bundestag kandidiere, weil es zu diesem Zeitpunkt noch einige Leute gebe, denen seine Entscheidung Leid tue. Er wolle auf jeden Fall einen Zeitpunkt vermeiden, zu dem sich alle nur noch freuen, wenn er nicht mehr zu einer Wahl anträte. Das leuchtete mir ein.

Häufig bin ich gefragt worden, inwiefern private Überlegungen, also mehr Zeit für die Familie, für andere Interessen, bei meinem Entschluss eine Rolle gespielt hätten. Die Frage sich selbst ehrlich zu beantworten ist gar nicht so einfach. Solche Motive lassen sich leicht vorschieben, sie klingen immer irgendwie edel, müssen aber keineswegs wahr sein. Denn häufig erlebt man bei Leuten, die Gründe dieser Art angeben, dass sie sich hinterher in einer Weise betätigen, die ihnen wesentlich weniger Zeit für ihre Familie lässt.

Dennoch glaube ich, dass dieser Gesichtspunkt bei mir eine Rolle gespielt hat. Dabei ging es aber nicht nur um die Zeitfrage. Denn ich machte und mache mir keine Illusionen hinsichtlich der Berufsjahre, die noch vor mir liegen. Ich werde mir selbst immer wieder Aufgaben suchen, die meine Zeit für die Familie und die Verwirklichung privater Interessen begrenzen. Es geht mehr darum, welchen Stellenwert die Familie und andere Interessen im Leben einnehmen. Und das ist weniger eine Frage der Quantität als eine der Qualität. Es liegt letztlich an einem selbst, wie man die Schwerpunkte setzt, wie man die Zeit für die Familie und andere Interessen organisiert. Einen Prozess beherrscht man dagegen weniger, nämlich, wie weit man sich in der Zeit, in der man privaten Interessen nachgeht, wirklich auf das konzentriert, was man gerade macht. Ich habe für mich auf jeden Fall festgestellt, dass meine Freizeitfähigkeit, meine Fähigkeit, Urlaub zu machen, meine Fähigkeit, mich auf meine Frau und meine Tochter zu konzentrieren, Schritt für Schritt abnahm. Die Politik hat mich aufgefressen. Täglich setzte ich mich selbst unter Druck, irgendetwas öffentlich erklären oder richtig stellen zu müssen. Las ich im Urlaub auch nur die Zeitung, hatte ich schon wieder das Gefühl, zu dem gerade Gelesenen irgendetwas veranlassen oder sagen zu müssen. Ich glaube nicht einmal mehr zur Unterscheidung in der Lage gewesen zu sein, ob das wirklich für andere oder nur noch für mich wichtig war. Und wenn man so ist, wie ich bin, dann bekommt man natürlich auch ständig Anrufe, dass man sich doch bitte noch zu diesem oder jenem äußern solle, auch im Urlaub, fühlt sich also darin bestätigt, wie wichtig es vermeintlich sei, irgendetwas abzusondern.

Ein Erlebnis ist in der Presse mehrfach kolportiert worden: Nach geraumer Anlaufzeit gelang es meiner Frau und mir Anfang des Jahres 2000 endlich, zusammen in die Oper zu gehen. In der ersten Pause wollte sie mit mir über die bisherige Aufführung sprechen, während ich ihr von der letzten Vorstandssitzung der PDS-Fraktion meinte berichten zu müssen. Dabei sah sie mich erstaunt an, etwa so, wie man jemanden anschaut, mit dem man Mitleid hat, weil er einen gewissen Grad geistiger Verwirrung offenbart. Das wirklich Schlimme daran ist, dass die Absurdität, während einer Oper über die letzte Vorstandssitzung nachzudenken, mir selbst nicht einmal aufgefallen war. So wurde ich deutlich auf meinen Zustand hingewiesen, und mir wurde klar, dass irgendetwas mit mir nicht mehr stimmte. Das war ein wichtiger Augenblick, in dem mein Wunsch, nicht erneut für den Fraktionsvorsitz zu kandidieren, sprunghaft dringlicher wurde.

Was also mein Privatleben betrifft, so ging es mir nicht in erster Linie um eine deutliche Verschiebung des Zeitverhältnisses zwischen Beruf und Familie, sondern darum, mich in der Zeit, in der ich mich in meiner Familie bewege, in der ich privaten Interessen nachgehe, genau auf das konzentrieren zu können, was ich dann jeweils tue. Das aber lässt sich nur verwirklichen, wenn man sich politisch und beruflich so engagiert, dass man all diese Prozesse noch selbst beherrscht und nicht von ihnen beherrscht wird.

Für meine Entscheidung gab es allerdings auch noch andere Gründe. Ich bin davon überzeugt, dass auf die PDS neue Aufgaben zukommen, und musste mir deshalb überlegen, ob ich mich für diese ähnlich geeignet fühle wie für jene, die ich von 1990 bis 2000 – zumindest vornehmlich – wahrzunehmen hatte. Ich agierte wie ein Anwalt, ein Verteidiger der PDS. Ich versuchte, in der Gesellschaft Akzeptanz dafür zu erringen, dass die in der PDS verbliebenen ehemaligen SED-Mitglieder und neu eingetretenen Mitstreiterinnen und Mitstreiter zu dem Versuch berechtigt seien, aus der SED heraus eine neue, moderne, demokratisch-sozialistische Partei für ganz Deutschland zu entwickeln. Diejenigen, die die PDS am 18. März 1990 in der DDR und am 2. Dezember 1990 in ganz Deutschland wählten, haben einen solchen Versuch mit ihrer Wahlentscheidung unterstützt. Die große Mehrheit derjenigen aber, die die PDS nicht wählten, hat sie nicht nur nicht gewählt, sondern lehnte sie ab, bestritt den Mitgliedern der PDS die Berechtigung, ihr politisches Ziel zu verfolgen. Deshalb blieb mir gar nichts anderes übrig, als den Selbstbehauptungswillen der PDS-Mitglieder zu verteidigen.

Die Aufgabenstellung hat sich im Laufe der Zeit erweitert. Schien es zunächst so, dass in dem neuen Deutschland nur PDS-Mitglieder, ehemalige SED-Mitglieder und vor allem ehemalige Angehörige des Ministeriums für Staatssicherheit der DDR unerwünscht seien, entstand nach dem 3. Oktober 1990 bei den Menschen in den neuen Bundesländern immer stärker der Eindruck, sie seien insgesamt eher geduldet als erwünscht. Ihre Immobilien schienen wichtiger zu sein als sie selbst. Aus der Aufgabe, Anwalt der PDS zu sein, entwickelte sich zunehmend die Aufgabe, auch Anwalt zumindest eines beachtlichen Teils der Ostdeutschen zu werden. Diese Funktion reduzierte sich nicht auf den Versuch, diejenigen zu vertreten, die in den neuen Bundesländern PDS wählten, sondern ging deutlich darüber hinaus. Das Bestreben ostdeutscher Politiker aus anderen Parteien, der PDS und mir diese Rolle streitig zu machen, war nie von besonderem Erfolg gekrönt.

Das hatte mit der Kultur und den Strukturen der anderen Parteien mehr zu tun als mit den Personen selbst. Günter Grass höchstpersönlich war es, der versucht hat, Wolfgang Thierse eine solche Rolle zuzusprechen. Er nannte ihn 1994 das »ostdeutsche Mundwerk« in der SPD. Aber Thierse wollte ja in der SPD und in der Bundesrepublik Erfolg haben, und die Möglichkeiten dazu sind begrenzt, wenn man sich als »ostdeutsches Mundwerk« präsentiert. Die SPD ist keine ostdeutsche Partei, sondern eine westdeutsch dominierte Partei mit ostdeutschen Mitgliedern. So hat Thierse eine solche Aufgabe weder für sich angenommen noch realisieren können. Daraus erklärt sich auch, dass er sowohl 1994 als auch 1998 im Direktwahlkampf im Bundestagswahlkreis Berlin-Mitte/Prenzlauer Berg einmal dem parteilosen PDS-Kandidaten und Schriftsteller Stefan Heym und einmal der PDS-Kandidatin Petra Pau unterlag.

Keine Regel ohne Ausnahme. Die Ausnahme war Regine Hildebrandt in der SPD, die sich tatsächlich eine solche Stellung erarbeiten konnte, wie Günter Grass sie Wolfgang Thierse zugeschrieben hatte. Aber lange ging das nicht einmal auf Landesebene gut, die Bundesebene ist ihr deshalb niemals ernsthaft angeboten worden.

Ähnlich erging es den ostdeutschen Politikern und Politikerinnen der CDU. Soweit sie ernsthaft versuchten, ostdeutsche Interessen konsequent zu vertreten, scheiterten sie, wie zum Beispiel Lothar de Maizière. Gescheitert sind sie nur dann nicht, wenn sie die Dominanz des Westdeutschen nicht in Frage stellten. Das gilt auch für Angela Merkel, für die es nur im ersten Moment als neue Parteivorsitzende der CDU ein Vorteil war, aus Ostdeutschland zu kommen. Mittelfristig wird sie das in ihrer Stellung in der CDU benachteiligen, weil sie schon jetzt gelegentlich meint, sich »westdeutscher« geben zu müssen, als sie ist. Letztlich geht das immer zu Lasten der eigenen Persönlichkeit.

Ihre Stärke könnte darin bestehen, den ihr fremden militanten Antikommunismus der CDU nicht zu übernehmen, die Benachteiligung des Ostens ständig zu thematisieren und sich den innerparteilichen taktischen Spielen zu verweigern. So bestimmte sie stärker das Profil der sich verändernden CDU als diese ihres. Sie müsste nutzen, dass sich durch die Finanzaffäre der CDU das Bild geändert hat. War bis dahin jede ostdeutsche Biografie verdächtig, war sie plötzlich zu Recht über jeden Verdacht erhaben, weil sie als Ostdeutsche am gesamten Finanzgebaren der Partei nicht beteiligt gewesen sein konnte.

Hinsichtlich der F.D.P. bedarf es in diesem Zusammenhang keiner näheren Analysen, denn zu keinem Zeitpunkt hat es eine ostdeutsche F.D.P.-Politikerin oder ein ostdeutscher F.D.P.-Politiker geschafft, eine nennenswerte Rolle innerhalb der Führungsgremien der Partei zu spielen. Man kann sie als anwesend und einflusslos bezeichnen. Ein so anständiger ostdeutscher Politiker wie Rainer Ortleb musste daran fast zugrunde gehen, Cornelia Pieper bleibt nichts anderes übrig, als sich damit abzufinden.

Bei Bündnis 90/DIE GRÜNEN gelten spezielle Aspekte. Sie wollten die Bürgerrechtspartei sein, die Partei, die den Zusammenschluss von Ost und West am demokratischsten, unter vollständiger Wahrung von Chancengleichheit und Gerechtigkeit, realisiert. Aber auch dort gab und gibt es Machtkonstellationen, die in deutlichem Widerspruch zu diesem Vorhaben stehen. Diese Strukturen setzten sich durch, und der Anspruch, anders zu handeln, konnte sich nicht entfalten.

Hinzu kam eine weitere Besonderheit. Unter den Mitgliedern von Bündnis 90/DIE GRÜNEN in den neuen Bundesländern sind viele, die zur DDR in Opposition standen, und andere, die zumindest heute so tun, als hätten sie zur DDR-Opposition gehört. Wer Mitglied von Bündnis 90/DIE GRÜNEN im Osten wurde, galt längere Zeit per Mitgliedschaft als Bürgerrechtlerin beziehungsweise Bürgerrechtler, als DDR-oppositionell. Weil sie es wirklich wollten, aber auch um diesen Ruf zu verteidigen, mussten die ostdeutschen Mitglieder von Bündnis 90/DIE GRÜNEN regelmäßig als die rigorosesten Verfechterinnen und Verfechter der Durchleuchtung von DDR-Biografien auftreten. Solange die Bürgerinnen und Bürger im Osten davon ausgingen, dass sich solche Bestrebungen gegen die politische Oberschicht der DDR richteten, waren sie damit einverstanden. Als sie aber das Gefühl bekamen, dass sie irgendwie alle gemeint sein könnten, indem jede Sekretärin im öffentlichen Dienst, jede Berufsschullehrerin, jeder Fachlehrer für Mathematik und Physik Fragebögen auszufüllen hatte, in denen es nicht nur um eine mögliche Zusammenarbeit mit dem Ministerium für Staatssicherheit der ehemaligen DDR, nicht nur um eine mögliche Mitgliedschaft in der SED, sondern auch um Mitgliedschaften und Funktionen im Freien Deutschen Gewerkschaftsbund, in der Gesellschaft für Deutsch-Sowjetische Freundschaft und in anderen Vereinen und Organisationen ging, verband sich für viele Ostdeutsche mit Bündnis 90/DIE GRÜNEN der Verdacht der Missachtung ihrer Biografien, die Vorstellung, diese Partei habe in besonderem Maße dazu beigetragen, dass sie nicht gleichberechtigt und chancengleich innerhalb der deutschen Einheit leben und arbeiten könnten. Dahinter verschwanden zum Teil unbestrittene Leistungen vieler Mitglieder von Bündnis 90/DIE GRÜNEN als DDR-Oppositionelle. Nicht wenige von ihnen haben für sich gewissermaßen eine privilegierte Stellung in der Gesellschaft der Bundesrepublik Deutschland gerade mit der Begründung eingefordert, einen beachtlichen Anteil daran zu haben, dass viele Ostdeutsche nicht einmal in die Nähe solcher privilegierter Stellungen gerieten. So musste es zu einer Isolation dieser Partei innerhalb der ostdeutschen Gesellschaft kommen, einer Isolation, die sie dort auf das Niveau einer Splitterpartei reduzierte, und zwar völlig unabhängig davon, wie in den einzelnen Bundesländern zum jeweiligen Zeitpunkt die politischen, ökonomischen, ökologischen oder sozialen Realitäten aussahen. Die Leute wählen eben nicht gerne ihre Richter und auch nicht das Gegenteil dessen, was sie gerade abgewählt haben, schon deshalb nicht, weil das Gegenteil vom Abgewählten am ehesten an das Abgewählte und den eigenen Opportunismus, die eigene Angepasstheit, erinnert. Außerdem übernehmen in der Geschichte die Gegenteiligen nicht selten auch einige Methoden der ursprünglich Bekämpften, wenn ihnen Macht zufällt. Die Wahl von irgendetwas, das dazwischen agiert, liegt deshalb sehr viel näher. Es ist und bleibt einfach ein Problem, wenn man im Nachhinein versucht, die Denunziation in der DDR dadurch zu bekämpfen, dass man tausendfach entlarvt, biografisch mal mit mehr, mal mit weniger, mal ohne Berechtigung.

Während also in CDU, SPD und F.D.P. in erster Linie die politische, ökonomische und kulturelle Dominanz des Westens so verankert war, dass ostdeutsche Politikerinnen und Politiker letztlich nur die Chance hatten, diese zu akzeptieren, wenn sie innerhalb der jeweiligen Partei eine herausragende Rolle spielen wollten, war es bei Bündnis 90/DIE GRÜNEN so, dass eine Mehrheit der Ostdeutschen deren ostdeutsche Mitglieder wegen ihrer Rigorosität eher fürchtete, zumindest aber ablehnte.

So erweiterte sich auf jeden Fall die Aufgabenstellung der PDS und meine eigene, nämlich von der Selbstbehauptung der PDS hin zur Selbstbehauptung der Ostdeutschen. Die Geschichte der Partei, ihre Mitgliederstruktur, ihre Kultur und ihr politisches Selbstverständnis versetzten sie in die Lage, eine solche Aufgabe wahrzunehmen. Meine ostdeutsche Herkunft und meine Art, politisch zu agieren, ermöglichten es mir, auch diesbezüglich eine Anwaltsrolle einzunehmen. Theoretisch hätte auch eine andere als eine linke Partei eine solche Funktion übernehmen können. Aber die Geschichte der DDR schloss dies praktisch aus. Denn nur die PDS konnte aufgrund ihrer Herkunft versuchen, an beides zu appellieren, was in den meisten Bürgerinnen und Bürgern der ehemaligen DDR steckt: an eine partielle Bejahung und eine partielle Ablehnung der DDR. Nur eine demokratisch-sozialistische Partei hat die Möglichkeit, einerseits positiv an den relativ hohen Grad sozialer Sicherheit in der DDR anzuknüpfen und sich andererseits kritisch mit dem Mangel an Emanzipation und Demokratie auseinander zu setzen. Eine konservative Ostpartei hätte positiv nur die Law-and-Order-Stimmung aus der DDR aufgreifen können, soziale Sicherheit aber als Versorgungsmentalität und staatliche Versorgungseinrichtung denunzieren müssen.

In diesem Zusammenhang wird nicht selten eingewandt, dass auch bei der letzten Bundestagswahl 1998 etwa achtzig Prozent derjenigen Ostdeutschen, die zur Wahl gingen, nicht PDS wählten. Auch ich konnte in meinem Wahlkreis nur knapp die Hälfte der abgegebenen Erststimmen auf mich vereinigen. Dieses Argument ist nicht nur offenkundig richtig, sondern auch insoweit berechtigt, als es auf mehrere Umstände verweist.

Erstens gibt es nicht wenige Ostdeutsche, die sich heute nicht mehr ostdeutsch definieren, die es sogar ablehnen, über ihre ostdeutsche Herkunft definiert zu werden, und sich deshalb einer spezifischen ostdeutschen Interessenvertretung widersetzen. Wenn solche Leute PDS wählen, dann wegen deren Forderungen nach gesamtgesellschaftlichen Veränderungen. Und zu einem großen Teil wählen sie eben nicht die PDS, sondern andere Parteien. Aber auch diejenigen, die durchaus eine ostdeutsche Interessenvertretung für erforderlich halten, wählen keinesfalls allesamt PDS. Aus unterschiedlichen Gründen lehnen sie die PDS oder auch einzelne Personen der Partei ab und hoffen darauf, dass zunehmend Chancengleichheit und Gleichberechtigung der Ostdeutschen durch andere Parteien realisiert werden. Umgekehrt lässt dies aber auch nicht den Schluss zu, dass etwa nur zwanzig Prozent der Ostdeutschen am Schicksal der PDS, an ihrer Existenz und ihrem Wirken interessiert seien. Die Bedeutung der Partei in den neuen Bundesländern reicht weit in Personengruppen hinein, die sie nicht wählen, es zum Teil auch nie tun werden. Nicht selten bekomme ich Briefe, in denen Bürgerinnen und Bürger aus den neuen Bundesländern darauf hinweisen, sie würden die PDS nicht wählen, aber dennoch von ihr erwarten, dass sie sich für dieses oder jenes ostdeutsche Interesse stärker als bisher engagiere.

Im Laufe der Zeit kam eine dritte Aufgabe auf die PDS und auf mich zu. Es ging und geht noch heute darum, einen bestimmten politischen Ansatz in dem vereinten Deutschland so zu entwickeln, dass er breite gesellschaftliche Akzeptanz unabhängig vom Wahlverhalten findet. Weder sieht die große Mehrheit von Wählerinnen und Wählern der SPD die CDU als überflüssig an noch die große Mehrheit von Wählerinnen und Wählern der CDU die SPD. Dagegen hielten vor allem jene Westdeutschen, die nicht PDS wählen, diese zunächst zumindest für überflüssig. Sie lehnten die PDS sogar ab, verbanden Ängste mit ihr, viele von ihnen hätten sie am liebsten verboten gesehen. Es ging deshalb für die PDS darum und war gerade auch meine Aufgabe, vielen Westdeutschen diese Ängste zu nehmen, sie davon zu überzeugen, dass das Wirken der PDS akzeptiert und als notwendig, vielleicht sogar als nützlich angesehen werden kann.

Als sich die Grünen in der alten Bundesrepublik auf den Weg machten, wurden sie von über neunzig Prozent der Bevölkerung nicht nur nicht gewählt, sondern abgelehnt. Ihre Akzeptanz wuchs in dem Maße, in dem auch diese Bürgerinnen und Bürger anerkannten, dass die ökologische Frage einen anderen Stellenwert in der Gesellschaft bekommen müsse. Ursprünglich bestand die Akzeptanz für die F.D.P. bei denjenigen, die nicht F.D.P. wählten, darin, dass das liberale Element in der Politik als notwendig angesehen wurde. Später reduzierte sich die Akzeptanz der Leute, die die F.D.P. nicht wählten, eher auf deren funktionale Aufgabe, mal der einen, mal der anderen großen Volkspartei zur Mehrheit im Parlament zu verhelfen. Die Grünen versuchen jetzt, da ihnen die Themen abhanden kommen, die gleiche funktionale Aufgabe für sich in Anspruch zu nehmen, wozu allerdings noch funktionierende Koalitionen mit der CDU gehörten.

Die PDS kann nur in sehr begrenztem Umfang eine funktionale Aufgabe wahrnehmen und sollte diese auch nicht zum Selbstzweck anstreben, sondern vielmehr versuchen, politische Themen so zu besetzen, dass ihre Akzeptanz in der westdeutschen Bevölkerung auch bei denjenigen zunimmt, die sie nicht wählen. In einer

Situation wie der während des Krieges gegen Jugoslawien kann das eine Antikriegsposition sein, in einer anderen Situation, in der eine breite Übereinstimmung herrscht, unverzüglich den Euro einzuführen, kann das die Kritik am Zeitpunkt und an der Art der Einführung dieser neuen Währung sein. Im Kern und dauerhaft muss aber die PDS vor allem hinsichtlich der sozialen Frage für die Bürgerinnen und Bürger auch der alten Bundesländer eine verlässliche politische Größe werden. Daraus ergäbe sich dann, dass sie sich damit abfinden müsste, auch als Korrekturfaktor im Verhältnis zur SPD zu gelten. Solange die SPD in Deutschland nur dann mehrheitsfähig ist, wenn sie immer mehr Bürgerinnen und Bürger für sich gewinnt, die früher CDU, CSU oder F.D.P. gewählt haben, wird sie auch dazu tendieren, ihre Politik nach rechts zu erweitern, sich als Partei der Mitte zu deklarieren. Die globalen ökonomischen Prozesse erleichtern eine solche Entwicklung. Der Wert der PDS könnte sich für die Menschen also daraus ergeben, dass ihr Erstarken die SPD dazu zwingt, bei ihrem Gang in die Mitte die soziale Frage nicht immer stärker zu vernachlässigen. Angenommen, die PDS könnte ihr Wahlergebnis von 1998 (5,1 Prozent der Zweitstimmen) im Jahre 2002 verdoppeln, dann wäre klar, dass die SPD vor der Aufgabe stünde, Wählerinnen und Wähler der PDS für sich zu gewinnen beziehungsweise zurückzugewinnen. Ihr wäre auch klar, dass dies nur gelänge, wenn sie der sozialen Frage einen höheren Stellenwert einräumte.

Wenn die PDS in der Gesellschaft verschärft die soziale Frage stellen will, wird sie antikapitalistische, wird sie demokratisch-sozialistische Positionen einnehmen müssen. Das bestimmte dann ihr eigenständiges Profil. So könnte sie die dritte Aufgabe erfüllen, nämlich einen eigenen Wert auch für die Westdeutschen zu bekommen. Dies führte einerseits zu einem wachsenden Wählerinnen- und Wählerpotential und andererseits zu einer zunehmenden Akzeptanz bei denjenigen, die sie nicht wählen. Auch in dieser Hinsicht ist die PDS in den letzten Jahren weitergekommen. Das Wählerinnen- und Wählerpotential hat sich zwar im

Westen nicht wesentlich gesteigert, doch ist dort ihre Akzeptanz deutlich größer geworden.

Im Zuge dieser Aufgabenverschiebungen und -erweiterungen muss und wird sich das Wirken der PDS verändern. Sie wird immer stärker daran gemessen werden, ob sie glaubwürdige Konzepte zur Bekämpfung von Arbeitslosigkeit, für ein gerechtes Steuersystem, für eine Rentenreform, für eine Gesundheitsreform usw. auf den Tisch legen kann. Das ist aber etwas völlig anderes als die politische Arbeit, die ich in den letzten zehn Jahren zu leisten hatte und die sich im Kern darauf bezog, Grundlagen dafür zu schaffen, dass der PDS erst einmal derartige Konzepte abverlangt werden. Es ist eine andere politische Aufgabe, das Fundament für eine solche Anforderung aufzubauen, als die, sie zu erfüllen. Ich bin davon überzeugt, dass ich geeigneter war, die Etablierung der PDS in der bundesdeutschen Gesellschaft voranzubringen als für sie auf dieser anderen Ebene Politik zu betreiben. Andere Aufgaben erfordern eben andere Herangehensweisen und damit auch andere Typen von Politikerinnen und Politikern. Niemand sollte von sich selbst annehmen, für jede wechselnde Anforderung gleichermaßen geeignet zu sein. Diese Einschätzung bedeutet allerdings nicht, dass die genannten Aufgaben, die ich vornehmlich wahrzunehmen hatte, inzwischen entfallen sind. Sie bedeutet nur, dass ihr Stellenwert im Wirken der PDS im Verhältnis zur Entwicklung eigenständiger Reformkonzepte abnehmen wird und sich deshalb auch das Schwergewicht meiner Tätigkeit hätte verlagern müssen.

Im Laufe der letzten zehn Jahre hat sich auch meine Stellung innerhalb der PDS verändert. Als ich stellvertretend für viele Mitglieder Ablehnung und Aggression vornehmlich auf mich zog, löste dies innerhalb der PDS Solidarität und Dankbarkeit aus. In dem Maße, in dem mich der Bundestag, die anderen Parteien und die Medien angriffen, wurde ich innerhalb der PDS geschont und unterstützt. Dem lag einerseits zugrunde, dass viele PDS-Mitglieder der Meinung waren, ich hätte stellvertretend für sie eine

Menge abzufangen und auszuhalten, und sie müssten mir deshalb den Rücken stärken, damit ich dies noch möglichst lange aushielte. Es ist natürlich andererseits auch Ausdruck von Menschlichkeit, jemanden zu schonen und ihn regelmäßig wieder aufzubauen, wenn man weiß, dass er Ablehnung und Aggression, zum Teil sogar Hass, ausgesetzt sein wird, sobald er die eigenen Räume verlässt. In dem Maße aber, in dem Hass, Ablehnung und Aggression in der Gesellschaft mir gegenüber abnahmen, ließen auch Dankbarkeit, Solidarität und Zuneigung innerhalb der PDS nach. Das ist ein Prozess, den ich keinesfalls bedaure, denn er erleichtert es mir, unabhängig Entscheidungen über meine berufliche Zukunft zu treffen. Sentimental, wie ich nun einmal veranlagt bin, hätte ich in den ersten Jahren einen Rücktritt nie fertig gebracht, ihn mir auch nie verziehen. Heute sieht die Situation anders aus.

Neben diesen normalen und positiv zu bewertenden Veränderungen in der PDS treten mit ihrer Etablierung aber auch zunehmend unangenehme Züge auf, die mich stören und meine Entscheidung befördert haben. So wurde mir mehr und mehr der Zugang zur Basis dadurch erschwert, dass ich in zahllosen zeitraubenden Sitzungen einer Vielzahl von Gremien teilnehmen musste, die ich nicht vernachlässigen durfte. Wenn es mir gelang, an der Basis der Partei aufzutreten, dann spürte ich nach wie vor sehr viel Zustimmung, Interesse, auch Zuneigung. In den Gremien der Partei sah das anders aus. Hier gibt es auch heute nicht wenige, die sich an meiner Stellung in der PDS stören. Das ist durchaus nachzuempfinden. Da meine Position aufgrund verschiedener historischer Umstände und durch die Art meines Agierens in der PDS sehr spezifisch war, hatte ich ja nicht nur besondere Pflichten, sondern auch besondere Rechte. Besondere Rechte des einen schmälern aber die Rechte des anderen. So etwas kann sich in einer Partei zu einem Demokratieproblem ausweiten, führt auf jeden Fall regelmäßig dazu, dass andere sich fragen, weshalb der eine darf und kann, was sie nicht dürfen und können.

Freuten sich in den ersten Jahren auch alle Funktionäre in der Partei, wenn ich in Interviews, in Rundfunk- und Fernsehsendungen befragt wurde, weil dadurch die PDS in den Medien überhaupt präsent war, und stimmten sie in der Regel meinen Antworten zu, so änderte sich das mit der Etablierung der Partei, ein Prozess, der die Frage entstehen ließ, warum immer wieder dieser eine Politiker und nicht man selbst gefragt wird. Und oft ist die Auswahl, die Journalistinnen und Journalisten treffen, ja auch ungerecht. Es gibt Leute in der PDS, die von dem einen oder anderen Thema deutlich mehr verstehen als ich. Für die Medien ist das aber nicht der Maßstab bei der Entscheidung für einen Interviewpartner. Und so entsteht dann auch ein gewisser Neid, zumindest aber der Wunsch, in dem Maße, in dem sich die Stellung der PDS normalisiert, auch die Besonderheit der Stellung einer einzelnen Person innerhalb der Partei abzubauen. Das alles ist nicht sonderlich tragisch und führte ja nur dazu, dass ich um meine Position allmählich so hätte kämpfen müssen, wie dies andere Politikerinnen und Politiker in ihren Parteien stets tun.

Aber diesen Kampf wollte ich nicht führen, denn er macht mir keinen Spaß. Er ist mir zehn Jahre lang aufgrund der besonderen Situation erspart geblieben. Im Dezember 1989 war eben niemand außer mir bereit, Parteivorsitzender der PDS zu werden. Das setzte sich bei den anderen Funktionen so fort. Deshalb kann ich nur um Verständnis dafür bitten, dass ich, in dieser Hinsicht nun einmal verwöhnt, keine Lust hatte, mich in den üblichen innerparteilichen Machtkampf zu begeben, Truppen um mich zu sammeln, um sie gegen andere in Stellung zu bringen etc.

Hätte ich im Oktober 2000 erneut zum Fraktionsvorsitz kandidiert, hätte ich auch meinen Arbeitsstil grundsätzlich verändern müssen. Ich hatte nämlich noch ein Privileg. Ich konnte aufgrund meiner Position etwa siebzig Prozent meiner Zeit für die Vertretung von Politik in der Gesellschaft nutzen. Etwa fünfzehn Prozent meiner Zeit blieben für die Erarbeitung von Politik, weitere fünf Prozent für Wahlkreisarbeit. Nur die restlichen zehn Prozent

Ideologie

der Zeit musste ich auf Parteitagen, Klausuren und Gremiensitzungen der PDS verbringen, um mir Anregungen zu holen und mich zu beraten, um entwickelte Politik zu erläutern und zu verteidigen, um die Mitglieder der Gremien möglichst von ihr zu überzeugen und sie für die Verbreitung dieser Politik zu gewinnen. Vieles davon wurde in den vergangenen Jahren still von anderen erledigt. Im Jahre 2000 wurde aber immer deutlicher, dass ich künftig mindestens die Hälfte meiner Zeit darauf verwenden müsste, mit anderen zusammen entwickelte Politik innerhalb der Gremien der Partei zu diskutieren.

Das macht mir schon deshalb nur sehr begrenzt Freude, weil solche Debatten in der PDS immer seltener unter dem Gesichtspunkt stattfinden, worin die beste Lösung für ein Problem besteht, und immer häufiger von der Frage bestimmt wurden, was ideologisch am geradlinigsten ist. In einem Ideologie produzierenden Gremium kann man offensichtlich seine eigene Stellung nur stärken, indem man versucht, dem anderen nachzuweisen, dass er gerade die falsche Ideologie produziert habe. Zusätzlich hätte es für mich bedeutet, mich gerade in dem Bereich zurückzunehmen, in dem ich meiner Ansicht nach die meisten Fähigkeiten besitze und auch am ehesten meiner Partei genutzt habe, nämlich in der öffentlichkeitswirksamen Darstellung unserer Politik, in der öffentlichkeitswirksamen Auseinandersetzung mit der Politik anderer Parteien, Institutionen und Personen. Hatte ich früher ein gewisses Gefühl der Leichtigkeit, wenn ich zu einem PDS-Parteitag fuhr, das Gefühl, mich vom Bundestag, von aggressiven Talkshows, anstrengenden Podiumsdiskussionen, öffentlichen – zum Teil sehr aggressiven – Auseinandersetzungen erholen zu können, überwogen später die Beklemmungen, wenn ich mich in bestimmte Parteigremien begeben musste, auch auf Parteitage. Die Diskussionen verliefen an anderen Orten plötzlich sachlicher als dort. Das Bild ist zwar etwas übertrieben, soll aber meine diesbezügliche Sicht verdeutlichen. Wenn ich als Anwalt einen Mandanten vertrete, ist die Kontroverse mit der anderen Partei, dem Ge-

genanwalt, dem Gericht, gegebenenfalls der Staatsanwaltschaft eine Selbstverständlichkeit, sie ist die Herausforderung und meine berufliche Aufgabe. Wenn ich aber einen großen Teil meiner Zeit damit zubringen müsste, mich mit meinem eigenen Mandanten auseinander zu setzen, dann stellte sich zumindest die Frage, ob ich der richtige Anwalt sei.

Meine Haltung zum Krieg der Nato gegen Jugoslawien ist allgemein bekannt, ich habe sie mehr als deutlich gemacht. Ich bin sogar zu Slobodan Milošević gefahren, um einen Friedensplan von Lothar Bisky und mir zu erläutern, um nichts, wirklich gar nichts, unversucht zu lassen, mit unseren bescheidenen Mitteln wenigstens einen Beitrag zur schnellstmöglichen Beendigung des Krieges zu leisten. Dafür habe ich viel Aggression im Bundestag erfahren müssen, insbesondere von Außenminister Joseph Fischer, aber auch von Bundeskanzler Gerhard Schröder. Schon ein Jahr später durfte ich mich innerhalb der PDS im Zusammenhang mit einer Diskussion um ihr Verhältnis zur Uno als Kriegstreiber diffamieren lassen. Bekanntlich trete ich – dort, wo es geht und inhaltlich gerechtfertigt ist – für eine Zusammenarbeit von SPD und PDS ein. Wie aber wehrt man sich gegen den parteiinternen Vorwurf, dies nur anzustreben, um selbst Minister werden zu können? Abgesehen davon, dass ich ein solches Ziel nie hatte, kann ich – wenn ich meine politische Meinung nicht aufgeben will – einen solchen Vorwurf nur dadurch widerlegen, dass ich mich zurücknehme.

Die Auseinandersetzungen in der PDS haben aber noch aus weiteren Gründen an Schärfe gewonnen. Es geht um das Profil, den Charakter der PDS. Natürlich gibt es auch bei uns Leute, die versuchen, sich an gesellschaftliche Gegebenheiten und Machtstrukturen anzupassen, um von irgendeinem imaginären Kuchen das Stück abzubekommen, von dem sie meinen, dass es ihnen zustehe. Opportunismus macht auch um die PDS keinen Bogen. Auf der anderen Seite nimmt die Zahl der Mitglieder zu, die jede Form von Mitwirkung, von Teilhabe, von Politik in kleinen Schritten denunzieren. Ihnen ist das Eigenbild immer wichtiger als jede reale Veränderung, auf die die Menschen warten. Beispielhaft sei an die Gesetzgebung zur Initiierung einer Stiftung zur Entschädigung ehemaliger Zwangsarbeiterinnen und Zwangsarbeiter erinnert. Die PDS-Bundestagsfraktion war daran beteiligt, hat den Gesetzentwurf mit eingebracht. In den Ausschüssen erreichten wir, dass nicht wenige unserer dennoch bestehenden Kritikpunkte, die sich auf den ursprünglichen Entwurf bezogen, berücksichtigt wurden, was zur Folge hatte, dass der Gesetzentwurf noch deutlich verbessert werden konnte. Er entsprach auch in der verabschiedeten Fassung nicht gänzlich unseren Vorstellungen, aber das ist auch nicht verwunderlich bei einem Kompromiss, schließlich hat die PDS keine Mehrheit im Bundestag. Es galt, sich mit den anderen Fraktionen zu verständigen. Eine kleine Gruppe von PDS-Bundestagsabgeordneten hat sich dann der Stimme enthalten, um dadurch, wie sie erklärten, linke Kritik an dem Gesetz zu verdeutlichen. Sie waren aber nicht dagegen, dass die Mehrheit der Fraktion und der Mitglieder des Bundestages überhaupt dem Gesetzentwurf zustimmte, weil es wichtig ist, dass ehemalige Zwangsarbeiterinnen und Zwangsarbeiter endlich eine Entschädigung erhalten. Ohne das Gesetz bekämen sie sie nicht. Nun hat doch aber nicht nur diese kleine Gruppe Anspruch darauf, vermeintlich ideologisch reine Positionen zu vertreten. Diese Art von »edlem« Abstimmungsverhalten setzt stillschweigend voraus, dass andere nicht so edel sind, während man sich selbst hervortun kann, indem man seine Enthaltungs- oder Neinstimme damit begründet, mehr für die Betroffenen gewollt zu haben. Dieser ganze Edelmut bräche an dem Tag zusammen, an dem sich eine Mehrheit so wie diese »edle« Minderheit verhielte und dann den Betroffenen zu begründen wäre, weshalb sie nun gar nichts bekämen.

Die Diskussion um das Profil der PDS ist tatsächlich eine wichtige und eine zentrale Frage. Sie darf allerdings nicht auf eine Weise geführt werden, dass sich diejenigen, die für reale Verbesserungen zum Wohle einer Vielzahl von Menschen eintreten, regelmäßig gegen den Vorwurf behaupten müssen, diese Fortschritte bestätigten das sozialistische Profil der Partei nicht ausreichend. Trügen Mitglieder der PDS Mitverantwortung für Aufrüstung, den Abbau von Sozialleistungen oder die Einschränkung von Arbeitnehmerrechten, dann müsste es eine scharfe Auseinandersetzung um das Profil der Partei geben. Tragen sie aber Mitverantwortung dafür, dass die Rüstung und die Zahl der Soldaten reduziert, Sozialleistungen erhöht und Arbeitnehmerrechte ausgebaut werden, ist es eine Zumutung, wenn sie sich dafür rechtfertigen müssen, weil diese Veränderungen das sozialistische Profil der Partei nicht weitgehend genug widerspiegelten. Im Kern hieße das, Politik für sich selbst und nicht für Millionen Betroffener zu machen. Es bedeutete sogar, eine Verschlechterung der Lebenssituation von Millionen Menschen eher in Kauf zu nehmen, als eine als nicht ausreichend empfundene Verbesserung real zu Wege zu bringen.

Eine Partei wie die PDS kommt nicht ohne Ideologie aus, sie darf aber über eine ideologisch motivierte Profilneurose nicht ihre politische Wirkung einbüßen. Das setzt auch Kompromissfähigkeit voraus. Anders gesagt: Die PDS darf nicht in eine Koalition um ihrer selbst willen einsteigen, aber auch nicht um ihrer selbst willen auf eine Koalition verzichten oder diese verlassen. Sie hat in eine solche einzutreten, wenn sie dadurch in einer bestimmten Konstellation reale Verbesserungen der Lebenslage von Menschen erreichen oder auch nur einen Abbau von Lebensqualität verhindern kann. Sie hat eine Koalition dann zu verlassen oder auf sie zu verzichten, wenn die Bedingungen der Zusammenarbeit so aussehen, dass sie nur instrumentalisiert werden soll, um eine Verschlechterung der Lebensqualität von Menschen zu rechtfertigen. Sie sollte sich einer Koalition anschließen, wenn sie dadurch einen Krieg verhindern kann, sie darf auf keine Koalition eingehen beziehungsweise hat diese zu verlassen, wenn sie ihn nicht verhindern kann. Die Beispiele ließen sich fortsetzen.

Die PDS wird in solchen Fragen nur sicher werden und die

Ängste hinsichtlich eines Profilverlustes überwinden, wenn sie die Lebenslage der Menschen zum Maßstab dafür macht, welche politische Entscheidung angebracht ist. Machte sie sich selbst zum Maßstab, wird sie unsicher bleiben, sich von den Menschen isolieren und deshalb Interesse verlieren.

Auf solche und ähnliche Gefahren habe ich im April 2000 auf dem Parteitag der PDS in Münster hingewiesen. Ich bin sicher, dass eine große Zahl von Mitgliedern dies ebenso sieht und versteht. Deshalb bin ich optimistisch, dass die PDS ihren Weg gehen wird, dass sie ihr Profil schärft, aber eben nicht zum Selbstzweck, sondern um der sozialistischen Idee und Praxis einen eigenständigen politischen Stellenwert in der Gesellschaft Deutschlands zu ermöglichen. Geschichte ist immer offen, und deshalb kann niemand die Zukunft exakt prognostizieren. Aber die Chance besteht, und ich bin davon überzeugt, dass Lothar Bisky und ich sie durch unsere Entscheidung, nicht erneut für bestimmte Funktionen zu kandidieren, befördert haben. Bestimmte ideologische Spielereien sind nicht mehr möglich. Die Zeit, in der einige machen konnten, was sie wollten – es kam ja nicht darauf an, weil Lothar Bisky und ich ohnehin für einen undogmatischen demokratischen und realpolitischen Ansatz unter Bewahrung einer sozialistischen Vision standen –, ist vorüber. Indem wir durch unseren Rückzug die Verantwortung anderer erhöhten, haben wir ermöglicht, dass sich andere verantwortlicher verhalten und verhalten müssen. Die unkultivierten Spinner im Landesvorstand der PDS Hamburg konnten seit Jahren treiben, was sie wollten. Bisky und Gysi standen ja in der Öffentlichkeit für etwas anderes, und deshalb ließ man es ihnen durchgehen. Erst nachdem wir beide unseren Rückzug angekündigt hatten, kam es plötzlich zu verschärften Auseinandersetzungen im Hamburger Landesverband, weil nun sehr vielen klar wurde, dass dessen provinziell-sektiererisch-dogmatisches Wirken nicht mehr kaschiert werden konnte und deshalb überwunden werden musste. Auch darin lag ein Motiv, das mich zum Rückzug bewegte. Manchmal hilft man einem

Projekt eher, indem man sich zurücknimmt, als dadurch, dass man bleibt, wo man ist. Und gerade weil ich das Projekt PDS für notwendig und wichtig halte, glaubte ich, meine Entscheidung nur so treffen zu können, wie ich sie getroffen habe.

Es ging mir aber nicht nur darum, die Auseinandersetzung mit dogmatischen Linken in der PDS zu forcieren. Insgesamt spüre ich seit längerer Zeit restaurative Tendenzen in der Partei. Auf die Ursachen werde ich später zurückkommen. Tatsache ist aber, dass die Anzahl jener Mitglieder gewachsen ist, die dazu neigen, die Verhältnisse in der DDR pauschal zu verklären und die Situation in der Bundesrepublik ebenso undifferenziert zu verurteilen. Ich war immer der Auffassung, dass die PDS nur eine Chance hat, sich zu etablieren, wenn sie konsequent die Lehren aus der Geschichte zieht und ihre Akzeptanz in der Gesellschaft erhöht, indem sie demokratisches Bewusstsein für die Geschichte, die Gegenwart und die Zukunft beweist. Ebenso war und bin ich davon überzeugt, dass man die gesellschaftlichen Strukturen in der Bundesrepublik nur dann nach vorne entwickeln kann, wenn man nicht nur deren negative Seiten, sondern auch ihre Potenziale zur Kenntnis nimmt, an die man anknüpfen muss. Meine Entscheidung, nicht wieder für den Fraktionsvorsitz zu kandidieren, sollte auch auf die diesbezüglichen Gefahren in der Partei hinweisen und die Notwendigkeit aufzeigen, die kritische Haltung zu allen antidemokratischen, antiemanzipatorischen und dogmatischen Strukturen im sowjetischen Sozialismusmodell, das auch die DDR geprägt hat, unumkehrbar in der PDS zu verankern.

Der Parteitag Mitte Oktober 2000 in Cottbus hat personell und inhaltlich die Weichen durchaus in die Richtung gestellt, die Lothar Bisky und ich uns gewünscht hatten. Mit großer Mehrheit wurden überwiegend jene in den Parteivorstand gewählt, die noch auf dem Parteitag in Münster im April 2000 eine politische Niederlage erlitten hatten. Die Debatten vollzogen sich in Cottbus wesentlich kultivierter als in Münster. Und auch das verabschiedete Grundsatzpapier für den Zeitraum bis zu den Bundestagswahlen im Jahre 2002 enthält klare reformpolitische Aussagen und bringt die Bereitschaft zum Ausdruck, mit der SPD zusammenzuarbeiten, um reale Veränderungen in der Gesellschaft zu erreichen. Ich bin davon überzeugt, dass dies nicht gelungen wäre, wenn Lothar Bisky und ich uns dafür entschieden hätten, in unseren Funktionen zu bleiben. Nach unserem Entschluss haben sich viele PDS-Mitglieder in den Monaten zwischen den beiden Parteitagen wie schon lange nicht mehr engagiert. Sie hatten den Ernst der Situation, wie sie nach Münster entstanden war, begriffen. Eine gänzlich andere Frage ist, ob die Ergebnisse von Cottbus als dauerhaft gesichert betrachtet werden können. Die Entwicklung nach Cottbus zeigt, dass dies noch nicht so ist.

Mein Ziel war und ist es, hinsichtlich der politischen Landschaft europäische Normalität in Deutschland zu erreichen. Zur europäischen Normalität gehört eine links von der Sozialdemokratie stehende Partei, die immer wieder die soziale Frage auf die Tagesordnung gesellschaftspolitischer Kontroversen setzt. Diese Funktion kann die PDS mehr und mehr wahrnehmen, wenn sie sich genau darauf konzentriert. Nur dadurch kann sie auch ihre Stellung in Westdeutschland ausbauen. Sie ist auf dem Wege, dies zu tun, und ich kann nur hoffen, einen Beitrag dazu geleistet zu haben, dass sie diesen Weg nicht verlässt.

Im Unterschied zu früheren Zeitpunkten meinte ich darüber hinaus, meine Entscheidung im Jahre 2000 verantworten zu können. Vielleicht war es wirklich fraglich, ob die PDS ohne mich den Wiedereinzug in den Bundestag 1998 geschafft hätte. Hinsichtlich 2002 bin ich diesbezüglich sicherer. Kandidierte ich nicht, läge es dann aber auch nicht an mir, wenn es ihr tatsächlich nicht gelänge, sondern daran, dass sie durch eigene Schuld für die Wählerinnen und Wähler keinen ausreichenden politischen Zweck verkörperte.

Es gab aber noch einen anderen Grund. Nicht zu jedem Zeitpunkt kann man sich zurückziehen, ohne an Selbstachtung zu verlieren, denn es gibt Situationen, in denen man nicht die Möglichkeit hat, die wahren Gründe einer Entscheidung öffentlich plausibel darzustellen. Hätte der Immunitätsausschuss des Bundestages seine Auseinandersetzungen mit mir 1998 fortgesetzt, wäre jede Rückzugsentscheidung von mir von ausnahmslos allen so verstanden worden, dass ich mich wegen dieser Streitigkeiten zurückzöge, also in gewisser Hinsicht kapitulierte. Der Immunitätsausschuss hätte sich immer als großes Verdienst zugeschrieben, mich aus der Politik verdrängt zu haben. In Wirklichkeit hätten die Gründe ganz andere sein können, ich hätte diese auch benennen können, geglaubt hätte mir niemand. Als ich mich im Jahre 2000 entschied, war mir klar, dass ich mich in einer Lage befand, in der mir meine wirklichen Gründe auch abgenommen würden. Das wäre 1997/1998 anders gewesen.

Kapitel 2

Wie ich aus dem Bundestag gedrängt werden sollte

Nach einem PDS-Parteitag im Januar 1997 fragte mich ein Journalist eher beiläufig, ob ich denn 1998 wieder anstrebe, Mitglied des Bundestages zu werden. Da ich auch Journalisten nicht gern belüge – schon, um mir nicht später vorhalten zu lassen, zu einer anderen Zeit das Gegenteil erklärt zu haben –, sagte ich ebenso beiläufig, ich wolle dies im Laufe des Jahres entscheiden. Damit war aber klar, dass ich darüber nachdachte und keinesfalls fest entschlossen war, 1998 erneut für den Bundestag zu kandidieren. Das Problem dieses kleinen Gespräches bestand darin, dass in der folgenden Zeit in verschiedenen Zeitungen über die Frage spekuliert wurde, ob ich nun wieder kandidierte oder nicht. So geriet ich medial unter Druck, mich definitiv zu entscheiden. Nach vielen Gesprächen tendierte ich zunächst dazu, mit der Wahl 1998 aus dem Bundestag auszuscheiden, was ich allerdings für mich behielt, sodass ich meinen Entschluss jederzeit noch ändern konnte. Die im vorigen Kapitel genannten Gründe, warum ich mich im Oktober 2000 nicht erneut um den Fraktionsvorsitz beworben habe, spielten schon 1997 bei meinen Überlegungen eine Rolle. Damals gab es aber auch noch andere Gründe, und die interne Entwicklung in der PDS war von geringer Bedeutung.

Seit 1990 gaben mir die politische Klasse der Bundesrepublik Deutschland und mit ihr alle wichtigen Medien zu verstehen, dass ich als Mitglied dieser politischen Klasse unerwünscht sei und aus verschiedenen Gründen in ihr nichts zu suchen hätte.

Als ich Anfang Dezember 1989 auf dem Außerordentlichen Parteitag der SED zum Vorsitzenden dieser Partei gewählt wurde, gab es noch die DDR, und es war auch noch nicht sicher, ob und in welchem Umfang diese von der Sowjetunion aufgegeben werden würde. Zur bisherigen SED- und Staatsführung der DDR hatten nicht nur die Bundesregierung, sondern sämtliche im Bundestag vertretenen Parteien ihre eigenen Gesprächskontakte und Beziehungen. Und da die Frage der weiteren Existenz der DDR noch nicht entschieden war, musste die erste Resonanz auf meine Wahl eher positiv ausfallen. Zwar war ich den meisten Politikerinnen und Politikern, Journalistinnen und Journalisten der Bundesrepublik unbekannt, aber sie wussten von mir, dass ich bisher als Rechtsanwalt in der DDR tätig gewesen war, dass ich auch Dissidenten verteidigt hatte, dass ich Fragen der Demokratie und notwendiger Reformen aufgeschlossen gegenüberstand. Sie konnten also davon ausgehen, dass Gespräche und Verhandlungen mit mir leichter zu führen wären als mit der alten SED-Spitze, dass ich also keinesfalls gegen den Kurs arbeiten würde, den der damalige Ministerpräsident der DDR, Hans Modrow – für sie bereits ein wichtiger Gesprächspartner –, eingeschlagen hatte. Sowohl Modrow als auch ich gewährleisteten für sie die Chance, die Politik Gorbatschows auch in der DDR umzusetzen. Entsprechend freundlich fielen die Reaktionen zu meiner Wahl aus, auch in den Medien.

Etwa in dieser Zeit fand auch ein SPD-Parteitag im Westteil von Berlin statt. Mir wurde von Delegierten versichert, dass ich mit viel Beifall bedacht werden würde, wenn ich dort erschiene. Ich bekam sogar die Nachricht, der damalige Regierende Bürgermeister von Westberlin, Walter Momper, speise gerade mit anderen Sozialdemokratinnen und Sozialdemokraten im Ratskeller im Ostteil der Stadt und würde sich freuen, wenn ich »zufällig« vorbeikäme. Diesem Hinweis folgte ich nicht, weil es mir zu inoffiziell und unwürdig erschien, organisiert zufällig auf einen führenden Sozialdemokraten zu stoßen.

Diese eher freundliche Atmosphäre hielt auch nur wenige Wochen an, denn innerhalb kürzester Zeit wurde deutlich, dass die DDR nicht zu retten war, dass die Sowjetunion sie nicht halten wollte beziehungsweise halten konnte. Ebenso zeigte sich, dass es für die westdeutschen Parteien kein Problem war, ostdeutsche Partner zu finden, und dass die aus der SED hervorgehende PDS hierbei nur störte. Die neuen Parteien in der DDR und auch die früheren Blockparteien erkannten ihre Chance, zu Partnerinnen westdeutscher Parteien zu werden, und fürchteten, dass die PDS wegen ihres nach wie vor bestehenden Einflusses ein immer noch zu gewichtiger Faktor in den Überlegungen der westdeutschen Parteien sein könnte. Sie empfanden die PDS als Konkurrentin und wollten sie verdrängen. So wurde eine allgemeine Ausgrenzung der PDS und damit auch ihrer führenden Köpfe eingeleitet. Nacheinander erklärten alle anderen Parteien der DDR, sie seien nach den Neuwahlen zur Volkskammer zu vielfältigsten Koalitionen bereit, immer vorausgesetzt, die PDS bleibe vor der Tür. Mit inbrünstiger Überzeugung erklärten dies auch die Vertreter jener vier Blockparteien, die vierzig Jahre lang mit der SED Koalitionsregierungen in der DDR gebildet hatten. Es war der nicht ganz erfolglose Versuch, eigene Geschichte dadurch unthematisiert zu lassen, dass man die Gesamtgeschichte der DDR einer einzigen politischen Kraft zuschrieb. Das war natürlich nur deshalb möglich, weil die SED tatsächlich die Hauptverantwortung für die Geschichte der DDR trug, soweit die Verantwortung in der DDR selbst lag.

Der Druck auf die Mitglieder der PDS erhöhte sich derart, dass aus ihr heraus selbst der Wunsch kam, sie aufzulösen. Ich habe schon mehrfach erklärt, weshalb ein solcher Schritt unverantwortlich gewesen wäre. Im Dezember 1989 hatte mich der damalige Generalsekretär des ZK der KPdSU, Michail Gorbatschow, in einem Telefongespräch davor gewarnt, die SED aufzugeben. Er erklärte mir, dass mit der Auflösung der SED auch die Auflösung der DDR und damit die Auflösung der Sowjetunion verbunden sein würden. Ich erwiderte, ich hielte diese Verantwortung für ein bisschen zu viel für die Schultern eines kleinen Berliner Advokaten. Er könne mir nicht noch die ganze Sowjetunion auflasten. Dies war aber auf jeden Fall seine damalige Einstellung. Hinzu kam die instabile Situation in der DDR. Ab Januar 1990 wurde unter der Verantwortung von Hans Modrow das Ministerium für Staatssicherheit liquidiert. Achtzigtausend hauptamtlich dort Beschäftigte, die bewaffnet waren, mussten dazu gebracht werden, die Waffen niederzulegen, die Gebäude zu verlassen und keinerlei Widerstand zu leisten, obwohl sie vor einer Zukunft ohne Perspektive standen. Hätten wir in dieser Zeit auch noch die Partei abgeschafft, wären die Prozesse nicht mehr beherrschbar geblieben. Im engeren Parteiapparat der SED gab es vierundvierzigtausend Beschäftigte, die von einem auf den anderen Tag hätten entlassen werden müssen, und sie hatten keinerlei soziale Ansprüche für den Fall von Arbeitslosigkeit, weil diese in der DDR nicht existierte und deshalb nicht geregelt war. Darüber hinaus wäre aber auch das Schicksal zehntausender Mitarbeiterinnen und Mitarbeiter in Akademien, Instituten, Verlagen, Zeitungsredaktionen und Erholungsheimen ungeklärt gewesen, die im Eigentum der SED standen und mit der Auflösung der Partei ebenfalls aufgelöst worden wären. Die DDR kannte nicht einmal ein Stiftungsrecht, um solches Eigentum zu überführen. Weit mehr als einhunderttausend Beschäftigte hätten von einem zum anderen Tag auf die Straße gesetzt werden müssen. In Frage gestanden hätte auch die Fraktion der SED in der Volkskammer und die Regierung unter Hans Modrow. Niemand hätte mehr dafür garantieren können, dass die Prozesse in der DDR weiterhin friedlich verlaufen wären.

Hinzu kam eine politisch-moralische Überlegung. Hätte man die Partei aufgelöst und am nächsten Tag mit denselben Mitgliedern eine neue Partei gegründet, wäre dies immer als Etikettenschwindel verstanden worden. Es wäre der eher erfolglose Versuch gewesen, eigene Geschichte über Auflösung und Neugründung abzustreifen. Aus all diesen Gründen haben wir uns entschieden, den Weg der Umbenennung und Erneuerung zu gehen, damit aber auch zur Adresse von Geschichte zu werden und die Pflicht zur glaubwürdigen Durchsetzung des Erneuerungsprozesses in der Praxis zu übernehmen.

Die Wahlergebnisse der PDS in den neuen Bundesländern sind regelmäßig auch Ausdruck dafür, in welchem Umfang uns dieser Erneuerungsprozess abgenommen wird. Obwohl wir die Erneuerung der Partei ohne Auflösung der SED versuchten, gab es in der damaligen Zeit zunächst Beschränkungen in der Auseinandersetzung mit der PDS und ihren führenden Persönlichkeiten in der DDR. Die früheren Blockparteien blieben in der Regierungskoalition mit der PDS unter Hans Modrow, und sogar die neuen Parteien gingen in diese Regierung. Wer aber mit uns koaliert, kann uns nicht glaubwürdig zu Verbrechern erklären. Aus meiner Sicht kommt hinzu, dass die neuen und alten Parteien der DDR bei allen Bemühungen, die PDS auszugrenzen und zu diskriminieren, eine Grenze nicht überschreiten wollten, die einen Konflikt mit der sowjetischen Führung nach sich gezogen hätte. Auf diese waren sie nämlich allesamt noch angewiesen. Gorbatschow war aber noch immer Generalsekretär der sowjetischen kommunistischen Partei, die mit der PDS verbunden war. Außerdem trauten sich zum damaligen Zeitpunkt weder die alten Blockparteien noch die neuen Parteien zu, die Gesamtverantwortung für die DDR zu übernehmen, schon gar nicht ohne die PDS. Aber gleichzeitig wurde klar, dass die PDS nicht mehr lange diese Rolle spielen würde. Mir war das sogar recht, so dass ich den Vorschlag, die Wahlen zur Volkskammer vorzuziehen, befürwortete.

Denn innerhalb der Partei geriet mein Erneuerungskurs schon deshalb ins Stocken, weil sie immer noch die Gesamtverantwortung für die politische und ökonomische Entwicklung in der DDR trug. So, wie die CDU nach 1990 in der Bundesrepublik nicht im Stande war, sich entsprechend der veränderten Situation zu erneuern, weil sie an der Macht blieb, so war auch die PDS dazu nicht fähig, solange sie noch die Regierungsverantwortung trug. Erneuerung – so wurde mir klar – verlangte in dieser Zeit die Oppositionsrolle. Und ich bin heute erstaunt über den hohen Grad an Ähnlichkeit von Prozessen in der CDU, die eingeleitet wurden, nachdem sie 1998 aus der Regierungsverantwortung gewählt worden war.

Mit der veränderten Haltung der Vertreter der west- und der ostdeutschen Parteien zur PDS wenige Wochen nach meiner Wahl zum Vorsitzenden hing dann auch ein gänzlich anderes Verhalten mir gegenüber zusammen. Die zunächst eher freundlichen Kommentare in westdeutschen Zeitungen endeten abrupt und wiederholten sich einige Jahre lang nicht mehr. Eingeleitet wurde die spezifische Kampagne gegen meine Person durch den *Spiegel*, der mir Anfang Januar 1990 die Ehre eines Titelbildes zuteil werden ließ, auf dem in gelber Schrift stand: »Der Drahtzieher«. Und wer den Artikel liest, wird feststellen, dass es mir nach Auffassung des *Spiegel* um nichts anderes als Macht, Einfluss und Geld ging. Nun habe ich weder damals noch später je einen Ministerposten angestrebt, niemals ist von irgendeiner Ermittlungsbehörde der Verdacht geäußert worden, ich hätte auch nur eine einzige Mark unterschlagen oder zu meinem Vorteil beiseite geschafft. Im Grunde genommen bedient der Artikel Klischees, und zwar antisemitische. Auf Letzteres wäre ich nicht einmal gekommen, wenn mir nicht ein *Spiegel*-Redakteur später erzählt hätte, dass es zu Auseinandersetzungen darüber gekommen sei, ob der Titel »Der Drahtzieher« unbedingt in gelber Schrift abgefasst werden müsse, wie es dann tatsächlich geschah. Dieser Artikel aus dem *Spiegel* wurde – durch wen auch immer – bei Kundgebungen in Leipzig und Dresden in vielen tausend Exemplaren kostenlos verteilt. Vielleicht lässt es sich nachvollziehen, dass mir irgendwie unheimlich wurde. Bis dahin hatte ich mich noch nie in meinem

Leben in einer solchen Situation befunden. Ich war zu einer öffentlich bekannten Person geworden und wurde an den Pranger gestellt.

Vielleicht ist es verständlich, dass ich mich nach dieser Zeit nicht zurücksehne. Jede öffentliche Veranstaltung war für mich eine Tortur. Entweder waren nur Mitglieder der PDS beziehungsweise Sympathisantinnen und Sympathisanten der Partei anwesend, dann war die Atmosphäre durch eine Art sentimentaler Zuneigung geprägt, doch gleichzeitig herrschten große Trauer, Hoffnungslosigkeit und Ohnmachtsgefühle. Diejenigen, die da kamen, erwarteten von Hans Modrow und mir, dass wir das alles irgendwie aufhielten, sie vor Schaden bewahrten. Sie selbst fühlten sich eher ohnmächtig. Ich wusste natürlich, dass weder Hans Modrow noch ich dies leisten konnten, und deshalb haben mich solche Unternehmungen wenig aufgebaut, sondern eher verzweifelt gemacht. Auf anderen Veranstaltungen begegnete ich vornehmlich Leuten, die die PDS und mich zutiefst ablehnten. Ich erfuhr Hass, wurde angespuckt, angeschrien, mit Eiern und Tomaten beworfen und habe mich in dieser Zeit nicht selten gefragt, womit ich das eigentlich verdient hätte. Aber irgendwie hielt ich es aus. Inzwischen kann ich mir solche Situationen kaum noch vorstellen, weder die eine noch die andere. Unter diesen Umständen erübrigten sich aber alle Gespräche mit Vertreterinnen und Vertretern der politischen Klasse der Bundesrepublik Deutschland. Sie waren nur noch an Beziehungen zur DDR-Regierung interessiert, zu ihnen nahe stehenden Parteien, aber nicht mehr zur PDS. In dieser Zeit wäre es einfach undenkbar gewesen, dass mich westdeutsche CDU- oder SPD-Politiker empfangen hätten.

In den europäischen Nachbarstaaten sah das anders aus. Dort ging man noch von der Existenz der DDR aus, war von der Vorstellung eines vereinigten Deutschlands nicht nur begeistert und behandelte deshalb die PDS und mich mit größerer Aufgeschlossenheit. So wurden damals Auslandsaufenthalte für mich zu einer Erholung. 1990 und auch noch in den ersten Monaten des Jahres

1991 ergaben sich dadurch sehr interessante Gespräche. Der erste Staatspräsident, der mit mir sprach, war François Mitterrand Ende Dezember 1989 in Berlin. Im Januar 1990 war ich bei Michail Gorbatschow. Kurze Zeit später traf ich den damaligen Generalsekretär der Sozialistischen Partei Italiens, Bettino Craxi, den Vorsitzenden der Israelischen Arbeiterpartei, Shimon Peres, den PLO-Präsidenten Jassir Arafat, den Präsidenten Griechenlands, Konstantinos Karamanlis, den Vorsitzenden der PASOK, Andreas Papandreou, und viele andere. Auch die Vorsitzenden wichtiger westeuropäischer kommunistischer Parteien, zum Beispiel Achille Occhetto aus Italien und Georges Marchais aus Frankreich, empfingen mich.

Ab 1991 änderte sich meine internationale Stellung und die der PDS. Sowohl die Bundesregierung als auch die SPD-Führung spürten, dass sich die Isolierung der PDS nicht vollständig durchsetzen ließ, solange diese nicht weltweit gewährleistet war. Das sind keine Mutmaßungen von mir. In den USA wurde mir zum Beispiel berichtet, das Auswärtige Amt der Bundesrepublik Deutschland habe die Vertreter des dortigen Außenamtes ausdrücklich darauf hingewiesen, dass seitens der Bundesregierung davon abgeraten werde, dem Mitglied des Deutschen Bundestages und Vorsitzenden der PDS, Gregor Gysi, hochrangige Gespräche zu ermöglichen. Auch sozialdemokratische Politikerinnen und Politiker im Ausland teilten mir mit, dass sie von der SPD-Führung darum gebeten worden seien, keine Gespräche mit mir zu führen, und wenn doch, dann auf möglichst niedriger Ebene. Ich erwähne das nur, um zu zeigen, dass sich das Denken in Formen der Hallstein-Doktrin auch nach der Vereinigung am 3. Oktober 1990, wenn auch etwas abgeschwächt, fortsetzte. Die Hallstein-Doktrin, nach der die diplomatischen Beziehungen zwischen der Bundesrepublik Deutschland zu einem anderen Staat abgebrochen werden mussten, wenn dieser diplomatische Beziehungen mit der DDR aufnahm, hatte in der BRD bis in die siebziger Jahre hinein dazu gedient, die DDR international zu isolieren. Die einzige Ausnahme bildete über mehrere Jahrzehnte die UdSSR, die zu beiden deutschen Staaten diplomatische Beziehungen unterhielt. Da es die DDR aber nicht mehr gab, trafen entsprechende Forderungen nur noch die PDS, die für die Bundesregierung und die SPD-Führung in dieser Hinsicht die DDR ersetzte.

Es war bekanntlich die SPD-Führung, die in der Geschichte der Bundesrepublik Deutschland die Hallstein-Doktrin überwand, eine Entspannungspolitik gegenüber der Sowjetunion, der DDR und anderen osteuropäischen Ländern einleitete und intensive Kontakte zur SED-Führung pflegte. Von Egon Bahr stammte der Grundsatz »Wandel durch Annäherung«. Diese Politik ist aus Sicht der SPD-Führung erfolgreich gewesen. Die Annäherung hatte es gegeben, und mehr Wandel als den bis hin zum Untergang der DDR konnte einfach nicht erreicht und erwartet werden. Dennoch warf die CDU der Führung der SPD unter Hans-Jochen Vogel nach 1989 die Kontakte zur SED-Führung vor, was in ihr den Wunsch weckte, in besonderem Maße unter Beweis zu stellen, dass sie mit der PDS und ihren verantwortlichen Politikerinnen und Politikern nichts gemein habe. Natürlich kam hinzu, dass die SED niemals eine Konkurrentin der SPD gewesen war, die PDS wurde es schon bei den Wahlen am 18. März 1990 in der DDR und erst recht seit dem 3. Oktober 1990. Dennoch blieb es ein für die SPD-Führung schwer zu erklärender Widerspruch, weshalb sie es als richtig, nützlich, vernünftig und verantwortbar eingeschätzt hatte, enge Kontakte zur SED-Führung zu unterhalten, Gespräche mit der PDS-Führung aber strikt abzulehnen. Was auch immer man an Kritik an Lothar Bisky, mir und anderen äußern konnte, es war einfach undenkbar, uns moralisch noch negativer zu beurteilen als Erich Honecker, Günter Mittag, Alexander Schalck-Golodkowski und Egon Krenz, um nur die wichtigsten Gesprächspartner nicht nur, aber auch sozialdemokratischer Politikerinnen und Politiker zu nennen. Deshalb war mir klar, dass auch diese Hallstein-Doktrin nicht halten würde, so, wie die erste nicht gehalten hatte. Voraussetzung dafür war und ist allerdings, dass die PDS einen höchst selbstkritischen demokratischen Erneuerungsprozess durchläuft und über Wahlen nachweist, dass ihre Akzeptanz zumindest in den neuen Bundesländern, also gerade dort, wo die SED regiert hatte, wächst. Spätestens dann musste die Unlogik der Ausgrenzung immer deutlicher hervortreten und die SPD ein Interesse daran bekommen, die PDS in machtpolitische Überlegungen einzubeziehen. Das sollte ein langer Weg werden. Zunächst war es so, dass die Isolierung und Ausgrenzung nicht etwa Ende 1989/Anfang 1990 am stärksten waren und sich dann allmählich abbauten, sondern weiterhin ständig zunahmen und sich auch international ausweiteten.

Ich will aber auch erwähnen, dass mir im Januar 1990 eine westdeutsche Politikerin und drei westdeutsche Politiker Mut machten. Im Januar 1990 hielt ich mich auf Einladung von François Mitterrand in Frankreich auf. Bei einem Mittagessen des damaligen Vorsitzenden der sozialistischen Partei, Pierre Mauroy, begegnete ich Willy Brandt. Er lehnte sich zu mir hinüber und erklärte: »Gerade habe ich mich mit Freunden unterhalten, und wir kamen übereinstimmend zu der Meinung, dass gegenwärtig Hans Modrow und Gregor Gysi die schwierigsten Jobs in einem deutschen Staat haben und sie mit erstaunlicher Verantwortung wahrnehmen.« Er sagte nur diesen einen Satz, der mir aber viel bedeutete und in der damaligen Zeit Balsam für meine Seele war, denn er machte mir damit klar, dass es Leute gab, die genauer hinschauten und wesentlich differenzierter urteilten, als es Verlautbarungen und Medienberichte nahe legten.

In Berlin besuchte mich im Januar 1990 Egon Bahr. Er merkte sehr wohl, dass die Entspannungspolitik, für die er große Mitverantwortung trug, erheblich diskreditiert wurde, obwohl gerade sie wichtige Voraussetzungen für den Wandel in der DDR geschaffen hatte. Er kannte die unterschiedlichen Machtkonstellationen in der Bundesrepublik Deutschland, in der DDR und in der Sowjetunion sehr genau, und deshalb wusste er auch, dass eine Auflösung der PDS verantwortungslos gewesen wäre und zu einem Chaos hätte führen können, das möglicherweise außer Kontrolle geraten wäre. Als er merkte, dass der äußere und innere Druck, die PDS aufzulösen, immer größer wurde, kam er zu mir, um mich vor einem solchen Schritt zu warnen. Nach seiner Auffassung, erklärte er, sei der 1918/1919 entstandene historische Grund für die Spaltung der Arbeiterbewegung und damit die Spaltung von SPD und KPD entfallen. Mit dem untergehenden Sowjetsystem gebe es keine Notwendigkeit mehr für zwei Parteien, die sich als Arbeiterparteien verstünden. Auf der anderen Seite sei aber ein Zusammenschluss von SPD und PDS in absehbarer Zeit undenkbar. Eine irgendwie geordnete Vereinigung der beiden deutschen Staaten, eine irgendwie wahrnehmbare Interessenvertretung der Ostdeutschen in einem vereinigten Deutschland sei seiner Meinung nach ohne die PDS eine illusionäre Vorstellung, die leider auch in seiner Partei gehegt werde. Er könne mir deshalb nur raten, dem Druck zur Auflösung der PDS nicht nachzugeben und den Erneuerungskurs in der Partei konsequent fortzusetzen. Bei seinen Überlegungen spielte auch eine Rolle, dass die SPD-Führung auf Betreiben der SPD der DDR nicht bereit war, ehemalige SED-Mitglieder ohne weiteres in die Partei aufzunehmen. Bahr wies mich auch darauf hin, dass sowohl die hohen als auch die mittleren und kleineren Verantwortungsträger der DDR ohne jede Art von Schutz wären, wenn es die PDS nicht mehr geben sollte. Unabhängig davon, ob ich alle Einschätzungen von Egon Bahr, insbesondere die zur Zukunft beider Parteien, teilte, vermittelte er mir durch seinen Besuch den Eindruck, dass es Politikerinnen und Politiker gab, die sich nicht vom Zeitgeist, von der momentanen emotionalen Stimmung leiten ließen, sondern darüber hinausdachten.

Einen dritten Sozialdemokraten will ich erwähnen, nämlich Harry Ristock aus Westberlin. Er suchte mich auf, fand das Projekt PDS wichtig, stimmte vielen unserer politischen Inhalte zu und ging noch einen Schritt weiter, indem er mich zu seinem jährlichen Laubenpieperfest in seine Westberliner Laube einlud. Er wollte damit ein Zeichen gegen die Ausgrenzung setzen und wusste, dass viele, die sonst gekommen wären, auf ihre Teilnahme verzichten würden. So war es dann auch.

In dieser Zeit suchte mich auch eine Politikerin der Grünen auf, nämlich Antje Vollmer. Sie hatte zwar nur die Absicht, mich davon zu überzeugen, für bestimmte politische Konstellationen in Berlin und Moskau einzutreten, die ihr wichtig erschienen. Immerhin machte sie aber die Strategie der Kontaktverweigerung nicht mit, und ich empfand auch dieses Gespräch als angenehm.

Das Wichtigste in dieser Zeit war aber die Zustimmung aus der PDS und von ihren Anhängerinnen und Anhängern, die mir immer wieder die Kraft gab, durchzuhalten und weiterzumachen. Das galt auch für aufbauende Gespräche mit kritischen parteilosen Schriftstellern wie Stefan Heym, Christoph Hein und Heiner Müller.

In einem Punkt muss ich die Medien in ihrem Verhältnis zur PDS und zu mir in den vergangenen zehn Jahren würdigen. Bekanntlich gab es immer wieder den Versuch, DDR und Nazireich nicht nur zu vergleichen, sondern sogar partiell gleichzusetzen. Diese Herangehensweise, die sich bis in die SPD verbreitete, war nicht nur eine grobe Ungerechtigkeit gegenüber den Existenzbedingungen in der DDR und dem Wirken dieses Landes, sondern diente objektiv der Bagatellisierung des Faschismus. Denn wenn das Nazireich letztlich nichts anderes gewesen wäre als die DDR, dann ließe sich mit Sicherheit nicht erklären, weshalb die Aufarbeitung der Nazigeschichte noch heute international und national ein so höchst komplizierter Vorgang ist. Fünfzig Jahre nach ihrem Untergang wird es hinsichtlich der DDR niemals solche Spannungen in der öffentlichen Auseinandersetzung geben, wie es sie fünfzig Jahre nach dem Untergang des Naziregimes noch gibt. Das liegt nicht nur daran, dass Millionen Ermordeter in kein Verhältnis zu Millionen Akten gebracht werden können, dass die Entfesselung des schlimmsten Krieges der Neuzeit nicht mit einem höchst fraglichen und politisch und moralisch zu verurteilendem Schutz der eigenen Grenze gleichgesetzt werden kann, sondern ist in erster Linie darauf zurückzuführen, dass die Nazis keine anderen als verbrecherische Ziele verfolgt haben, während Kommunistinnen und Kommunisten, Sozialistinnen und Sozialisten einer Befreiungsideologie anhängen. Sie haben sozial auch einiges erreicht, griffen allerdings in zu verurteilender Weise auf dogmatische und zum Teil verbrecherische Methoden zurück.

Auf der anderen Seite steht natürlich fest, dass man alles miteinander vergleichen kann und sämtliche Diktaturen gewisse Ähnlichkeiten aufweisen. Nur sind die Unterschiede zwischen dem Naziregime und der DDR so immens groß, dass allein ein Vergleich von Formen der Machtausübung zumindest wissenschaftlich und politisch keine vernünftigen Ergebnisse erzielen kann. Es bringt relativ wenig, wenn man feststellt, dass es sowohl in der Nazizeit als auch in der DDR den Versuch der Indoktrination der Bevölkerung gegeben hat. Das ist zwar richtig, aber es macht eben einen gewaltigen Unterschied, ob der Staat Rassismus und Antisemitismus oder Antifaschismus indoktriniert. Dennoch ist es auf der anderen Seite gerade für die PDS zwingend notwendig, alle autoritären, dogmatischen und diktatorischen Formen von Machtausübung für alle Zeit auszuschließen, völlig unabhängig davon, ob die Methoden verbrecherischen oder eher vertretbaren, sogar gerechten Zielen dienen. Der Zweck heiligt eben nicht die Mittel. Und der Zweck wird letztlich mit falschen Methoden auch nicht erreicht, sie stellen ihn sogar in Frage und berauben ihn seines Fortschrittsgehaltes.

Politisch diente der Vergleich der vollständigen Delegitimierung der DDR und damit einem Ziel, das der F.D.P.-Politiker Klaus Kinkel als Bundesjustizminister so auf einer Juristentagung von den Richtern eingefordert hatte. Wenn es nun solche Vergleiche und teilweise Gleichsetzungen gab, so konnten sie als politisch-moralische Grundlage für die Ablehnung und Ausgrenzung der PDS genutzt werden. Sie war zweifellos aus der SED hervorgegangen und in besonderer Weise mit der Geschichte der DDR verbunden und musste sich deshalb alles anrechnen lassen, was an Negativfeststellungen über die DDR möglich war, also auch solche Vergleiche und partiellen Gleichsetzungen.

Die von Politikerinnen und Politikern anderer Parteien und in den Medien immer wieder betonten Zusammenhänge zwischen PDS, SED und DDR hatten allerdings auch einen positiven Nebeneffekt. In dem Maße, in dem die Ostdeutschen sich wieder ein realeres Bild der DDR aufgrund der Gegebenheiten in der Bundesrepublik Deutschland zeichneten, in denen sie also auch positive Momente in ihrem untergegangenen Staat erkannten, wuchs auch die Akzeptanz hinsichtlich der PDS. So ergab sich für diese der oben beschriebene Doppelvorteil. Sie wurde im Osten immer stärker mit den vermeintlich oder tatsächlich positiven Seiten der DDR in Verbindung gebracht, gleichzeitig wurde ihr abgenommen, dass sie sich mit dem Mangel an Demokratie und Emanzipation in der DDR auseinander setzte und solche Zustände für die Zukunft keineswegs anzustreben gedachte. Darüber hinaus trat sie als eine politische Kraft auf, die deutlich die Negativseiten des Kapitalismus in Deutschland kritisierte und die mangelnde Gerechtigkeit und Chancengleichheit für Ostdeutsche im vereinigten Deutschland in besonderer Weise artikulierte. Die wachsende Zustimmung zur PDS in den neuen Bundesländern war natürlich von jenen nicht beabsichtigt, die unermüdlich die DDR in jeder Art und Weise denunzierten und delegitimierten, aber sie resultierte auch daraus. Für die PDS entstand dadurch aber keine einfache Situation. So, wie sie sich in den ersten Jahren vehement und zu Recht gegen eine Pauschalverurteilung und Diskreditierung der DDR wenden musste, indem sie ebenso differenziert wie kritisch die Geschichte der DDR aufzuarbeiten versuchte, muss sie sich nunmehr gegen eine zunehmende Tendenz zur Pauschalverklärung der DDR wenden, weil diese historisch ebenso falsch und hinsichtlich des Profils der PDS nicht ungefährlich ist. Damit im Zusammenhang veränderten sich auch die Auseinandersetzungen in der PDS. Bestimmte Kräfte, die die negative Beurteilung der DDR niemals geteilt hatten, gewannen in der Partei an Gewicht, während die so genannten Reformer partiell zurückgedrängt werden konnten. So erklärt sich, dass der Stellenwert bestimmter Vertreterinnen und Vertreter der Kommunistischen Plattform in der PDS zunahm. Andere versuchten, dagegenzusteuern, letztlich auch mit Erfolg.

Die PDS hat die Aufgabe, bei dem einmal eingeschlagenen Weg zu bleiben, nämlich weder eine Pauschalverurteilung noch eine Pauschalverklärung der DDR hinzunehmen, sondern sich mit der Geschichte dieses Landes ebenso kritisch wie differenziert auseinander zu setzen. Vor allem darf sie nicht in den Fehler verfallen, soziale Sicherheit und politische Freiheit gegenüberzustellen. Während in der DDR immer erklärt wurde, eine bestimmte soziale Sicherheit sei nicht zu erreichen, wenn es umfassende politische Freiheit gäbe, versucht man in der Bundesrepublik Deutschland zu erklären, dass relativ umfassende politische Freiheit eine soziale Sicherheit – zumindest so, wie sie sich Sozialistinnen und Sozialisten vorstellten – ausschlösse. Wer so argumentiert, gerät meines Erachtens in eine unhaltbare Logik. Immer häufiger versucht mir der eine oder die andere aus dem Osten zu erklären, dass bezahlbare Mieten, subventionierte Preise für Grundnahrungsmittel, sichere Arbeitsplätze vielleicht doch mehr wert seien als Meinungs-, Versammlungs- und Reisefreiheit. Im Rahmen einer solchen Gegenüberstellung kann nur die eigene Situation zum Maßstab werden. Wer gut verdient und einen sicheren Arbeitsplatz hat, der wird die Freiheiten höher bewerten als jemand, der wenig verdient, arbeitslos ist und dem sie deshalb zumindest aus seiner Sicht relativ wenig nutzen. Für eine Partei des demokratischen Sozialismus ist jedoch das Entscheidende, sich auf eine solche Logik nicht einzulassen, sondern von existierenden und künftigen Gesellschaften stets beides zu verlangen, soziale Sicherheit *und* Freiheit.

Damals aber, als die DDR auch im Bewusstsein der meisten

Ostdeutschen fast vollständig diskreditiert war, ließ sich diese Sicht sehr gezielt gegen die PDS nutzen und wurde auch genutzt. Dennoch machten die Medien nicht alles mit, was die politische Klasse ihnen vorzugeben versuchte. Denn sowohl Helmut Kohl als auch der damalige CDU-Generalsekretär Peter Hintze gingen sehr viel weiter, ebenso führende Vertreterinnen und Vertreter der CSU, indem sie versuchten, die PDS über den Vergleich und die partielle Gleichsetzung von DDR und Naziregime in eine Reihe mit rechtsextremistischen Parteien in Deutschland zu stellen. Aufgrund der besonderen Geschichte in Deutschland sind aber rechtsextremistische Parteien in den meisten Medien geächtet. Presseerklärungen und Verlautbarungen von NPD, DVU oder Republikanern spielen in ihnen so gut wie keine Rolle. Die Vorsitzenden dieser Parteien werden weder in Nachrichtensendungen gebeten noch zu Talkshows eingeladen. Hier gibt es eine bestimmte Grenze, die nur sehr selten überschritten wird. Und wenn es dann doch einmal zu einem Verstoß gegen diese Regel kommt, zum Beispiel als Thomas Gottschalk Franz Schönhuber in einer Sendung präsentierte, geht ein solcher Aufschrei durch die Medien bis hin zur *Bild*-Zeitung, dass eine Wiederholung fast ausgeschlossen ist. Peter Hintzes Versuch der Gleichsetzung von PDS und Republikanern, sein Versuch der Gleichsetzung meiner Person mit den Vorsitzenden rechtsextremistischer Parteien scheiterte auch an den Medien. Mit Ausnahme weniger Artikel in der *Welt*, in bestimmten westlichen Lokalzeitungen und gelegentlich in der *Bild*-Zeitung, in denen vorübergehend tatsächlich nicht nur rechtsextremistische Parteien und die PDS, sondern auch rechtsextremistische Personen und ich in einem Atemzuge genannt wurden, machten die Medien diese Art von Gleichsetzung nicht mit. So kritisch sie mit mir umgingen, ich war für sie nie so zu behandeln, wie man Schönhuber und Leute seines Schlages zu behandeln hatte. Deshalb wurde ich auch von Anfang an in Fernseh- und Rundfunksendungen eingeladen, machten die Zeitungen mit mir Interviews. Natürlich versuchten die Journalistinnen und Journalisten dabei stets, ihre große Distanz zu mir zum Ausdruck zu bringen, mir erhebliche Vorwürfe zu machen, sich deutlich von der PDS abzugrenzen, aber immerhin, sie haben uns nicht vollständig ignoriert.

Dafür mag es verschiedene Gründe gegeben haben. Zunächst war ich ja – solange es die DDR noch gab – schon in die Medien eingeführt, und es wäre absurd gewesen, mich unversehens als Extremisten darzustellen. Ich bin es so offenkundig nicht, dass auch die meisten Medien nicht bereit waren, dieser Vorgabe von Peter Hintze zu folgen. Und auch die PDS war in ihrem gesamten Wirken eher etwas bieder und harmlos, einen extremistischen Eindruck hinterließ und hinterlässt sie auf jeden Fall nicht. Manchmal scheitert eine Vorgabe einfach an der zu offenkundigen Wahrheit. Die wenigen Journalistinnen und Journalisten, die dennoch die Gleichsetzung wollten, mussten deshalb in die große Trickkiste greifen. So wurde ich für sie der »Wolf im Schafspelz«, das heißt, einer, der sich verstellt.

Inzwischen ist übrigens auch die CDU dabei, die Gleichsetzung von PDS und rechtsextremistischen Parteien aufzugeben, und sie hat aufgehört, mich mit rechtsextremistischen Personen gleichzusetzen. Die Bundestagsfraktion der CDU/CSU hat mit der Bundestagsfraktion der PDS und den anderen Bundestagsfraktionen gemeinsam den Entwurf zum Gesetz für eine Stiftung ehemaliger Zwangsarbeiterinnen und Zwangsarbeiter eingebracht. Das ließe sich überhaupt nicht rechtfertigen, wenn sich die PDS in ihren Augen tatsächlich mit rechtsextremistischen Parteien gleichsetzen ließe.

Da die von mir ausgehende Wirkung eine völlig andere war und ist, als sie den Erwartungen an einen verantwortlichen Politiker einer Partei entsprach, die man als eng mit der SED, der DDR, der Diktatur, dem Linksextremismus etc. verbunden darstellen wollte, ging man schließlich noch zu einer anderen Strategie über, und bei dieser machten allerdings die Medien mit. Man begann zunehmend zwischen der PDS einerseits und mir und anderen führenden Personen der Partei andererseits zu unterscheiden. Diese Taktik hatte durchaus Erfolg, was wiederum auf zwei Ursachen zurückzuführen ist. Zum einen entsprechen tatsächlich bestimmte führende Personen der PDS in ihrer Geisteshaltung, ihrer Kultur und in der Art ihres Auftretens nicht unbedingt dem Bild des typischen PDS-Mitgliedes. Das gilt nicht nur für mich, das gilt auch für Lothar Bisky, für André Brie und andere. Anders als beim Versuch, uns ins extremistische Lager zu stellen, gab es für die Unterscheidung zwischen uns und der PDS-Basis eine realere, leider zunehmende Grundlage, wenn sie auch keineswegs so real ist, wie viele sie gern hätten. Auf der einen Seite gilt immer, dass führende Personen einer Partei nicht gerade deren typische Mitglieder repräsentieren. Täten sie dies, wären sie nämlich nicht führend. Auf der anderen Seite zeigt das Wirken Tausender Politikerinnen und Politiker der PDS, dass die Biskys, Gysis etc. in ihr wesentlich verbreiteter sind, als es jene wahrhaben wollen, die immer wieder versuchen, zwischen solchen Personen und der Partei als Ganzes zu unterscheiden. Aber natürlich ließen sich zunehmend Mitglieder in der PDS finden, die tatsächlich und erheblich vom demokratischen Herangehen eines Lothar Bisky oder auch meiner Person abweichen.

Diese Art der Argumentation brachte mich in eine schwierige Lage. Denn nicht selten stand in Interviews oder in Fernsehsendungen das Angebot im Raum, mit mir in anderer Weise umzugehen, mich viel deutlicher zu akzeptieren, wenn ich die Unterscheidung zwischen Person und Partei nur aufgriffe und selbst einen Keil zwischen die PDS und mich setzte. Dieses Angebot hatte etwas Verführerisches an sich, denn auch ich gehöre zu jenen, die lieber freundlich als unfreundlich behandelt werden. Ich bin dennoch nicht darauf eingegangen. Zum einen kann und konnte ich das den Tausenden PDS-Mitgliedern nicht antun, von denen ich meine, dass sie meine Politik unterstützen, und von denen ich so viel Dankbarkeit und auch Solidarität erfahren habe. Zum anderen aber ergab sich mein politischer Stellenwert gerade daraus, dass ich Funktionär der PDS war, ich hätte mir also die Grundlage entzogen, auf der ich Politik machte. Meine Konkurrentinnen und Konkurrenten, meine Gegnerinnen und Gegner mussten davon ausgehen, dass die PDS nicht erfolgreich zurückgedrängt werden könnte, wenn es nicht gelänge, mich und das von mir bediente Bild zu zerstören. Der Kampf gegen mich wurde so immer massiver.

Vieles davon ist inzwischen vergessen, und die meisten erinnern sich nur noch an die Stasivorwürfe.

Aber wie bereits beschrieben, begann die erste Kampagne schon Anfang 1990. Die damalige Richtung setzte sich dann kurz vor der Volkskammerwahl und der Kommunalwahl in der DDR, das heißt im März und Anfang Mai 1990, in der *Bild*-Zeitung fort. Heute wird dies kaum noch einer für möglich halten, aber damals behauptete dieses Blatt allen Ernstes, ich hätte auf einer geheimen Tagung angekündigt, alles sei vorbereitet, um im Falle der Einheit Banken und die Erfassungsstelle zur Registrierung von Verbrechen in der DDR in Salzgitter zu sprengen. Unsere Leute säßen schon in verantwortlichen Stellen der alten Bundesrepublik, und weitere Infiltrierungen stünden bevor. Damals nahm ich solche Berichte eher fassungslos zur Kenntnis, fing dann aber doch an, mich zu wehren. Hierbei wurden mir die Rechtsanwälte Heinrich Senfft und Joachim Kersten aus Hamburg zu wichtigen Begleitern und Freunden. Der *Bild*-Zeitung wurde gerichtlich nicht nur untersagt, solche Behauptungen zu wiederholen, sie musste sogar eine Entschuldigung und Richtigstellung auf Seite eins einer Ausgabe drucken.

Als dann der Finanzskandal der PDS im Oktober 1990 aufflog, geriet ich ganz erheblich unter Beschuss. Drei Funktionäre der Partei hatten 107 Millionen Mark ins Ausland verbracht, um sie für die PDS vor der Treuhandanstalt zu retten. Das Denken in den Kategorien des Kalten Krieges hatte sie noch nicht verlassen. Der Zweck sollte die Mittel heiligen. Wer weiß, wozu es mit der PDS noch käme, dann würden sich alle freuen, wenn es irgendwo noch eine Geldreserve gäbe – so oder so ähnlich müssen sie gedacht haben. Der Vorwurf der Untreue gegen sie schien mir allerdings von Anfang an unbegründet, denn sie wollten ja der Partei das Vermögen nicht entziehen, sondern es für sie sichern, wenn auch auf eine nicht zu rechtfertigende Art und Weise. Letztlich wurden sie auch freigesprochen. Ihre Inhaftierung, die Anklageerhebung gegen sie, ihre erste Verurteilung und das Revisionsurteil des Bundesgerichtshofes spielten allerdings in den Medien eine wesentlich größere Rolle als der letztlich erfolgte rechtskräftige Freispruch. Natürlich lag es nahe, dass sowohl Politikerinnen und Politiker anderer Parteien als auch die Medien zu verbreiten versuchten, ich hätte an diesem Finanzskandal mitgewirkt. Es war aber einfach nicht so. Zu keinem Zeitpunkt gab es in dieser Sache auch nur einen Anfangsverdacht gegen mich, so dass nicht einmal ein Ermittlungsverfahren eingeleitet wurde. Interessanterweise hörten die diesbezüglichen Behauptungen schlagartig auf, als der Bundestag am 2. Dezember 1990 gewählt war. Anscheinend hat niemand ernsthaft daran geglaubt, dass ich etwas mit dem Skandal zu tun hatte, im Wahlkampf lohnte es sich aber, das Gegenteil zu unterstellen. Nur beispielhaft sei ferner daran erinnert, dass mich *Focus* zu viel späterer Zeit des Versuchs bezichtigte, SED-Millionen über einen Geheimdienstmann Gaddhafis nach Libyen zu transferieren. Auch *Focus* unterlag vor Gericht. Mit diesen Beispielen wollte ich zeigen, dass die Initiativen, mich zu diskriminieren und auszuschalten, keineswegs nur auf den Stasivorwurf beschränkt blieben, sondern in den verschiedensten Varianten stattfanden.

Im Januar 1992 begann man dann, mich als inoffiziellen Mitarbeiter des Ministeriums für Staatssicherheit zu denunzieren, der seine Mandanten verraten habe. Auch dieser Versuch ist schließlich gescheitert, aber daran wurde am vehementesten und am längsten gearbeitet. Ich kann und will nicht auf alle Seiten der Auseinandersetzungen um diesen Vorwurf eingehen, zumal ich das schon häufiger getan habe. Einige Umstände scheinen mir aber schon bemerkenswert.

Als dieser Verdacht im Januar 1992 erstmalig geäußert wurde, und zwar von Bärbel Bohley und anderen, verteidigte mich zunächst selbst Joachim Gauck. Es gebe diesbezüglich keine Hinweise, geschweige denn Beweise. Wieder wurde der *Spiegel* zum wichtigsten Medium in dem Bestreben, mich über diesen Vorwurf aus der Politik zu drängen. Er hat viele Prozesse gegen mich verloren und musste erhebliche Gerichts- und Anwaltskosten bezahlen, doch erst 1999 stellte er die Stasi-Kampagne ein, an der sich auch andere Zeitungen beteiligten, wenn auch mit weniger Konsequenz und Leidenschaft. Eine besondere Rolle spielte die *Berliner Zeitung*, deren damaliger Chefredakteur Hans Eggert schon zu SED-Zeiten und als SED-Mitglied als Journalist tätig war. Gewendet, wie er war, wollte er seinen neuen Chefs nun beweisen, dass er nichts, aber auch gar nichts mit der PDS oder mit mir am Hut habe. Nachdem auch dieser Zeitung bestimmte Behauptungen gegen mich untersagt worden waren, ist auf Veranlassung des Chefredakteurs vor dem Berliner Landgericht sogar eine Feststellungsklage gegen mich erhoben worden, wonach die *Berliner Zeitung* künftig das Recht haben sollte, mich »Stasispitzel« nennen zu dürfen. Die *Berliner Zeitung* verlor sowohl beim Landgericht als auch beim Kammergericht in Berlin.

Andere ehemalige Bezirkszeitungen der SED verhielten sich ähnlich wie die *Berliner Zeitung*. Ich hatte bei ihnen immer den Eindruck, sie wollten ihre frühere Geschichte dadurch aufarbeiten, dass sie sich bei der Ächtung meiner Person besonders hervortaten. Während der Stasikampagne konnte ich in den *Potsdamer Neuen Nachrichten* lesen, dass ein Mann wie Hans Globke im Vergleich zu mir immer noch Charakter besessen hätte. Eines Tages suchte mich eine Journalistin auf, die bei der *Bild*-Zeitung gearbeitet hatte. Sie erzählte mir, sie habe dort selbst eine wesentliche entlastende Unterlage über mich gesehen und gelesen, die von der Leitung des Hauses unterdrückt worden sei. Auch von der Gauck-Behörde habe ich diese Unterlage nie bekommen.

Auf der anderen Seite gab es Zeitungen, Zeitschriften und Sender, die die Kampagne zu keinem Zeitpunkt unterstützten. Es gab auch Journalistinnen und Journalisten, die mich verteidigten. Auffällig war zum Beispiel, dass sich, von einer Ausnahme abgesehen, der *Stern* nicht an der Kampagne beteiligte. Der Journalist Rudolf Geissler sprach mehrere Kommentare für mich, vornehmlich im SWR. Auch die freie Journalistin Gabi Gillen gestaltete eine ganze Sendung, in der sie nicht nur nachwies, wie unbegründet die Vorwürfe waren, sondern auch dokumentierte, mit welchen Manipulationen gegen mich vorgegangen wurde. Journalisten wie Erich Kuby und Michael Jäger setzten sich in der Wochenzeitung *Freitag* für mich ein.

Aber der Trend in den Medien war eindeutig. Er richtete sich nach dem politischen Mainstream, der darauf hinauslief, mich zu ächten und aus der Politik zu drängen. Dabei wurde mir auch zum Verhängnis, dass Journalistinnen und Journalisten immer seltener selbst recherchieren, sondern nachschreiben, was andere schon einmal aufgeschrieben haben.

Besondere Unterstützung in diesen Jahren erfuhr ich von meinem ehemaligen Mandanten Rudolf Bahro. Er hat die Vorwürfe gegen mich stets zurückgewiesen und mich überall verteidigt. In mehreren Leserbriefen wandte er sich an das Nachrichtenmagazin *Der Spiegel* und musste die Erfahrung machen, dass sie – im Unterschied zu anderen schriftlichen Äußerungen von ihm – nicht veröffentlicht wurden. Dass ausgerechnet Rudolf Bahro sich für mich einsetzte, passte dem *Spiegel* einfach nicht, bestand doch das Anliegen darin, mir den Verrat an ihm zu unterstellen. Auch der Sohn von Rudolf Bahro, Andrej Bahro, ergriff für mich Partei. Einmal bezeichnete er mich sogar als seinen Ersatzvater in der Zeit, in der sich sein Vater in Haft befunden hatte.

Robert Havemann lebte nicht mehr, seine Ehefrau stellte sich gegen mich, aber seine Kinder haben mich in einer Erklärung deutlich unterstützt.

Auch andere Mandanten, wie Frank-Wulf Matthies, wandten

sich zu meiner Verteidigung an die Medien. Auch er musste die Erfahrung machen, dass sein Leserbrief im *Spiegel* nicht abgedruckt wurde.

Ulrike Poppe hat sich nie an der Kampagne gegen mich beteiligt.

Rainer Eppelmann musste bestätigen, es gebe in seiner Akte nicht den geringsten Hinweis darauf, dass Informationen von mir an das Ministerium für Staatssicherheit geflossen sind.

Gleiches gilt für Lutz Rathenow, der dies aber offensichtlich bedauerte.

Die meisten meiner Mandanten – letztlich alle außer Bärbel Bohley und Annedore Havemann – schätzten oder respektierten zumindest auch im Nachhinein mein Wirken für sie in der DDR.

Andere, die sich vehement in den Kampf gegen mich einschalteten, wie Vera Lengsfeld und Freya Klier, sind nie meine Mandantinnen gewesen.

In dieser Zeit erfuhr ich viel Solidarität aus der PDS, vor allem von Freundinnen und Freunden und meinen engsten Mitarbeiterinnen und Mitarbeitern. Meine Mitarbeiterinnen Marlies Keller und Mirjam Lassak verbrachten Nächte mit mir, um Erklärungen und Schriftsätze zu verfassen. Großes Engagement zeigte auch mein Mitarbeiter Dieter Liehmann aus dem Westen. Claudia Gohde, damals Mitglied und heute Mitarbeiterin des Parteivorstandes, ebenfalls aus den alten Bundesländern, hat Tage und Nächte damit zugebracht, die Vorwürfe gegen mich zu widerlegen. Jürgen Reents, der damalige Pressesprecher der PDS-Bundestagsgruppe, hat mir nach besten Kräften im Umgang mit den Medien geholfen.

Meine heutige Ehefrau hat als Bundestagsabgeordnete unter dem Namen Andrea Lederer sechs Jahre leidenschaftlich im Immunitätsausschuss für mich gestritten. Ohne dieses Engagement wären wir uns vielleicht nie so nahe gekommen, dass wir heute verheiratet sind. Ich fühle mich dennoch nicht verpflichtet, Dankbarkeitsgefühle gegenüber dem Immunitätsausschuss zu entwickeln.

Andreas Aufgabe übernahmen 1996 mit gleicher Leidenschaft die PDS-Bundestagsabgeordneten Ulla Jelpke und Winfried Wolf.

1992, als die Kampagne gegen mich begann, gab es bereits ein Gesetz zur Überprüfung von Bundestagsabgeordneten durch den Immunitätsausschuss des Bundestages. Ich beantragte im März 1992 selbst, dass der Immunitätsausschuss eine solche Überprüfung vornehme. Damals bildete ich mir naiv ein, dass es für die Mitglieder eines solchen Ausschusses Grenzen gebe, die sie nicht überschreiten würden. Zunächst behielt ich mit dieser Einschätzung auch Recht, denn der Ausschuss kam in der zwölften Legislaturperiode zu der Feststellung, dass ich nicht für das Ministerium für Staatssicherheit tätig gewesen sei. Dabei stützte er sich auf eine entsprechende Auskunft der Gauck-Behörde. Obwohl sich an der Sach- und Beweislage nichts geändert hatte, entstand in der dreizehnten Legislaturperiode ein völlig anderes Klima, der Immunitätsausschuss ging ganz anders vor, und auch die Gauck-Behörde schwenkte um hundertachtzig Grad. Aus meiner Sicht will ich versuchen zu erklären, wie es zu dieser Änderung kam.

Im Jahre 1990 erarbeiteten die Regierungen der DDR und der BRD den Entwurf eines Wahlvertrages, dem zufolge die erste gesamtdeutsche Wahl in getrennten Zählgebieten stattfinden sollte. Für den Einzug einer Partei in den Deutschen Bundestag sollte mithin genügen, dass sie die Fünf-Prozent-Hürde entweder in der ehemaligen DDR oder in der alten BRD überschritt. Gegen diesen Entwurf des Wahlvertrages lief die SPD Sturm. Sie konnte sich ausrechnen, dass die PDS die Fünf-Prozent-Hürde in der ehemaligen DDR auf jeden Fall überschreiten würde. Damit säße im Bundestag eine für sie unerwünschte Konkurrenz. Führende Sozialdemokraten sprachen bei Bundeskanzler Helmut Kohl vor und erklärten, dass es für diesen Wahlvertrag weder im Bundestag noch im Bundesrat die erforderliche Mehrheit geben werde. Die SPD verlangte für die erste gesamtdeutsche Wahl die einheitliche Fünf-Prozent-Hürde in ganz Deutschland, um zu sichern, dass die

PDS nicht in den Bundestag einzöge. Helmut Kohl wollte vor allem auf die DSU, die DDR-Schwesterpartei der CSU, Rücksicht nehmen, die natürlich keine Chance hatte, bundesweit über die Fünf-Prozent-Hürde zu gelangen. Möglicherweise war ihm auch daran gelegen, für die SPD eine Konkurrenz durch die PDS zuzulassen, sodass sein Entwurf eben anders aussah, als die SPD ihn sich vorstellte.

Auch Lothar de Maizière fühlte sich in der Pflicht, die PDS nicht durch einen Trick aus der politischen Landschaft zu verdrängen, zumal ihm klar war, dass es nicht wenige Ostdeutsche gab, deren Integration scheitern musste, wenn sie sich in einem gesamtdeutschen Bundestag überhaupt nicht vertreten fühlten. Die SPD blieb aber stur. Und so mussten Helmut Kohl und Lothar de Maizière einlenken und den Wahlvertrag dergestalt ändern, dass die Fünf-Prozent-Hürde bei der ersten gesamtdeutschen Wahl sofort für das gesamte Territorium und alle sich zur Wahl stellenden Parteien gelten sollte. Die SPD war froh, hatte sie doch ihrer Meinung nach die PDS durch diese Regelung ausgehebelt. Sie hätte uns nur noch bis zum 2. Dezember 1990, dem Zeitpunkt der ersten gesamtdeutschen Wahl, im Bundestag ertragen müssen.

Dieser Wahlvertrag hat, obwohl er vom Bundesverfassungsgericht später aufgehoben wurde, die PDS strukturell auf längere Zeit beeinflusst. Da wir uns nicht darauf verlassen konnten, dass er für grundgesetzwidrig erklärt werden würde, waren wir ab Sommer 1990 gezwungen, so schnell wie möglich eine PDS in den alten Bundesländern aufzubauen, um bundesweit zur Bundestagswahl antreten zu können. Eine längere Suche nach geeigneten Partnerinnen und Partnern im Westen war nicht möglich, sodass wir auf jene zurückgreifen mussten, die von sich aus kamen. Das Ergebnis war höchst zufällig. Mit einer ganzen Reihe der neuen Mitglieder hatten wir großes Glück, aber nicht mit allen. Diese zufällige Art und Weise, wie die PDS in Westdeutschland entstand, hat Konsequenzen bis heute. In einigen alten Bundesländern fanden sich Linke, deren Absicht von Anfang an darin bestand, das

Projekt PDS, wie es sich entwickelte, zu unterstützen, während sich in anderen vornehmlich Leute als PDS organisierten, die ihren längst gescheiterten Unternehmungen mittels der Partei neues Gewicht geben wollten. Sie haben die PDS nie gefördert, sondern nur benutzt und eine dogmatische Unkultur in sie hineingetragen. Vor allem war es immer ihr Ziel, der PDS einen anderen Charakter zu verleihen. Sie brachten ein Sektenbewusstsein mit und versuchen bis heute, ein solches als einzig wahre linke Ideologie auszugeben. Im Laufe der Zeit haben sie sich mit Vertreterinnen und Vertretern der Kommunistischen Plattform und des Marxistischen Forums in der PDS zusammengetan, um Kultur, Ideologie und Politik der Partei grundsätzlich zu verändern. So erklärt sich auf jeden Fall, dass die Landesverbände der PDS in den alten Bundesländern bis heute zum Teil einen völlig unterschiedlichen Charakter haben, je nachdem, welche Mitglieder sich dort zufällig im Sommer beziehungsweise Frühherbst des Jahres 1990 zusammengefunden hatten. Inzwischen gibt es Veränderungen und Entwicklungen. Ursprüngliche Mitglieder sind zum Teil nicht mehr in der PDS, andere sind hinzugekommen. Die Unterschiede – und das hat auch mit den Anfängen zu tun – sind dennoch geblieben.

Es gab noch einen anderen Punkt, in dem sich die SPD damals durchsetzte. Helmut Kohl war nämlich nicht daran interessiert, zwei entscheidende Paragrafen des Parteiengesetzes der DDR vom Mai 1990 nach dem 3. Oktober 1990 weiter gelten zu lassen. Es waren jene Paragrafen, die regelten, dass das Vermögen der Parteien und Massenorganisationen der ehemaligen DDR treuhänderisch zu verwalten und letztlich einzuziehen sei. Sie dienten vornehmlich der Enteignung der PDS, die dann auch faktisch vollzogen wurde. Mit dem 3. Oktober 1990 hätten sie aber ihre Geltung verloren. Das hätte der Bundes-CDU das Vermögen der Demokratischen Bauernpartei Deutschlands und der CDU der DDR erhalten. Für die F.D.P. hätte es das Vermögen der Liberal-Demokratischen Partei und der National-Demokratischen

Rückgabe vor Entschädigung

Partei der DDR gerettet. Auch der DGB wäre Eigentümer des FDGB-Vermögens geworden. Und selbstverständlich hätte auch die PDS erhebliche Vorteile davon gehabt, denn das SED-Vermögen wäre ihr geblieben, soweit es nicht rechtswidrig erworben worden war und soweit sie nicht von sich aus schon darauf verzichtet hatte. In gewisser Hinsicht kann ich verstehen, dass die SPD dagegen Sturm lief, denn sie wäre ziemlich leer ausgegangen, obwohl sie ihr ursprüngliches Eigentum in der DDR hätte zurückbekommen können und ich ihr auf Wunsch von Egon Bahr schon eine komplette diesbezügliche Liste übergeben hatte.

Auch in dieser Frage setzte die SPD die Drohung ein, den Einigungsvertrag in Bundestag und Bundesrat scheitern zu lassen, falls die beiden Paragrafen aus dem Parteiengesetz der DDR nicht in ihn übernommen würden. Sowohl für den Wahlvertrag als auch für den Einigungsvertrag waren Zweidrittelmehrheiten in Bundestag und Bundesrat erforderlich, sodass CDU, CSU und F.D.P. auf die SPD angewiesen waren.

Ich erwähne die konsequente Haltung der SPD in beiden Fragen auch deshalb, weil sie in späteren Jahren immer wieder erklärte, dass gegen ihren Willen das Prinzip »Rückgabe vor Entschädigung« hinsichtlich der DDR-Grundstücke in den Einigungsvertrag aufgenommen worden sei. Dieses Prinzip hat in den neuen Bundesländern zu tausendfachem Leid und Eigentumsverlust, zu Ängsten und auch zur Ablehnung des Einigungsprozesses bei Betroffenen geführt. CDU, CSU und vor allem die F.D.P. fühlten sich aber den Alteigentümern im Westen gegenüber wesentlich stärker verpflichtet als den Neueigentümern im Osten. Anhand der beiden anderen Fälle lässt sich jedoch klar erkennen: Wäre der SPD die Verhinderung des Prinzips »Rückgabe vor Entschädigung« genauso wichtig gewesen wie der Ausschluss der PDS aus dem ersten gesamtdeutschen Parlament und die Enteignung der PDS, dann hätte sie sich auch diesbezüglich durchsetzen können. Wegen des Prinzips »Rückgabe vor Entschädigung« hätte Helmut Kohl den Einigungsvertrag nicht scheitern lassen. Er hätte darauf verzichtet, wenn die SPD darauf bestanden hätte. Aber das hat sie nicht getan, sondern das Prinzip hingenommen und dem Einigungsvertrag zugestimmt.

Der Wahlvertrag, den sich CDU, CSU und F.D.P. von der SPD hatten aufdrücken lassen, hatte allerdings keinen Bestand. Das Bundesverfassungsgericht hob ihn auf und verlangte, dass für die erste gesamtdeutsche Wahl entweder die Fünf-Prozent-Hürde erheblich gesenkt werden müsse oder aber bei der Wahl zwei getrennte Zählgebiete festzulegen seien. Die Begründung war einfach und einleuchtend: Wenn der Beitritt der DDR zum Geltungsbereich des Grundgesetzes der Bundesrepublik Deutschland erst am 3. Oktober 1990 erfolge, könne von keiner Partei der DDR erwartet werden, sich innerhalb weniger Wochen auch in den alten Bundesländern so zu etablieren, dass sie imstande wäre, gesamtdeutsch die Fünf-Prozent-Hürde zu überschreiten. Nicht jede Partei aus der DDR habe aber die Möglichkeit und den Willen, sich mit existierenden westdeutschen Parteien zu vereinigen, sodass die Chancengleichheit für solche Parteien der DDR verletzt wäre. Das gelte auch für westdeutsche Parteien, die keine Partnerin im Osten fänden. Eine Verfassungsbeschwerde gegen den Wahlvertrag war nicht nur von der PDS eingereicht worden, sondern auch vom Bündnis 90, das zum damaligen Zeitpunkt noch nicht mit den Grünen fusioniert war, und vom Neuen Forum. Zu ihren Gunsten zu entscheiden fiel dem Bundesverfassungsgericht sicherlich leichter, als wenn es nur um die PDS gegangen wäre.

Der Gesetzgeber entschied sich für die zweite der vom Bundesverfassungsgericht eröffneten Varianten und führte die ursprünglich vorgesehenen getrennten Zählgebiete ein. Bei der Bundestagswahl am 2. Dezember 1990 erzielte die PDS in den alten Bundesländern und im Westteil der Stadt Berlin zwar nur 0,3 Prozent der Zweitstimmen, in den neuen Bundesländern und im Ostteil Berlins übersprang sie aber mit über elf Prozent der Zweitstimmen sicher die Fünf-Prozent-Hürde und zog so auch in der zwölften Legislaturperiode als Abgeordnetengruppe in den Bundestag ein. Gleiches gelang übrigens auch dem Bündnis 90 in den neuen Bundesländern, während die Grünen in den alten Bundesländern an der Fünf-Prozent-Hürde scheiterten. So hatte die Sonderregelung nicht nur der PDS, sondern auch dem Bündnis 90 genutzt. Das war für die PDS auch deshalb von Vorteil, weil der Bundestag die Rechte der Abgeordnetengruppen festlegen musste. Sicherlich hätten wir wesentlich weniger Rechte bekommen, wenn die Regelung nur uns als Bundestagsgruppe betroffen hätte. Jede Einschränkung unserer Rechte hätte aber auch die Rechte von Bündnis 90 eingeschränkt, und so hielt sich alles in Maßen.

In den anschließenden vier Jahren fusionierte dann das Bündnis 90 mit der Partei DIE GRÜNEN, außerdem bedauerte ein Großteil der Medien den Ausschluss der Grünen aus dem Bundestag und gab sich größte Mühe, sie durch zahllose Beiträge in ihn zurückzubefördern. Die Grünen erhielten eine Aufmerksamkeit, als ob sie immer noch im Bundestag wären. Ähnlich ergeht es ihnen und der F.D.P. noch heute in den neuen Bundesländern, obwohl sie dort seit Jahren in keinem einzigen Landtag vertreten sind. Niemals hätte die PDS eine Chance, medial in den alten Bundesländern, wo sie in den Landtagen nicht vertreten ist, so viel Aufmerksamkeit zu erzielen wie die Grünen und die F.D.P. in den neuen Bundesländern, obwohl diese beiden Parteien vom Einzug in einen Landtag dort ebenso weit entfernt sind wie die PDS in den alten Bundesländern.

In der zwölften Legislaturperiode des Bundestages stand fest, dass die Wahl zum dreizehnten Deutschen Bundestag wieder nach dem früheren Modus stattfinden würde. Das Bundesverfassungsgericht hatte ein Sonderwahlrecht nur für die Wahl des zwölften Deutschen Bundestags gefordert. Außerdem zeichnete sich ab, dass Bündnis 90/DIE GRÜNEN zusammen bei der nächsten Wahl im Jahre 1994 trotz der dann wieder geltenden Fünf-Prozent-Hürde für Gesamtdeutschland eine reelle Chance hatten. Die SPD und die anderen Parteien konnten deshalb davon ausgehen, dass ihnen die Wählerinnen und Wähler mit »Hilfe« des Bundesverfassungsgerichtes die PDS zwar für die zwölfte Legislatur beschert hatten, dass diese aber mit Beginn der dreizehnten Legislatur wieder aus dem Bundestag ausscheiden würde. In gewisser Hinsicht hatte das für die etablierten bundesdeutschen Parteien sogar einen Vorteil. Die »Nachfolgepartei« der SED hätte ihre demokratische Chance gehabt. Sie hätte zunächst mit im Bundestag gesessen, wäre dann nicht wieder in den Bundestag gewählt worden und damit für die Öffentlichkeit erledigt gewesen. Nach außen hätte dies alles sehr demokratisch ausgesehen, und man wäre die PDS dennoch losgeworden. Denn klar war auch, schiede die PDS aus dem Bundestag aus, gäbe es kaum Medien, die sie zurück in den Bundestag schrieben und sendeten.

Nachdem in den ersten beiden Jahren der zwölften Legislaturperiode, also bis Ende 1992, die Angriffe gegen PDS-Abgeordnete so scharf gefahren wurden, dass sich einer von ihnen, nämlich Gerhard Riege, das Leben nahm, mäßigte sich anschließend der Ton. Irgendwie hatte dieser Vorfall auch die anderen etwas schockiert. Gerhard Riege war ein höchst angenehmer, friedfertiger, sehr bescheidener und kluger Mann, den niemand wirklich hassen konnte, der ihn einmal kennen gelernt hatte. Außerdem war die aggressive Ablehnung der PDS auch überflüssig, wo sie doch eh in absehbarer Zeit wieder aus der politischen Landschaft verschwinden würde.

Und so erklärt sich dann auch, weshalb der Druck in Bezug auf meine Person nachließ. Ich hatte zwar als einziger Kandidat der PDS bei der Wahl zum zwölften Deutschen Bundestag am 2. Dezember 1990 ein Direktmandat in meinem Wahlkreis Berlin-Marzahn/Hellersdorf erzielt, aber erstens glaubten alle, dies werde sich 1994 nicht wiederholen lassen. Und zweitens, selbst wenn es sich wiederholte, was sollte die PDS mit einem Direktmandat, wenn niemand sonst für sie in den Bundestag einzöge? Und so lässt sich auch erklären, dass es keinen Druck auf die Gauck-Behörde gab, entgegen den in der Behörde vorliegenden Dokumenten zu behaupten, ich hätte inoffiziell mit dem Ministerium für Staatssicherheit zusammengearbeitet, und dass der Immunitätsausschuss des Deutschen Bundestages einstimmig zu der Entscheidung gelangte, es gebe keine Beweise für eine solche Zusammenarbeit. Der Immunitätsausschuss hatte mich – wenn auch mit einer teilweise fraglichen Begründung – von dem Vorwurf, inoffizieller Mitarbeiter des Ministeriums für Staatssicherheit der DDR gewesen zu sein, einstimmig freigesprochen. Etwas anderes gaben die Unterlagen auch nicht her. Politisch steckte dahinter, dass niemand einen »Märtyrer« Gysi gebrauchen konnte. Zöge die PDS nämlich nicht erneut in den Bundestag ein, so die Überlegung, dann wäre es nicht gut, wenn der Eindruck entstünde, dies könnte an solchen Machenschaften gelegen haben. Außerdem wusste niemand, ob sich die Wahlchancen der PDS nicht geradezu erhöhten, wenn man mir einen solchen »Märtyrerstempel« verpasst hätte. Inzwischen war bei den Menschen in den neuen Bundesländern das Misstrauen gegen Feststellungen dieser Art erheblich gewachsen. Man unterstellte immer häufiger politische Motivation.

Es war klar, dass die führenden Kräfte der SPD alles daransetzen würden, den Wiedereinzug der PDS in den Deutschen Bundestag 1994 zu verhindern. Das Verhältnis der CDU/CSU zu dieser Frage war ambivalent. Auf der einen Seite waren ihre Mitglieder derart antikommunistisch geprägt, dass die Ablehnung der PDS tief saß und ernst gemeint war. Auf der anderen Seite hatten sie nichts dagegen, wenn die SPD ein bisschen Konkurrenz erhielte, die allerdings entfiele, wenn SPD und PDS zusammengingen. In einem solchen Fall hätte jede Stimme für die SPD ebenso wie jede Stimme für die PDS die CDU/CSU ihre Macht kosten können. Aus diesen Überlegungen resultierte eine Doppelstrategie von CDU/CSU für den Wahlkampf 1994 gegenüber der PDS. Mit der Rote-Socken-Kampagne, den Vergleichen von PDS-Mitgliedern mit Nazis (sowohl Helmut Kohl als auch Peter Hintze bezeichneten sie als rot lackierte Faschisten), machten sie die PDS in den neuen Bundesländern zu einem ständigen Thema in den Medien. So riefen sie Solidaritätsstimmen für die PDS hervor und verdeutlichten auf spezifische Art und Weise, dass diejenigen, die auf keinen Fall CDU wollten, dies am deutlichsten zum Ausdruck bringen konnten, indem sie PDS wählten. Gleichzeitig diente die Kampagne auch dazu, eine künftige Zusammenarbeit irgendeiner anderen Partei mit der PDS auszuschließen. CDU/CSU nahmen also in Kauf, dass die PDS zusätzliche Stimmen erhielt, um sie andererseits dauerhaft aus dem akzeptierten politischen Spektrum auszugrenzen, sodass Stimmen für die PDS unbedeutend für Machtkonstellationen blieben.

Damals zeichnete sich schon ein Dreiparteiensystem in den Landtagen der neuen Bundesländer ab. Nach diesen Berechnungen der CDU sollte die PDS für die Regierungsbildung auf Dauer ohne jeden Einfluss bleiben. Eine Regierung mit der PDS wäre so nur dann zu bilden gewesen, wenn sie die absolute Mehrheit der Sitze in einem ostdeutschen Landtag erreichte. Damit war und ist aber in absehbarer Zeit nicht zu rechnen. Diese durchaus rationalen Überlegungen der CDU waren leicht nachzuvollziehen. Nur die SPD reagierte darauf hilflos wie immer in solchen Situationen. Sie funktionierte nach der Regie der CDU. Tatsächlich erklärte sie, dass sie nie und nimmer mit der PDS eine Koalition bilden werde, und legte damit der CDU nahe, auf ihre Art die PDS ruhig zu stärken, denn die zusätzlichen Stimmen könnten ja niemals genutzt werden, um die CDU aus der Regierungsverantwortung zu drängen. Der erste, der dieses Spiel durchbrach, war Reinhard Höppner in Sachsen-Anhalt, aber zu dem Preis, in der SPD zunächst ziemlich isoliert zu sein.

Trotz der Kampagne der CDU gilt für 1994, dass niemand glaubte, die PDS werde in den Bundestag zurückkehren. Der Einzige – auch in der PDS –, der felsenfest vom Wiedereinzug überzeugt war, war ich selbst. Das klingt etwas eingebildet, weil meine Prognose durch die Wahl 1994 bestätigt wurde. Bei André Brie brachte mir das den Ruf ein, ein hoffnungsloser Zweckoptimist zu sein. Ich kann auch gar nicht genau begründen, weshalb ich so beharrlich daran glaubte, meine aber, dass dahinter Reste deterministischen, marxistischen Denkens stecken. Ich wusste, dass die PDS ihre historische Aufgabe noch nicht einmal ansatzweise erfüllt hatte, und ich wusste auch, dass sie dies nicht kann, wenn sie nicht im Bundestag vertreten ist. Deshalb war es für mich klar, dass der Wiedereinzug der PDS in den Bundestag politisch dringend notwendig sei. Etwas aber, das politisch so notwendig ist, so dachte ich wohl, wird auch irgendwie stattfinden.

Aber allein das Prinzip Hoffnung half hier natürlich nicht. Im Wahlrecht der Bundesrepublik Deutschland gab und gibt es die damals fast in Vergessenheit geratene Regelung, wonach eine Partei mit so vielen Sitzen, wie ihr Zweitstimmenergebnis hergibt, auch dann in den Deutschen Bundestag einzieht, wenn sie keine fünf Prozent der Zweitstimmen erzielt, aber drei Direktmandate erreicht. Und da ich berechtigte Zweifel hatte, dass es der PDS gelingen könnte, ihr Zweitstimmenergebnis von 2,4 Prozent am 2. Dezember 1990 auf fünf Prozent im Jahre 1994 zu steigern, konzentrierte ich mich auf den Weg über Direktmandate. Ein solches hatte ich in meinem Wahlkreis bereits erzielt, und so entstand die Frage, ob es mir gelänge, dies zu wiederholen, und ob wir zusätzlich mindestens noch zwei weitere Direktmandate erreichen könnten. Dazu bedurfte es geeigneter Kandidatinnen und Kandidaten, der richtigen Auswahl entsprechender Wahlkreise und der Konzentration des Wahlkampfes auf sie. Dazu gehörte aber auch, dass die Bevölkerung über diese Wahlregelung ausreichend informiert wurde, und so setzten wir es uns zum Ziel, so gut wie alle Wählerinnen und Wähler zumindest in Ostberlin mit ihr vertraut zu machen. Wir waren davon überzeugt, dass es viele Ostberlinerinnen und Ostberliner gab, die zwar nicht unbedingt PDS wählen wollten, die aber auch nicht wünschten, dass sie aus dem Bundestag verschwände. Dies mussten wir nutzen. In Briefen an fast alle Haushalte in Berlin erläuterten wir den Wahlmodus und erklärten, dass auch diejenigen, die nicht vorhätten, der PDS ihre Zweitstimme zu geben, sie aber dennoch im Bundestag vertreten sehen wollten, dies erreichen könnten, indem sie wenigstens die Erststimme unserer Kandidatin beziehungsweise unserem Kandidaten gäben.

Nachdem ich diesen Gedanken in den Medien erläutert hatte, wurde er zu einer Art Selbstläufer. In fast jeder Wahlbetrachtung größerer Zeitungen war zu lesen, dass die PDS wahrscheinlich die Fünf-Prozent-Hürde nicht überwinden werde, dass sie aber anstrebe, über drei Direktmandate in den Bundestag einzuziehen. Es wurde sogar zumeist noch darauf hingewiesen, dass, gesetzt den Fall, dieses Ziel werde erreicht, dann sämtliche Zweitstimmen aus dem ganzen Bundesgebiet zählten und die Anzahl der Abgeordneten der PDS im Bundestag bestimmten. Entgegen den allgemeinen Erwartungen, vor allem aber der Erwartung der SPD, zog die PDS 1994 tatsächlich wieder in den Bundestag ein, obwohl sie bundesweit die Fünf-Prozent-Hürde mit 4,4 Prozent der Zweitstimmen nicht überwunden hatte. Denn wir schafften nicht nur drei, sondern vier Direktmandate.

Für dieses Ergebnis spielte natürlich eine Rolle, dass ich Stefan Heym hatte überzeugen können, für die PDS um ein Direktmandat im Wahlkreis Berlin-Mitte/Prenzlauer Berg zu kämpfen. Er schaffte dies, und Wolfgang Thierse verlor sein Direktmandat und konnte nur über die Berliner Landesliste der SPD einen Sitz im Bundestag erringen. Irgendwie verstehe ich, dass sein Verhältnis zur PDS seitdem etwas gestört ist. Aber wir hatten ja gar keine andere Chance, den Wiedereinzug zu erreichen. Stefan Heym hatte einen ungeheuer engagierten und aktiven Wahlkampf geführt. Mein Respekt vor ihm, der schon immer groß war, ist in dieser Zeit noch einmal gewachsen. Aber auch die anderen Direktkandidatinnen und Direktkandidaten haben mit großer Unterstützung der Parteibasis bis an den Rand der Erschöpfung gearbeitet, um dieses Ziel zu erreichen. Neben Stefan Heym und mir erzielten auch Christa Luft und Manfred Müller Direktmandate.

Die PDS war also im Bundestag, und die Berechnungen der anderen Parteien, insbesondere der SPD, waren nicht aufgegangen.

Infolgedessen verschärfte sich nach dem Wiedereinzug der PDS in den dreizehnten Deutschen Bundestag das Klima gegen sie und insbesondere auch gegen mich deutlich. Irgendwie kann ich das sogar verstehen. Das sowjetische Sozialismusmodell war zu Recht gescheitert, die DDR untergegangen, fast sämtliche ostdeutsche Strukturen waren den westdeutschen angeglichen, ostdeutsche Parteien und Organisationen wegfusioniert worden. Und gerade die aus der SED hervorgegangene PDS blieb sichtbar übrig, und ihre Akzeptanz wuchs. Das musste nicht nur eingefleischte Antikommunisten, ob nun konservativer oder sozialdemokratischer Prägung, schier verzweifeln lassen. Jetzt rechnete niemand mehr so ohne weiteres damit, dass die PDS einfach verschwände.

Im Medienzeitalter geht es manchmal weniger um ein reales Bild, sondern es wird etwas geschrieben und gesendet, weil es – zumindest bestenfalls – geglaubt wird, und es wird dann geglaubt, weil es gesendet und geschrieben wurde. Mir wurde die Tatsache zum Verhängnis, dass immer wieder in Zeitungen zu lesen war, ohne mich gäbe es die PDS nicht, zumindest könnte sie nicht annähernd solche Wahlerfolge erzielen. Ich glaube, dass der Wahrheitsgehalt dieser Aussage begrenzt ist. Ich will mein Licht ja nicht unter den Scheffel stellen, aber man darf die Bedeutung meiner Person für die PDS auch nicht überbewerten. Die Erfolge der PDS haben vielfache politische Ursachen und sind nicht durch die Existenz und das Wirken einer einzelnen Person zu erklären. Aber wenn so etwas immer wieder behauptet, geschrieben und gesendet wird, dann gibt es immer mehr Menschen, die das auch glauben. Stimmte dies, genügte es, mich zu verdrängen, um die PDS als Ganzes historisch zu erledigen. Diesen Glauben hatten auf jeden Fall die Christ- und Sozialdemokraten im Immunitätsausschuss, und aus ihm erklärt sich die Leidenschaft des Kampfes gegen mich. Unverzüglich und diesmal ohne meinen Antrag und von Amts wegen wurde das Verfahren im Immunitätsausschuss gegen mich neu eingeleitet. Die Akten- und Beweislage hatte sich nicht geändert, aber die Einstellung zu dem Verfahren gegen mich ganz erheblich. Jetzt wuchs auch der Druck auf die Gauck-Behörde. Und eine so teuer bezahlte Institution muss ja auch mal im Sinne der Herrschenden einsetzbar sein – und sie wurde diesem Anspruch gerecht.

Obmann der CDU/CSU-Bundestagsfraktion im Immunitätsausschuss war zunächst der Abgeordnete Reinartz. Er machte sich zum Sprecher einer möglichst schnellen und vollständigen Verurteilung meiner Person. Er scheute keine Besuche in der Gauck-Behörde, sprach mit dem damaligen Bearbeiter Richter und verlangte ausdrücklich eine »gutachterliche Stellungnahme«. Glücklicherweise hat Herr Richter dies in einem Schreiben vom 8. Mai 1995 an den damaligen Direktor der Behörde, Geiger, festgehalten, sodass die erfolgreichen Einwirkungsversuche des Obmanns der CDU/CSU-Bundestagsfraktion nachweisbar wurden. Nur noch ganz vorsichtig deutete Richter in diesem Schreiben an, dass man die Unterlagen, die eine Tätigkeit für die Staatssicherheit belegen sollten, auch nicht überbewerten und überinterpretieren dürfe. Aber alle wussten, was die Stunde geschlagen hatte. Zunächst legten die Mitarbeiterinnen und Mitarbeiter der Gauck-Behörde eine gutachterliche Stellungnahme vor, die Gauck in der Luft zerrissen haben soll. Sie war viel zu entlastend ausgefallen und musste deshalb neu geschrieben werden. Der Abgeordnete Reinartz ging so weit, sich die Fragen zu meiner Person, die er an die Gauck-Behörde richten wollte, von dieser selbst formulieren zu lassen. Er belog überflüssigerweise sogar den Immunitätsausschuss, indem er behauptete, seine Fragen seien noch nicht an die Gauck-Behörde gesandt worden, obwohl später nachgewiesen werden konnte, dass sie schon einen Tag vor Abgabe dieser Erklärung der Gauck-Behörde zur Verfügung gestellt worden waren. Der Abgeordnete Reinartz hatte keine persönlichen, sondern nur politische Motive. Er wollte für die CDU/CSU demonstrieren, dass diese am härtesten im Kampf gegen die PDS und meine Person vorgehe. Außerdem wusste er, dass die SPD, so, wie sie nun einmal gestrickt ist, mit ihr bei der Verurteilung meiner Person wetteifern würde, damit ihr niemand eine Nähe zur PDS und zu mir unterstellen konnte. Während der CDU/CSU durchaus klar war, dass sie mit einem solchen Vorgehen meine Popularität – zumindest im Osten – nicht unbedingt schmälerte, konnte sie doch andererseits auf diese Weise ihr Ziel weiter verfolgen, dass Stimmen für die PDS für Machtkonstellationen und Regierungsbildungen ohne Relevanz blieben. Denn eines glaubte sie inzwischen fest: Ohne eine Demontage meiner Person war auch die PDS nicht – oder zumindest nicht leicht – zu demontieren. Und da die SPD die PDS ohnehin nur als überflüssige Konkurrentin ansah, lag es nahe, dass sie sowohl an meiner Demontage als auch an der Ächtung der PDS mitwirkte.

Natürlich verhielten sich nicht alle Abgeordneten im Immunitätsausschuss gleich intensiv. Nachdem der Obmann der CDU/CSU-Bundestagsfraktion, Reinartz, wie dargestellt, eindeutig überzogen hatte, musste er ausgewechselt werden. Seine Rolle übernahm der Abgeordnete Andreas Schmidt, der heutige Obmann im CDU-Spendenuntersuchungsausschuss des Bundestages, der allerdings nicht weniger massiv und unfair gegen mich vorging. Aus der SPD taten sich der Vorsitzende des Ausschusses, Dieter Wiefelspütz, und die Abgeordneten Uwe Küster und Stephan Hilsberg aus den neuen Bundesländern besonders hervor.

Vielen in der SPD-Bundestagsfraktion schmeckte die Art des Umgangs mit mir im Ausschuss nicht. Aber sie tragen eine gewisse Mitverantwortung für die Entsendung gerade solcher Jäger in den Immunitätsausschuss. Jeder kannte schon vorher die Haltung von Küster und Hilsberg zu mir und der PDS und wusste deshalb, was es bedeutete, gerade sie in den Immunitätsausschuss zu schicken. Sie wollten unbedingt Mitglieder des Ausschusses werden, und niemand wollte ihnen die Erfüllung des Wunsches versagen.

Ihr Einfluss in der SPD ist im Großen und Ganzen eher gering. Aber in bestimmten Situationen haben sie ihrer Partei auf spezifische Weise beachtlich geschadet. Ich möchte deshalb an dieser

Stelle auf den Januar 1990 zurückkommen. Damals ging es ja darum, wie sich die SPD zu ehemaligen SED-Mitgliedern verhalten solle. Die Regie in dieser Frage hatte aber nicht die SPD, sondern schon damals die CDU. Da sie vorgegeben hatte, die SED sei etwas fast Verbrecherisches, und die SPD sich dieser Beurteilung anschloss, lag es nahe, dass Mitglieder der SED nicht – zumindest nicht ohne Bewährungszeit – Mitglieder der SPD werden konnten. Natürlich gab es Politikerinnen und Politiker der SPD, die erkannten, was ihr dadurch verloren ging. Sollte die SPD in den neuen Bundesländern eine Volkspartei sein, musste sie Mitglieder gewinnen, die politisch engagiert waren und das sozialdemokratische Gedankengut teilten. Solche Menschen kamen aber in erster Linie aus der SED. Denn die Mitgliedschaft in der SED brachte in der Regel auch zum Ausdruck, dass es sich um Menschen handelte, die sich politisch engagieren wollten. Der Gedanke der sozialen Gerechtigkeit stand ihnen nahe. Wir, die Verantwortlichen der PDS, rechneten damit, dass ein großer Teil der ehemaligen SED-Mitglieder den Stamm der SPD im Osten bilden würde. Uns war klar, dass sich diese Mitglieder dann in besonderer Weise von der PDS abgrenzen würden, dass sie aber gleichzeitig genügend Erfahrungen hinsichtlich des Lebens und der Strukturen in der DDR mitbrächten, um den Aufbau der SPD im Osten erfolgreich voranzutreiben.

Aber die Kampagne der CDU wirkte, und die SPD hatte Angst, mit Mitgliedern der ehemaligen SED vorgeführt werden zu können. Das war schon deshalb erstaunlich, weil sich weder die CDU noch die SPD nach 1945 gescheut hatten, ehemalige NSDAP-Mitglieder aufzunehmen, die CDU noch deutlich weniger als die SPD. Die SED hatte sich übrigens auch nicht davor gescheut. Der Hamburger SPD-Bürgermeister des Jahres 1990, Henning Voscherau, wollte auch ehemaligen SED-Mitgliedern den Weg in die SPD frei machen. Er führte Gespräche mit Wolfgang Berghofer, dem damaligen stellvertretenden PDS-Vorsitzenden. Im Januar 1990 sollte via *Tagesschau* ein wichtiger politischer Akt vollzogen werden. Der gesamte Vorstand der PDS aus Dresden sollte aus der PDS aus- und geschlossen in die SPD eintreten. Wolfgang Berghofer war dazu bereit, alle Gespräche darüber waren geführt. Im letzten Moment wurden für diese Entscheidung auch ostdeutsche SPD-Mitglieder hinzugezogen, weil man ihr Einverständnis für erforderlich hielt. In solchen Fragen war dann auf Leute wie Ibrahim Böhme, Markus Meckel, Uwe Küster oder Stephan Hilsberg Verlass. Solche ostdeutschen Sozialdemokraten lehnten die Aufnahme Berghofers und anderer ehemaliger SED-Mitglieder ohne einjährige parteilose Bewährungszeit strikt ab. Dabei war für die Ost-SPD-Mitglieder eine weitere Überlegung von entscheidender Bedeutung. Wären nämlich rund hunderttausend ehemalige SED-Mitglieder zur SPD gekommen, dann hätten sie die wenigen bis dahin existierenden Ost-SPD-Mitglieder an die Wand gedrückt. Sowohl Böhme und Meckel als auch Hilsberg und Küster wussten, dass sie gegen einen Wolfgang Berghofer und gegen Leute ähnlichen Schlages keine dauerhafte ernst zu nehmende Chance gehabt hätten. Wolfgang Berghofer und andere säßen wahrscheinlich heute für die SPD Ost im Deutschen Bundestag und nicht sie. Andererseits hatten sie auch nachvollziehbare politisch-moralische Gründe. Sie hatten konspirativ und illegal die sozialdemokratische Partei in der DDR gegründet und konnten damals den Grad des Risikos nicht mit Sicherheit einschätzen. Wäre Honecker nicht gestürzt worden, hätten sie ihr Vorgehen möglicherweise mit vielen Jahren Haft bezahlen müssen. Man kann ihnen weder ihre Vorbehalte gegen ehemalige SED-Mitglieder noch ihre Weigerung verübeln, von diesen nach der Legalisierung dominiert zu werden. Aber erfolgreiche Politik erfordert es häufig, über den eigenen Schatten zu springen, Folgen für die Zukunft mit zu bedenken. Sie hatten also politisch-moralische Gründe, gaben diese aber auch vor, um ihre eigene politische Entwicklung zu sichern. Stephan Hilsberg hatte später auch keine andere Chance, als sich an der Verurteilung von Manfred Stolpe zu beteiligen. Er wäre sonst in seinem früheren und späteren Vorgehen gegen

DDR-Verantwortliche unglaubwürdig geworden. Strukturell hat dies die SPD allerdings dauerhaft geschwächt. Eine Volkspartei hätte immer offen sein müssen für ehemalige SED-Mitglieder, soweit man ihnen nicht Verbrechen oder Menschenrechtsverletzungen vorwerfen konnte. Solche historischen Fehler lassen sich meist nicht mehr korrigieren.

Oskar Lafontaine versicherte mir in späteren Gesprächen, dass er weder den Umgang der SPD mit ehemaligen SED-Mitgliedern noch mit den Eliten der DDR 1990 für gut befunden habe, sein Einfluss in diesen Fragen aber gering gewesen sei. Er sei zwar der Kanzlerkandidat der SPD, nicht aber ihr Vorsitzender gewesen und in solchen Fragen auch nicht zu Rate gezogen worden. Nach dem 1990 auf ihn verübten Attentat sei er vollends gehindert gewesen, auch nur beratend in solche Fragen einzugreifen. Er akzeptiere aber, dass es 1990 eine Fehlentscheidung der SPD gewesen sei, ehemaligen SED-Mitgliedern die Mitgliedschaft zu verwehren, was die SPD langfristig im Osten strukturell und intellektuell geschwächt habe. Ich kenne nicht die Ansichten von Gerhard Schröder zu diesem Thema, glaube aber, dass sie nicht erheblich von denen Lafontaines abweichen.

Beide hatten ein unkompliziertes Verhältnis zur SED-Führung und waren schon deshalb im Jahre 1990 eher zur Zurückhaltung gezwungen, denn nun ging es um die moralische, politische und später auch juristische Verurteilung der DDR-Führung. Leute, die eine vermeintlich zu große Nähe zu dieser Führung eingenommen hatten, galten als schlechte Ratgeber, unabhängig davon, ob sie die Kontakte im Nachhinein als falsch ansahen oder nach wie vor für richtig hielten. Hielten sie sie nach wie vor für richtig, galt ihr Denken als nicht zeitgemäß, als politisch falsch und konnte deshalb keine bedeutende Rolle spielen. Sahen sie ihre Gespräche mit der SED- und DDR-Führung inzwischen selbstkritisch, räumten sie mithin einen vermeintlichen Irrtum ein, dann war ebenso klar, dass sie sich zu hüten hatten, einen nächsten Irrtum zu begehen. Wer sich schämt, kann nicht offensiv werden.

Ich kann es zwar nicht belegen, aber zumindest 1990 und in der Zeit danach hatte ich bei dem damaligen SPD-Vorsitzenden Hans-Jochen Vogel den Eindruck, dass ihm die früheren Kontakte zur SED- und DDR-Führung die Offensivkraft nahmen, im Interesse der SPD gegen den Mainstream anzugehen. Die Einordnung in den Mainstream schien für ihn die Chance, den moralischen »Makel« loszuwerden und entsprechenden Vorwürfen der CDU zu entgehen. Für Vogel spielte – wie ich in einem Gespräch mit ihm erfuhr – sein hoher Respekt vor den Leistungen der Gründerinnen und Gründer der sozialdemokratischen Partei in der DDR eine besondere Rolle. Gegen ihren Willen schien es ihm unmöglich, ehemalige SED-Mitglieder in die SPD aufzunehmen. In einer solchen Situation ist es erklärlich, dass zwar die Junge Union 1990 auf Plakaten Erich Honecker und Oskar Lafontaine gemeinsam abbildete, aber die SPD nicht auf die Idee kam, Plakate mit Helmut Kohl und Honecker herzustellen. Es wäre auch nicht glaubwürdig gewesen, weil Kohl generell zugebilligt wurde, im Verhältnis zu Honecker aus staatsmännischer Verantwortung gehandelt zu haben, während SPD-Politikern – meist zu Unrecht – ideologische Nähe unterstellt wurde.

Für die PDS brachte das Vorteile. Mitgliedern der Partei, die mit dem Gedanken spielten, in die SPD zu gehen, wurde ihr Vorhaben überwiegend ausgetrieben. Und parteilose ehemalige SED-Mitglieder fühlten sich von der SPD eher abgestoßen, sodass es ihnen bis heute zumindest schwer fällt, die SPD zu wählen. Später gab es noch einmal eine solche öffentliche Auseinandersetzung, als Manfred Uschner, ein früherer ZK-Mitarbeiter, der aber von der SED gemaßregelt worden war, Mitglied der SPD werden wollte. Es war die Ostberliner SPD, die seinen Eintritt mit allen Mitteln verhinderte. Uschner wurde gedemütigt, und das zeigte Wirkung. Begabten SED-Funktionären, die längst daran dachten, über die SPD wieder politisch aktiv zu werden, wurde aufgrund solcher Vorgänge klar, dass sie in dieser Partei niemals gleichberechtigt sein würden, dass sie mehrere Akte der Erniedrigung über sich ergehen lassen müssten, bevor sie überhaupt eine Mitgliedschaft erreichen könnten. Inzwischen hatten sie aber auch die Erfahrung gemacht, dass es sich ganz gut ohne Parteimitgliedschaft leben lässt. Deshalb haben sie es oft nicht einmal mehr versucht.

Es war also logisch, dass gerade die beiden ostdeutschen SPD-Abgeordneten im Immunitätsausschuss mit Leidenschaft gegen mich kämpften. Uwe Küster war es ebenso wie vorher dem CDU/CSU-Obmann Reinartz egal, dass er in diesem Kampf die Richtlinien des Ausschusses mehrfach verletzte. Was er an Informationen auftreiben konnte, stellte er der *Leipziger Volkszeitung* zur Verfügung, obwohl dies ausdrücklich verboten war.

Auch die Vertreterin der Fraktion Bündnis 90/DIE GRÜNEN im Immunitätsausschuss votierte gegen mich, ebenfalls aus politischen Gründen. Es lag noch nicht lange zurück, dass Vera Lengsfeld und andere Mitglieder diese Partei verlassen hatten. Die Motive mögen sehr unterschiedlich gewesen sein. Vera Lengsfeld war die einzige Kandidatin von Bündnis 90/DIE GRÜNEN, die auf deren Liste in Thüringen in den Bundestag gewählt worden war. Ihr Verhältnis zum eigenen Landesverband war inzwischen gestört. Sie hatte keine reale Chance mehr, bei der nächsten Bundestagswahl von ihrer Partei auf Listenplatz eins in Thüringen gesetzt zu werden. Wenn sie aber diesen Platz nicht bekam, dann war auch klar, dass sie nicht mehr in den Bundestag einzöge. Neben politischen Gründen war das meines Erachtens ihr entscheidendes Motiv, zu einer großen Partei wie der CDU zu wechseln, bei der zu erwarten war, dass eine ganze Reihe von Kandidatinnen und Kandidaten auf der jeweiligen Landesliste in den Bundestag gewählt werden würden. Natürlich hat sie ihren Schritt so nicht begründet. Sie und die anderen, die gemeinsam Bündnis 90/DIE GRÜNEN verließen, um zur CDU zu wechseln, gaben dafür politische Motive an, und die wird es bei Vera Lengsfeld zusätzlich, bei den anderen möglicherweise ausschließlich gegeben haben. Sie unterstellten – wie ich meine, völlig unbegründet – Bündnis 90/DIE GRÜNEN eine Nähe zur PDS. Sie meinten auch, die Partei arbeite die Geschichte der DDR nicht mehr so konsequent auf, wie es früher der Fall gewesen sei, und erklärten ferner, dass sie sich den rigoroseren Umgang mit der PDS und mit der DDR-Vergangenheit von der CDU versprächen und deshalb zu ihr wechselten. Für Bündnis 90/DIE GRÜNEN war der Austritt mehrerer Mitglieder aus den neuen Bundesländern ein herber Schlag. Die Partei bemühte sich, ihr Image als »Bürgerrechtspartei«, als konsequente Aufklärerin von Verstrickungen ehemaliger Bürgerinnen und Bürger der DDR im Zusammenhang mit der Staatssicherheit ebenso wieder herzustellen, wie sie nachdrücklich auf Distanz zur PDS ging, damit ihr keine Nähe unterstellt werden konnte. Und deshalb schien es den Verantwortlichen der Fraktion undenkbar, dass ihre Vertreterin für mich votiere. Es hätte scheinbar alles bestätigt, was Vera Lengsfeld ihnen vorgeworfen hatte, die selbst im Ausschuss aktiv war, zunächst als stellvertretendes Mitglied der Fraktion Bündnis 90/DIE GRÜNEN, später als stellvertretendes Mitglied der CDU/CSU-Fraktion. Sie hatte als einzige eher persönliche Motive, gegen mich vorzugehen. Deshalb will ich dazu auch nichts weiter schreiben.

Das Verfahren lief, wie schon erwähnt, diesmal von Amts wegen und nicht auf meinen Antrag. Für mich gab es auch keinen Grund, auf eine erneute Überprüfung hinzuwirken, da mein Antrag in der letzten Legislaturperiode bearbeitet und beschieden worden war. Der Ausschuss hatte festgestellt, dass ich nicht mit dem Ministerium für Staatssicherheit zusammengearbeitet hatte. Nachdem aber unverzüglich zu Beginn der dreizehnten Legislaturperiode ein neues Verfahren eingeleitet wurde, war mir auch klar, dass nun ein anderes Ergebnis erzielt werden sollte. Aus der Sicht der SPD-Abgeordneten hatte meine »Schonung« in der letzten Legislaturperiode nicht verhindert, dass die PDS wieder in den Bundestag eingezogen war. Die Gauck-Behörde ließ sich, wie geschildert, instrumentalisieren. Dadurch war der Weg scheinbar frei. Die Medien zogen überwiegend mit und hielten die Vorwürfe für zutreffend. Irgendwie schien das Ganze ja auch logisch zu sein. Warum sollte ein bekannter Rechtsanwalt der DDR nicht mit dem Ministerium für Staatssicherheit zusammengearbeitet haben? Das war allerdings auch die einzige vermeintliche Logik, die für die Feststellung des Immunitätsausschusses im Jahre 1998 sprach. Ansonsten wechselte man die Argumentation je nachdem, wie es gerade benötigt wurde. Mal fand man, dass ich in irgendeinem Verfahren zu sehr in Übereinstimmung mit der Doktrin in der DDR argumentiert hätte, was dafür spreche, dass ich selbst von der Staatssicherheit indoktriniert worden sei. Mal fand man aber auch, ich hätte mich viel zu mutig und zu konträr gegen die Doktrin in der DDR gewandt, was ich mich nie getraut hätte, wenn ich nicht aufgrund meiner Zusammenarbeit mit der Staatssicherheit davon überzeugt gewesen wäre, geschützt zu sein.

Aus einem solchen Teufelskreis gibt es kein Entrinnen. Hatte ich für einen Mandanten, der der versuchten »Republikflucht« beschuldigt war, lediglich eine geringere Strafe und keinen Freispruch gefordert, der nach der Sach- und Gesetzeslage nicht möglich war, dann sprach dies nach Auffassung meiner Inquisitoren dafür, dass ich in Übereinstimmung und Absprache mit der Staatssicherheit agiert hätte. Hatte ich hingegen, wie bei Rudolf Bahro oder Robert Havemann, einen Freispruch begehrt, dann wurde unterstellt, dies sei wahrscheinlich ein besonders perfider Trick gewesen, um mir in Absprache mit der Staatssicherheit das Vertrauen solcher Leute zu erschleichen.

Mir ist noch gut in Erinnerung, wie mich Anfang der neunziger Jahre Vertreter der Ostberliner Umweltbibliothek zusammen mit einem ehemaligen Offizier der Staatssicherheit aufsuchten. In dieser Umweltbibliothek waren zu DDR-Zeiten Oppositionelle organisiert. Nach der Wende versuchten sie unter anderem zu klären, ob bestimmte in der Öffentlichkeit stehende Personen mit der Staatssicherheit zusammengearbeitet hatten. Dabei bedienten sie sich gelegentlich der Hilfe ehemaliger Staatssicherheitsoffiziere. In diesem Fall handelte es sich um den früheren Vernehmer von Rudolf Bahro. Er erklärte, dass ich schon vor Bahro politische

Häftlinge verteidigt hätte. In einem dieser Fälle sei er ebenfalls der Vernehmer gewesen und habe auch an der Hauptverhandlung gegen meinen Mandanten als Zuschauer teilgenommen. Bei der Verkündung des Urteilstenors musste in der DDR auch dann die Öffentlichkeit hergestellt werden, wenn sie ansonsten von der Verhandlung ausgeschlossen war. In diesem Falle seien zu dem entsprechenden Zeitpunkt alle Plätze im Gerichtssaal durch Angehörige der Staatssicherheit besetzt gewesen, sodass Verwandte, Freundinnen und Freunde meines Mandanten keinen Zugang mehr gefunden hätten. Ich hätte daraufhin von der Gerichtsvorsitzenden die reale Herstellung der Öffentlichkeit verlangt. Der ehemalige Staatssicherheitsoffizier erklärte den anwesenden Mitgliedern der Umweltbibliothek, dies sei für damalige Verhältnisse ziemlich unverfroren gewesen und spreche dafür, dass ich über enge Beziehungen zu irgendeiner Abteilung der Staatssicherheit verfügt haben müsse, weil ich es sonst nicht gewagt hätte, mich derart provozierend zu verhalten.

Mir wurde sehr schnell klar, dass ich durch meine Leistungen als Rechtsanwalt in der DDR niemanden überzeugen konnte. Denn egal, wie ich mich für meine Mandanten eingesetzt hatte, alles ließ sich dahingehend deuten, dass es für eine Zusammenarbeit mit der Staatssicherheit sprach.

Also ging es nur noch um die Unterlagen, die bei der Gauck-Behörde selbst gefunden worden waren. Diese waren aber in ihren Aussagen eindeutig.

Das erste Mal wurde ich beim Ministerium für Staatssicherheit (MfS) in den siebziger Jahren von der Hauptabteilung Aufklärung (HVA), das heißt von der Spionageabteilung, im Rahmen einer Operativen Personenkontrolle (OPK) erfasst und registriert. Eine OPK bei der Hauptabteilung Aufklärung diente dem Zweck, Erkundigungen über eine Person einzuziehen, um festzustellen, ob diese für einen Einsatz der HVA geeignet sei oder nicht. Offensichtlich war ich nicht geeignet, denn die OPK wurde ohne Ergebnis beendet. Anschließend war ich längere Zeit gar nicht beim MfS registriert. Dann aber wurde ich als »IM-Vorlauf« registriert und erfasst, und zwar bei der Hauptabteilung XX des MfS, die sich mit der Opposition in der DDR beschäftigte. Ein solcher Vorlauf diente dem Zweck, eine Person »aufzuklären«, um zu prüfen, ob sie als Inoffizieller Mitarbeiter (IM) geeignet sei oder nicht. Mein Vorlauf endete mit der Feststellung, ich sei als IM nicht geeignet. Deshalb wurde er ohne Umwandlung in einen IM-Vorgang 1984 geschlossen und archiviert. Einen Tag später schon wurde gegen mich bei derselben Hauptabteilung eine OPK angeordnet, die dazu diente, mich konspirativ zu kontrollieren, denn ich war in den Verdacht geraten, gegen die Interessen der DDR zu arbeiten. Für die Einleitung dieser OPK des MfS gegen mich lag auch eine entsprechende Begründung vor.

Diese Unterlagen hatten sich bei der Gauck-Behörde angefunden, sodass diese zunächst zu keiner anderen Feststellung kommen konnte als der, ich sei niemals als IM des MfS tätig gewesen. Da sich an der Aktenlage nichts änderte, musste die Gauck-Behörde später einfach ihre Meinung ändern. In der gutachterlichen Stellungnahme verstieg sie sich nun zu der kühnen Behauptung, dass meine Erfassungen und Registrierungen beim MfS falsch waren. In Wirklichkeit hätte ich ständig mit dem MfS zusammengearbeitet, und die Unterlagen ließen sich so erklären, dass das MfS in meinem Falle besonders konspirativ habe vorgehen wollen. Mit anderen Worten, die zuständigen Mitarbeiter der Staatssicherheit hätten andere Mitarbeiter der Staatssicherheit über meine wahre Stellung zur Staatssicherheit täuschen wollen. Sie sollten so getan haben, als ob sie gegen mich ermittelten, obwohl sie in Wirklichkeit mit mir zusammenarbeiteten.

Eine Frage stellte sich die Gauck-Behörde allerdings nicht, und als sie ihr gestellt wurde, blieb sie eine Antwort schuldig: Weshalb sollten die Mitarbeiter des MfS so vorgegangen sein? Welchem Zweck diente es, mich scheinbar beobachten zu lassen, obwohl man vermeintlich mit mir zusammenarbeitete? Sollten die Mitarbeiter der Hauptabteilung (HA) XX des MfS schon 1984 gewusst haben, dass ich ab 1989 PDS-Vorsitzender sein würde, sollten sie deshalb schon 1984 geplant haben, die Gauck-Behörde, den Immunitätsausschuss und die Medien zu täuschen? So viel Weitsicht konnte selbst die Gauck-Behörde der HA XX des MfS nicht unterstellen.

Während Joachim Gauck immer dann, wenn jemand bei der Staatssicherheit als IM registriert war und seinerseits behauptete, falsch registriert worden zu sein, erklärte, dies sei eine absurde Schutzbehauptung, weil das »Handwerkszeug« der Staatssicherheit »gestimmt« habe und die Mitarbeiter der Staatssicherheit keinen Grund gehabt hätten, sich selbst in die Tasche zu lügen, ging er bei mir genau umgekehrt vor. Er erklärte das gesamte »Handwerkszeug« der Staatssicherheit zu einer Lüge, um über meinen angeblich wahren Status hinwegzutäuschen. Die Frage, wer warum getäuscht werden sollte, blieb unbeantwortet.

Bei der Staatssicherheit bekam man auch dann einen Decknamen, wenn man im Rahmen eines IM-Vorlaufs oder einer OPK erfasst war. So hatte also auch ich in den verschiedenen Phasen Decknamen. Auffällig ist nun, dass kein einziger der von der Gauck-Behörde als von mir stammend unterstellten Berichte einen Decknamen trägt, der mir zum jeweiligen Zeitpunkt von der HA XX des MfS zugeordnet war. Das aber hätte doch mindestens geschehen müssen, wenn die Berichte tatsächlich von mir abgefasst worden wären. Es gibt natürlich auch keine einzige Unterschrift von mir, kein Protokoll einer mündlichen Verpflichtung, wie gesagt, nicht einmal eine Registrierung als IM bei der Staatssicherheit. Es ist schon ein »rechtsstaatliches« Meisterwerk, sich über all das hinwegzusetzen und in einer gutachterlichen Stellungnahme das Gegenteil zu behaupten. Wie gesagt, die Gauck-Behörde hatte funktioniert, der Immunitätsausschuss war froh und fasste seinen Beschluss gegen mich.

Zunächst hatten die Mitglieder des Ausschusses aber die Juristinnen und Juristen im Sekretariat des Ausschusses beauftragt, den Entwurf eines Feststellungsbeschlusses zu erarbeiten. Diese waren nicht politisch motiviert und ließen sich von ihren Fachkenntnissen leiten. Sie legten im Juni 1997 einen Beschlussentwurf vor, in dem sie als Ergebnis formulierten, es gebe keinen Nachweis dafür, dass ich inoffiziell für die Staatssicherheit tätig geworden sei. Diesen Entwurf akzeptierte die Mehrheit der Ausschussmitglieder nicht und war dann selbst gefordert, einen Beschluss zu fertigen, für den sie bis April 1998 brauchte. Da der Entwurf des Sekretariats durch die Medien bekannt wurde, war für jeden Unvoreingenommenen noch deutlicher, dass sich die meisten der Ausschussmitglieder nicht von sachlichen, sondern allein von politischen Erwägungen leiten ließen.

Während es noch als nahe liegend gelten kann, dass die Vertreterin der PDS gegen diesen Beschluss stimmte, war es schon etwas außergewöhnlicher, dass es auch der Vertreter der F.D.P., der Abgeordnete Jörg van Essen, tat. Er wurde dabei von seiner gesamten Fraktion unterstützt. Die F.D.P. wollte sich an dem Wettbewerb zwischen der CDU/CSU und der SPD bei der Jagd auf meine Person nicht beteiligen. Jörg van Essen sah keinen Grund, von der Auffassung abzuweichen, die der Immunitätsausschuss noch in der zwölften Legislaturperiode vertreten hatte.

Ich versuchte, gegen den Beschluss die Hilfe des Bundesverfassungsgerichtes in Anspruch zu nehmen. Viel Unterstützung konnte ich von dort allerdings nicht erwarten. Das Bundesverfassungsgericht hatte in einem Beschluss vom 21. Mai 1996 festgestellt, dass solche Überprüfungsverfahren in der Regel den Status eines Abgeordneten nach Artikel 38 des Grundgesetzes verletzten, dass es aber dem Bundestag in der Ausnahmesituation des Übergangs von einer Diktatur zu einer Demokratie gestattet sei, sie im Interesse einer »Selbstreinigung« durchzuführen. Als dann der Bericht über mich vorlag, erklärte das Bundesverfassungsgericht am 20. Juli 1998, für die Beurteilung der Frage, ob ich inoffiziell für das Ministerium für Staatssicherheit der DDR gearbeitet hätte, nicht zuständig zu sein. Der Beschluss des Immunitätsausschusses habe keine juristische Folgen, sondern »verharre im politischen Raum«.

Deshalb könne ich mich dagegen vor dem Bundesverfassungsgericht nicht wehren. Allerdings meinten vier der acht Richterinnen und Richter, der Immunitätsausschuss sei eindeutig zu weit gegangen, indem er mir Verhaltensweisen unterstellt habe, die nicht einmal zu seinem Prüfungsauftrag gehört hätten. Sie warfen dem Immunitätsausschuss in diesem Zusammenhang sogar vor, bestimmte Passagen im Bericht machten deutlich, dass der Ausschuss zu politischen Zwecken instrumentalisiert worden sei. Wörtlich führten sie aus: »Die Schlusspassage ist daher eher geeignet, den Verdacht zu nähren, das Überprüfungsverfahren werde als ein Mittel der politischen Auseinandersetzung gebraucht, um den betroffenen Abgeordneten politisch zu diskreditieren.« Die anderen vier Richter waren der Meinung, dass auch diese Feststellungen im Bericht des Immunitätsausschusses sie nichts angingen und sie sie deshalb nicht zu überprüfen hätten. Bei vier zu vier obsiegen jene, die nichts verändern wollen.

Der Bericht blieb also, wie er war, wurde allerdings merkwürdigerweise vom Immunitätsausschuss nicht an das Plenum des Deutschen Bundestages zur Kenntnisnahme weitergereicht, was sonst immer mit solchen Berichten geschah. Weshalb dies in meinem Falle unterblieb, kann ich mir bis heute nicht richtig erklären. Vielleicht merkten die Mitglieder des Ausschusses, dass sie überzogen hatten, dass sie beim Bundesverfassungsgericht gerade noch einmal mit einem »blauen Auge« davongekommen waren, und wollten die Sache nicht weiter forcieren. Oder aber ihnen genügte der öffentliche Rummel, ein Plenumsdokument sollte ihr Bericht dann aber doch nicht werden. Das Beste an dem Beschluss des Bundesverfassungsgerichtes war allerdings, dass in ihm ausdrücklich betont wurde, der Beschluss des Immunitätsausschusses gelte eben nur für den politischen Raum des Bundestages. Sollten solche Behauptungen in anderer Form öffentlich gegen mich aufgestellt werden, bliebe mir das Recht vorbehalten, dagegen gerichtlich vorzugehen. Nicht das Bundesverfassungsgericht, sondern nur die Fachgerichte hätten in einem solchen Falle zu entscheiden, ob mir ein Unterlassungsanspruch zustünde, ob solche Behauptungen eine Verleumdung oder üble Nachrede im Sinne des Strafrechtes darstellten oder nicht. Von dieser mir eröffneten Möglichkeit machte ich Gebrauch.

Zunächst wandte ich mich an die Berliner Staatsanwaltschaft und den Anwaltsgerichtshof in Berlin. Ich verlangte in Übereinstimmung mit der Bundesrechtsanwaltsordnung Ermittlungen, um mich von den Vorwürfen »reinigen« zu lassen. Die Ermittlungen wurden mit der Begründung versagt, die Vorwürfe seien ohnehin verjährt. Wenn es aber keine Verantwortlichkeit für vermeintliche Pflichtverletzungen mehr gebe, bestehe, so beide Justizstellen, auch kein Anspruch auf Klärung und Widerlegung solcher Vorwürfe. Für den Fall, dass die Vorwürfe wiederholt werden sollten, verwies auch der Anwaltsgerichtshof mich an die zuständigen Fachgerichte.

Hier muss ich die Justiz insofern würdigen, als sie entgegen dem Mainstream, entgegen den Darstellungen in den Medien und entgegen dem Wunsch der führenden Parteien der Bundesrepublik Deutschland nicht bereit war, mir den rechtlichen Schutz zu versagen. Nach der gutachterlichen Stellungnahme der Gauck-Behörde, nach dem Beschluss des Immunitätsausschusses des Deutschen Bundestags und dem des Bundesverfassungsgerichtes gibt es inzwischen sieben Entscheidungen von Land- und Oberlandesgerichten, die die Behauptung, ich sei für die Staatssicherheit tätig gewesen, unter Strafandrohung untersagten. Regelmäßig wurden solche Behauptungen als Äußerungen betrachtet, die den Tatbestand der üblen Nachrede erfüllten und meine Grundrechte aus Artikel 1 und 2 des Grundgesetzes verletzten. In diesen Entscheidungen wurde darauf hingewiesen, dass weder die gutachterliche Stellungnahme der Gauck-Behörde noch der Beschluss des Immunitätsausschusses einen Nachweis für ihre Behauptungen und somit keine Rechtfertigung für Dritte enthielten, solche Behauptungen gegen mich aufzustellen. Diese Urteile haben nicht nur mich mit Genugtuung erfüllt, sie waren auch für viele Mitglieder der PDS und für viele Ostdeutsche von großer Bedeutung. Immer, wenn mir in Diskussionen vorgehalten wird, dass ja auch die Justiz der BRD nur eine »Klassenjustiz« sei, die in dem Sinne funktioniere, wie es die Herrschenden wollten, kann ich auf die Urteile in meinem eigenen Fall verweisen, die zumindest deutlich gemacht haben, dass man eine gewisse Unabhängigkeit der Justiz nicht leugnen kann, auch nicht als PDS-Mitglied.

Jede Justiz ist eingebunden in ihre Gesellschafts- und Herrschaftsstrukturen. Richter denken nicht wesentlich anders als die übrigen Mitglieder der Gesellschaft, und insofern spiegeln sich herrschende Auffassungen auch in Gerichtsentscheidungen wider. Aber es gibt eben Grenzen, und eine Justiz kann sich durchaus als abwehrfähig erweisen, wenn sie überschritten werden. Bei mir war das der Fall. Deshalb bin ich ein geeigneter Zeuge, um der deutschen Justiz einen bestimmten Grad an Unabhängigkeit zu bestätigen.

Im Jahre 1997 tobte die Auseinandersetzung um meine Person im Rahmen des Verfahrens beim Immunitätsausschuss auf besonders heftige Weise. Die gutachterliche Stellungnahme der Gauck-Behörde wurde im Mai 1997 veröffentlicht, nachdem sie zunächst dem *Spiegel* und erst dann dem Immunitätsausschuss übergeben worden war. In dieser Phase sollte ich entscheiden, ob ich 1998 erneut für den Bundestag kandidieren würde oder nicht. Zu meinen regelmäßigen Erlebnissen in jener Zeit gehörte, dass ich zusammen mit anderen Politikerinnen und Politikern zu Podiumsdiskussionen eingeladen und entweder wieder ausgeladen wurde oder allein auf dem Podium saß, weil die anderen eingeladenen Gäste abgesagt hatten. In mir überwog damals die Tendenz, nicht erneut zu kandidieren. Sieben Jahre hatte ich an Auseinandersetzungen schon hinter mir, und ein weiteres schlimmes Jahr stand mir noch bevor. Ich war ja bereit, dies alles bis zum Ende der Legislaturperiode zu ertragen. Aber weshalb sollte ich es mir noch einmal vier Jahre lang antun? Irgendwie war ich davon überzeugt, dass der Immunitätsausschuss nach der Bundestagswahl 1998 wieder von vorn beginnen würde. 1997 wusste ich ja noch nicht einmal, ob er überhaupt noch in der Legislaturperiode zu einer Entscheidung käme, denn er hatte ein Interesse daran, das Verfahren möglichst bis in den beginnenden Bundestagswahlkampf hinein zu schieben. Immerhin hat er insgesamt von 1992 bis 1998 gegen mich getagt.

Ich erlebte in dieser Zeit, wie bereits geschildert, auch viel Hilfe und Solidarität. In einer öffentlichen Erklärung forderten zum Beispiel Betriebsräte und Intellektuelle aus Ost und West und auch Michail Gorbatschow eine rechtsstaatliche Behandlung für mich. Aber insgesamt war überdeutlich, dass ich in der politischen Klasse nicht erwünscht war. Auch die meisten Medien argumentierten in diese Richtung. Und so stellte sich mir die Frage, ob ich dieses Unerwünschtsein nicht irgendwie zu akzeptieren hätte. Die Frage, mit der ich nach der Veröffentlichung der »gutachterlichen Stellungnahme« der Gauck-Behörde am häufigsten konfrontiert war, lautete, ob ich denn nun zurücktreten würde oder nicht, und in der Art, wie sie geäußert wurde, klang oft der Wunsch mit, dass ich es tun sollte.

Hinzu kam, dass all diese Vorgänge mich in der Wahrnehmung meiner eigentlichen politischen Aufgaben einschränkten, dass ich auch nicht wusste, wie lange die Solidarität der PDS halten würde, und dass ich meinen Kopf schon gleich gar nicht mehr frei bekam für die Umsetzung anderer, auch persönlicher Interessen.

Seit Beginn des Jahres 1990 hatte ich die Angriffe ausgehalten, und ich fand, dass mir das Recht zustand, es irgendwann nicht mehr aushalten zu müssen. Das Ende der Legislaturperiode, 1998, schien mir dafür der richtige Zeitpunkt zu sein. Und schon damals nahmen auch die Probleme in der PDS zu, und ich verspürte wenig Lust, mich ständig in innerparteiliche Auseinandersetzungen zu begeben. Das alles schrieb ich dann in einem Brief an die Verantwortlichen der PDS, um sie von meiner Entscheidung zu unterrichten.

Im Anschluss daran gab es natürlich eine Aussprache, und Lothar Bisky, Gabriele Zimmer, Sylvia-Yvonne Kaufmann, Hans Modrow, Dietmar Bartsch, André Brie, Heinz Vietze, Michael Schumann und andere verlangten von mir, meine Entscheidung zu korrigieren, die ich noch nicht öffentlich gemacht hatte. Sie erklärten mir, ich hätte nun mal einen politischen Weg eingeschlagen, der dazu führen müsse, dass ich von den etablierten Politikerinnen und Politikern abgelehnt würde, und deshalb sei von mir gefordert, das einfach durchzustehen. Außerdem sei die PDS ja irgendwie auch ein Werk von mir, und ich könnte gar nicht verantworten, dass sie 1998 nicht in den Bundestag einzöge. Genau diese Gefahr bestünde aber, wenn ich nicht kandidierte und nicht den Wahlkampf anführte. Alle äußerten natürlich auch Verständnis für meine Position, ein Einverständnis allerdings konnte ich nicht erlangen. Heinz Vietze argumentierte am geschicktesten. Er sagte, ich bestritte ja ständig die gegen mich erhobenen Vorwürfe. Ob ich nicht selbst befürchte, dass ein solcher Rückzug als Eingeständnis missverstanden werden könne. Ob ich denn wirklich Wiefelspütz, Hilsberg, Lengsfeld, Schmidt, Küster und anderen die Freude bereiten wolle, mich gekippt zu haben.

Ich glaube, letztlich hat diese Argumentation bei mir den Ausschlag gegeben. Es mag ja etwas kleinkariert klingen, aber ich gönnte diesen Personen das Erfolgserlebnis nicht. Und so haben sie das Gegenteil von dem erreicht, was sie erreichen wollten. Der damalige Vorsitzende des Immunitätsausschusses, Dieter Wiefelspütz, bestätigte mir nach der Bundestagswahl 1998 indirekt, dass es um Politik und nicht um Wahrheit gegangen war, indem er noch einmal einen einzigen Satz an mich richtete: Er wüsste gern, ob der Beschluss seines Ausschusses meine Direktwahl bei der Bundestagswahl und die PDS insgesamt begünstigt oder geschwächt habe. Ich hätte ihm diese Frage auch dann nicht beantwortet, wenn ich sie hätte beantworten können. Aber sie bestätigte sein Motiv. Er war nur unsicher geworden, ob sein Vorgehen die geplante oder die gegenteilige Wirkung erzielt hatte. Und zumindest für ihn lag die Vermutung nahe, dass das Vorgehen gegen mich mir das dritte

Mal hintereinander das Direktmandat und der PDS sogar das Überspringen der Fünf-Prozent-Hürde erleichtert hatte.

Ich trat also im Mai 1997 vor die Abgeordnetengruppe, las ihr meinen Brief vor und erklärte gleichzeitig, ich hätte mich nach einer Aussprache mit führenden Mitgliedern unserer Partei anders entschieden. Ich glaube, dass die Mitglieder der Fraktion erleichtert waren, und so bereitete ich mich dann auf den Wahlkampf vor, führte die juristischen Prozesse mit Erfolg, die ich für erforderlich hielt, und erlebte das Wunder des Jahres 1998.

Kurz vor den Bundestagswahlen erschien in mehreren Zeitungen ein Aufruf mit der Überschrift »An Gysi scheiden sich die Geister«. Der anschließende Text lautete: »Die Mächtigen in Bonn haben dies gemeinsam: Er soll raus aus dem Bundestag. Was meinen Sie? Wir meinen: Er soll im Bundestag bleiben.« Der Aufruf war von dem Schriftsteller Peter Brasch, dem Intendanten Frank Castorf, dem Physiker und Sohn von Robert Havemann, Frank Havemann, dem Maler Bernhard Heisig, dem Schriftsteller Stefan Heym, dem Kabarettisten Dieter Hildebrandt, dem Bildhauer Alfred Hrdlicka, der Grafikerin Inge Jastram, dem Bildhauer Jo Jastram, der Editorin Inge Jens, dem Schriftsteller Walter Jens, dem Maler Wolfgang Mattheuer, der Schauspielerin Gisela May, der Schauspielerin Inge Meysel, dem Völkerrechtler Norman Paech, der Autorin Peggy Parnass, dem Vorsitzenden der Gewerkschaft Holz und Kunststoffe, Giesbert Schlemmer, dem Regisseur Volker Schlöndorff, dem Geschäftsführenden Vorstandsmitglied der IG Metall, Horst Schmitthenner, der Schauspielerin Katharina Thalbach, dem Schriftsteller B. K. Tragelehn, der Theologin Marie Veit, dem Ehrenpräsidenten des Deutschen Leichtathletikverbandes, Georg Wieczisk, dem Schauspieler Dieter Wien und vielen anderen unterschrieben. Unter diesen Persönlichkeiten befinden sich viele, die mit Sicherheit nicht die PDS wählen und niemals dazu aufrufen würden, sie zu wählen. Wenn sie eine Anzeige unterzeichneten, die zu meiner Wahl aufrief, dann war das auch eine Reaktion auf die Kampagne, die ein Teil der

Medien und insbesondere die Mehrheit der Mitglieder des Immunitätsausschusses gegen mich inszeniert hatten. Letzteren war das Gegenteil von dem gelungen, was sie hatten erreichen wollen. Diese Persönlichkeiten hatten es in der Situation als Verpflichtung empfunden, meine Wahl zu unterstützen, weil sie die Art und Weise, wie ich aus dem Bundestag herausgedrängt werden sollte, nicht akzeptierten. Die Anzeige hat mir im Bundestagswahlkampf 1998 sehr viel Kraft gegeben. Sie hat mich auch davon überzeugt, dass es richtig war, mich zu einer erneuten Kandidatur überreden zu lassen.

Nach der Bundestagswahl 1998 endete das rigide Vorgehen gegen mich. Erstens gab es ja schon immer viele Leute im Bundestag, denen die Ausschusshatz nicht gefallen hatte und die nur nichts dagegen unternommen hatten oder bei ihren Versuchen, etwas zu unternehmen, auf taube Ohren gestoßen waren. Sie hatten aber nach der Wahl 1998 einen Argumentationsvorteil, denn sie konnten auf jeden Fall die These aufstellen, diese Art des Vorgehens habe die PDS und auch meine Stellung in der Gesellschaft, nicht nur in der ostdeutschen Teilgesellschaft, gestärkt. Die anderen mussten immerhin einräumen, dass der gewünschte Erfolg ausgeblieben war. Gerhard Schröder und Oskar Lafontaine ist eine solche Hatz ohnehin zuwider. Und dann kam noch hinzu, dass sich Harald Ringstorff mit seiner SPD in Mecklenburg-Vorpommern entschloss, den Zwang zur Großen Koalition mit der CDU aufzulösen und stattdessen eine Koalition mit der PDS einzugehen. Auch diesbezüglich war der Bann gebrochen, und die Unionsparteien konnten dagegen kaum noch Widerstand leisten, weil sie erst einmal mit ihrer eigenen Wahlniederlage fertig werden mussten.

Kapitel 3

Wie CDU und CSU den Kalten Krieg fortsetzten

Um den Umgang der etablierten Parteien, insbesondere der CDU/CSU, mit der PDS zu verstehen, muss man tiefer in die Geschichte Deutschlands hinabtauchen. Die Gründung der deutschen Nation verlief anders als die der übrigen europäischen Nationen. Für die spanische, die italienische, die französische, die britische und andere gilt, dass sie sich von unten herausbildeten, dass sie entstanden, um die Binnenmärkte gegenüber den äußeren Märkten zu schützen. Die Nationen formten sich, indem Bevölkerungsgruppen mit gleicher Sprache und ähnlicher Kultur ein Zusammengehörigkeitsgefühl entwickelten. Die deutsche Nation entstand in Europa fast als letzte. Die Kleinstaaterei hatte ihre Durchsetzung verzögert. Sie vollzog sich weniger von unten, sondern war eher ein von oben gesteuerter Prozess. Fortschrittliche Vertreter der bürgerlichen Klasse, insbesondere auch der Kunst und Literatur, forderten die Gründung der Nation ein, als die deutschen Fürstenhäuser sich noch vehement dagegen wehrten, um ihre jeweiligen hoheitlichen Stellungen in den Kleinstaaten nicht einschränken oder gar einbüßen zu müssen. Als es schließlich unter Bismarck zur Bildung der deutschen Nation kam, geschah dies unter gänzlich anderen Bedingungen als in den übrigen europäischen Nationalstaaten. Spanien, Großbritannien, Portugal, Frankreich waren bereits Kolonialmächte, während Deutschland kaum Kolonien besaß. Eine Nation, die sich von oben etabliert, die zu spät kommt und die deshalb auch noch meint, bei der Aufteilung der Welt ins Hintertreffen geraten zu sein, entwickelt Aggressionen, versucht im Nachhinein die Geschichte zu revidieren. Dies war auch letztlich der Grund für den Ersten und den Zweiten Weltkrieg. Beide Kriege stellten den Versuch dar, die Aufteilung der Märkte und Territorien der Welt neu zugunsten Deutschlands zu ordnen. Beide Male scheiterte er, beide Male wurde Deutschland nur noch kleiner.

Aber die Nationenbildung in Deutschland hatte noch eine Besonderheit, sie kam nämlich unter Ausschluss der Linken zustande. Zeitgleich mit dem Aufbau der Nation erließ Bismarck das Sozialistengesetz und vertrieb die Sozialdemokratinnen und Sozialdemokraten aus dem Lande. Sie emigrierten in großer Zahl, viele nach Lateinamerika. Die Folge davon wiederum war, dass sich die Linken zu einem beachtlichen Teil ihrer eigenen Nation nicht zugehörig fühlten und von Anfang an ein wesentlich gespannteres Verhältnis zu ihr hatten als etwa französische, spanische, italienische, portugiesische oder britische Sozialistinnen und Sozialisten. In keinem Land hatte es die Linke so schwer wie in Deutschland. Selbst als sich fast überall in Europa faschistische Regime bildeten, wurde sie in den anderen Ländern nicht so konsequent verfolgt und durch Morde dezimiert wie in Deutschland. Das erklärt, weshalb bis heute viele deutsche Linke im Gegensatz zu anderen europäischen Linken Schwierigkeiten mit ihrer Nation haben. Wer ihnen ein verkrampftes Verhältnis zur eigenen Nation vorwirft, muss auch das aggressiv-verkrampfte Verhältnis deutscher Rechter zu ihrer Nation benennen.

Das gilt unabhängig davon, dass sich die Linke der Frage der Nation unter feudalistischen oder kapitalistischen Bedingungen ohnehin anders nähern muss als die bürgerlichen Klassen, die bürgerlichen Parteien, die konservativen und rechten Kräfte. Für die Linke war der Ansatz der Politik stets die Unterscheidung der Gesellschaft in Klassen, die in sehr unterschiedlichem Maße Zugang zu Eigentum, Geld, Kultur, Bildung und Gesundheit haben. Die Linke hat diese Aufteilung in Frage gestellt, sie als ungerecht gebrandmarkt und Verhältnisse angestrebt, in denen Verteilungsgerechtigkeit und Chancengleichheit herrschen. Bis heute gilt, dass es mit Kriterien der Moral und Gerechtigkeit nicht zu erklären ist, weshalb das eine Kind in einem Haushalt geboren wird, in dem es am Nötigsten fehlt, während das andere Kind in einem Haushalt des Überflusses aufwächst. Beide Kinder tragen keine Verantwortung für die Bedingungen, unter denen sie leben müssen. Der Anspruch der Linken, diese Verhältnisse zu verändern, ist in hohem Maße sozial und moralisch gerechtfertigt. Er entspricht auch dem Gerechtigkeitssinn, wie er sich in den Schriften der großen Weltreligionen widerspiegelt.

An das Nationalgefühl der Menschen wurde vor allem dann appelliert, wenn es darum ging, Kriege zu führen oder abzuwehren. Ein Blick zurück in die Feudalzeit macht es aus heutiger Sicht schwer zu erklären, weshalb Bauernsöhne für ihren Fürsten oder König in den Krieg zogen, um dessen Eigentum, dessen Privilegien, dessen Rechte zu verteidigen oder auszubauen. Sie selbst hatten auch nach einem gewonnenen Krieg keinen Meter Land mehr, kein einziges zusätzliches Privileg. Was also sollte sie motivieren, ihr eigenes Leben aufs Spiel zu setzen und sogar mit Tapferkeit, Mut und Leidenschaft im Krieg zu kämpfen? In solchen Situationen wurde an das Nationalgefühl dieser Männer appelliert. Sie sollten irgendetwas Imaginäres gegen einen äußeren »Feind« verteidigen.

Eines stimmte allerdings regelmäßig auch: In einem Staat, der in einem Krieg unterlag, verloren nicht nur die Herrschenden, sondern auch die Bauern. Nicht selten wurde ihr Land zerstört oder ihnen zugunsten der Mitglieder der Siegernation entzogen. Insofern hatten sie auch materielle Motive. Dennoch spielte das Ideelle und hierbei gerade die Nation stets eine übergeordnete Rolle. Die Linke musste also ein Interesse daran haben, französische und deutsche Bauernsöhne darüber aufzuklären, dass sie zwar gegeneinander Krieg führten, aber kaum um ihre eigenen Interessen, sondern eher um die Interessen ihrer Herrschaftshäuser. Und nicht anders sah das bei Kriegen zwischen kapitalistischen Staaten aus. Die Gewinner waren immer dieselben, die Verlierer auch.

Die spezifisch deutsche Entwicklung, die zu einem tiefen Misstrauen eines Teils der Linken gegenüber jedem Nationalgefühl geführt hatte, wurde natürlich durch die Naziherrschaft in jeder Hinsicht verstärkt. Hitler hat das Deutsche auf eine Art und Weise definiert, wie es unerträglich für alle anderen Nationen war und auch für jene Deutschen, die nicht morden und plündern, die Menschen nicht rassistisch verfolgen, die nicht andere Nationen unterdrücken wollten. Gerade in Westdeutschland führte dies dazu, dass Teile der Linken allem Nationalen konsequent ablehnend gegenüberstehen, typisch dafür war die linksradikale Parole »Nie wieder Deutschland«.

Die Frage der Nation hat aber nicht nur die Linken von den übrigen gesellschaftspolitischen Strömungen in Deutschland getrennt, sondern auch zu tiefen Zerwürfnissen innerhalb der Linken selbst geführt. Es gab immer Kommunistinnen und Kommunisten, die sich auf ihre Art mit Deutschland identifizierten – sie wurden deshalb auch Nationalkommunisten genannt –, und solche, die es zutiefst ablehnten, mit ihrer eigenen Nation identifiziert zu werden, und die in dieser Haltung durch den Umstand bestätigt wurden, dass die national gesinnten Kräfte in Deutschland häufig besonders reaktionär, militant, antisemitisch, fremdenfeindlich und rassistisch auftraten.

Mental lässt sich die ausgeprägte Aggressivität des deutschen Nationalismus auch dadurch erklären, dass er im Unterschied etwa zum französischen Nationalismus nicht aus einem Überlegenheitsgefühl, sondern eher aus einem Minderwertigkeitskomplex erwächst. In einer patriarchalen Gesellschaft bestimmen Männer den Nationalismus. In Deutschland hoben sie Tugenden wie Pünktlichkeit, Fleiß und Ordnung hervor, über die sie stärker zu verfügen meinten als zum Beispiel französische und italienische Männer. Sie glaubten aber, dass kulturelle Fähigkeiten oder die Fähigkeit zu lieben höherwertig und bei den Männern anderer Nationen wahrscheinlich ausgeprägter seien. Daraus resultierten Minderwertigkeitsgefühle. Ein Nationalismus aus einem wirklichen Überlegenheitsgefühl macht arrogant, ein Nationalismus aus Minderwertigkeitsgefühl macht dagegen aggressiv. Und Arroganz ist allemal leichter zu ertragen als Aggressivität.

Die Bildung einer Nation ohne eine Linke, die das zum Teil auch noch akzeptiert, das war ein Charakteristikum, das die politische Kultur im Deutschland der Weimarer Republik ebenso bestimmte wie im Nachkriegsdeutschland, speziell in der Bundesrepublik. Ich kenne keine französischen oder italienischen Kommunisten, die bei einem Fußballspiel ihrer Nationalmannschaft nicht leidenschaftlich für deren Sieg einträten, unabhängig davon, wer der Gegner ist. Ich kenne aber eine ganze Reihe deutscher Linker, die bei einem Fußballspiel der deutschen Nationalmannschaft immer für den Gegner sind, ganz egal, um welche Mannschaft es sich dabei handelt. Hitler hatte definiert, dass mein Vater wegen seiner jüdischen Mutter kein Deutscher sei. Er aber fühlte sich als Deutscher. Er nannte sich einen »hoffnungslosen Deutschen«. Auf seine Art versuchte er, Hitler die Definitionsmacht darüber streitig zu machen, wer Deutsche beziehungsweise Deutscher sei und wer nicht. Indem aber insbesondere Teile der westdeutschen Linken zumindest unbewusst akzeptiert hatten, dass Hitler das »wahre« Deutschland repräsentierte, dass er also Deutschland richtig definiert hatte, mussten sie sich, um sich auch im Nachhinein konsequent gegen ihn stellen zu können, auch gegen Deutschland stellen.

Wir leben in der Epoche der europäischen Integration und damit in einer Zeit des Abbaus von Nationalstaatlichkeit in Europa. Dennoch bleibt das Verhältnis eines Teils der deutschen Linken zur eigenen Nation auch für die Zukunft ein Problem. Man kann eine Nation nicht führen, der man sich nicht zugehörig fühlt. Und so schlimm und einmalig das Naziregime war, Deutschland und deutsche Geschichte sind mehr, waren selbst während der Nazizeit mehr. Es gab eben auch die Deutschen in den Gefängnissen, Zuchthäusern und Konzentrationslagern, es gab die Deutschen, die gegen die Nazis kämpften, die Jüdinnen und Juden und andere Verfolgte versteckten, die in verschiedene europäische Länder, nach Mexiko, in die USA, in die Sowjetunion, nach Großbritannien und anderswohin emigrierten. Viele von ihnen sind zurückgekehrt, und auch sie sind Bestandteil der deutschen Nation. Solange ein Teil der deutschen Linken weniger um und eher gegen die deutsche Nation kämpft, werden Rechtsextremisten und Nationalisten alles Nationale für sich reklamieren können. Die Linke kann nur dann in ihren Ansprüchen gegen nationalistische, rassistische, antisemitische Bestrebungen erfolgreich sein, wenn sie den Nachweis erbringt, dass sie die bessere Alternative für und nicht gegen die Nation ist.

Ich beschreibe dies auf eine abgeklärte Art und Weise, obwohl all die Konflikte, die ich für die Linke dargestellt habe, ebenso tief in mir verwurzelt sind. Ich bin keineswegs frei von dem, was ich diesbezüglich an der deutschen Linken kritisiere, denn auch ich bin geprägt durch die Geschichte meiner Familie und meines Landes. Es waren Deutsche, die zu verantworten haben, dass achtzehn meiner Angehörigen in Konzentrationslagern umkamen. Aber diese waren ebenfalls Deutsche, und deshalb ist es wohl verständlich, dass in mir hinsichtlich der nationalen Frage alles widersprüchlich fühlt und denkt. Dieser Widerspruch unter anderem hat einem Mann wie Kurt Tucholsky jeden Lebensmut genommen und linke Intellektuelle nach 1945, gerade solche, die auf deutsche Sprache und Kultur besonders angewiesen sind, innerlich fast zerrissen. Es ist deshalb ein Megathema, das man nur beschreiben kann, für das es aber keine einfachen Lösungen gibt. Gabriele Zimmer, die neue Vorsitzende der PDS, hat sich ihm im Oktober 2000 auf dem Parteitag in Cottbus gestellt, bevor sie gewählt wurde. So, wie sie es auf dem Parteitag gemacht hat, fand ich es nachvollziehbar. Anschließend hat sie versucht, ihre Gedanken in Interviews zu erläutern, was mich weniger überzeugte.

Die Frage aber ist auch von großer Bedeutung im Kampf gegen den erstarkenden Rechtsextremismus in Deutschland. Dessen Ursachen sind komplexer Natur. Sie haben mit der Geschichte der DDR und der BRD, mit dem Ablauf der Wende und der Vereinigung, mit der Massenarbeitslosigkeit und der sozialen Ungerechtigkeit, mit der Perspektivlosigkeit vieler Jugendlicher, mit Deregulierung und Sozialabbau bei der Durchsetzung neoliberaler Politik, aber auch damit zu tun, dass der europäische Einigungsprozess Ängste hervorruft. Die Menschen empfinden instinktiv, dass die Brüsseler Macht sie immer stärker entmündigt, dass sie durch den europäischen Einigungsprozess ihren sozialen Halt und ihre kulturelle Identität verlieren könnten.

Die Aufgabe von Politikerinnen und Politikern in einer solchen Situation besteht darin, Ängste abzubauen. Stattdessen haben in den vergangenen zehn Jahren immer wieder Verantwortliche der Unionsparteien solche Ängste bestätigt und geschürt. Die später zurückgenommene Warnung des CSU-Politikers Edmund Stoiber vor einer »durchmischten und durchrassten Gesellschaft«, die entsetzliche Kampagne gegen Asylbewerberinnen und Asylbewerber, die den Eindruck erwecken sollte, diese wollten und könnten die ganze Bundesrepublik ins Elend stürzen, die Thesen von Deutschland als »vollem Boot« oder als »Zahlmeister für die ganze Welt« haben ihren Beitrag dazu geleistet, dass sich Rechtsextremisten in dem, was sie anstreben, bestätigt fühlen können. Der Unterschied besteht dann darin, dass die einen das Problem politisch angehen, während die anderen es mit Gewalt zu lösen versuchen. Aber das Denken und Fühlen in rechtsextremistischen Kategorien wirkt viel nachhaltiger als eine rechtsextremistische Gewalttat, die, entsprechenden Willen vorausgesetzt, schnell unterbunden werden könnte.

In der Debatte um die Beschränkung des Asylrechts bin ich deshalb im Bundestag besonders leidenschaftlich aufgetreten und bestreite nicht, übel genommen zu haben. Denn ich konnte gerade in den neuen Bundesländern die Wirkungen der genannten Parolen spüren. Anstatt rechtsextremistisches Denken zu ächten, immer wieder dagegenzuhalten, kamen von der offiziellen Politik Vorlagen. Ich habe besonders auf Unionspolitiker hingewiesen, aber es waren auch Sozialdemokraten, die während der Asyldebatte 1995, aber auch in den Jahren danach auf ähnliche Weise zum Beispiel gegen den »Missbrauch« des Asylrechts argumentierten.

Ich ärgere mich auch über Begriffe wie »Gastrecht«, die mit einer Selbstverständlichkeit verwendet werden, als gäbe es die Artikel 1 und 2 des Grundgesetzes nicht. Man muss einmal die Naziurteile lesen, in denen die Deutschen im Verhältnis zu den Juden als Wirtsleute bezeichnet werden, um zu wissen, was man mit einem Wort wie »Gastrecht« alles anstellen kann. Natürlich sollen Asylberechtigte, Bürgerkriegsflüchtlinge etc. in ihr Land zurückkehren, wenn die Ursachen für die Flucht in angemessener Zeit überwunden werden. Über all das ließe sich vernünftig reden. Und natürlich gibt es Menschen, die nicht nach Deutschland kommen, weil sie in ihrem Land politisch verfolgt werden, sondern weil sie ihre wirtschaftliche Lage verbessern wollen. Aber sind in den vergangenen Jahrhunderten nicht auch viele Deutsche aus wirtschaftlichen Gründen ausgewandert? Wie war das mit jenen, die nach Brasilien oder Kanada oder in die USA zogen? Haben wir das jemals moralisch so verurteilt wie das so genannte Wirtschaftsasylantentum? Auch ich weiß, dass nicht alle Menschen aus allen Ländern Platz in Deutschland hätten, doch abgesehen davon, dass die meisten gar nicht kommen wollen, haben wir noch nie vor einer solchen Situation gestanden. Durch die faktische Abschaffung des Asylrechts ist die Zahl der Asylbewerberinnen und Asylbewerber erheblich zurückgegangen. Inzwischen gibt es eine rigorose Abschiebungspraxis, auch gegenüber anderen Flüchtlingen. Bei der Neuregelung des Asylrechts und der Durchsetzung einer solchen Abschiebungspraxis wurde unter anderem als Begründung angeführt, dass gerade dadurch dem Rechtsextremismus, dem Rassismus, der Fremdenfeindlichkeit der Boden entzogen würde. Tatsächlich hat der Rechtsextremismus trotz sinkender Zahl von Asylbewerberinnen und Asylbewerbern und trotz sinkender Flüchtlingszahlen zugenommen.

Inzwischen wird in Deutschland über Greencards diskutiert und ein Einwanderungsgesetz gefordert, weil der deutschen Wirtschaft Spezialistinnen und Spezialisten fehlen, die aus dem Ausland angeworben werden sollen. Es zeigt sich, dass Deutschland auf Einwanderung angewiesen ist, und so vollziehen sich Änderungen in der Argumentation und im Vokabular, die vielleicht wirksamer dazu beitragen, dem Rechtsextremismus zu begegnen.

Der Durchmarsch neoliberaler Politik in Europa, das heißt die Akzeptanz des Primats der Wirtschaft über die Politik, die Tendenz zur Deregulierung und zum Sozialabbau, führen zu einer Entsolidarisierung zwischen den Menschen, sie stärken den Egoismus und die Angst vor Ausländerinnen und Ausländern, die zu Unrecht als soziale und kulturelle Bedrohung empfunden werden. Der Rechtsextremismus ist auch deshalb erfolgreich, weil er die Sehnsucht nach Solidarität missbraucht, indem er sie im Nationalen einfordert, das heißt in unserem Land die »Solidarität« der Deutschen gegen alle Nichtdeutschen.

Doch auch Teile der deutschen Linken überzeugen mich nicht in ihrem Kampf gegen den Rechtsextremismus. Da gibt es einige linke Zeitungen, Sprecherinnen und Sprecher, die einen geradezu zähen Streit um die Frage führen, wer die wahren Antifaschistinnen und Antifaschisten in Deutschland sind, wobei jede Gruppierung genau dies für sich in Anspruch nimmt. Wer sich so verhält, wird faschistischen Entwicklungen niemals mit Erfolg entgegenwirken können. Anstatt im Vorgehen gegen solche Entwicklungen möglichst alle einzubeziehen, wird ausgesondert und sortiert und nur wenigen das Recht zugebilligt, sich antifaschistisch zu nennen und deshalb einen entsprechenden Kampf führen zu dürfen. Wer diesen zum Privileg erhebt, will ihn nicht gewinnen, sondern nur sich selbst als Avantgarde darstellen und hervorheben.

Es ist auf der einen Seite richtig, sich immer wieder zu überlegen, welche rassistischen, antisemitischen und fremdenfeindlichen Momente in einer Vielzahl von Menschen stecken. Man muss sich darüber im Klaren sein, um erfolgreich dagegen vorgehen zu können. Aber die Analyse darauf zu beschränken scheint mir ein großer Fehler zu sein. Es muss ebenso berücksichtigt werden, dass die meisten über Impulse verfügen, die sich gegen Rassismus, Antisemitismus und Fremdenfeindlichkeit wenden, und es gilt, an diese Seite der Menschen zu appellieren und sie zu stärken. Die Mehrheit der Deutschen besteht nicht aus Faschisten und Antifaschisten, sondern aus Nichtfaschisten. Wenn die Antifaschisten nicht das Bündnis mit den Nichtfaschisten suchen, nehmen sie damit das Risiko in Kauf zu scheitern. Auch 1933 gab es mehr Antifaschisten und Nichtfaschisten als Nazis, und trotzdem erlebten die Antifaschisten eine vorhersehbare Niederlage, und zwar unter anderem deshalb, weil sie ein Zusammengehen mit Nichtfaschisten ablehnten und darüber hinaus einen unerbittlichen ideologischen Kampf gegeneinander führten. Reste der Sozialfaschismustheorie, auf deren Basis deutsche Kommunistinnen und Kommunisten deutsche Sozialdemokratinnen und Sozialdemokraten zu Faschisten erklärten, stecken noch heute in Teilen der Linken.

Leider gibt es immer wieder Äußerungen von Sozialdemokratinnen und Sozialdemokraten, die eine kritische Auseinandersetzung hinsichtlich des Rechtsextremismus geradezu herausfordern. Das ändert aber nichts daran, dass man das Bündnis gegen Nazis so breit wie möglich organisieren muss, wenn es erfolgreich sein soll. Ich habe selbst 1998 eine Wahlkampfveranstaltung in Berlin-Marzahn erlebt, wo auf dem Podium Vertreter von CDU, SPD, F.D.P., Bündnis 90/DIE GRÜNEN und ich saßen. Das Publikum bestand zu einem großen Teil aus Anhängern der Union. Sie legten es darauf an, die Kontroverse in aller Schärfe gerade mit mir zu führen. Die Wahlkampfveranstaltung wurde aber dadurch gestört, dass Vertreter der NPD erschienen waren, die uns alle, die wir vorn auf dem Podium saßen, in einen Topf warfen und mit ihren rassistischen, antisemitischen und unerträglich nationalistischen Parolen herausforderten. Immer wieder versuchten die Anhänger der Union, der Veranstaltung einen anderen Charakter zu geben und mich und meine Partei an den Pranger zu stellen. Bei den NPD-Leuten hatten sie dennoch keine Chance. Irgendwann kippte die Atmosphäre im Saal. Der Spitzenkandidat der NPD in meinem Wahlkreis erklärte, es würde nicht mehr lange dauern, bis wir alle, wie wir da vorne säßen, verschwänden, das deutsche Volk würde uns fortjagen. Und in diesem Moment erklärte ich dann, dass sich die Vertreter der NPD keinen falschen Hoffnungen hingeben sollten. Sie würden uns hier zwar zerstritten und zur Gemeinsamkeit eher unfähig erleben, aber bevor sie an die Macht kämen, würden unsere fünf Parteien unter Vernachlässigung aller übrigen Widersprüche gemeinsam gegen sie vorgehen und ihre Politik unterbinden. Das war mehr Wunschdenken als die Beschreibung einer künftigen Realität. Dennoch bekam ich für diesen Satz sehr viel Beifall, auch von den Anhängern der Union im Saal.

Deshalb rege ich mich so auf, wenn bei einer Kundgebung gegen Rechtsextremismus der brandenburgische CDU-Innenminister Schönbohm ausgepfiffen wird oder wenn Veranstalter einer solchen Kundgebung einem CDU-Oberbürgermeister die Teilnahme untersagen. Was erwarten denn diejenigen, die sich derartig verhalten? Würde es ihrem Weltbild entsprechen, wenn der Innenminister Brandenburgs oder der CDU-Oberbürgermeister auf einer NPD-Kundgebung spräche? Ich bin froh darüber, dass sie nicht auf diese Idee kommen und sich stattdessen lieber auf einer Kundgebung gegen die NPD wenden. Und ich freue mich darüber, obwohl ich weiß, dass sie gerade in Bezug auf Ausländerinnen und Ausländer schon Sätze gesagt haben, die auch ich als Vorlage für Rechtsextremisten bezeichnen würde. Dennoch sind sie mit Sicherheit keine Nazis. Wenn ich also verhindern will, dass die Nazis in Deutschland immer mehr Oberwasser bekommen, dann muss ich diesbezüglich mit den Schönbohms und CDU-Bürgermeistern zusammenrücken, und zwar auch, um zu erreichen, dass sie künftig keine Sätze mehr äußern, die von Rechtsextremisten als Rechtfertigung ihres Handelns zu verstehen oder auch misszuverstehen sind. Der Kampf gegen Nazismus darf mithin kein Feld der Eigenprofilierung oder des Avantgardismus sein und schon gar nicht daran scheitern, dass Menschen höchst unterschiedliche Motive haben, an ihm teilzunehmen.

Es stört mich zwar, wenn Vertreter der Industrie und der Arbeitgeberverbände die Aufmärsche der Nazis vornehmlich mit der Begründung kritisieren, sie schadeten dem Ansehen der Bundesrepublik und damit auch dem Investitionsstandort Deutschland. Aber rechtfertigt ein solches Motiv, die Betreffenden von einem Bündnis gegen Nazis auszuschließen? Meines Erachtens nicht. Es war doch die Katastrophe der Zeit vor und nach 1933, dass viele Vertreter der deutschen Wirtschaft, auch wenn sie keine Nazis waren, in diesen einen Standortvorteil sahen, weil sie hofften, neue Märkte durch sie erschließen zu können. Wenn dagegen heute die Vertreter der Wirtschaft die Rechtsextremisten als Standortnachteil betrachten, dann ist das zwar für mich kein ausreichendes Motiv, gegen Nazis aufzutreten, aber ein beachtlicher Fortschritt gegenüber der Haltung der deutschen Wirtschaft um 1933 herum und sogar eine gewisse Garantie dafür, dass die Nazis nicht zu einem Machtfaktor werden können.

Ein junger Mitarbeiter der PDS-Fraktion erklärte einmal vor einer Demonstration gegen einen Naziaufmarsch, ihm missfiele es, wenn sich ihr der Bäckermeister des Ortes anschlösse, da dieser erklärt habe, er wolle an ihr teilnehmen, weil die Aufmärsche der Nazis das Ansehen seiner Stadt schädigten. Er hatte nicht hinzugefügt, sicherlich aber gedacht, dass dies auch abträglich für sein Geschäft sei. Ich finde es wichtig, den Bäckermeister mitzunehmen, weil er sich gegen die Nazis stellen will. Gewissensprüfung und Motivationsforschung sollten dabei nicht die Aufgabe der Linken sein. Außerdem ist mir auch in diesem Falle immer noch lieber, der Bäckermeister sieht in den Nazis Leute, die das Ansehen seiner Stadt gefährden, als dass er der Meinung wäre, sie würden es erhöhen. Ich möchte jede Form von Arroganz in Fragen des Antifaschismus in der deutschen Linken überwunden sehen, aber auch das wird dauern.

In der Geschichte der Bundesrepublik Deutschland setzte sich im Verhältnis der Linken zur Nation fort, was sich auch schon um 1933 gezeigt hatte. Teile der Linken hatten das Gefühl, nicht zur Nation zu gehören, und die Rechten und Konservativen bestätigten sie darin. In der alten Bundesrepublik wurde der Staatsapparat der Nazis personell ziemlich vollständig übernommen. Dennoch wurde sie nie zu einem nazistischen Staat, und es gab auch keine Tendenzen in diese Richtung. Wie konnte das gelingen? Die Strukturen der Demokratie in der Bundesrepublik funktionierten unabhängig davon ganz gut, dass es zumindest damals relativ wenige Demokratinnen und Demokraten gab. Die Staatsanwälte und Richter und die übrigen Staatsangestellten des Naziregimes verhielten sich in der Bundesrepublik entsprechend den neuen Vorgaben, also demokratisch. Die Umstellung fiel ihnen nicht sonderlich schwer, kam einigen vielleicht sogar entgegen. Sie müssen ja nicht unbedingt überzeugte Nazis gewesen sein, solange sie im NS-Staatsapparat arbeiteten. Außerdem waren sie sicherlich besonders dankbar dafür, weiter in ihren Funktionen bleiben zu können, und solche Leute pflegen dann der neuen Ordnung in besonderer Weise zu dienen. Opportunistische Verhaltensweisen sind nicht neu und begleiten die Geschichte eines jeden Volkes.

Aber es gab einen zweiten Grund, weshalb man Nazis übernehmen konnte, und der erforderte noch nicht einmal eine Umstellung von ihnen. Neben Rassismus, Antisemitismus, Kriegsbereitschaft etc. gehörte zum Naziregime auch ein totalitärer Antikommunismus, und dieser wurde in der alten Bundesrepublik weder kritisiert noch überwunden, sondern einfach fortgesetzt. Dafür waren die ehemals Braunen ein guter Garant. Denn es waren vor allem die Kommunistinnen und Kommunisten in der alten Bundesrepublik, die neben einem Teil der Sozialdemokratinnen und Sozialdemokraten besonders massiv forderten, dass Justiz und Staat personell völlig erneuert werden sollten. Da diese Erneuerung aber ausblieb, mussten die übernommenen Mitarbeiter in Justiz und öffentlichem Dienst insbesondere die Kommunistinnen und Kommunisten als ihre Feinde ansehen. Für die alte Bundesrepublik wurde der Antikommunismus identitätsstiftend, was in besonderer Weise für die Unionsparteien galt. Er nährte sich zunächst zusätzlich aus den Erfahrungen der Frontsoldaten in der Sowjetunion, in sowjetischer Kriegsgefangenschaft und aus den Erfahrungen der deutschen Zivilbevölkerung mit der sowjetischen Besatzungsmacht.

Durch das Beispiel der DDR und der SED, durch die Mauer in Berlin, durch die Toten an der Mauer und an der Grenze zwischen den beiden deutschen Staaten, durch die diktatorischen und autoritären Herrschaftsformen in der DDR erhielt er immer wieder neuen Auftrieb. Jede Kritikerin und jeder Kritiker der Verhältnisse in der BRD wurde mit dem Satz beschieden, sie könnten ja nach drüben, das hieß in die DDR, gehen. Und dieser Antikommunismus war bis zum 3. Oktober 1990 zu keinem Zeitpunkt gefährdet.

Daraus lässt sich dann auch erklären, dass die Bundesrepublik Deutschland das einzige westeuropäische Land war, in dem die Kommunistische Partei 1956 verboten wurde – ein in Italien oder Frankreich undenkbarer Vorgang – und dass die Einleitung der Entspannungspolitik zuletzt von Deutschland ausging, während andere westeuropäische Länder schon viel früher mit ihr begonnen hatten. Und nur so wird verständlich, weshalb die CDU zur Einleitung der Entspannungspolitik völlig unfähig war und es einer sozialdemokratisch geführten Bundesregierung unter Willy Brandt bedurfte, um das Verhältnis zu Osteuropa und zur DDR auf eine andere Ebene zu heben. Nachdem sich dann die Entspannungspolitik als erfolgreich erwies, war auch die Union unter Helmut Kohl in der Lage, sie fortzusetzen.

Dennoch gab es erhebliche Unterschiede zwischen der Politik

Willy Brandts und Helmut Schmidts auf der einen und der von Helmut Kohl auf der anderen Seite. Die Führung der DDR mag die Unterschiede gemerkt haben, in ihrem Interesse damit umgehen konnte sie nicht. Während nämlich unter Willy Brandt und Helmut Schmidt in den Verhandlungen mit der DDR regelmäßig Politik gegen Politik getauscht wurde, bot Helmut Kohl als Tauschobjekt nur noch Geld an. Bei den politischen Forderungen der DDR, ob zur Elbgrenze, ob zur Staatsbürgerschaft, ob zur Schließung der Erfassungsstelle in Salzgitter, zum Austausch von Botschaften etc., bewegte sich Helmut Kohl in den gesamten Jahren keinen Millimeter. Er war aber regelmäßig bereit, der DDR Geld dafür zu geben, dass sie politische Kompromisse machte. Wer aber wie die DDR-Führung Politik gegen Geld verkauft, wird irgendwann finanziell abhängig und dadurch politisch handlungsunfähig. Spätestens dann wird er von der Geschichte nur noch getrieben, kann sie aber nicht mehr gestalten.

Auch die Entspannungspolitik änderte nichts am fast totalitären Antikommunismus in der westdeutschen Gesellschaft, insbesondere in den Unionsparteien.

Nach der Einheit wurde die PDS und damit auch ich für die Union zu einer Art Ersatz für die untergegangene Sowjetunion, den untergegangenen Warschauer Vertrag, die untergegangene DDR und SED. An wem und auf welchem Feld sollte sie ihren identitätsstiftenden Antikommunismus auslassen, wenn nicht an der PDS? Nur war die PDS weder in der Lage noch willens, auch nicht um der CDU einen Gefallen zu tun, dieser als Feindbild die Sowjetunion, den Warschauer Vertrag, die DDR und die SED zu ersetzen. Aber aus diesem Antikommunismus ergibt sich die tiefere Ursache, die der Ablehnung der PDS durch die Unionsparteien und durch große Teile der westdeutschen Bevölkerung zugrunde lag. Und daraus erklärt sich wiederum, weshalb die SPD das Spiel mitmachte: Sie wollte nicht in irgendeine Nähe zu dem gerade gescheiterten vermeintlichen Kommunismus gerückt werden.

Zwar ist die PDS keine kommunistische Partei, und ich passte schon gar nicht in dieses Feindbild. Aber es gehört leider zur Politik dazu, sich seine Gegner so zurechtzustricken, wie man sie für die eigenen Angriffe benötigt, und nicht davon auszugehen, wie sie wirklich sind. Sobald zum Beispiel der bayerische Innenminister Günther Beckstein von der CSU verlangt, die NPD zu verbieten, was eigentlich eine Forderung der Linken sein müsste, denken manche Linke darüber nach, ob es nicht doch besser wäre, gegen ein NPD-Verbot aufzutreten. Beckstein erfüllt in diesem Punkt nicht die Erwartungen an ihr Feindbild, und sie sind deshalb erst einmal beleidigt und misstrauisch. Den umgekehrten Vorgang habe ich so häufig im Bundestag erlebt, dass er mich inzwischen langweilt. Die Vertreterinnen und Vertreter der PDS hatten bei den Unionsparteien über Jahre keine Chance. Es war völlig egal, in welcher Weise wir uns äußerten. Hätten wir den Mauerbau vom 13. August 1961 im Bundestag verteidigt, wären die Unionsparteien über uns hergefallen, ihr Feindbild hätte gestimmt. Sie hätten versucht, uns nach allen Regeln der Kunst fertig zu machen. Natürlich taten wir das nicht, weil auch uns klar ist, dass der Mauerbau Selbstaufgabe des kommunistischen Anspruchs war. Eine vermeintlich überlegene Gesellschaft, die ihre Mitglieder einschließen muss, damit sie nicht in die vermeintlich unterlegene Gesellschaft auswandern, kann ihren Überlegenheitsanspruch nicht länger glaubhaft machen und ist auf Dauer zu Lüge und Heuchelei gezwungen. Bei den Wahlen in der DDR bedurfte es einer Zustimmung von 99 Prozent der Bevölkerung, damit das Bild der überlegenen Gesellschaftsordnung nach innen und nach außen aufrechterhalten werden konnte. Nur war es dann eben unerklärlich, weshalb man die Menschen nicht in die unterlegene Gesellschaftsordnung reisen lassen konnte, weshalb die Gefahr so groß gewesen sein soll, dass sie sich der Gesellschaftsordnung entzögen, der sie doch angeblich gerade wieder in großer Freiwilligkeit ihre Zustimmung per Wahl signalisiert hatten. Moralisch und politisch ist es zu keiner Zeit und in keiner Gesellschaft zu rechtfertigen, Bürgerinnen und Bürger zu verletzen oder zu erschießen, nur weil sie ihr Land verlassen wollen. Es ist allerdings auch zu keinem Zeitpunkt und in keiner Gesellschaft gerechtfertigt, Flüchtlinge zu verletzen oder zu erschießen, nur weil sie in ein Land kommen wollen. In Erkenntnis dieser Umstände konnten wir den Mauerbau nur verurteilen. Genutzt hat uns das bei den Unionsparteien nichts, denn in solchen Situationen wurden wir als Heuchler beschimpft. Traten wir für mehr Demokratie ein, dann wurde uns erklärt, dass wir nicht das Recht hätten, solche Forderungen zu stellen, da wir aus einer Partei und einem Land kämen, in denen Demokratie niemals verwirklicht worden sei. Hätten wir aber ernsthaft weniger Demokratie gefordert, wäre der gesamte Bundestag über uns hergefallen. So gesehen hatten wir keine Chance, es der Union recht zu machen. Allerdings haben wir dieses Ziel auch nie verfolgt. Das Verhalten der Unionsparteien hat uns sogar darin bestärkt, unseren Weg zu suchen und zu gehen.

Wer wie ich versucht, den militanten Antikommunismus in einer Gesellschaft auch in der CDU abzubauen, erzeugt damit zunächst zusätzliche Gegnerschaft, schon deshalb, weil er etwas antastet, was für die CDU und die westdeutsche Gesellschaft identitätsstiftend war und noch ist. Wenn sich dennoch Veränderungen in meinem Sinne ergeben haben, so ist dies geschehen, weil die objektiven Grundlagen für den Antikommunismus nicht mehr existieren und weil es schwer ist, Hass gegen jemanden aufrechtzuerhalten, der sich penetrant weigert, zurückzuhassen.

In diesem Zusammenhang habe ich mich natürlich häufig auch über das Auftreten von Vertreterinnen und Vertretern der PDS, insbesondere aus der Kommunistischen Plattform, dem Marxistischen Forum und einigen westlichen Landesverbänden, vornehmlich aus Hamburg, geärgert. Sie haben meinen Kampf gegen den Antikommunismus in der westdeutschen Gesellschaft nie unterstützt, meines Erachtens nicht einmal begriffen. Aus ihrer Sicht verließ ich Schritt für Schritt »klassenkämpferische« Positionen, verletzte allein schon durch die Verwendung eines anderen Vokabulars von ihnen gezogene ideologische Grenzen, erzeugte mithin ihr Misstrauen. Was ich vorne an Antikommunismus abzubauen versuchte, versuchten sie von hinten wieder aufzubauen. Immer wieder lieferten sie medienträchtig Argumente, die die antikommunistischen Vorurteile bestätigten und die es allen, die daran interessiert waren, erleichterten, zwischen mir und der PDS zu unterscheiden. Wenn zum Beispiel der frühere Vorstand des Landesverbandes Hamburg alle Angehörigen der Bundeswehr einschließlich der Wehrpflichtigen als potentielle »Mörder« diffamierte und sich gleichzeitig – wie die PDS insgesamt – gegen die Verurteilung von Grenzsoldaten der DDR wegen Totschlags stellte, bediente er den Antikommunismus. Er bestätigte das Vorurteil, dass Kommunisten es rechtfertigen, wenn Soldaten zur Erhaltung kommunistischer Macht schießen, und ein solches Verhalten nur geißeln, wenn es um die Macht anderer geht, also zu einer solchen Frage kein ethisches, sondern ein instrumentelles Verhältnis haben. Außerdem müssen sich auch Linke darum bemühen, Soldaten von ihrer Position zu überzeugen, anstatt sie von sich abzustoßen.

Die PDS darf aber mit solchen Plattformen und Teilen der genannten Landesverbände nicht gleichgesetzt werden. Auf jeden Fall schien es mir immer besonders paradox, dass gerade diejenigen, die sich Kommunistinnen und Kommunisten in der PDS nannten, auf meine Versuche, Antikommunismus abzubauen, besonders misstrauisch reagierten und eher einen Beitrag leisteten, ihn zu stabilisieren.

Die Leidenschaft des Kampfes gegen mich ist jedoch nur zum Teil auf den Antikommunismus in der westdeutschen Gesellschaft zurückzuführen. Ein namhafter Sozialdemokrat meinte in einem Gespräch mit mir, er glaube, die tiefere Ursache liege darin, dass es eine unterschwellige, eher unbewusste antisemitische Stimmung auch im Bundestag gebe, die ich einfach zu spüren bekäme. Ich glaube, hoffe zumindest, dass er nicht Recht hat, höchstens in der Variante der Intellektuellenfeindlichkeit. Das Nachlassen der Ablehnung gegen mich im Bundestag seit 1998 scheint dies zu bestätigen. Andere suchten und fanden eine andere Erklärung. Sie meinten, gerade die Tatsache, dass ich dem Feindbild der Union nicht entspräche, habe den vehementen Kampf gegen mich ausgelöst. Nichts nehmen deutsche Rechte und deutsche Linke mehr übel, als wenn sich ihre Gegner nicht ihrem Feindbild gemäß verhalten. An dieser Überlegung scheint mir einiges dran zu sein.

Weder entspricht mein Vokabular noch meine Argumentationslogik oder meine Bereitschaft, auf ihre Argumente einzugehen und ihnen, wenn sie mir logisch erscheinen, auch zuzustimmen, dem, was sie von einem Sozialisten erwarten. In den gesamten Jahren im Bundestag habe ich nie jemanden persönlich beleidigt oder diffamiert, auch nicht meine ärgsten politischen Gegnerinnen und Gegner. Zu deren Überraschung billige ich auch ihnen die Rechte zu, die ich für mich beanspruche. Auch als sich alle Geschütze gegen Helmut Kohl richteten, habe ich ihm seine Rechte niemals streitig gemacht.

Als es im Dezember 1999 zu einer der ersten Bundestagsdebatten über die Spendenaffäre der CDU kam, forderten Politikerinnen und Politiker dieser Partei reihenweise, die in der Strafprozessordnung geregelte Unschuldsvermutung zu respektieren. Beim Finanzskandal der PDS im Jahre 1990 war das anders gewesen. Damals wurde ich von denselben Leuten vorverurteilt, obwohl es gegen mich nicht einmal einen Anfangsverdacht gab, der zu einem Ermittlungsverfahren geführt hätte. Nicht nur ich, sondern die gesamte PDS-Fraktion hat Betroffenen in anderen Parteien, ob sie aus der CSU, der CDU oder der SPD kamen, stets die Rechte zugebilligt, die sie auch für sich selbst in Anspruch nimmt. Wenn der Maßstab der PDS-Fraktion »Auge um Auge, Zahn um Zahn« gewesen, ihr also noch nicht der Kultursprung vom Alten zum Neuen Testament gelungen wäre, dann hätte sie sich anders verhalten. Da aber eine nicht geringe Zahl von Politikerinnen und Politikern der CDU regelmäßig Rechte für sich geltend macht, die sie anderen vorenthält, verwirrt sie ein solches Verhalten eher, als dass es dazu führte, Wohlwollen zu erzeugen.

Immer wieder habe ich festgestellt, dass den Unionsabgeordneten – zumindest in den ersten Jahren – mein Hang zur Ironie und zur Selbstironie nicht behagte.

Es gab einmal eine wohnungspolitische Debatte im Bundestag, in der es darum ging, dass die Mieten in den neuen Bundesländern im Durchschnitt um etwa hundertfünfzig Mark erhöht werden sollten. Die offizielle Begründung der damaligen Bundesregierung lautete, die Wohnungsbausubstanz in der früheren DDR sei völlig marode und die Mieten müssten angehoben werden, damit das Geld zur Verfügung stünde, um die Wohnungen nach modernen Anforderungen sanieren zu können. Bei der ersten Debatte über diese Gesetzesnovelle verwies der zuständige PDS-Abgeordnete darauf, dass es auch in der DDR ein Wohnungsbauprogramm gegeben habe, die Bausubstanz also nicht so schlecht sei, wie sie von der Bundesregierung dargestellt werde. Darauf reagierten Unionsabgeordnete mit Häme, versuchten, unseren Abgeordneten mit Zahlen über das Ausmaß des Bausubstanzverfalls in der ehemaligen DDR zu widerlegen, aber sie waren nicht aggressiv. Er hatte sich ihren Erwartungen gemäß verhalten. Während der zweiten Lesung war der Abgeordnete nicht da, sodass ich für ihn die Rede hielt. Ich ging nun gänzlich anders vor, bestätigte die Bundesregierung dahingehend, dass die Wohnungsbausubstanz in der ehemaligen DDR völlig marode sei, und erwähnte dann, ich hätte im Bürgerlichen Gesetzbuch noch mal nachgelesen und da stehe nun einmal drin, Mieterinnen und Mieter hätten einen Anspruch auf Mietminderung, wenn eine Wohnung sanierungsbedürftig sei, nicht aber der Vermieter auf Mietsteigerung, um die Sanierung finanzieren zu können. Das Ganze trug ich mit einer gewissen Ironie vor, aber soweit ich die Wohnungsbausubstanz in der DDR kritisierte, war es ja auch durchaus selbstironisch gemeint. Jetzt reagierten Unionspolitiker wirklich aggressiv. Das lag aber nicht etwa daran, dass gegen meine Argumentation kein

Kraut gewachsen war, sondern ausschließlich daran, dass ich ihren Erwartungen nicht entsprochen hatte. Aus ihrer Sicht hatte ich den Wohnungsbau in der DDR zu verteidigen und nicht ihr Argument von der maroden Bausubstanz zu übernehmen, und schon gar nicht durfte ich mich diesem Argument anschließen, um sie mit ihrem eigenen Bürgerlichen Gesetzbuch zu konfrontieren.

Ein Schlüsselerlebnis hatte ich in der Legislaturperiode zwischen 1994 und 1998. Ich saß mit dem parteilosen Bundestagsabgeordneten der PDS, dem Schriftsteller Gerhard Zwerenz, in der Parlamentarischen Gesellschaft. Plötzlich erschien an unserem Tisch der innenpolitische Sprecher der CDU/CSU-Bundestagsfraktion, Erwin Marschewski. Bis dahin hatte dieser noch nie ein Wort mit mir gewechselt. Er setzte sich zu uns an den Tisch und fragte, ob er mir eine Kindheitsgeschichte erzählen dürfe. Er berichtete dann, er habe einmal mit seiner Schulklasse auf einem Bahnhof gestanden, um einen Ausflug zu unternehmen. Plötzlich hätten ihn alle Kinder angesehen, weil sein Vater vor ihren Augen den Bahnsteig gefegt habe. Dies habe er aber nicht gemacht, weil er gerade nichts anderes zu tun gehabt hätte, sondern weil es seine ständige Aufgabe und Arbeit gewesen sei. Es war offensichtlich, dass sich Marschewski als Kind geschämt und darunter gelitten hatte. Er fragte mich, ob ich so etwas auch einmal erlebt hätte, und beantwortete sich diese Frage sofort selbst, und zwar zutreffend verneinend. Danach stand er auf und verließ unseren Tisch. Wie mir schlagartig klar wurde, ging er davon aus, dass ich aus so genanntem besserem Hause käme, und seine ablehnende Haltung, mit der er mir bis dahin begegnet war, hatte auch etwas mit diesem Komplex zu tun. Geärgert habe ich mich in diesem Zusammenhang über mich selbst. Ich kannte solche Reaktionen auf mich und meine Herkunft aus DDR-Zeiten. Aus irgendeinem Grund war ich aber in Bezug auf die Mitglieder des Bundestages nicht von selbst darauf gekommen, dass ich bei einigen auch aus solchen Gründen auf Ablehnung stoßen könnte, und hatte es als selbstverständlich angesehen, dass sich westdeutsche Abgeordnete ostdeutschen, also auch mir, generell überlegen fühlten. Das spricht dafür, dass ich zumindest in den ersten Jahren einen gewissen ostdeutschen Komplex hatte. Wäre mir früher klar geworden, dass es auch genügend Westdeutsche im Bundestag gab, die mir verübelten, einen leichteren Lebensweg als sie selbst gehabt zu haben, hätte ich mich in bestimmten Situationen anders verhalten. In der DDR hatte ich gelernt, mit diesen Vorbehalten, auch mit Formen von Intellektuellenfeindlichkeit, umzugehen. Im Bundestag hingegen war mir einfach der Gedanke nicht in den Sinn gekommen, dass ich auf meine diesbezüglichen Erkenntnisse angewiesen sein könnte. Erwin Marschewski kommt auf jeden Fall das Verdienst zu, mich darauf gestoßen zu haben.

Nach der Bundestagswahl 1998 änderte sich die Situation für die PDS-Fraktion und für mich. Dem lag unter anderem zugrunde, dass die Ausgrenzungs- und Ablehnungsstrategie offensichtlich erfolglos gewesen war. Von Wahl zu Wahl war die Akzeptanz der PDS gewachsen. Außerdem suchten die etablierten Parteien einen neuen Zugang zu den verbliebenen Teilen ostdeutscher Eliten, und der ließ sich aufgrund der Entwicklung in den früheren Jahren nicht herstellen, wenn die PDS gleichzeitig rigide ausgegrenzt wurde.

Die Überlegung gewann an Bedeutung, dass eine Einbindung der PDS möglicherweise eher dazu beitrüge, ihre Akzeptanz abzubauen, als ihre Ausgrenzung, die zu wachsender Solidarisierung mit ihr geführt hatte. Außerdem war die SPD bei den Wahlen so erfolgreich, dass sie mit den Grünen zusammen über eine satte Mehrheit im Bundestag verfügt, obwohl die PDS dort vertreten ist. Es war ja ursprünglich befürchtet worden, dass gerade der Einzug der PDS eine Mehrheit für SPD und Grüne verhindern könnte. Ein strahlender Wahlsieger hat den Hang zu Großmut, der uns durchaus zugute kam. Weder Gerhard Schröder noch Oskar Lafontaine sind Anhänger einer Ausgrenzungspolitik. Beiden hatte das frühere, zum Teil hasserfüllte Treiben von SPD-Politikern gegen die PDS ebenso wenig gefallen wie die rigide und unfaire Vorgehensweise gegen mich. Sie waren auch aus rein menschlichen Gründen an einem anderen Umgang interessiert. Hinzu kam die Möglichkeit, mittels der PDS zu veränderten Konstellationen in den neuen Bundesländern zu gelangen. Unmittelbar nach der Bundestagswahl wurde die erste Koalition von SPD und PDS auf Landesebene in Mecklenburg-Vorpommern gebildet. Einen Koalitionspartner auf Landesebene kann man auch auf Bundesebene nicht wie einen Feind behandeln. Rudolf Scharping, der aus ideologischen Gründen schwerste Bedenken gegen die PDS hat, spielte bei diesen Überlegungen eine geringere Rolle. Schließlich hatte er die Bundestagswahl 1994 verloren, während Gerhard Schröder und Oskar Lafontaine die Wahlen von 1998 gewonnen hatten. Acht Jahre nach der Einheit und in Anbetracht der Erfolge der PDS in den neuen Bundesländern war zudem klar, dass die PDS allein mit Vorwürfen aus der Vergangenheit nicht niedergerungen werden kann.

Die Partei Bündnis 90/DIE GRÜNEN hatte bei der Wahl 1998 im Vergleich zu 1994 Stimmen verloren. Durch den Erfolg der SPD wurde sie aber erstmalig auf Bundesebene Regierungspartner. Darüber war sie so glücklich und damit auch so ausreichend beschäftigt, dass die Frage des Umgangs mit der PDS für sie eine untergeordnete Rolle spielte. Außerdem gab es immer schon eine beachtliche Zahl von grünen Politikerinnen und Politikern, die die Ausgrenzung der PDS für den falschen Weg hielten. Für sie stellt die PDS auch keine nennenswerte Konkurrenz dar. Die verantwortlichen Politikerinnen und Politiker von Bündnis 90/DIE GRÜNEN wissen, dass sie in absehbarer Zeit in den neuen Bundesländern keine reale Chance haben, in den alten dagegen die PDS nicht zu fürchten brauchen. Ihre eigentliche Konkurrenz ist die F.D.P.

Die F.D.P. hat eine andere politische Kultur. Es war keineswegs zufällig, dass sich ihr Vertreter im Immunitätsausschuss der vorhergehenden Legislaturperiode nicht an der Hatz gegen mich beteiligt hatte. Das kulturelle Moment der Liberalität sprach dagegen. Während sich in den Jahren von 1990 bis 1998 immer wieder Abgeordnete der CDU, der CSU, der SPD und von Bündnis 90/ DIE GRÜNEN mir und anderen PDS-Abgeordneten gegenüber unfair und verletzend verhielten, gab es trotz der größten Differenzen in politischen Fragen keine einzige F.D.P.-Abgeordnete, keinen einzigen F.D.P.-Abgeordneten, von der beziehungsweise dem man dies behaupten könnte. Außerdem weiß auch die F.D.P., dass sie auf längere Zeit keine realen Chancen in den neuen Bundesländern hat, während wir für sie in den alten Bundesländern keine Konkurrenz darstellen. Im Prinzip dürfte es auch kaum Wählerinnen und Wähler geben, die zwischen F.D.P. und PDS schwanken. Das gilt allerdings für die neuen Bundesländer nicht ohne Einschränkung. Hier gibt es durchaus eine gewisse Konkurrenz, aber sie ist erträglich und muss nicht zu unfairem Verhalten oder Ausgrenzung führen.

Die CDU/CSU hatte bei der Bundestagswahl 1998 eine so schwere Niederlage erlitten, dass sie alles, was sie bis dahin getan hatte, zunächst einmal in Frage stellen musste, auch ihren Umgang mit der PDS. Außerdem sind Parteien nach einer solchen Niederlage derart mit sich selbst beschäftigt, dass sie vorübergehend für scharfe Auseinandersetzungen ausfallen.

Die CDU stand immer für die Forderung nach deutscher Einheit, also für die nationale Frage, und darüber hinaus als Frontpartei im Kalten Krieg. Inzwischen ist die deutsche Einheit hergestellt, und die CDU selbst strebt die europäische Integration an. Das Sowjetsystem ist zusammengebrochen. Seit den Jahren 1989/90 war klar, dass der CDU die zwei wichtigsten, ihr Profil bestimmenden Themen abhanden kommen würden. Sie hat es in den vergangenen Jahren versäumt, sich programmatisch zu erneuern, zukunftsorientierte neue Themen zu suchen und zu bestimmen. Das Bestreben von CDU und CSU, sich immer wieder im Kampf gegen die PDS als Bastion gegen Kommunismus und Sozialismus zu profilieren, wirkt inzwischen eher lächerlich. Die Bedeutung der PDS ist einfach zu gering, um als Ersatz des untergegangenen Sowjetsystems themenbestimmend für so große Parteien wie für die CDU und die CSU sein zu können. Sie haben einen beachtlichen Anteil daran, dass der Kalte Krieg so beendet wurde, wie er beendet wurde, und scheinen jetzt darunter zu leiden, dass er beendet ist.

Beide Parteien hatten nach der Wahlniederlage zunächst auch gar nicht die Kraft, ihre überholten antikommunistischen Instrumentarien gegen die PDS einzusetzen. Der Widerstand gegen die Koalitionsbildung von SPD und PDS in Mecklenburg-Vorpommern wie auch gegen die Wahl einer Vizepräsidentin der PDS im Bundestag fiel daher eher gering aus. Die CDU hatte vor allem in den neuen Bundesländern verloren, und deshalb wusste sie, dass sie dort ihre Politik verändern musste. Wolfgang Schäuble, nach der Wahlniederlage 1998 zum neuen CDU-Vorsitzenden gewählt, kam auf die Idee, die CDU für ehemalige SED-Mitglieder zu öffnen, womit er allerdings in seiner eigenen Partei auf scharfe Ablehnung stieß. Als er nach seinem Vorschlag im Bundestag gegen die Koalitionsbildung von SPD und PDS in Mecklenburg-Vorpommern wetterte, wies ich ihn darauf hin, dass es zwischen uns ja nicht nur Unterschiede, sondern auch Gemeinsamkeiten gebe. Denn wenn ehemalige SED-Mitglieder künftig in die CDU eintreten könnten, müssten sie ja wohl gleichberechtigte Mitglieder der Partei werden. Das aber hieße, dass sie auch die Chance bekommen müssten, gegebenenfalls Minister in einem Bundesland zu werden. Mit anderen Worten, sowohl er als auch ich wollten, dass ehemalige SED-Mitglieder Minister würden. Nur knüpfe er daran die Bedingung, dass sie inzwischen CDU-Mitglieder seien, während ich daran die Bedingung knüpfte, dass es sich um PDS-Mitglieder handle. Helmut Kohl, der im Bundestag anwesend war, amüsierte sich über meine Logik, allerdings nur deshalb, weil er offenkundig den Vorstoß Schäubles zur Öffnung der CDU missbilligte.

Der Antikommunismus der CDU stellte sich nach der Bundestagswahl 1998 auf jeden Fall in Frage. Er hatte seine gewünschte Wirkung im Osten Deutschlands verfehlt. Die Ängste vor der PDS nahmen auch bei den Menschen in den alten Bundesländern ab. Die PDS trägt in so vielen Kommunen eine große Verantwortung, dass sie sich nicht negieren lässt. Und hinzu kommt, dass die Bundesrepublik ihre Sonderrolle in Europa nicht fortsetzen kann. Der europäische Integrationsprozess verlangt von Deutschland eine europäische politische Kultur und damit auch die Akzeptanz einer Partei links von der SPD. Zugunsten der PDS wirkt sich also aus, dass die spezifische Form des deutschen Antikommunismus im übrigen Europa nicht verankert ist und dort auch nicht verstanden wird. Die europäische Integration wird deshalb helfen, ihn abzubauen, was allerdings die CDU/CSU nicht an ihrem Bestreben hindern wird, ihn immer wieder einzusetzen, um politische Wirkung zu erzielen. Aber in der nächsten Generation der CDU sitzt der Antikommunismus nicht mehr so tief wie in der älteren. Wenn Angela Merkel und Friedrich Merz im Jahr 2000 versuchen, dieses Instrumentarium zu bedienen, wirkt es eher künstlich und aufgesetzt, und etwas Künstliches und Aufgesetztes ist nicht von Bestand. Vor allem sind auch die Medien nicht mehr bereit, jedes Treffen zwischen einem SPD- und einem PDS-Politiker mit scharfer Kritik zu begleiten. Und selbst als das Gerücht aufkam, dass ich zum Regierenden Bürgermeister von Berlin kandidieren könnte, reagierten die Medien eher wohlwollend. Noch vor einigen Jahren hätten sie schon eine solche Idee als skandalös kommentiert. Deshalb prophezeie ich, dass der Antikommunismus als Instrument gegen die PDS immer mehr an Wirkung verlieren wird.

Aber nicht nur die Situation der PDS-Fraktion, sondern auch meine eigene hat sich nach der Bundestagswahl 1998 deutlich verändert. Unter den neuen Machtkonstellationen habe ich in den Augen meiner politischen Konkurrentinnen und Konkurrenten, selbst meiner politischen Gegnerinnen und Gegner auch Vorzüge. Ich bin kompromiss- und verhandlungsfähig, relativ umgänglich, nicht unfreundlich, fast nie aggressiv oder feindlich gesinnt und nicht einmal richtig nachtragend. Außerdem wissen alle, die sich für mich interessieren, dass ich demokratisch zuverlässig bin, dass ich – wie beschrieben – rechtsstaatliche Prinzipien nicht nur für mich, sondern auch für andere gelten lasse.

Aus der Sicht von Politikerinnen und Politikern der CDU, der CSU und der F.D.P. kommt aber noch ein weiterer Umstand hinzu. Das, was sie an mir nicht mochten, richtet sich seit 1998 ja nicht mehr vorwiegend gegen sie, sondern eher gegen die SPD und Bündnis 90/DIE GRÜNEN. Ich blieb ja Oppositionspolitiker und damit auch meiner Aufgabe treu, mich vornehmlich kritisch mit der Regierung und ihrer Politik auseinander zu setzen. Was dich in der einen Situation nervt, kann dich durchaus erfreuen, wenn es andere trifft. Da meine Angriffe auf Bündnis 90/DIE GRÜNEN und SPD – zumindest in der Regel – nicht so scharf sind wie früher, als sie sich gegen CDU/CSU und F.D.P. richteten, fällt es den Vertreterinnen und Vertretern der heutigen Regierungsparteien andererseits leichter, damit toleranter umzugehen. Eine Ausnahme gab es beim Krieg gegen Jugoslawien, worüber noch zu berichten sein wird. Aber all diese Umstände erklären, weshalb für mich die Atmosphäre im Bundestag seit 1998 wesentlich erträglicher geworden ist.

Kapitel 4

Die Eliten wurden nicht vereinigt

Der Begriff Elite wird sehr unterschiedlich verwendet. Ich bezeichne damit jene Leute, die aufgrund ihrer Stellung in der Gesellschaft Einfluss auf das Denken und Fühlen einer größeren Zahl von Menschen nehmen beziehungsweise Entscheidungsbefugnisse in Bezug auf eine größere Zahl von Menschen innehaben. Zu den Eliten einer Gesellschaft gehören also nach meinem Verständnis Schriftstellerinnen und Schriftsteller, Künstlerinnen und Künstler, Wissenschaftlerinnen und Wissenschaftler, Ärztinnen und Ärzte, Pädagoginnen und Pädagogen ebenso wie Politikerinnen und Politiker, Journalistinnen und Journalisten, Unternehmerinnen und Unternehmer, Beamtinnen und Beamte.

Im Zusammenhang mit dem deutschen Vereinigungsprozess will ich mich auf die Frage des Umgangs mit den ostdeutschen Eliten konzentrieren, die im Gegensatz zu anderen Fragen der Einheit, zum Beispiel ökonomischer und juristischer Art oder die Institutionen betreffend, bisher wenig erörtert worden ist, obwohl sie eine viel größere Rolle für die heutige Situation in Ostdeutschland spielt, als man zunächst annehmen würde. Sie hat sich auch erheblich auf den Werdegang der PDS und meine eigene Stellung in der ostdeutschen Teilgesellschaft ausgewirkt.

Die Elitenbildung nach 1945 verlief in beiden deutschen Staaten auf ganz verschiedene Weise. Im westdeutschen Teilstaat wurden die Eliten aus der Nazizeit im Wesentlichen übernommen. Nur diejenigen waren ausgeschlossen, die in einem Maße in die Verbrechen des Naziregimes verstrickt waren, dass es sich weder politisch noch moralisch in irgendeiner Weise rechtfertigen ließ, sie in einer verantwortlichen Position zu halten. Ergänzt wurden diese Eliten durch Persönlichkeiten, die sich in der Nazizeit zurückgehalten hatten, aber auch durch aktive Antifaschistinnen und Antifaschisten, die aus der Emigration, aus den Lagern oder dem Untergrund zurückkehrten, ausgenommen Kommunistinnen und Kommunisten.

In der DDR verlief dieser Prozess genau umgekehrt. Man versuchte die Eliten in erster Linie aus Antifaschistinnen und Antifaschisten zu rekrutieren und ergänzte sie durch Leute, die schon zu den Eliten der Nazizeit gehört hatten. Auch hier bildeten den größeren Teil Menschen, die weder Nazis noch in der antifaschistischen Bewegung gewesen waren.

Diese verschiedenen Herangehensweisen hatten Folgen für die Entwicklung beider deutscher Staaten, für ihr internationales Ansehen und ihren Umgang mit der Geschichte der Nazibarbarei. Der westdeutsche Teilstaat setzte sich über viele Jahre wegen der Übernahme der Eliten aus der Nazizeit einem Generalverdacht aus, der seinem Ruf im Ausland trotz Einbindung in die westliche Welt schadete. Nicht ganz ohne Erfolg konnte sich die DDR dagegen als der antifaschistische deutsche Staat darstellen. Nach der Wende wurde mit allen Mitteln versucht, der DDR genau diesen Status im Nachhinein zu nehmen. Tatsächlich lässt sich die Aufarbeitung der Nazigeschichte in beiden deutschen Staaten kritisieren, allerdings auf unterschiedliche Art. Beide suchten sich bei der Kritik am Nationalsozialismus vornehmlich jene Aspekte heraus, die offenkundig im jeweils eigenen Staat überwunden waren.

Im Westen Deutschlands erfuhr man viel über den indoktrinären Charakter des Naziregimes, über dessen Bestreben, mittels Einheitspartei, Einheitsjugendorganisation, mittels Fackelmärschen, Militärparaden und Uniformiertheit den Menschen die

Individualität zu nehmen und sie zu einer einheitlichen Masse zu verschmelzen. Der westdeutsche Teilstaat konnte immer darauf verweisen, dass es solche Strukturen in ihm nicht gebe. Es wurde darauf verzichtet, Veranstaltungen durchzuführen, die irgendwie an den Charakter von Naziveranstaltungen erinnern konnten. Gleichzeitig ermöglichte die Betonung dieser Seite des Nationalsozialismus, auf Ähnlichkeiten zwischen Strukturen in der DDR und denen des Naziregimes hinzuweisen. Denn auch in der DDR zeichnete sich eine deutliche Tendenz ab, die Jugend und die gesamte Bevölkerung möglichst einheitlich auszurichten und darzustellen. Es gab nur eine Jugendorganisation, es gab Militärparaden und Fackelaufzüge. Auch wenn sie unter einem anderen Vorzeichen standen, ließ sich aus der Gleichartigkeit der Formen vieles herleiten. Tatsächlich dienen solche Strukturen immer dazu, Individualität einzuschränken.

In der DDR wurde bei der Kritik am Nationalsozialismus stark herausgearbeitet, wie die private Industrie, insbesondere die Rüstungsindustrie, mit den führenden Nazis kooperiert, wer wie viel am Naziregime, am verbrecherischen Zweiten Weltkrieg verdient hatte. All dies war ebenso wahr wie die im westdeutschen Teilstaat aufgezeigten Strukturen der Entindividualisierung. Aber hier konnte sich nun die DDR zugute halten, dass sie, jedenfalls innerhalb ihrer Staatsgrenzen, durch die Enteignung der Großindustrie ein privatwirtschaftliches Interesse an Unterdrückung, Krieg und Völkermord für die Zukunft ausgeschlossen hatte. Und sie konnte ebenso nachweisen, dass all diese privatwirtschaftlichen Machtkonzentrationen in der Bundesrepublik wieder entstanden waren. Natürlich betonte die DDR auch, dass sie bei der Auswechslung der Eliten anders vorgegangen war als der westdeutsche Staat und Beteiligte an den Naziverbrechen in viel konsequenterer und umfassenderer Weise juristisch zur Verantwortung gezogen hatte.

Der Widerstand gegen das Naziregime wurde in beiden deutschen Teilstaaten einseitig dargestellt. Für den westdeutschen Teilstaat wurden die Männer des 20. Juli zum Symbol des Widerstandes, für den ostdeutschen Teilstaat die kommunistischen Widerstandsgruppen. Die Männer des 20. Juli waren zweifellos Helden, und niemand ist berechtigt, ihren Widerstand und ihren Märtyrertod moralisch in Frage zu stellen. Die meisten von ihnen hatten aber über viele Jahre zunächst dem Nazistaat gedient. Sie entschlossen sich erst zum Widerstand, als deutlich wurde, dass der Krieg nicht mehr zu gewinnen war. Sie wollten das Naziregime 1944 stürzen, um für Deutschland eine Zukunft zu sichern.

Die in der DDR geförderte Darstellung des kommunistischen Widerstandes konnte einen anderen, glaubwürdigeren Ausgangspunkt wählen: Die Kommunistinnen und Kommunisten waren die Ersten, die von den Nazis verfolgt und verboten wurden. Ihr Widerstand setzte also unmittelbar mit der Machtübernahme der Nazis ein und nicht erst kurz vor deren Untergang. Natürlich wurde in der DDR auch der gegen das Naziregime gerichteten Aktivitäten anderer Gruppen gedacht, doch im Vergleich zum kommunistischen Widerstand war deren Darstellung eher untergeordnet. Ebenso wurden in der BRD auch andere Widerstandsformen als die der Offiziere um Graf Stauffenberg aufgezeigt, aber man tat sich besonders schwer damit, dem kommunistischen Widerstand einen angemessenen Platz in der Geschichte einzuräumen. Das hatte mit dem bereits beschriebenen Antikommunismus, mit dem Verbot der KPD, aber auch damit zu tun, dass eine solche Würdigung die Politik der Isolierung der DDR behindert hätte.

Ebenso einseitig war die Auseinandersetzung mit den Opfern des Naziregimes. Die Kommunistinnen und Kommunisten unter ihnen wurden in der DDR klar in den Vordergrund gestellt, in der BRD vornehmlich verschwiegen. Das Schicksal der Millionen ermordeter Jüdinnen und Juden spielte in beiden deutschen Staaten eine große Rolle, in ihren Filmen, in ihrer Literatur. In der DDR allerdings gab es Phasen, in denen die jüdischen Opfer stärker hervorgehoben, und andere, in denen sie kaum erwähnt wurden, was auch mit der antiisraelischen Politik des ostdeutschen Staates zusammenhing. In der Bundesrepublik wurde über den Holocaust umfassend informiert, aber es gab auch genügend alte Kräfte, die es wagten, den millionenfachen Mord an Jüdinnen und Juden zu relativieren oder gar zu bezweifeln. Das musste zu scharfen Kontroversen führen.

In beiden deutschen Staaten wurden in den ersten Jahrzehnten die Opfer unter den Sinti und Roma so gut wie gar nicht gewürdigt. Offensichtlich bestand die Abneigung gegen diese Volksgruppen fort, und sie verfügten auch nicht über einen Staat, der sich international dafür hätte einsetzen können, dass ihnen Entschädigung und Ehrung zuteil werde. Auch die homosexuellen Opfer wurden in den ersten Jahrzehnten so gut wie nie erwähnt, weil Homosexualität in beiden deutschen Teilstaaten strafbar war, in der Bundesrepublik länger als in der DDR.

Der Zeugen Jehovas wurde in beiden deutschen Staaten wenig gedacht. In der DDR war ihre Religionsgemeinschaft verboten, in der BRD blieben sie den meisten Menschen durch ihr sektenhaftes Verhalten fremd.

Erstaunlich ist, dass die in den Konzentrationslagern gequälten und ermordeten sowjetischen Kriegsgefangenen in beiden deutschen Staaten kaum Erwähnung fanden. Für die Bundesrepublik scheint das noch erklärlich, weil die Sowjetunion dort weiterhin als das Reich des Bösen galt, das sich einen Teil Deutschlands zugeordnet hatte. Für die DDR ist es schwerer nachzuvollziehen. Die Ursache lag in der stalinschen Politik gegenüber den eigenen Kriegsgefangenen. Jeder sowjetische Soldat, der sich gefangen nehmen ließ, galt in Stalins Augen als Deserteur und Verräter, was zur Folge hatte, dass sowjetische Kriegsgefangene, die die Konzentrationslager der Nazis überlebt hatten, anschließend erneut in Lager gesperrt, zumindest verbannt wurden. Mit anderen Worten: Sie sollte es nicht gegeben haben, und deshalb wurden sie kaum erwähnt.

Eine genauere Analyse zeigt also, dass es in beiden deutschen Teilstaaten unterschiedlich zu bewertende Fehlleistungen bei der Auseinandersetzung mit dem Naziregime gab und die westdeutsche Gesellschaft nicht das Recht hat, diesbezüglich einseitig und undifferenziert Kritik an der ostdeutschen Teilgesellschaft zu üben, dass dies aber auch umgekehrt gilt.

Das größte Problem der westdeutschen Gesellschaft bleibt, dass sie so gut wie keinen Nazi- und Kriegsverbrecher strafrechtlich zur Verantwortung gezogen hat. Die Zahl der Verurteilten ist im Verhältnis zur Zahl der Täter so gering, dass man zugespitzt sagen kann, eine juristische Aufarbeitung der Nazivergangenheit hat in der BRD nicht stattgefunden. In der DDR sah dies anders aus, was keinesfalls bedeutet, dass nicht auch ihr Umgang mit Naziverbrechern einer kritischen Analyse bedürfte. Einige blieben auch dort aus Opportunitätsgründen verschont. Bei den so genannten Waldheim-Prozessen, in deren Verlauf von der UdSSR übergebene Nazis in Schnellverfahren verurteilt wurden, gab es erhebliche rechtsstaatliche Defizite. Dennoch ist es mehr als fragwürdig, wenn die westdeutsche Justiz, die Naziverbrecher so gut wie nie vor Gericht gebracht hat, nach der deutschen Vereinigung aber den Richterinnen und Richtern der Waldheim-Prozesse wegen Rechtsbeugung den Prozess machte.

Die Eliten bildeten sich also in beiden deutschen Staaten auf verschiedene Weise, es gab eine unterschiedliche Dominanz von Menschen, je nachdem, wie sie zum Naziregime gestanden hatten oder von ihm verfolgt worden waren. Weitere Unterschiede entstanden dadurch, dass die Eliten in der DDR eng an die der Sowjetunion gebunden wurden, während sie sich in der BRD an den Eliten der USA, Frankreichs und Großbritanniens orientierten.

In den fünfziger Jahren zog es die großen Geister der Emigration stärker in den Osten als in den Westen. Brecht, Zweig, Bloch und viele andere wirkten in der DDR. Niemals hat sich die westdeutsche Teilgesellschaft ausreichend Rechenschaft darüber abgelegt, weshalb sie nach 1945 nicht zum Anziehungspunkt dieser linksintellektuellen Elite wurde. Und niemals hat die DDR sich Rechenschaft darüber abgelegt, weshalb sie diese Anziehungskraft verlor. Denn wesentliche Teile der neu gebildeten Elite in

Ostdeutschland verließen bis zum 13. August 1961, das heißt, bis zum Mauerbau, die DDR. Die westdeutsche Teilgesellschaft erschien ihnen immer attraktiver, und so wurde die neu gebildete Elite in der DDR stark dezimiert. Es gingen vor allem Wissenschaftlerinnen und Wissenschaftler, Ingenieurinnen und Ingenieure, aber auch Schriftstellerinnen und Schriftsteller, Künstlerinnen und Künstler, Ärztinnen und Ärzte. Einige wurden auch sehr bewusst vertrieben, hier sei an Leute wie Bloch und Zwerenz erinnert, weil der SED-Führung die Ein- und Unterordnung der Intellektuellen wichtiger war als ihr Können. Individualität und Kreativität wehren sich immer gegen Domestizierung.

Nach 1961 blieb den Eliten in der DDR nichts anderes übrig, als sich gänzlich auf die DDR einzustellen. Es kam zu einem Generationswechsel, der positive Züge trug. So war die Richterinnen- und Richtergeneration der siebziger und achtziger Jahre in der gesamten Denk- und Herangehensweise eine völlig andere als die Volksrichterinnen und Volksrichter der fünfziger und sechziger Jahre. Die neue Generation war eigenständiger und eigenwilliger. Sie wollten eher Richterinnen und Richter sein, das heißt, selbst urteilen und sich nicht als Anhängsel der Staatsanwaltschaft verstehen. Das galt für viele andere Bereiche in ähnlicher Weise.

Auch in der westdeutschen Teilgesellschaft gab es einen Generationswechsel in den Eliten. Die Achtundsechziger-Generation, die sich gegen die Generationen der Eltern und Großeltern auflehnte, weil sie in das Naziregime verstrickt gewesen waren und dies verschwiegen, wäre zum Beispiel in der Justiz mit Naziverbrechern anders umgegangen als die abgetretene Elite in den Staatsanwaltschaften und Gerichten. Aber sie hatte dazu kaum noch eine Chance.

Zu den Eliten einer Gesellschaft gehören immer einige, die sich gegen ihren Staat stellen und gerade dadurch ihren Einfluss in der Gesellschaft gewinnen. Auf der anderen Seite versucht jeder Staat, dafür zu sorgen, dass die Eliten ihn stützen. Auch in der DDR waren sie auf unterschiedliche Weise, mal mehr, mal weniger, aber insgesamt eine Stütze des Staates. Das gilt auch für die kritischen Künstlerinnen und Künstler, Schriftstellerinnen und Schriftsteller, die ja mit ihrer Kritik die DDR nicht schwächen, sondern stärken wollten. Auch die Eliten der Bundesrepublik ließen sich Schritt für Schritt auf diesen Staat ein. Die Achtundsechziger zum Beispiel wurden trotz der gegenwärtigen Angriffe auf sie in dem Maße als Elite der westdeutschen Gesellschaft akzeptiert, in dem sie den Staat als ihren eigenen anerkannten. Sicherlich haben sie diesen auch verändert, mehr jedoch hat er sie verändert.

Als die deutsche Einheit hergestellt wurde, musste neben vielen anderen Fragen entschieden werden, was aus den ostdeutschen Eliten werden sollte. Einen der größten Fehler des Vereinigungsprozesses sehe ich darin, dass aus zwar nachvollziehbaren, aber letztlich nicht zu rechtfertigenden Gründen beschlossen wurde, in der ostdeutschen Teilgesellschaft einen Elitenwechsel zu organisieren; ein Schritt, der gravierende Folgen gehabt hat.

Im Kern liegt dem weitgehenden Ausschluss ostdeutscher Eliten einerseits und den »Abwicklungen« in Industrie, Landwirtschaft, Wissenschaft, Gesundheitswesen, Kultur und Sport andererseits das gleiche Problem zugrunde. Die Bundesrepublik Deutschland war ein in sich geschlossenes System. Sie verfügte über alles, was sie brauchte, und wäre ohne größere Schwierigkeiten imstande gewesen, die hinzukommenden ostdeutschen Bürgerinnen und Bürger auch dann zu versorgen, wenn sämtliche DDR-Unternehmen mit dem Beitritt aufgehört hätten zu existieren. Wenn man aber etwas existentiell nicht braucht, dann liegt es nahe, es »abzuwickeln«. Was dennoch bleibt, bleibt nicht aus Notwendigkeit, sondern eher aufgrund gnädiger Zugeständnisse.

Der Berliner CDU-Politiker Klaus Landowsky erklärte mir in einem Gespräch, Berlin hätte die Charité nicht benötigt, da die Virchow-Klinik in der Lage gewesen wäre, deren Aufgaben mit zu realisieren. »Aber« – so fügte er hinzu – »wir konnten doch nicht auch noch die Charité zumachen.« Das klingt, als ließe man Gnade vor Recht ergehen, und das spürten natürlich die Mitarbeiterinnen und Mitarbeiter solcher Einrichtungen. Die Übernahme wirkte deshalb gelegentlich demütigender als die Schließung, und die Art und Weise, wie solche Übernahmen vollzogen wurden, diente auch zur Disziplinierung der regelmäßig reduzierten Belegschaften. Die Verbliebenen wussten sehr genau, dass man nicht zwingend auf sie angewiesen war, dass sie den Fortbestand ihres Arbeitsplatzes einer gewissen Großzügigkeit zu verdanken hatten.

Hierin liegt ein großer Unterschied zu den osteuropäischen Staaten. Dort musste man die Unternehmen, die wissenschaftlichen, kulturellen und sportlichen Einrichtungen im Wesentlichen übernehmen, weil man sonst keine gehabt hätte. Eine solche Situation gab es für die neuen Bundesländer nicht. Die BRD hatte von allem ausreichend. Das ist die Kehrseite davon, dass den Ostdeutschen durch den Beitritt andererseits der Vorteil zugute kam, einen relativ reichen Partner zu haben, der sämtliche Umwälzungsprozesse sozial einigermaßen abfederte und den Aufbau einer Infrastruktur finanzieren konnte. Ein solcher Partner fehlte den anderen osteuropäischen Staaten.

Wenn ich feststelle, dass die BRD aus der DDR existentiell nichts benötigte, so ist das kein moralischer Vorwurf. Ich beschreibe hier nur einen Umstand, der schwerwiegende negative Konsequenzen im Rahmen des Vereinigungsprozesses hatte, und diese wären nur dann wesentlich weniger deutlich in Erscheinung getreten, wenn sich die verantwortlichen westdeutschen Eliten, insbesondere die aus der Politik, bewusst dazu entschlossen hätten, die Wirkung der Tatsache, dass aus der DDR nichts existentiell benötigt wurde, drastisch einzuschränken. Dafür wäre es notwendig gewesen, mindestens in einem solchen Maße regulierend in die Marktwirtschaft einzugreifen, wie das nach 1945 in der alten BRD geschehen war. Gegen den Willen westdeutscher Unternehmen hätte eine Konkurrenz im Osten organisiert werden müssen.

Ein Teil der Einrichtungen, die man in Westdeutschland nicht kannte, hätte auch wegen der Chance erhalten werden müssen, sich in Westdeutschland zu etablieren. Um einen solchen Weg zu gehen, hätte man die Veränderung der alten Bundesrepublik Deutschland anstreben, die ostdeutschen Eliten aktiv einbeziehen und die Auseinandersetzung mit den gegenläufigen Interessen westdeutscher Eliten organisieren müssen. Damit aber war nicht zu rechnen, und so ist es auch nicht gekommen.

Grotesk wirkt es geradezu, wenn heute Dinge für ganz Deutschland neu erfunden werden, die es in der DDR schon gegeben hat und die nach 1990 abgewickelt worden sind, zum Beispiel Polikliniken, das heißt das effektive ambulante Zusammenwirken verschiedener Fachärztinnen und Fachärzte in einer medizinischen Einrichtung.

Eliten sind immer auf die eine oder andere Art privilegiert. Sie haben mehr Einfluss als andere, in der Regel auch bessere finanzielle Bedingungen, ihren Lebensunterhalt zu bestreiten, sie werden zu Gelegenheiten eingeladen, zu denen andere keinen Zugang erhalten etc. In einem Land wie der DDR fiel dies in besonderem Maße auf, weil schon der zügige Erwerb eines Autos, die Möglichkeit zu einer Westreise oder der Besitz bestimmter materieller Güter nicht zur Normalität gehörte, sondern an einen privilegierten Status gebunden war. Aufgrund des ambivalenten Verhältnisses von Bevölkerungsteilen ohne diesen privilegierten Status zu ihren Eliten ist deren Absetzung und Auswechslung in der Regel ein Vorgang, gegen den sich kein Widerstand organisiert. Eher herrschen Genugtuung, bisweilen sogar Schadenfreude vor. Man stelle sich nur einmal vor, nach der Fußballeuropameisterschaft im Sommer 2000 wären die Nationalspieler aus der Elite ausgestoßen und in den Status von Sozialhilfeempfängern degradiert worden. Ein nicht unerheblicher Teil der Bevölkerung hätte dies wohlwollend zur Kenntnis genommen.

Obwohl die Privilegien der Eliten in der DDR materiell viel bescheidener ausfielen als die der Eliten in der westdeutschen Gesellschaft, mussten die Menschen die Art der Privilegien dort als viel dominanter empfinden. Als sich die Eliten der Bundesrepublik darauf verständigten, die DDR und deren Eliten zu delegitimieren, als sie sich entschieden, den Eliten der DDR ihre Privilegien und damit den Elitestatus zu nehmen, konnten sie davon ausgehen, dass sich dagegen kein Widerstand in der ostdeutschen Bevölkerung regen würde. Selbst innerhalb der Eliten der ostdeutschen Gesellschaft war kein gemeinsames Vorgehen, keine Solidarität zu erwarten. Denn es handelte sich ja nicht um einen Akt, mit dem auf einmal alle nach Hause geschickt wurden, sondern um einen schrittweisen Prozess, bei der jede und jeder hoffen konnte, verschont zu bleiben, vielleicht sogar in die frei werdende Stelle aufzurücken. Wenn also irgendwo ein Ärztlicher Direktor »abgewickelt« wurde, hoffte der Oberarzt, nunmehr Ärztlicher Direktor zu werden. Ein Stationsarzt hatte möglicherweise die Erwartung, Oberarzt zu werden usw. Wenn dann der aus dem Westen berufene neue Chefarzt seinen eigenen Oberarzt mitbrachte, war es zu spät. Wurde festgestellt, dass die Schlagersängerin A auch bei Staatsakten, vor Grenztruppen und – noch viel schlimmer – bei einem Fest des MfS gesungen hatte, konnte doch eine andere, die zu solchen Anlässen nicht eingeladen worden war, darauf hoffen, nunmehr häufiger auftreten zu dürfen. In solchen Zeiten herrscht also keine Solidarität. Auch das ist nicht spezifisch für die Eliten der DDR.

Einer meiner Irrtümer beim Einzug in den Bundestag bestand zum Beispiel darin, dass ich glaubte, zwischen den Politikerinnen und Politikern verschiedener Fraktionen sei der Streit in der Sache relativ ernst gemeint, während die Auseinandersetzung zwischen Personen eher eine Inszenierung sei. Ich stellte mir das so vor, dass sich diese Leute im Plenum zwar beschimpften, anschließend aber gemeinsam Bier oder Wein tränken. Real erlebte ich dann das Gegenteil. Der Streit in der Sache war nie so ernst wie die Konkurrenz zwischen Personen. Ich habe erlebt, wie Björn Engholm als Vorsitzender der SPD scheiterte und wie wenig Solidarität er in dieser Zeit aus den eigenen Reihen erfuhr. Auch in diesem Falle gelten nämlich Hierarchien. Irgendein anderer muss ja dann Parteivorsitzender werden. So wird eine Stelle frei, und die nimmt jemand ein, der wiederum eine freie Stelle hinterlässt.

Ein solcher Mechanismus zieht entsprechende Denk- und Verhaltensweisen nach sich, und das galt auch bei der Abwicklung der früheren Eliten der DDR. Hinzu kommt, dass Chefinnen und Chefs bei denen, für die sie Verantwortung tragen, regelmäßig nicht nur beliebt sind. Über welchen Klinikchef, über welche Institutsdirektorin, über welchen Betriebsdirektor haben sich Unterstellte nicht auch schon so geärgert, dass sie mit einer gewissen Genugtuung registrieren, wenn die betreffende Person ihre Position verliert und deshalb in der gesellschaftlichen Stellung auf die eigene Ebene zurückgestuft wird, vielleicht sogar darunter. Und es kommt noch besser: Der Institutsdirektor der Universität, der mir noch vor einer Woche mitteilte, dass meine Arbeiten wissenschaftlich nichts taugten, wird vielleicht mir unterstellt. Ich kann ihm nun erklären, er solle erst mal richtig Lesen und Schreiben lernen, bevor er an neue wissenschaftliche Veröffentlichungen auch nur denken könne.

Solche Hoffnungen wurden allerdings bald enttäuscht. Denn es wurde keineswegs mit der Wende in der Gesellschaft der DDR ein Aufstieg von unten nach oben organisiert. Die Chefsessel gingen in aller Regel an Angehörige der westdeutschen Eliten. Dadurch wurde ein kultureller Bruch provoziert. Der wissenschaftliche Assistent, der sich gerade noch darüber gefreut hatte, dass sein Chef »abgewickelt« worden war, musste sich unversehens mit einem neuen Vorgesetzten arrangieren, der eine ganz andere Erfahrungswelt und ein ganz anderes Überlegenheitsgefühl einbrachte. Hatte der frühere Chef für die Biografie des Assistenten ein miterlebtes Verständnis, fehlte dem neuen Chef in der Regel jegliches Einfühlungsvermögen. Er hatte sich ja nicht im Institut zum Chef entwickelt, sondern war von außen eingesetzt worden. Und da die beiden deutschen Staaten zwei unterschiedliche Länder waren, musste eine Art Besatzungsgefühl und damit ein Gefühl von Fremdheit entstehen.

Der Prozess ging weiter. Nachdem die Chefs ausgewechselt waren, widmete man sich auch den übrigen Angehörigen der Eliten. Dachten zum Beispiel die Lehrerinnen und Lehrer zunächst, es gehe nur um die Direktorinnen und Direktoren der Schulen, mussten sie bald feststellen, dass sie auch selbst einer Überprüfung mit gegebenenfalls negativen Folgen unterzogen wurden. Ähnlich erging es Wissenschaftlerinnen und Wissenschaftlern, Mitarbeiterinnen und Mitarbeitern des Staatsapparates, des späteren öffentlichen Dienstes usw. Ich habe einen Berufsschullehrer erlebt, der voller Schadenfreude registrierte, wie die Chefs rundum ihre Posten verloren. Ich habe aber auch sein Entsetzen gesehen, als er plötzlich selbst Fragebögen auszufüllen hatte und das Gefühl bekam, nun sei auch er ins Visier geraten. Erst zu diesem Zeitpunkt entwickelte er eine kritische Haltung gegenüber der Auswechslung der Eliten.

Die Instrumente und Methoden, die angewandt wurden, um die Eliten in der ostdeutschen Gesellschaft auszutauschen, waren höchst differenziert und unterschiedlich. Bei Künstlerinnen und Künstlern war es besonders leicht, sie erhielten kaum noch Angebote. Gerade noch wegen ihres Verhaltens vor und während der Wende in den Feuilletons westdeutscher Zeitungen hochgejubelte Schriftstellerinnen und Schriftsteller aus der DDR wurden plötzlich neu und anders beurteilt. Wurden sie früher als deutsche Schriftstellerinnen und Schriftsteller behandelt, mutierten sie nun wieder zu DDR-Schriftstellerinnen und -Schriftstellern. An Christa Wolf war nicht mehr wichtig, wie kritisch sie mit den Verhältnissen in der DDR umgegangen war, sondern dass es da ja auch eine Phase gab, in der sie dem ZK der SED angehört hatte.

In den Institutionen wurden Überprüfungen gesetzlich angeordnet. Die Gauck-Behörde war ein wichtiges Instrument zur Auswechslung der Eliten. Ob Angehörige wissenschaftlicher Einrichtungen oder des öffentlichen Dienstes, ob Funktionäre von

Gewerkschaften oder von Parteien, ob Lehrerinnen oder Lehrer, sie alle hatten sich Überprüfungen durch die Behörde zu unterziehen. Stellte sich dabei heraus, dass sie irgendwann im Laufe ihres Lebens Kontakte zum MfS unterhalten hatten, konnten sie entlassen werden und wurden in der Regel auch entlassen. Konnten sie im Einzelfall bleiben, waren sie dauerhaft diszipliniert. Verlief die Überprüfung durch die Gauck-Behörde negativ, kam die nächste Phase der politischen Evaluierung. Nun wurde untersucht, ob die Betreffenden Mitglieder der SED gewesen waren und welche Funktionen sie in dieser Partei ausgeübt hatten. Es boten sich weitere Entlassungsgründe an. Der eine war Mitglied einer Kreisleitung der SED, die andere Abgeordnete in einem Kreis- oder Bezirkstag oder gar in der früheren Volkskammer gewesen, notfalls reichte es auch, Parteisekretärin oder Parteisekretär an einer Schule oder einer Universitätseinrichtung gewesen zu sein. Kam man diesbezüglich nicht weiter, reichte auch schon eine Funktion in den Kampfgruppen der DDR oder anderes aus, um festzustellen, dass die betreffende Person politisch nicht mehr tragbar sei. Bei Staatsanwältinnen und Staatsanwälten, Richterinnen und Richtern war es am leichtesten, Anklagen oder Urteile zu finden, die nach den neuen politischen Wertmaßstäben ein Verbleiben der betreffenden Person in ihrer Funktion ausschlossen.

An den wissenschaftlichen Einrichtungen gab es noch eine letzte Möglichkeit, wenn im Rahmen der politischen Überprüfung kein Entlassungsgrund zu finden war. Eine Kommission, ausschließlich oder überwiegend aus westdeutschen Kolleginnen und Kollegen zusammengesetzt, führte fachliche Überprüfungen durch, die häufig von einem hohen Maß an Willkür und Subjektivismus gekennzeichnet waren. Es genügte, wenn die Mitglieder der Kommission mehrheitlich feststellten, dass die wissenschaftliche Qualität der bisherigen Veröffentlichungen der Wissenschaftlerin oder des Wissenschaftlers aus der DDR nicht ausreichte. Damit hatte die beziehungsweise der Überprüfte die fachliche Evaluierung nicht überstanden und musste gehen.

Ein besonders effizientes Instrument zur Abwicklung ostdeutscher Eliten war die Schließung von Einrichtungen. Da es in Ost- und Westberlin zum Beispiel jeweils eine Akademie der Wissenschaften gab, war auch klar, welche Akademie bleiben würde. Die meisten Wissenschaftlerinnen und Wissenschaftler, die der Akademie der Wissenschaften der DDR angehörten, wurden auf diese Art entlassen oder vorübergehend woanders untergebracht.

Aber auch wenn Einrichtungen oder Institutionen nicht aufgelöst wurden, musste der Bestand an Mitarbeiterinnen und Mitarbeitern regelmäßig aus ökonomischen und Effizienzgründen erheblich reduziert werden. So wurden fast alle Forscherinnen und Forscher aus den Betrieben der DDR entlassen, indem die Unternehmen, zumindest aber deren Forschungs- und Entwicklungsabteilungen, geschlossen wurden. Gerade wenn es darum ging, Belegschaften zu minimieren, wurden Verhaltens- und Denkweisen gefördert, die den Ostdeutschen weitgehend unbekannt waren und ihnen nicht behagten. Wer in der DDR nicht besonders ehrgeizig war, also nicht unbedingt einen Chefsessel erklimmen wollte, hatte durchaus die Chance, seine Arbeit oder Funktion so auszuüben, dass er andere in Ruhe ließ und selbst in Ruhe gelassen wurde. Wenn es nach der Wende plötzlich um Reduzierungen ging, merkten solche Mitarbeiterinnen und Mitarbeiter, wie sie über die anderen nachdachten, wie sie in Gesprächen darzustellen versuchten, dass andere im Vergleich zu ihnen ungeeigneter seien. Nicht alle haben das verkraftet, weil sie Schwierigkeiten mit sich selbst bekamen.

So wurde auf unterschiedliche Art und Weise ein Wechsel der Eliten in der ostdeutschen Gesellschaft organisiert. Selbst hinsichtlich der Spitzensportlerinnen und -sportler der DDR stand im Westen deren Diskriminierung im Vordergrund, nicht etwa die Freude darüber, die Qualität des gesamtdeutschen Spitzensports wesentlich verbessern zu können. Stasi, Doping, DDR-Orden – die Begründungen, mit denen ihnen der Zugang zum Sportmarkt verwehrt wurde, waren unterschiedlich. Politisch ging es darum, den

Nachweis zu erbringen, dass die Erfolge der DDR im Spitzensport irregulär gewesen waren. Deshalb, so hieß es, sei es nicht erforderlich, irgendetwas an den Strukturen des westdeutschen Spitzensports zu ändern, um zu ähnlichen Erfolgen zu kommen. Dort, wo das nicht ging, half das Mittel der vermeintlich falschen Biografie. Katarina Witt wurde deshalb nachgewiesen, dass sie Gespräche mit Egon Krenz geführt und Orden von der Partei- und Staatsführung erhalten hatte. Das reichte aus, um sie als Konkurrentin auf dem Kunsteislaufmarkt der deutschen Gesellschaft zunächst nicht zuzulassen. Von den Eiskunstläuferinnen und Eiskunstläufern der westdeutschen Gesellschaft war weder Unterstützung noch Solidarität zu erwarten.

Es war schon erstaunlich zu beobachten, mit welcher Konsequenz den Angehörigen der ostdeutschen Eliten der Zugang als Konkurrentinnen und Konkurrenten auf dem Markt verwehrt wurde. Die Besten wichen einfach aus. Der berühmteste Nierenspezialist der DDR – er war in Rostock tätig gewesen – nahm ein Angebot aus Japan an, hervorragende Wissenschaftler aus Jena gingen ebenso in die USA wie Katarina Witt. Trainer wechselten nach Frankreich, Österreich, Australien und feierten im Jahr 2000 in Sydney Erfolge mit ihren Teams. Erst über ihren »Marktwert« in den USA, in Japan und anderen Ländern erreichten sie wieder einen Zugang zum deutschen Markt. Ausnahmen gab es natürlich überall, und inzwischen hat sich auch einiges geändert.

Im Jahre 1990 besuchte ich die Generalität der Nationalen Volksarmee (NVA) in Strausberg. Alle waren einmal Mitglied derselben Partei gewesen wie ich, und das mit Sicherheit sehr viel strammer, disziplinierter und widerspruchsfreier. Ein Teil von ihnen erklärte mir jedoch, sie seien militärische Fachkräfte, und es spiele insofern keine Rolle, ob sie diese Kenntnisse der NVA oder der Bundeswehr zur Verfügung stellten. Ich weiß auch von einer Versammlung der Mitarbeiterinnen und Mitarbeiter des Außenministeriums der DDR, in der ein DDR-Diplomat unter großem Beifall erklärte, sie seien Fachleute, als solche in der DDR gebraucht worden und mit Sicherheit auch in der BRD einsetzbar. Genutzt hat es weder den Generalen noch den Diplomaten. Nicht ein einziger Diplomat der DDR ist in den diplomatischen Dienst der BRD übernommen worden, nicht ein einziger General der NVA in die Bundeswehr. Wie alle Eliten, waren auch die ostdeutschen zu einem beachtlichen Teil zur Anpassung, zum Opportunismus bereit, aber sie erhielten im vereinten Deutschland kaum eine Chance dazu.

Zwei weitere Beispiele sollen aufzeigen, wie weit man ging, um ostdeutsche Eliten ein- und unterzuordnen. Die F.D.P. führte 1990 einen Vereinigungsparteitag mit den Liberalen aus der DDR durch. Die DDR-Parteien hätten nach dem damaligen Delegiertenschlüssel der F.D.P. die Mehrheit der Delegierten gestellt. Demoralisiert, wie sie waren, hätten sie sicherlich überwiegend Westdeutsche in die Führungsgremien der gesamtdeutschen F.D.P. gewählt. Dennoch wollte die westdeutsche F.D.P.-Führung das Risiko nicht eingehen. Also wurde der Delegiertenschlüssel so geändert, dass eine Mehrheit westdeutscher Delegierter gesichert war. Die evangelische Kirche der DDR hatte vielen Oppositionellen Wirkungsmöglichkeiten eröffnet. Sie spielte in der Wendezeit, insbesondere an den überall in der DDR gebildeten Runden Tischen, die der Durchsetzung unmittelbarer Demokratie galten, eine führende Rolle. Innerhalb der gesamtdeutschen evangelischen Kirche bahnte sich ihre politisch-moralische Dominanz an. Ich behaupte, es ist kein Zufall, dass just zu diesem Zeitpunkt eine Kampagne begann, in der mittels einiger tatsächlich existierender »schwarzer Schafe« ein Bild erzeugt wurde, das den Eindruck erweckte, die Vertreter der evangelischen Kirche Ost seien in besonderer Weise mit der Staatssicherheit und der SED verbunden gewesen. Nachdem ihr moralisches Ansehen auf diese Art und Weise stark reduziert worden war, blieb auch der evangelischen Kirche aus dem Osten kein anderer Weg als der der Ein- und Unterordnung unter die Strukturen und die Personalhoheit der westdeutschen evangelischen Kirche.

Die weitgehende Entmachtung und Entlassung der ostdeutschen Eliten und die Übernahme ihrer Positionen durch Westdeutsche haben Spätfolgen bis heute. Dadurch entstand Fremdbestimmung, und bei den Ostdeutschen entwickelte sich das Gefühl, für bestimmte Aufgaben in der gesamtdeutschen Gesellschaft als ungeeignet angesehen zu werden. Darüber helfen auch einige Repräsentationsfunktionen für Ostdeutsche nicht hinweg. Es gibt eben keine ostdeutsche Bundesverfassungsrichterin und keinen ostdeutschen Bundesrichter. Es gibt nur drei Ostdeutsche in der Funktion eines Ministerpräsidenten, und nach wie vor wird es als selbstverständlich empfunden, dass ein Westdeutscher Ministerpräsident im Osten ist, aber als unvorstellbar angesehen, dass ein Ostdeutscher Ministerpräsident in Westdeutschland werden könnte. Nimmt man einer Gesellschaft – hier einer Teilgesellschaft – ihre Eliten, wird die gesamte Gesellschaft zweitklassig, denn sie verfügt nicht mehr über eigenständige Eliten, die Erstklassigkeit widerspiegeln. Während also zum Zeitpunkt der Auswechslung von Eliten diejenigen, die nicht zu ihnen gehören, dies mit einer gewissen Genugtuung registrieren, erfahren sie kurze Zeit später eigenen Identitätsverlust.

Nur ostdeutsche Eliten hätten die ostdeutsche Bevölkerung von der Notwendigkeit der Umstrukturierungen einigermaßen überzeugen können. Nur sie wären auch in der Lage gewesen, durch Selbstwandel eine schrittweise Veränderung des geltenden Wertesystems zu bewirken. Durch die Etablierung der westdeutschen Eliten im Osten galten die gesamten Umstrukturierungen, galt jede Schließung eines Unternehmens, jeder Arbeitsplatzverlust als fremdbestimmt, war also der Bevölkerung nur sehr begrenzt zu vermitteln. Das Wertesystem brach völlig zusammen, während das aus dem Westen kommende nicht akzeptiert wurde. Daraus ergab sich ein Vakuum, das auch das Entstehen des Rechtsextremismus im Osten befördert hat. Der Elitenwechsel hatte mithin nicht nur parteipolitische Konsequenzen, nicht nur Konsequenzen hinsichtlich der Akzeptanz der PDS, sondern auch gesamtgesellschaftliche Folgen, die letztlich den Interessen des Gemeinwesens der Bundesrepublik Deutschland zuwiderlaufen.

Der Ausschluss großer Teile der ostdeutschen Eliten aus den Einfluss- und Wirkungssphären erleichterte die unter dem Stichwort »Abwicklung« laufende Schließung vieler Einrichtungen und Unternehmen. Nur diese Eliten wären in der Lage gewesen, Gegenargumentationen zu entwickeln, diese wirksam zu verbreiten und damit Widerstand auszulösen. Die verbliebenen Vertreterinnen und Vertreter ostdeutscher Eliten waren derart demoralisiert, dass sie sich kaum legitimiert fühlten noch imstande waren, Bewegungen gegen die »Abwicklung« zu organisieren. Vielmehr trugen sie eher dazu bei, diese reibungslos durchzuführen, weil sie ihrem eigenen Gefühl nach dankbar dafür zu sein hatten, dass sie überhaupt noch eine nennenswerte Rolle spielten. Die wenigen Widerstandshandlungen, zu denen es kam, zum Beispiel der Protest von Kalikumpeln in Bischofferode oder der Belegschaft einer Batteriefabrik im Ostteil der Stadt Berlin, hatten keine intellektuellen »Anführer«, sondern entstanden von unten und in Selbstorganisation.

Damit will ich keineswegs behaupten, dass sämtliche »Abwicklungen« unbegründet gewesen seien. Es gab viele, die zwingend notwendig waren. Es gab aber auch Schließungen, die aufgrund von Unkenntnis oder zwecks Vermeidung unerwünschter Konkurrenz erfolgten. Das Fehlen ostdeutscher Eliten führte dazu, dass es darüber keine ausreichenden öffentlichkeitswirksamen Auseinandersetzungen gab, die es einer Vielzahl von Bürgerinnen und Bürgern ermöglicht hätten, zwischen gerechtfertigten und ungerechtfertigten »Abwicklungen« zu unterscheiden.

Die unterschiedliche Reaktion der ostdeutschen Bevölkerung zu unterschiedlichen Zeiten lässt sich mit Beispielen belegen. Während Ostdeutsche am Anfang negative Nachrichten über Angehörige der DDR-Eliten nicht nur spontan glaubten, sondern auch regelmäßig Druck erzeugten, der jeweiligen Person so schnell wie möglich die privilegierte Stellung zu entziehen, so änderte sich dies nach Herstellung der Einheit rasch. Wäre die Meldung über eine vermeintliche Urinmanipulation Katrin Krabbes 1990 veröffentlicht worden, hätte – davon bin ich überzeugt – der größte Teil der ostdeutschen Gesellschaft mit Genugtuung reagiert. Schließlich bekam sie ja schneller als andere ein Auto und konnte in Länder reisen, in die andere nicht reisen durften. Als diese Nachricht nach Herstellung der deutschen Einheit in die Schlagzeilen kam, reagierte der größte Teil der ostdeutschen Bevölkerung plötzlich völlig anders. Er war nicht bereit, an eine Manipulation durch Katrin Krabbe zu glauben, sondern unterstellte, dass eine unliebsame Sportkonkurrentin aus dem Osten ausgeschaltet werden sollte. Die am weitesten verbreitete Meinung zu diesem Vorfall lautete, die im Westen wollten bloß nicht zugeben, dass die aus dem Osten schneller laufen könnten.

Ähnlich hat sich *Der Spiegel* an Manfred Stolpe die Zähne ausgebissen. Dieselben Vorwürfe, die später gegen ihn erhoben wurden, hätten 1990 vollen Erfolg gehabt. Stolpe hätte sich nur wenige Tage halten können. Als *Der Spiegel* mit seiner Kampagne gegen ihn begann, hatte sich die Situation aber schon grundlegend geändert. Die meisten Ostdeutschen waren jetzt nicht mehr bereit, diesem Druck nachzugeben, sondern wollten Stolpe unbedingt halten. Sie glaubten nicht daran, dass es um irgendeine Wahrheit gehe, sondern vermuteten, sie selbst sollten hier durch die Entmachtung eines der wenigen ostdeutschen Repräsentanten getroffen werden. Und dann begann in der ostdeutschen Gesellschaft etwas, das in den Medien und von der westdeutschen politischen Klasse meist als »Nostalgie« beschrieben, gelegentlich auch denunziert wird. In Wirklichkeit steckt dahinter nichts anderes als die Suche nach Identität. Deshalb feiert eine DDR-Rockgruppe wie die Puhdys heute im Osten Erfolge, wie sie sie zum Schluss in der DDR nicht mehr aufzuweisen hatte. Auch gegen die Puhdys gab es zur DDR-Zeit und unmittelbar nach der Wende erhebliche Vorbehalte in der ostdeutschen Gesellschaft. Sie galten als besonders privilegiert, sind aber heute besonders beliebt. Im

Denken der Menschen im Osten gab und gibt es also eine Korrektur. Was sie früher als überzogen privilegiert empfanden, ordnen sie inzwischen völlig anders ein. Vornehmlich geht es ihnen aber um ihre eigene Identität. Nur dann, wenn die Puhdys gut waren und sind, waren und sind auch sie gut. Und so ließen sich die Beispiele fortsetzen.

Der Teilmarkt Ost hat sich auf diese Weise den Künstlerinnen und Künstlern, den Schriftstellerinnen und Schriftstellern, den Sportlerinnen und Sportlern der DDR wieder geöffnet. Eine Boulevardzeitung wie die *Super-Illu* hat diese Momente rechtzeitig erkannt, kommerziell genutzt und damit zugleich befördert. Sie konzentrierte sich auf das Schicksal von Unterhaltungskünstlerinnen und -künstlern und anderen Prominenten der DDR zu einem Zeitpunkt, als ihr klar wurde, wie wichtig solche Leute für die Identität der Ostdeutschen sind. Das war klug, hat sich für die Zeitung auch gelohnt und nicht wenigen DDR-Prominenten geholfen, wieder Anschluss in ihrem Beruf und Zugang zum Markt zu finden. Das dadurch erreichte oder geduldete Maß hat einen eher geringen Umfang, sodass es auch von den westdeutschen Eliten akzeptiert werden kann und weitere Ausgrenzungen überflüssig macht. Jetzt erscheinen Schlagersängerinnen und Schlagersänger aus Ost und West gemeinsam auf der Bühne oder vor der Kamera, Künstlerinnen und Künstler aus den neuen Bundesländern treten gelegentlich in den alten Bundesländern auf, eine Ostdeutsche kann sogar CDU-Vorsitzende werden. So nimmt es nicht wunder, dass auch die Instrumente zur Ausgrenzung ostdeutscher Eliten einschließlich der Gauck-Behörde an Bedeutung verlieren.

Die Vorgänge im Osten richtig zu analysieren ist deshalb wichtig, weil man andernfalls Gefahr läuft, die Identitätssuche entweder zu verklären oder zu denunzieren. Dahinter steckt weder eine Bejahung der politischen Strukturen der DDR noch die Unfähigkeit Ostdeutscher, Qualitätsunterschiede wahrzunehmen. Es muss erreicht werden, dass wenigstens die ehemaligen Angehörigen von Eliten der DDR, die sich inzwischen einen beachtlichen

Teil des ostdeutschen Marktes zurückerobert haben, auch einen Anteil am »Marktkuchen« der westdeutschen Gesellschaft bekommen. Begonnen hat dieser Prozess. Gelänge er nicht, würde sich die Identität beider Teilgesellschaften weiterhin unterschiedlich entwickeln, würde es auch in Zukunft keine »innere« Vereinigung geben.

Zur redlichen Behandlung der Frage des Umgangs mit ostdeutschen Eliten gehört auch, sich zu überlegen, ob es denn möglich gewesen wäre, anders zu verfahren. Hatte die politische Klasse der alten Bundesrepublik tatsächlich die Möglichkeit, statt einer Auswechslung eine Vereinigung der ostdeutschen und der westdeutschen Eliten herbeizuführen? Zweifellos wäre ein solcher Versuch auf große Schwierigkeiten gestoßen. Die westdeutschen Eliten hätten sich mit aller Macht dagegen gewehrt, denn das hätte für sie bedeutet, den Markt mit den ostdeutschen Eliten teilen zu müssen, während er sich durch die Übernahme der ostdeutschen Elitepositionen erweiterte. Die Medien hätten einen ungeheuren politisch-moralischen Druck auf die Bundesregierung und den Gesetzgeber ausgeübt, und zwar nach dem Motto, es habe sich ja nun herausgestellt, wie diktatorisch und verbrecherisch die DDR war, und deshalb sei es völlig unerträglich, wenn deren Eliten Eliten blieben. Auch die ostdeutsche Gesellschaft hätte in ihrer Mehrheit ablehnend reagiert. Sie hätte ja nicht die Erfahrung gehabt, dass der Verlust der eigenen Eliten den Verlust eigener Identität bedeutet. Und sie hätte auch nicht wissen können, dass der Elitenwechsel nicht zu einem ostdeutschen Aufstieg von unten nach oben, sondern zu einer Machtentfaltung der westdeutschen Eliten führt. Der Bundesregierung und allen dafür Verantwortlichen wäre mithin vorgeworfen worden, sie würden mit den Verantwortlichen der DDR aus Politik, Justiz, Verwaltung, Wissenschaft, Sport, Kunst und Kultur paktieren. Sie hätten sich dem Verdacht ausgesetzt, den Mangel an Demokratie und Freiheit und Emanzipation in der DDR im Nachhinein zumindest zu bagatellisieren. Es wäre noch etwas hinzugekommen, das damit zusammenhängt, dass aufgrund der wirtschaftlichen Umstrukturierungen Massenentlassungen im Bereich der Industrie, der Landwirtschaft und im Dienstleistungsbereich zu erwarten waren und stattfanden. Wären die Eliten geblieben, dann wäre ein extrem schiefes Bild entstanden: Facharbeiterinnen und Facharbeiter, Bäuerinnen und Bauern, kleine Angestellte überall im Osten hätten ihre Jobs verloren, während die Eliten weiter im Warmen und Trockenen gesessen hätten. Woher hätten Helmut Kohl, Wolfgang Schäuble, Hans-Jochen Vogel und andere den Mut nehmen sollen – und das auch noch gegen ihre politischen Überzeugungen –, für eine Vereinigung der Eliten zu kämpfen und sich damit solchen Vorwürfen auszusetzen, die nicht einmal widerlegbar gewesen wären? Es gibt nichts Schwierigeres in der Politik, als eine unter Kritik stehende Entwicklung in dem Wissen einzuleiten, dass man eine schlimmere dadurch verhindert, ohne je beweisen zu können, wie die schlimmere ausgesehen hätte und ob sie tatsächlich eingetroffen wäre. Es nützte ihnen auch nichts zu wissen, dass die ostdeutschen Eliten zu einem beachtlichen Teil »ihre« hätten werden können, die Akzeptanzverluste bei den westdeutschen Eliten und ostdeutschen Bürgerrechtsgruppen wären zu groß gewesen.

Wenn ich also sage, dass man die Eliten beider Teilgesellschaften hätte miteinander vereinigen müssen und dass man aus den Eliten der DDR-Gesellschaft wirklich nur jene hätte entlassen dürfen, die Menschenrechtsverletzungen oder andere Verbrechen zu verantworten hatten beziehungsweise für die Ausübung ihrer Funktion wirklich ungeeignet waren, dann überfordere ich diejenigen, die damals Verantwortung trugen. Wenn ich dennoch behaupte, dieser Weg wäre der richtige gewesen, dann weiß ich, dass man ihn nur auf der Grundlage eines anderen Geschichtsverständnisses hätte gehen können – und nur dann, wenn sich fast alle Parteien des Bundestages darauf verständigt und also auch die Kritik gemeinsam ausgehalten hätten. Dies war jedoch nicht zu erwarten.

Wolfgang Schäuble scheiterte bekanntlich schon mit seinem

Versuch, nur eine Amnestie für Spione der DDR in der Bundesrepublik Deutschland durchzusetzen. Er ließ sich von der einfachen und klaren Logik leiten, dass man zwei Staaten nicht vereinigen könne, um anschließend die Spione der einen Seite vor Gericht zu stellen und die Spione der anderen Seite zu befördern. Das ist übrigens auch der einzige Fall, für den ich den Begriff »Siegerjustiz« gelten lasse. Im Übrigen finde ich zwar die strafjustizielle Aufarbeitung der Geschichte der DDR falsch, würde aber diesen Begriff dennoch nicht verwenden. Auf jeden Fall hat Schäuble diesen Anachronismus erkannt und sich bemüht, ihn zu verhindern. Er scheiterte an Hans-Jochen Vogel, dem damaligen Vorsitzenden der SPD, der eine Amnestie für DDR-Spione als »Stasi-Amnestie« bezeichnete und damit unmöglich machte.

Eine etablierte Partei gibt es jedoch, die sich für die Eliten der DDR-Gesellschaft hätte einsetzen können und dadurch nicht Schaden erlitten, sondern sogar Vorteile gehabt hätte. Die F.D.P. ist am 2. Dezember 1990 im Osten prozentual wesentlich stärker gewählt worden als im Westen. Ihre Klientel kam überwiegend aus den ehemaligen Eliten der DDR. Die F.D.P. hätte sich unter Berufung auf die Prinzipien der Liberalität und Rechtsstaatlichkeit für sie einsetzen können und sollen. Sie hätte dadurch im Westen kaum Stimmen verloren, sich aber in bestimmten Bevölkerungsteilen der ostdeutschen Gesellschaft dauerhaft verankert. Viele Prozesse der Auswechslung der ostdeutschen Eliten wären dadurch abgemildert worden, weil CDU und CSU hätten plausibel machen können, dass sie auf ihren Koalitionspartner Rücksicht nehmen müssten. Die F.D.P. verzichtete darauf, folgte dem Zeitgeist und dem Mainstream und hat deshalb heute in der ostdeutschen Gesellschaft keinen Rückhalt. So blieb es allein der PDS überlassen, sich auch für die ostdeutschen Eliten einzusetzen. Das war zunächst beschwerlich und unbequem und erleichterte ihre Dämonisierung durch die anderen politischen Parteien und in den Medien. In dem Maße allerdings, in dem die ostdeutsche Bevölkerung begann, unter dem Verlust der Eliten zu leiden, wirkte sich dieser Einsatz der PDS über die früheren Eliten hinaus für sie positiv in der ostdeutschen Gesellschaft aus. Das ist einer der Gründe, weshalb sich die Akzeptanz der PDS in den neuen Bundesländern im Laufe der Jahre so erhöhte, weshalb ihr Stimmenanteil sich dort mehr als verdoppelt hat.

In meinem ersten ausführlichen Gespräch mit Helmut Kohl im Juni 1999 habe ich mit ihm die Frage der Elitenvereinigung erörtert. Ich gewann den Eindruck, dass er die Problematik bewusst registriert, dafür aber keine Lösung gefunden hatte. Der Widerstand der westdeutschen Eliten und bestimmter ostdeutscher Gruppen wäre offenbar zu groß gewesen. Als ich im Juli 2000 mit Wolfgang Schäuble über das gleiche Thema sprach, meinte dieser, die DDR habe ihre wirklichen Eliten bereits in den fünfziger und sechziger Jahren verloren. Diese Behauptung ist, wie ich zu beschreiben versucht habe, zunächst nicht von der Hand zu weisen. Schäuble unterschätzt jedoch, wie sich die Elitenbildung in der DDR nach dem 13. August 1961 vollzog, oder wollte dazu einfach nicht Stellung nehmen.

Der Gestaltung der Einheit fehlte es offenkundig an Souveränität. Meines Erachtens hängt dies auch mit einem unzureichenden Geschichtsverständnis zusammen. Den Ostdeutschen wurde die Existenz der DDR, die Spaltung der Gesellschaft und des Landes verübelt. Wenn man jedoch an die einzigartigen Verbrechen des Deutschen Reiches in der Zeit von 1933 bis 1945 denkt, dann wird einem klar, wie relativ milde das Urteil der Geschichte über Deutschland ausfiel. Es gab in den USA, in Großbritannien und Frankreich auch Pläne, Deutschland von der Landkarte zu streichen. Letztlich haben die Siegermächte sich anders entschieden. Das Territorium Deutschlands wurde verkleinert. Millionen Menschen wurden vertrieben, die stellvertretend für die Mehrheit der deutschen Bevölkerung ein besonderes Leid zu erdulden hatten, und letztlich wurde Deutschland entsprechend den Einflusssphären der Sowjetunion einerseits und der Westmächte andererseits für vierzig Jahre geteilt. Nach vierzig Jahren bekamen wir die

Möglichkeit, vereint und gleichberechtigt in Europa und weltweit mitzuwirken. Wenn man diesen Zusammenhang hergestellt, wenn man das geschichtliche Urteil über uns Deutsche eher als milde empfunden hätte, dann hätte man mit der Teilung und den Chancen der Vereinigung souveräner umgehen können. Niemand wäre bei einem solchen Geschichtsverständnis auf die Idee gekommen, dem Teil der Deutschen, der zur sowjetischen Einflusssphäre gehörte, dies vorzuwerfen. Es wäre akzeptiert worden, dass die Teilung Deutschlands und alles, was damit verbunden war und ist, schon deshalb gemeinsame Geschichte darstellen, weil die Naziherrschaft, der Zweite Weltkrieg und alle Verbrechen, die im Zusammenhang damit begangen wurden, einer gemeinsamen historischen Verantwortung entspringen. Ein solches Geschichtsverständnis wäre eine weitere Voraussetzung für die Vereinigung der Eliten gewesen.

Verwundert hat mich immer, dass sich tausende bezahlter Politikwissenschaftlerinnen und Politikwissenschaftler eine Frage nie ernsthaft stellten, obwohl sie auf der Hand lag. Es gibt ja in allen osteuropäischen Ländern so genannte Nachfolgeparteien der früheren Staatsparteien. Sie haben sich politisch höchst unterschiedlich entwickelt. Einige von ihnen sind kommunistisch geblieben, mal eher reformerisch, mal eher orthodox, andere wurden sozialistische Parteien, wieder andere sozialdemokratisch. Wie unterschiedlich sie sich politisch auch entwickelten, bei Wahlen haben sie eine Gemeinsamkeit. Zumindest in den ersten Jahren galt: Je größer die Stadt, desto schlechter, und je ländlicher die Gegend, desto besser schnitten sie ab. Die polnische »Nachfolgepartei« hat einen klar sozialdemokratischen Charakter, die russische einen gänzlich anderen, und doch haben beide ihr schlechtestes Ergebnis in der jeweiligen Hauptstadt, also in Warschau und Moskau, erzielt. Die einzige osteuropäische Ausnahme stellt die PDS dar. Von der ersten Wahl an galt: Je größer die Stadt, desto höher lag der prozentuale Anteil ihrer Stimmen, je kleiner die Stadt war, je ländlicher die Gegend, desto geringer fiel ihr

Stimmenanteil aus. Auch wenn die PDS inzwischen in den Großstädten nicht mehr sonderlich zulegt, dafür aber in Kleinstädten und auf dem Lande aufholt, stellt sich die Frage, weshalb sich das Wahlverhalten in Bezug auf die PDS in Ostdeutschland so deutlich von dem der osteuropäischen Gesellschaften in Bezug auf die dortigen »Nachfolgeparteien« unterscheidet. Meines Erachtens hängt das mit den Vorgängen zusammen, die ich in diesem Kapitel zu behandeln versucht habe. In den osteuropäischen Ländern fand ja keine Vereinigung statt, sondern eine Reformierung der vorhandenen Gesellschaften. Es gab keine andere Elite, die von außen hinzustoßen konnte. Ob in Polen oder Ungarn, in Tschechien, der Slowakei, Bulgarien, Rumänien, ob in Russland oder anderen Nachfolgestaaten der ehemaligen Sowjetunion, überall wurden die früheren Eliten im Wesentlichen übernommen. Das gilt dort selbst für die Geheimdienste. In all diesen Ländern hat man sich nur von Einzelnen getrennt und sie zum Teil durch Leute ersetzt, die bis dahin aufgrund ihres oppositionellen Verhaltens keine Chance gehabt hatten, in die Eliten aufgenommen zu werden. Sie stießen nach und vermischten sich mit den alten Eliten. So erklärt sich, weshalb die Reibungen in diesen Gesellschaften viel geringer waren als in der früheren DDR. Die Dinge nahmen ihren Lauf, ohne dass es umfassender strategischer Überlegungen bedurft hätte. Bekam eine Schlagersängerin der DDR keinen Auftritt mehr, so gab es ausreichend Schlagersängerinnen in Westdeutschland, die das übernehmen konnten und wollten. Wären dagegen die Schlagersängerinnen und Schlagersänger Polens nicht mehr aufgetreten, hätte es keinen Ersatz für sie gegeben. Ähnlich sah es bei Wissenschaftlerinnen und Wissenschaftlern, bei den Mitarbeiterinnen und Mitarbeitern von Verwaltung, Justiz, Polizei, im Kunst- und Kulturbereich aus. Und weil dort die Eliten nicht ausgewechselt wurden, brauchte man auch all die Instrumente nicht, die in Ostdeutschland eingesetzt worden waren. Keines dieser Länder hat eine Gauck-Behörde, in keinem dieser Länder wurden politische und fachliche Evaluierungen durchgeführt oder Grenzsoldaten vor Gericht gestellt, und dies lag nicht daran, dass dort weniger »gerecht« gedacht und empfunden wurde. Die Grenztruppen der DDR wurden aufgelöst und durch Beamte des Bundesgrenzschutzes ersetzt. In allen anderen osteuropäischen Ländern blieben die Grenztruppen bestehen. Sie haben auch weiterhin eine Schusswaffengebrauchsbestimmung, wenngleich diese heute mehr dafür sorgen soll, dass Flüchtlinge nicht ins Land kommen, als Bürgerinnen und Bürger an der Flucht zu hindern.

Die politischen Kreise der osteuropäischen Länder machten sich keine Illusionen darüber, dass sie, wenn sie begännen, Prozesse gegen Grenzsoldaten wegen früherer Schüsse zu führen, die heutigen Grenzsoldaten nicht mehr zum Gebrauch der Schusswaffe animieren könnten. Die Angst der Soldaten wäre viel zu groß, dass sie nach irgendeiner politischen Veränderung wieder diejenigen sein könnten, die für falsche Befehle und Gesetze haften müssten.

Die Tatsache, dass in Osteuropa die alten Eliten übernommen wurden, macht auch verständlich, weshalb die »Nachfolgeparteien« gerade in Großstädten, insbesondere in den Hauptstädten, so schlechte Wahlergebnisse erzielten. Die alten Eliten blieben Eliten und verfügten im Vergleich zu früheren Zeiten über eine wesentlich größere Handlungsfreiheit. Es gab für sie keinen Grund, sich an die »Nachfolgepartei« anzulehnen. Aus ihrer Sicht mussten sie gerade die neuen Parteien und die neuen Kräfte befördern, die es ihnen ermöglichten, Elite zu bleiben und zugleich freier zu agieren. Da aber Eliten vornehmlich in Großstädten leben und wirken, war die Folge, dass gerade dort die osteuropäischen »Nachfolgeparteien« bei den Wahlen unterlagen.

Und so erklärt sich auch, weshalb sich nur bei der PDS eine gegenläufige Entwicklung abzeichnete. In Ostdeutschland wurde den Eliten ihr Status genommen. Es gab außer der PDS keine einzige Partei, die sich für sie einsetzte. Viele, die zu den früheren Eliten der DDR gehört hatten, waren 1990 alles andere als geneigt, sich länger an die PDS anzulehnen, sie setzten, wie dargestellt, eher auf die F.D.P. und andere politische Parteien, suchten Einordnung und Anpassungsmöglichkeiten. Aber die Art, wie sie für überflüssig und ersetzbar erklärt wurden, die Art, wie ihnen ein gleichberechtigter Zugang zum jeweiligen Markt versperrt wurde, verwehrte es ihnen, sich als Mitglieder der Eliten der gesamtdeutschen Gesellschaft zu empfinden. Sie hatten mehr Rechte verloren als gewonnen. Eine für sie eher abstrakte Freiheit, die ihnen die Wirkungsmöglichkeit als Mitglieder der Eliten nahm, musste sie enttäuschen und führte zu Frust. Und so wurden sie Multiplikatorinnen und Multiplikatoren der PDS und bewirkten deren hohe Wahlergebnisse gerade im Ostteil Berlins und in anderen Großstädten.

Schrittweise haben sich solche Erkenntnisse durchgesetzt. Der Umgang mit Vertreterinnen und Vertretern der ehemaligen DDR-Eliten hat sich geändert. Man braucht wenigstens die eine oder den anderen, um ein positives Ostimage aufzubauen. Dieser Wandel kann aber nur dann glaubwürdig gestaltet werden, wenn man auch das Verhältnis zur PDS revidiert. Auch deshalb wurde sie seit der Bundestagswahl 1998 im Bundestag von einem zum anderen Tag deutlich besser behandelt. Das beweist übrigens, dass meine These von der politischen Motivation des Kampfes gegen die PDS und mich in früherer Zeit stimmen muss. Denn im vierzehnten Deutschen Bundestag sitzen weitgehend dieselben Personen wie im dreizehnten. Wenn Überzeugung und Leidenschaft das entscheidende Motiv unserer Gegnerinnen und Gegner gewesen wäre, hätte sich ihr Verhalten nicht über einen Wahltag verändern können. Politische Motive lassen sich dagegen kurzfristig korrigieren, was aber auch dafür spricht, dass Rückfälle immer möglich bleiben. Natürlich gab es in der dreizehnten Legislaturperiode einige, denen die Auseinandersetzung mit mir und der PDS auch Herzenssache war, und die gibt es auch weiterhin im Bundestag. Der Unterschied besteht nur darin, dass sie eine wesentlich geringere Rolle spielen, dass ihre Fraktionen sie nicht mehr so in Stellung bringen wie in den Jahren zuvor. Dies bedeutet allerdings nicht, dass die PDS im Bundestag heute schon gleichberechtigt wäre. Aber sie ist an einer solchen Gleichberechtigung erheblich näher dran als in den vorhergehenden Legislaturperioden, und das deckt sich mit der veränderten Wahrnehmung und Widerspiegelung in den Medien und in der Bevölkerung. Die Dämonisierung und Ausgrenzung der PDS, ihre Behandlung als Fremdkörper, ließen sich nicht länger aufrechterhalten.

Ich bin anmaßend genug, dies nicht nur als Vorteil für die PDS, sondern für die gesamte politische Landschaft in der BRD anzusehen. Natürlich gibt es immer wieder Rückfälle, Versuche der CDU/CSU-Bundestagsfraktion, gemeinsame Anträge mit der PDS zu verhindern, und das für die SPD typische wechselhafte Verhalten. Auch heute noch kommt es vor, dass die SPD-Bundestagsfraktion uns darum bittet, einen Antrag gemeinsam zu tragen, dann aber auf Druck der CDU/CSU wieder davon Abstand nimmt. Gelegentlich bleibt die SPD aber stur und erklärt der CDU/CSU-Bundestagsfraktion, dann werde sie eben auf deren Unterschrift verzichten, die PDS-Fraktion aber nicht wieder ausladen. Je häufiger sie auf diese Weise verfährt, desto schwankender wird die CDU/CSU-Fraktion, weil sie in der Öffentlichkeit immer schwerer vermitteln kann, dass sie einen Antrag nicht unterstützt, nur weil ihm auch die PDS zugestimmt hat. Den deutlichsten Rückfall gab es in der Zeit des Kosovokrieges, weil die PDS-Bundestagsfraktion in diesem Konflikt eine Position einnahm, die Krieg führenden Fraktionen regelmäßig und überall auf der Welt unerträglich erscheint. Dazu mehr im sechsten Kapitel.

Die Nähe der ehemaligen DDR-Eliten zur PDS hat uns intellektuell in den ersten Jahren erheblich gestärkt. Aber ehemalige Eliten sind irgendwann auch intellektuell keine mehr. Sie entfernen sich mehr und mehr von den Zusammenhängen, die ihnen eine besondere Sicht auf den Gang gesellschaftlicher Entwicklungen ermöglichen. Sie müssen stehen bleiben. Und genau darin liegt auch die Gefahr für die PDS. Die Partei hat zu wenig Zugang zu den heutigen Eliten der Gesellschaft, was unter anderem darauf zurückzuführen ist, dass die PDS die Interessen der »abgewickelten« ostdeutschen Eliten vertreten hat. Was also zunächst die intellektuelle Stärke der PDS begründete, kann Schritt für Schritt zu ihrer intellektuellen Schwäche werden. Auch deshalb sind für die PDS Regierungsbeteiligungen in den neuen Bundesländern von großer Bedeutung. Sie erleichtern ihr den Kontakt mit den heutigen Eliten und verhindern damit intellektuellen Stillstand.

Über den Umgang mit den DDR-Eliten hat sich aber auch das Verhältnis innerhalb der westdeutschen Eliten spürbar verändert. In jeder Gesellschaft entsteht innerhalb der Eliten Konkurrenz. In demokratischen Gesellschaften mit einem Anspruch auf politischen Pluralismus kommen darüber hinaus in den Eliten auch vielfältige politische Differenzen zum Tragen. Im Wesentlichen ist zwischen einer linken, linksliberalen und einer rechten, konservativ-liberalen Richtung zu unterscheiden. Diese beiden Hauptströmungen standen sich in den westdeutschen Eliten feindlicher gegenüber als in anderen westeuropäischen Demokratien. Unmittelbar nach der Gründung der Bundesrepublik war das Hauptfeld der Auseinandersetzungen zwischen ihnen der Umgang mit der Nazivergangenheit. Die Besonderheit bestand darin, dass die aus der NS-Zeit übernommenen Eliteteile um ihre Existenzberechtigung kämpften, während die anderen ihnen gerade diese absprachen. Die Überlegenheit der alten Eliten war unverkennbar. Sie ergab sich auch aus dem von mir beschriebenen Bestreben, den militanten Antikommunismus aufrechtzuerhalten und im Kalten Krieg eine verschärfte Auseinandersetzung mit den osteuropäischen Staaten, speziell der DDR, zu führen. Aber allmählich kam es in der Bundesrepublik zu einer Umorientierung.

Die rechten und konservativ-liberalen Teile der Eliten behielten zwar strukturell, politisch und natürlich ökonomisch die Oberhand, verloren aber ihre kulturelle Hegemonie Schritt für Schritt an die Linken und Linksliberalen. Die Gründe, die beide Lager veranlassten, Feindschaft zu pflegen und auszutragen, lagen nicht nur in der Vergangenheit. Es gab immer wieder internationale und nationale Anlässe, die zu unversöhnlichem Streit führten, zum Beispiel die Wiederaufrüstung, den Beitritt zur Nato, den Vietnamkrieg, die Notstandsgesetze, die Entspannungspolitik der SPD oder die so genannte Nachrüstung. Die erwähnten Ereignisse zeigen auch, dass die Unversöhnlichkeit noch galt, als allmählich ein Generationswechsel bei den Eliten einsetzte. Ihren Höhepunkt fanden diese feindlichen Auseinandersetzungen im Jahre 1968, und ihre Folgen sind bis heute spürbar.

Die Achtundsechziger-Bewegung war nicht nur ein Generationenkonflikt, nicht nur ein Konflikt zwischen den künftigen und den etablierten Eliten, sondern auch ein Streit innerhalb dieser. Gerade das machte ihre intellektuelle Stärke und zugleich ihre Schwäche aus, denn die große Mehrheit der Bevölkerung stand diesen zum Teil militanten Auseinandersetzungen als Zuschauer und mit Unverständnis gegenüber. Der Kompromiss der Großen Koalition verschärfte den Konflikt. Es kam dann zur ersten sozialdemokratisch geführten Bundesregierung und mit Willy Brandt zum ersten und einzigen Bundeskanzler, der aktiv gegen die Nazis gekämpft hatte. Die kulturelle Hegemonie der linken und linksliberalen Eliten hatte auch zu ihrer politischen Hegemonie geführt. In dieser Phase gelang ihnen ihr einziger großer politischer Erfolg gegen die konservativen Eliten, nämlich die Durchsetzung der Entspannungspolitik.

Unter Bundeskanzler Helmut Schmidt gerieten die Fronten zwischen den Eliten durcheinander, weil er die Nachrüstung ebenso befürwortete wie die Konservativen. Nachdem Helmut Kohl Bundeskanzler geworden war, forderte er eine geistige Wende. Sein Ziel war es, die kulturelle Hegemonie der linken und linksliberalen Eliten, die unter Schmidt zu bröckeln begonnen hatte, zu brechen, weil er das Risiko ausschließen – zumindest mindern – wollte, dass sich aus ihr erneut eine politische Hegemonie entwickelte. Sein sechzehnjähriges Wirken war diesbezüglich ziemlich erfolgreich.

Trotz dieser historischen Entwicklungen war ich hinsichtlich der PDS in einer gesamtdeutschen Gesellschaft einigermaßen optimistisch. Ich habe mich darauf verlassen, dass die linken und linksliberalen Intellektuellen das Projekt PDS zwar kritisch, aber doch solidarisch begleiten würden. Das war ein Irrtum. Schon 1990 dämmerte mir, dass daraus möglicherweise nichts werden würde, wenngleich ich die Hoffnung nicht so schnell aufgab. In den Jahren vor der Einheit hatte sich die Feindschaft zwischen den politisch unterschiedlich ausgerichteten Teilen der westdeutschen Eliten deutlich abgemildert. Beide Teile hatten in der Geschichte der Bundesrepublik Deutschland etwas gegen den anderen durchgesetzt, und beide bestätigten sich im Nachhinein, jeweils mit dem Recht gehabt zu haben, womit sie sich durchgesetzt hatten. Für die westdeutsche Gesellschaft durchaus von Vorteil entwickelte sich aus einer höchst emotionalen Feindschaft allmählich eine rationale Gegnerschaft. Aber an eine Einheit dieser Eliten oder gar an eine Verbrüderung war deshalb noch lange nicht zu denken. Ein gemeinsames Band zwischen ihnen entstand erst im Umgang mit den DDR-Eliten.

Der Untergang der DDR zerstörte die geschwächte linke kulturelle Hegemonie im Westen gänzlich. Die linken und linksliberalen Intellektuellen drohten in eine Identitätskrise zu geraten. Sie wechselten, wie zum Beispiel der Schriftsteller Martin Walser, ins nationale Lager oder suchten wie Joseph Fischer den Ausgleich mit den früher abgelehnten konservativen Eliten der westdeutschen Gesellschaft. Das funktionierte, indem sie sich gegenseitig und höchst fragwürdig zubilligten, dass sie, wenn sie Bürgerinnen beziehungsweise Bürger der DDR gewesen wären, dort nicht zu den Eliten gehört oder sich zumindest gänzlich anders verhalten hätten, als es die DDR-Eliten getan hatten. Die Linken akzeptierten, dass die konservativen Eliten sie im Großen und Ganzen zu Recht vor einer linken Diktatur bewahrt hatten. Und die konservativen Eliten billigten den westdeutschen Linken und Linksliberalen zu, dass sie so etwas, wie es die DDR gewesen war, nicht angestrebt hatten. Diese Generalabsolution nahmen Letztere gern an, konnten sie aber nur dadurch rechtfertigen, dass sie sich gleichfalls konsequent gegen die DDR-Eliten stellten. So gab es gegen diese eine Einheit der westdeutschen Eliten, wie sie vorher unmöglich gewesen war. Sie reichte von CSU-Größen bis zu Altachtundsechzigern, erfasste sogar einige ehemalige DKP-Mitglieder. Sie alle findet man heute in Landesregierungen, als Autoren auch konservativer Zeitungen wieder. Zwischen ihnen entstand so etwas wie ein westdeutsches nationales Band zur Überwindung ostdeutscher Eliten. Das Entsetzen über die DDR-Realitäten drückte sich in den Gesichtern von Helmut Kohl und Joseph Fischer gleichermaßen aus. Plötzlich waren sie sich auch einig, miteinander wesentlich mehr als mit irgendwelchen DDR-Eliten zu tun zu haben. Ganz ähnlich sah es in der Wissenschaft, Kunst und Kultur, im Sport und erst recht in der Wirtschaft aus. Gegen solche »Einheit« waren die ostdeutschen Eliten chancenlos. Ich bin davon überzeugt, dass erst der Umgang mit der DDR, mit ihren Eliten, mit ihrer Geschichte und ihren Ergebnissen es zum Beispiel möglich gemacht hat, dass CDU- und Grünenpolitiker etwas ernsthafter über eine Koalition nachdenken können. Sie haben Gemeinsames aneinander entdeckt, von dem sie bis dahin kaum etwas geahnt hatten. Diese Gemeinsamkeiten zeigten sich beim Golfkrieg ebenso wie beim Kosovokrieg. Für nicht wenige Linke waren diese Kriege willkommene Anlässe, ihre Läuterungen gegenüber den konservativen Eliten zu beweisen. Eine nennenswerte kulturelle Gegnerschaft gegen diese Kriege gab es nicht mehr.

Natürlich gibt es keine Regel ohne Ausnahme. Von Anfang an gab es auch linke und linksliberale Intellektuelle im Westen, die sich ebenso kritisch wie solidarisch zur PDS und auch zu mir verhielten, zum Beispiel Günter Gaus, Heinrich Senfft oder Walter Jens. Einige von ihnen – hier sei nur Gerhard Zwerenz genannt – kandidierten sogar für die PDS zum Bundestag. Mit allgemeiner linksintellektueller Solidarität konnten sie nicht rechnen. Eine solche Vorgehensweise musste man sich trauen, vielleicht auch leisten können, und es waren nicht allzu viele, die sich dies trauen und leisten konnten. Andere warteten unschlüssig. Als sich der Eindruck verdichtete, dass die Ostdeutschen im Rahmen der Einheit zu arg gebeutelt und ihrer Chancen beraubt wurden, wuchs die Bereitschaft bei abwartenden Linken, sich gegen den Mainstream zu stellen und sich mit ihnen solidarisch zu erklären.

Insofern war ich angenehm überrascht, wie viele von ihnen sich zusammen mit Intellektuellen aus dem Osten bereit fanden, den Aufruf zur Gründung von Komitees für Gerechtigkeit in den neuen Bundesländern zu unterzeichnen. Sie hatten offensichtlich das Gefühl, zu lange geschwiegen, dadurch auch eine Mitverantwortung übernommen zu haben. Unter den Unterzeichnerinnen und Unterzeichnern befanden sich der ehemalige Regierende Bürgermeister von Berlin, Pastor Heinrich Albertz, der Urologe Peter Althaus, der Intendant Frank Castorf, die Rocksängerin Tamara Danz, die Musikerin Ina Deter, der Theologe Eugen Drewermann, der damalige Berliner Verfassungsrichter Klaus Eschen, der Altbischof Gottfried Forck, der Kabarettist Thomas Freitag, der Theologe Norbert Greinacher, die Wissenschaftler Frigga und Wolfgang Fritz Haug, die Schriftstellerin Elke Heidenreich, die Schriftsteller Stephan Hermlin und Stefan Heym, der Kabarettist Dieter Hildebrandt, der Bildhauer Alfred Hrdlicka, der Rocksänger Lutz Kerschowski, der Journalist Jens König, der Theologe Walter Kreck, der Nephrologe Horst Klinkmann, der Rockmusiker Toni Krahl, der Liedermacher Stefan Krawczyk, der Hirnforscher Hansjürgen Matthies, der Dramatiker Heiner Müller, der Kabarettist Heinrich Pachl, der Völkerrechtler Norman Paech, der Rocksänger Rio Reiser, der Schriftsteller Klaus Schlesinger, die Theologin Dorothee Sölle, der Regisseur Frido Solter, der damalige Chefredakteur der *Tageszeitung* Michael Sontheimer, die Schauspielerin Steffi Spira, die Theologin Marie Veit, der Kabarettist Stefan Wald, die Liedermacherin Bettina Wegner, der Schriftsteller Gerhard Zwerenz und viele andere. Nach 1990 ist es nur noch ganz selten gelungen, zu einem politischen Ereignis so viele unterschiedliche Persönlichkeiten aus Ost und West zusammenzuführen. Es war auch das erste Mal, dass Intellektuelle aus dem Osten gemeinsam unterschrieben, die sich zu DDR-Zeiten kaum noch etwas zu sagen hatten. Unter dem Aufruf standen die Unterschriften von Menschen, die der DDR eher unkritisch gegenüberstanden, von solchen, die sie kritisch und solidarisch begleiteten, und von ehemaligen DDR-Bürgerinnen und -Bürgern, die ihr Land vor 1989 verlassen hatten. Sie alle einte das Grundgefühl, dass die Ostdeutschen ein Schicksal erleiden, das sie nicht verdient haben. Heftig fiel nicht nur die Reaktion der Konservativen, sondern auch die der inzwischen in der Politik etablierten Altachtundsechziger gegen die Komitees aus. Wenn diese auch letztlich nicht erfolgreich gegründet werden konnten, als Bereitschaft der Ostdeutschen zum Widerspruch wurden sie richtig verstanden. Die Unterstützung durch bedeutende westdeutsche Intellektuelle trug dazu bei, dass diese Bereitschaft ernst genommen wurde.

Generell beginnt heute wieder eine stärkere Differenzierung innerhalb der Eliten der bundesdeutschen Gesellschaft, wie die Auseinandersetzungen mit Joseph Fischer und Jürgen Trittin wegen ihrer Achtundsechziger-Vergangenheit seit Ende 2000/Anfang 2001 zeigen. Dies erscheint auch deshalb möglich, weil den DDR-Eliten mit Erfolg im Wesentlichen der Zugang zu ihnen versperrt worden ist.

Ehemalige Mitstreiter von Joseph Fischer und Jürgen Trittin verübeln ihnen ihre heutigen Positionen und die Konservativen und Liberalen ihre Vergangenheit. Die Brüche waren nicht geheilt, sondern bei der gemeinsamen Ausgrenzung ostdeutscher Eliten nur gekittet. Ich habe den Eindruck, dass die Konservativen und Liberalen die nachträgliche gesellschaftliche Verurteilung der Achtundsechziger-Bewegung anstreben, um sie dauerhaft als historische Fehlentwicklung in Westdeutschland charakterisieren zu können. Die früher schon fast unstrittigen positiven Momente, zum Beispiel in der Ökologie, bei der Aufarbeitung der NS-Geschichte und der Liberalisierung der Gesellschaft bis hin zur Überwindung sexueller Verklemmtheit scheinen völlig verdrängt. Die laufende Auseinandersetzung ist für die geistige Atmosphäre in Deutschland nicht ungefährlich. Trotz meiner großen Differenzen zu Joseph Fischer, insbesondere während des Kosovokrieges, will und muss ich ihn heute verteidigen. Die Vertreter der F.D.P. verhalten sich am intolerantesten. Dem liegt ihr Existenzkampf gegen Bündnis 90/DIE GRÜNEN zugrunde. Offenbar ist es ihnen egal, dafür Grundsätze politischer Liberalität aufzugeben.

Nachdem Lothar Bisky und ich uns entschieden hatten, nicht mehr an der Spitze der PDS stehen zu wollen, bedauerten dies auch viele westdeutsche Linksintellektuelle. Ob Günter Grass oder Ralph Giordano, viele äußerten sich besorgt über unsere Entscheidung und die Zukunft der PDS. Vielleicht hätten Lothar Bisky und ich schon etwas früher kritischer, solidarischer und aufmunternder Begleitung bedurft, und zwar nicht nur als Personen, wie ich sie 1997 und 1998 erhielt, sondern auch für unsere Arbeit am Projekt PDS.

Kapitel 5

Von Kohl zu Schröder

1998 geschah in der Bundesrepublik etwas, das es bis dahin nicht gegeben hatte. Noch nie hatte eine Regierung ihre Mehrheit durch eine Bundestagswahl verloren. Und etwas, das noch nie geschehen ist, kann man sich schlecht vorstellen, das galt offensichtlich auch für Helmut Kohl. Einer in der CDU muss es geahnt haben: Wolfgang Schäuble hat Kohl 1998 prognostiziert, dass mit ihm die nächsten Wahlen nicht mehr zu gewinnen seien, was dieser kurz und entschieden zurückwies, indem er erklärte, er sehe das anders. So hat es mir Wolfgang Schäuble bei unserem Gespräch im Juli 2000 erzählt, und so schildert er es in seinem Buch »Mitten im Leben«. Ein Irrtum Helmut Kohls, wie inzwischen alle wissen. Der Wechsel von einer Mehrheit von CDU und CSU und F.D.P. hin zu einer Mehrheit von SPD und Bündnis 90/DIE GRÜNEN hat sicherlich eine Vielzahl von Gründen und kann nicht – wie gelegentlich geschehen – darauf reduziert werden, dass die Leute des Kanzlers Kohl überdrüssig waren. Aber sicher hat auch das eine Rolle gespielt. Ebenso ist nicht zu leugnen, dass die SPD 1998 von allen Parteien den professionellsten Wahlkampf organisierte und führte. Erstaunlich war später deshalb nur, dass ihr die gleiche Professionalität beim Regieren selbst zunächst im Ansatz fehlte.

Die Abwahl der Regierungskoalition, die bis 1998 hielt, stand historisch bereits bei der Bundestagswahl 1990 auf der Tagesordnung. Schon damals gab es einen Reformstau und wachsende soziale Defizite. Wie in ganz Europa gab es auch in Deutschland einen Trend hin zur Sozialdemokratie. Man kann als gesichert betrachten, dass es 1990 durch die Bundestagswahl zu einem Regierungswechsel gekommen wäre, wenn der deutsche Vereinigungsprozess nicht die gesamte politische Atmosphäre völlig verändert hätte. Ohne die Einheit wäre Oskar Lafontaine damals auch der richtige Kanzlerkandidat der SPD gewesen. Er scheiterte weniger an seiner Schwächung durch das Attentat im Jahre 1990 als vielmehr an dem historischen Vorgang der Vereinigung. Das Hinzukommen der Ostdeutschen hat damals der Regierungskoalition sowohl direkt als auch indirekt genützt, direkt dadurch, dass sie wesentlich mehr Stimmen aus dem Osten erhielt als die SPD, und indirekt dadurch, dass ihre Akzeptanz auch in Westdeutschland durch die Herstellung der Einheit gewachsen war. In Anbetracht des großen historischen Vorgangs war das Abschneiden von CDU, CSU und F.D.P. am 2. Dezember 1990 keineswegs großartig. Es zeigte, wie gefährdet die damalige Regierungskoalition gewesen wäre, wenn es nicht die deutsche Vereinigung gegeben hätte. Erstaunlicher ist, dass die Bundesregierung 1994 noch einmal bestätigt wurde, obwohl sie den Reformstau nicht hatte auflösen können und der europäische Trend zur Bildung sozialdemokratischer Regierungen anhielt. Aber die Konzepte der deutschen Sozialdemokratie waren 1994 ebenso wenig überzeugend wie ihr Kanzlerkandidat, und es fehlte auch an einem professionell geführten Wahlkampf. Vor allem waren aber die Ostdeutschen zum Wechsel noch nicht entschlossen. Bei aller Kritik an der Bundesregierung, die es schon 1994 in Ostdeutschland gab, billigte die Mehrheit der Wählerinnen und Wähler der Regierungskoalition zu, immerhin einen Rohbau geschaffen zu haben. Und irgendwie leuchtete im Osten das Argument ein, man sollte den Architekten nach der Errichtung eines Rohbaus nicht wechseln. 1998 sah dies anders aus.

Gerade in Ostdeutschland verlor die CDU massenhaft an Wählerinnen und Wählern, während die SPD überproportional stark zulegte. Es war dies die Quittung der Ostdeutschen dafür, dass ihnen eine Vereinigung versprochen worden war, die so nicht realisiert wurde. Sie brachten aber nicht nur ihre Unzufriedenheit über den Verlauf des Vereinigungsprozesses zum Ausdruck, sondern auch ihre wesentlich höhere Bereitschaft, den Wechsel wenigstens zu versuchen.

Im Unterschied zu den Westdeutschen hatten sie noch nie eine sozialdemokratisch geführte Bundesregierung erlebt. Es gab nicht nur Hoffnungen und Erwartungen in diesem Zusammenhang, sondern einfach auch Neugierde. Schlimmer konnte es nach ihrer Auffassung nicht werden. Nichts sprach aus ihrer Sicht dagegen, es einmal mit einer anderen Bundesregierung auszuprobieren. Wer bewusst von Honecker zu Kohl gewechselt hatte, scheut einen im Vergleich dazu eher kleinen Wechsel wie den von Kohl zu Schröder nicht. Im Osten konnten deshalb Untergangsszenarien für den Fall eines Regierungswechsels nicht fruchten.

Ein weiterer Grund kam meines Erachtens für die Ostdeutschen hinzu. Helmut Kohl und seine CDU spiegelten für sie immer stärker die alte BRD und immer weniger ein sich veränderndes vereinigtes Deutschland wider. Insbesondere die Tatsache, dass die CDU in ihren Auseinandersetzungen mit den politischen Gegnern immer noch auf die Instrumentarien des Kalten Krieges zurückgriff, wirkte inzwischen abstoßend. Die Menschen hofften auf Perspektiven und waren die Anprangerungen von SPD und PDS leid. Ihnen schwebte eher ein Konsensklima vor, das es erleichterte, gemeinsam nach Lösungen für die drängenden Probleme zu suchen, mit denen sie konfrontiert waren. Mit Regine Hildebrandt, Manfred Stolpe, Reinhard Höppner, Harald Ringstorff und Wolfgang Thierse verfügte die SPD inzwischen zudem über eine beachtlichere Garde ostdeutscher Politiker als die CDU. Sie führte keine ideologische Grabenkämpfe und spiegelte auch nicht die alte Bundesrepublik wider, sondern verkörperte eher das vereinigte Deutschland und dadurch auch Zukunft.

Auch in Westdeutschland hatte eine Änderung des Wahlverhaltens eingesetzt. In den Medien kamen immer mehr Journalistinnen und Journalisten zu Wort, die den Wechsel wollten. Steuer- und Rentenreform der alten Bundesregierung waren gescheitert, und es war der Eindruck eines Stillstands vermittelt worden, den es dringend zu überwinden galt. Wenn dafür neue Mehrheiten erforderlich sein sollten, dann mussten sie eben herbeigewählt werden.

Ich glaube aber, dass der Wahl der SPD in die Regierungsverantwortung darüber hinaus eine tiefer greifende Veränderung zugrunde lag. Mit dem Untergang der DDR und des sowjetischen Sozialismusmodells in ganz Osteuropa entfiel die Systemkonkurrenz auf unserem Kontinent. Sie hatte in Westeuropa alle Parteien, auch die konservativsten, in die Pflicht genommen, deutlich sozialdemokratische Züge anzunehmen. Ziel war es gewesen, den Wettkampf der Systeme nicht nur hinsichtlich demokratischer Strukturen und einer effizienteren Ökonomie, sondern auch sozial zu gewinnen. Auf jeden Fall durfte die soziale Frage in dieser Zeit nicht unterschätzt werden. Ende der siebziger, Anfang der achtziger Jahre begann schon die Diskreditierung des Sozialen in der alten Bundesrepublik. Die geistige Wende, die Helmut Kohl versprochen hatte, setzte ein. Die Frage der Standortlogik erhielt im Verhältnis zur sozialen Frage immer größere Bedeutung. Es wurde häufiger darüber nachgedacht, welche Konsequenzen die Globalisierung nach sich ziehen müsste. Die Integrationsprozesse innerhalb der Europäischen Union gewannen an Tempo und Gewicht und damit auch Fragen von Lohn- und Sozialdumping.

Alle diese Prozesse beschleunigten sich mit dem Beitritt der DDR zur BRD, mit dem Zusammenbruch der Sowjetunion und ihres Modells in Osteuropa. Plötzlich gab es in Europa nur noch Staaten, die sich marktwirtschaftlich beziehungsweise kapitalistisch organisierten, sich zumindest anschickten, dies zu tun. Die Systemauseinandersetzung und der damit verbundene Wettbewerb zwischen den Blöcken entfielen, dafür wurde aber die Konkurrenz untereinander schärfer. Die Konkurrenz zwischen marktwirtschaftlichen Ökonomien, zwischen kapitalistischen Staaten trägt einen gänzlich anderen Charakter als die vorher dominierende Rivalität der Systeme. Im Wettbewerb zum Beispiel zwischen Großbritannien und Deutschland ergibt sich weder für die Politik noch für die Wirtschaft der geringste Vorteil daraus, wenn man berechtigt von sich behaupten kann, sozialer zu sein. Im Gegenteil! Wer heute Investoren anlocken will, muss umgekehrt argumentieren. Er will darauf verweisen können, dass Steuern für Unternehmen, Spitzenverdiener und Vermögende, dass Löhne und Lohnnebenkosten, dass Kosten für ökologische und soziale Standards, für Genehmigungsverfahren etc. niedriger sind als in anderen Ländern, und damit seinen Standortvorteil begründen. Und irgendwie klingt das auch logisch. Jeder hätte Schwierigkeiten, einen möglichen reichen Investor aus Dubai für eine Investition in Deutschland zu gewinnen, indem er ihm ankündigte, dass dort besonders hohe Kosten auf ihn zukämen. Aber das Leben ist in Wirklichkeit komplizierter als diese einfache Logik.

Immer wieder haben die alte und die neue Regierung darauf verwiesen, dass Deutschland »Exportweltmeister« sei. Dies aber bedeutet doch wohl, dass Produkte aus Deutschland weltweit günstig verkauft werden können, was nicht gelänge, wenn die Gesamtkosten der Produktion samt Abgaben und Steuern die Waren in einem solchen Maße verteuerten, dass sie nicht konkurrenzfähig wären. Darüber hinaus ist eine entwickelte Exportwirtschaft nur möglich, wenn die Produkte und die mit ihnen in Zusammenhang stehenden Dienstleistungen von guter Qualität sind, die ihrerseits an bestimmte Voraussetzungen geknüpft ist. Sie erfordert zum Beispiel ein Bildungssystem, das für hoch qualifizierte Belegschaften sorgt. Ein solches Bildungssystem muss finanziert werden, wozu entsprechende Steuern notwendig sind. Qualifizierte Arbeitskräfte müssen auch angemessen bezahlt werden. Eine Flexibilität des Arbeitsmarktes setzt voraus, dass Arbeitnehmerinnen und Arbeitnehmer in Zeiten der Arbeitslosigkeit sozial abgefedert sein müssen. Wer Kriminalität eindämmen will, kann nicht an einer Armut interessiert sein, die zu Verzweiflungstaten führt. All dies kann deshalb auch als Standortvorteil gewertet werden.

Nicht zu unterschätzen ist die Bedeutung einer einigermaßen funktionierenden Justiz in Deutschland, die in der Regel nicht käuflich ist. Und auch der öffentliche Dienst im Ganzen ist trotz erschreckender Ausnahmen zumindest in einem wesentlich geringeren Grade bestechlich, als wir dies von anderen Ländern nicht nur auf anderen Kontinenten kennen. Aber gerade ein unbestechlicher Dienst kostet Geld.

Solche durchaus auch in einer Marktwirtschaft möglichen logischen Überlegungen traten nach 1990 immer weiter in den Hintergrund. Das galt ebenso für andere Funktionen des Staates wie etwa die, Chancengleichheit im Wettbewerb zu sichern, die Qualität von Dienstleistungen und Waren zu gewährleisten, ökologische und soziale Standards zu wahren oder für Gesundheits- und Arbeitsschutz zu sorgen. Immer nachdrücklicher wurde argumentiert, dass die Unternehmen durch eine Fülle bürokratischer Vorschriften stranguliert seien, dass die Entwicklung durch den Staat gehemmt werde.

Tatsächlich gibt es in Deutschland eine unüberschaubare Flut von in unverständlicher Sprache abgefassten Rechtsvorschriften, eines der kompliziertesten Steuersysteme und eine in jeder Hinsicht ausufernde Bürokratie, die nur noch von der der EU übertroffen wird. Aber statt die Entbürokratisierung auf die Tagesordnung zu setzen, hieß das Stichwort Deregulierung, die bedeutet, den gesetzlichen Schutz von Arbeitnehmerinnen und Arbeitnehmern, die Kontrolle über die Einhaltung sozialer und ökologischer Standards, Sicherungen bei der Qualität von Produkten und Dienstleistungen, beim Arbeits- und Gesundheitsschutz abzubauen. Das Ganze läuft bei der F.D.P. unter dem Stichwort »Freiheit«, obwohl es nur die Freiheit weniger auf Kosten vieler bedeutet. Der Ausstieg aus tarifvertraglichen Bindungen, in den neuen Bundesländern gang und gäbe, erhöht nicht die Freiheit von Arbeitnehmerinnen und Arbeitnehmern, Arbeitsverträge abzuschließen, die für sie besonders günstig sind. Die Bindung an Tarifverträge zu umgehen bedeutet in Zeiten der Arbeitslosigkeit nichts anderes, als die Erpressbarkeit von Belegschaften zu erhöhen. Sie müssen mit fast jedem Lohn einverstanden sein, wenn sie ihren Arbeitsplatz nicht verlieren wollen. Was die Strategen der neoliberalen Ideologie von Deregulierung und Sozialabbau verkennen, ist allerdings, dass die Herabsetzung der sozialen Standards, die Minderung der Sicherheit für die Mitglieder einer Gesellschaft einen Beitrag dazu leisten, die Wirtschaft, die Politik, die Gesellschaft eines Landes unberechenbarer zu machen. Man kann dadurch zwar den Profit, insbesondere das »schnelle« Geld, vermehren und Abenteurer anlocken, nicht aber seriöse Investoren, die vor allem eines brauchen: Planungssicherheit.

Die Folge dieser veränderten Politik von CDU/CSU und F.D.P. bestand unter anderem darin, dass die CDU ihren Ruf verlor, im weitesten Sinne auch eine sozialdemokratische Partei zu sein, zumindest ausreichend das sozialdemokratische Element mit zu verkörpern und zu vertreten. In ganz Westeuropa spürten die Menschen, dass die Konservativen nach dem Ende der Auseinandersetzung zwischen den Systemen keine Garantie mehr für eine ausreichende soziale Abfederung boten. Und so wird es erklärlich, dass sich Mehrheiten in den Bevölkerungen in einer Vielzahl europäischer Staaten entschieden, in dieser Zeit das sozialdemokratische Original zu wählen. Selbst auf die Gefahr hin, damit eine geringere ökonomische Kompetenz in Kauf nehmen zu müssen, trat der Wunsch nach einer sozialen Absicherung des europäischen Einigungsprozesses in einer sich ständig stärker globalisierenden Wirtschaftswelt in den Vordergrund. Der Zusammenbruch des sowjetischen Systems hat also nach einer kurzen Übergangsphase dazu geführt, dass die Menschen außerhalb der Sozialdemokratie keine ernst zu nehmende Kraft mehr sahen, die ihnen direkt oder indirekt ausreichende soziale Sicherheit garantiert.

Dies wurde im Wahlkampf 1998 noch dadurch verstärkt, dass die SPD an der von der CDU/CSU und der F.D.P. versuchten

Steuer- und Rentenreform die unsoziale Komponente kritisierte. Oskar Lafontaine wies zum Beispiel immer wieder darauf hin, was es für Millionen Rentnerinnen und Rentner bedeutete, wenn das Rentenniveau – wie von CDU/CSU und F.D.P. vorgesehen – gesenkt würde, nämlich, dass sie unterhalb des Existenzminimums enden und auf Sozialhilfe angewiesen sein würden. Erschreckend ist, dass die heutige Bundesregierung eine drastischere Senkung des Rentenniveaus realisiert, als sie von der alten Bundesregierung vorgesehen war. Die SPD hat sich in ihrem Wahlkampf 1998 aber nicht einseitig der sozialen Fragen im Rahmen der gesellschaftspolitischen Auseinandersetzung angenommen. Sie hat auch versucht, jene zu gewinnen, die in einem Maße von den ökonomischen Entwicklungen profitieren, dass sie höhere Sozialleistungen eher fürchten, weil sie zu Lasten ihrer eigenen Einnahmen gehen könnten. Dieser Teil der Bevölkerung ist nicht unerheblich, und es gilt auch dies zu berücksichtigen, wenn man eine Mehrheit in der Gesellschaft gewinnen will.

Die SPD hatte deshalb im Wahlkampf 1998 zwei Personen nach vorne gestellt, nämlich Gerhard Schröder und Oskar Lafontaine, wobei sich jeder auf bestimmte Wählerschichten konzentrierte. Schröder thematisierte die soziale Frage viel seltener als Lafontaine. Er sprach von der neuen Mitte, von Innovation, von Fortschritt, von Reformen, das heißt, von Bewegungen, die im Zusammenhang mit neuen Technologien und Techniken erforderlich sind, um wirtschaftliche Spitzenpositionen zu halten beziehungsweise einzunehmen. Wie wichtig dennoch die soziale Frage war, kann man auch am relativ schlechten Abschneiden der F.D.P. ablesen, die am stärksten neoliberal ausgerichtet ist.

Es gibt also einen Komplex von Ursachen, der zum Wahlerfolg der SPD beitrug. Und gerade diese Komplexität machte es ihr anschließend so schwer, mit dem Erfolg umzugehen. Sie hatte zwar viele Stimmen hinzugewonnen, aber sie erreichte keine absolute Mehrheit, war also auf einen Koalitionspartner angewiesen.

Ich bin davon überzeugt, dass zumindest Gerhard Schröder

ursprünglich eine Große Koalition mit der CDU/CSU anpeilte. Personell hätte sie lediglich unter der Bedingung gestanden, dass Helmut Kohl ausscheidet, unabhängig davon, welche der Parteien Junior- und welche Seniorpartner einer solchen Koalition geworden wäre. Politisch hätte sie durchaus Sinn gemacht. Eine Bevölkerungsmehrheit für beide Parteien zusammen wäre immer unstrittig gewesen. Gemeinsam wären sie in der Lage gewesen, den Reformstau zügig aufzulösen. Das hätte die CDU/CSU zwar auf ihre Fahnen schreiben können, aber andererseits hätte sie auch zugeben müssen, dass die Reformen nicht ohne Mitwirkung der SPD zustande gekommen wären.

Gerhard Schröders Ziel war und ist es, Deutschland wirtschaftlich voranzubringen. Seiner Überzeugung nach sind deshalb, von kleineren sozialen Korrekturen abgesehen, Reformen erforderlich, die den Standard sozialer Leistungen weniger über den Staat und die Unternehmen als vielmehr in Eigenverantwortung der Betroffenen sichern müssen. Eine Große Koalition hätte ihm garantiert, dass soziale Einschnitte eher der CDU/CSU zugeschrieben worden wären, während die SPD als Kraft dagestanden hätte, die nur, um Schlimmeres zu verhindern, bestimmte Kompromisse eingehen müsse. Es gab darüber hinaus Parteitagsbeschlüsse, die ihm missfielen, zum Beispiel die Forderung nach einer Umlagefinanzierung der Unternehmen zur Sicherung der Ausbildung der Schulabgängerinnen und Schulabgänger. Da CDU und CSU strikt gegen eine solche Regelung sind, hätte sich in einer Koalition mit ihnen auf einfachste Weise vermitteln lassen, weshalb sie nicht durchzusetzen sei. So erklärt sich, weshalb Gerhard Schröder im Wahlkampf immer wieder sagte, er wolle nicht alles anders, vieles aber besser machen als die damalige Bundesregierung. Bei den Wahlen erzielten jedoch einerseits SPD und Grüne einen solchen Stimmenvorsprung und schnitten andererseits CDU/CSU gemeinsam so schlecht ab, dass es keine Rechtfertigung für eine Große Koalition gab. CDU und CSU mussten akzeptieren, dass sie in die Opposition gewählt worden waren.

Die F.D.P. war in ihrer gesamten politischen Ausrichtung noch derart an die CDU/CSU gebunden, dass für die SPD eine Koalition mit ihr zu dieser Zeit nicht in Frage kam. Außerdem war noch nicht entschieden, welcher Kurs sich in der SPD durchsetzen würde, einer, der eher, oder einer, der deutlich weniger zur F.D.P.-Politik passte. Die PDS eignete sich aus vielen Gründen nicht als Partner und wäre mit einer solchen Aufgabe 1998 völlig überfordert gewesen. Es blieb nur die Möglichkeit, mit Bündnis 90/DIE GRÜNEN eine Koalition einzugehen. Das Problem für diese Partei bestand darin, dass sie im Gegensatz zur SPD Stimmen verloren hatte. Wer als Wahlverlierer von der Opposition in das Regierungslager wechselt, hat weder für Koalitionsverhandlungen noch im Regierungsbündnis eine besonders günstige Ausgangsposition. Hinsichtlich der politischen Inhalte, für die Bündnis 90/DIE GRÜNEN stehen und sich im Wahlkampf eingesetzt hatten, konnte die SPD zu Recht darauf verweisen, dass sie 1998 nicht auf mehr, sondern auf weniger Zustimmung als 1994 gestoßen waren. Das Problem in der Bundesregierung waren und sind deshalb nicht die Grünen. Sie haben ein einziges Ziel, nämlich der deutschen Bevölkerung zu beweisen, dass sie in der Lage sind, eine vierjährige Regierungskoalition auf Bundesebene durchzuhalten, und dass sie über ministrable Persönlichkeiten verfügen.

Das Problem für die SPD in der Bundesregierung war und ist sie selbst. Die Grünen taugen als Ausrede nicht. Alles, was nach der Wahl durch Bundeskanzler Schröder geschah und noch geschieht, gilt als von der SPD organisiert und gewollt. Unmittelbar nach der Regierungsbildung zeigte sich nicht nur, dass sie zunächst das Handwerkszeug zum Regieren auf Bundesebene nicht genügend beherrschte. Das war verständlich und ließ sich relativ leicht überwinden. Schwieriger war, dass vorab nicht geklärt wurde, wie die unterschiedlichen Inhalte, für die Schröder und Lafontaine standen, kompatibel in einer gemeinsamen Regierungspolitik werden sollten. Das Spiel mit verteilten Rollen funktioniert im Wahlkampf, aber nicht in einer Regierung.

Sowohl Schröder als auch Lafontaine sind erfahrene, machtbewusste Politiker. Für mich war von Anfang an unklar, wie das funktionieren sollte. Denn der eine wurde Kanzler, der andere blieb Parteivorsitzender. Abgesehen von persönlicher Rivalität bestimmt der Kanzler nach dem Grundgesetz die Richtlinien der Politik, und ein Vorsitzender kann seine Partei nur dann für diese Politik mobilisieren, wenn er von ihr überzeugt ist. Wenn aber faktisch Lafontaine die Richtlinien der Politik bestimmen wollte, was sollte dann die Aufgabe des Bundeskanzlers sein?

Noch vor der Wahl des Bundeskanzlers hatte ich ein Gespräch mit Oskar Lafontaine. Ungefragt riet ich ihm, Fraktionsvorsitzender zu werden. Ich meinte, dass zur Rolle des Parteivorsitzenden die Zuständigkeit für ein Ressort im Bundeskabinett nicht passte, während sie sich mit der Funktion des Fraktionsvorsitzenden, der wie der Parteivorsitzende Generalist sein muss, verbinden ließ. Parteivorsitzender und Fraktionsvorsitzender besitzen eine gewisse Eigenständigkeit, auch gegenüber einer Bundesregierung, die überwiegend von der eigenen Partei gestellt wird. In dem Moment aber, in dem Lafontaine die Zuständigkeit für das wichtigste Ressort im Bundeskabinett – die Finanzpolitik – übernahm, als Parteivorsitzender aber für die Gesamtpolitik verantwortlich blieb, musste sich Schröder eingezwängt fühlen und über kleinere und größere Befreiungsschläge nachdenken. Und das gilt erst recht, wenn die politischen Vorstellungen so verschieden sind, wenn man für so unterschiedliche Wählerschichten Politik machen will.

Natürlich haben beide versucht, das irgendwie miteinander zu verbinden. Es kommt aber immer der Punkt, an dem man sich für die einen oder die gegenteiligen Interessen entscheiden muss. Der Kompromiss kann dann nur darin bestehen, den Ist-Zustand beizubehalten, also weder den einen noch den anderen Interessen nachzugeben. Das aber hätte bedeutet, innerhalb der sozialdemokratisch geführten Bundesregierung den Stillstand zu provozieren und damit das wesentliche Wahlversprechen nicht einzulösen, nämlich für die Auflösung des Reformstaus zu wirken. Lafontaine erklärte mir damals zwar, dass die Personalfragen noch in der Diskussion seien, dass er aber auch niemanden sehe, der das Finanzressort übernehmen und ausfüllen könne. Der heutige Bundesfinanzminister Hans Eichel war damals noch Ministerpräsident und stand nicht zur Verfügung. Auf jeden Fall wurde Lafontaine nicht Fraktionsvorsitzender, sondern Bundesfinanzminister mit einem erheblich erweiterten Zuschnitt der Kompetenzen dieses Ministeriums. So ergab sich die schwierige Konstellation, dass er hinsichtlich der Partei zwar über Schröder stand, ihm aber im Kabinett untergeordnet war, dort jedoch das wichtigste Ressort besetzte. Es entstand nach außen der Eindruck, die Politik der neuen Bundesregierung sei stärker von Lafontaine als von Schröder dominiert.

Im Dezember 1998 verabschiedete die Mehrheit des Bundestages Gesetze, die der Erfüllung von Wahlversprechen Rechnung trugen. Dabei ging es um die Erweiterung des Kündigungsschutzes, die Erhöhung des Kindergeldes, die Aussetzung der noch von der alten Koalition beschlossenen Senkung des Rentenniveaus, die Aufstockung der Lohnfortzahlung im Krankheitsfall und andere Maßnahmen. Diese Gesetze zeigten die Handschrift Lafontaines und deutlich weniger die von Gerhard Schröder. Es kam zu weiteren Initiativen, die alle gleichzeitig angepackt wurden, zum Beispiel die zur Bekämpfung von Scheinselbständigkeit und die zur Sozialverpflichtung im Rahmen von 630-Mark-Jobs. Die Grünen forcierten Fragen der Gewährung einer doppelten Staatsbürgerschaft, des Atomausstiegs, der Einführung einer ökologischen Steuer. Gesetzentwürfe wurden eingebracht und aufgrund handwerklicher Fehler wieder zurückgezogen oder im Gesetzgebungsverfahren vollständig verändert. Die Bundesregierung hinterließ in den ersten Monaten vor allem den Eindruck von Hektik, mangelnder Übersicht, Ungenauigkeit, Überforderung. Schröder hatte darüber hinaus zahlreiche repräsentative Verpflichtungen, war in der Außenpolitik in einem ihm bis dahin völlig unbekannten Maße gefordert, zumal unmittelbar nach der Regierungsübernahme die deutsche Präsidentschaft in der Europäischen Union einsetzte. Als Ministerpräsident und in der Zeit der Opposition im Bundestag hatte er gelernt, Forderungen zu formulieren, auch Versprechungen abzugeben. Nun musste er lernen, wie empfindlich Regierungen anderer europäischer Staaten reagieren konnten, wenn er als Bundeskanzler davon redete, dass Deutschland im Rahmen der Zahlungspflichten in der EU stark zu entlasten sei. Auf diese Regierung stürmte zu viel zu schnell ein, die Zeit, sich untereinander zu verständigen, fehlte, Regierungsmitglieder sprachen mehr mit Medien als miteinander, und die Bevölkerung reagierte entsprechend. Die Angst kippte. Die Leute fürchteten weniger, dass es zu keinen Veränderungen komme, sondern eher, dass es zu viele werden könnten.

CDU und CSU boten ein gänzlich anderes Bild. In souveräner Manier verabschiedete sich Helmut Kohl als Kanzler und als Parteivorsitzender. Wie erwartet, übernahm Wolfgang Schäuble den CDU-Vorsitz und wurde zugleich Oppositionsführer im Bundestag. Zweifellos ist er nicht nur ein beachtlicher Stratege, sondern beherrscht auch das Handwerk des Regierens. Also fiel es ihm nicht schwer, das Unprofessionelle der neuen Bundesregierung immer wieder bloßzustellen. Im hessischen Wahlkampf organisierte er eine Kampagne der CDU/CSU gegen die geplanten Änderungen im Staatsbürgerschaftsrecht. CDU/CSU nutzten die Vorurteile in der Bevölkerung gegenüber Ausländerinnen und Ausländern, behaupteten wahrheitswidrig, dass doppelte Staatsbürgerschaften doppelte Rechte nach sich zögen, und waren so in Hessen erfolgreich. Die Geister, die mit der unseligen Unterschriftenkampagne gegen die doppelte Staatsbürgerschaft gerufen wurden, werden wir noch heute nicht los. Professionell war der Wahlkampf der CDU aber auf jeden Fall insofern, als er sich auf ein wesentliches Thema konzentrierte. Gegen die Gesetze der Bundesregierung vom Dezember 1998 zu polemisieren, das wusste sie, würde ihr keinen Wahlsieg bringen. So falsch ich die Unterschriftenkampagne fand, so wenig überraschte sie mich, denn aus der damaligen Sicht der CDU war ihr Vorgehen logisch.

Unlogisch reagierten nur SPD und Grüne. Sie ließen sich von Anfang an in die Defensive drängen und verteidigten vornehmlich ihr Vorhaben hinsichtlich der doppelten Staatsbürgerschaft. Die Gesetze vom Dezember 1998, die ein Stück mehr soziale Gerechtigkeit gebracht hatten, spielten weder im Wahlkampf der SPD noch von Bündnis 90/DIE GRÜNEN in Hessen eine nennenswerte Rolle. Für mich grenzte das geradezu an politische Dummheit. Die Konstellation wäre für die SPD durchaus günstig gewesen. Alle Dezembergesetze korrigierten Entscheidungen der alten Bundesregierung und waren gegen den Willen von CDU/CSU und F.D.P. verabschiedet worden. Hätte die SPD sie thematisiert, wäre die Bevölkerung in eine andere Alternative geraten. Wer mehr soziale Gerechtigkeit wollte, dem wäre klar geworden, dass er die SPD auch dann wählen müsste, wenn er Vorbehalte gegen die doppelte Staatsbürgerschaft hatte, es sei denn, diese wären so groß gewesen, dass sie beziehungsweise er für die Verhinderung der doppelten Staatsbürgerschaft bereit gewesen wäre, auf Gesetze wie die vom Dezember 1998 zu verzichten.

Aber so wurde der Wahlkampf weder von der SPD noch von Bündnis 90/DIE GRÜNEN geführt. Es gab nach meiner Kenntnis kein einziges Plakat, das auf die Dezembergesetze verwies, was sich letztlich nur dadurch erklären lässt, dass sie nicht dem entsprachen, was Gerhard Schröder und Hans Eichel und die Grünen politisch wollten. Sie hatten dem zugestimmt, weil es im Wahlkampf versprochen worden war und weil Oskar Lafontaine und ein großer Teil der Abgeordneten der SPD-Bundestagsfraktion darauf bestanden. Aber sie glaubten nicht an diese Gesetze, und deshalb brachten sie es nicht über sich, sie in den Mittelpunkt des Wahlkampfes zu stellen. Und Oskar Lafontaine? Er war mit den Auseinandersetzungen in der Bundesregierung, mit seiner eigenen Rolle, mit seinem Ressort so beschäftigt, dass er meines Erachtens der inhaltlichen Ausrichtung des Wahlkampfes der SPD in

Hessen nicht genügend Aufmerksamkeit widmete. Das Ergebnis ist bekannt. Die Grünen mussten einen dramatischen Stimmenverlust hinnehmen, die SPD konnte gegenüber der hessischen Landtagswahl von 1994 sogar leicht zulegen, doch im Vergleich zum Ergebnis bei der Bundestagswahl verlor auch sie. Vor allem aber gewann die CDU deutlich an Stimmen hinzu und konnte mit Roland Koch den neuen Ministerpräsidenten stellen. Die SPD verlor ihre Mehrheit im Bundesrat. Die Stimmung in der Bundesregierung, in der SPD und bei den Grünen wurde immer gereizter.

Gerade wegen der Dezembergesetze fingen die Vertreter der Arbeitgeber- und Wirtschaftsverbände an, nun mit Macht und immer öffentlicher gegen den Kurs der Bundesregierung, insbesondere gegen Oskar Lafontaine, Sturm zu laufen.

Die damaligen Präsidenten der wichtigsten Wirtschaftsverbände, Hans-Olaf Henkel, Dieter Hundt und Hans Peter Stihl, hatten bis dahin eher die Öffentlichkeit gemieden, zumindest Auftritte im Fernsehen. Sie sind keine häufigen Gäste in Talkshows. Das unterscheidet sie deutlich von Gewerkschafts- und Parteifunktionären. Die Wirtschaft braucht die Öffentlichkeit in der Regel nicht. Ihre Macht basiert auf Geld, nicht auf Überzeugungsarbeit. Deshalb kann man bei solchen Verbandspräsidenten und vor allem bei den Vorstandsvorsitzenden großer internationaler und deutscher Konzerne sogar eine gewisse Scheu gegenüber Medien feststellen. Sie werden weder gerne gefragt, noch geben sie gerne Antworten. Wer wirkliche Macht hat und sich keinen Wahlen der Bevölkerung zu stellen braucht, der kann darauf verzichten, einen hohen Bekanntheitsgrad zu besitzen. Aber in dieser Zeit war eine deutliche Verhaltensänderung zu spüren. Nie vorher und nie nachher hat man die Präsidenten Stihl, Hundt und Henkel so häufig in Fernsehtalkshows gesehen. Sie versuchten, die Öffentlichkeit gegen Oskar Lafontaine und die Politik der Bundesregierung einzunehmen. Ihre Drohung war klar und unverhohlen. Entweder dieser Mann geht, verändert zumindest grundsätzlich seine Politik, oder die Unternehmen werden gehen. Natürlich hatten sie das nicht wirklich vor, aber schon mit der Ankündigung kann man Stimmung machen. Geschickt griffen sie weniger den Kanzler als den Bundesfinanzminister an und verstärkten damit den Eindruck in der Öffentlichkeit, dass für die von ihnen kritisierte Politik vornehmlich Lafontaine verantwortlich sei.

Da sich diese Politik in Gesetzen niedergeschlagen hatte, war es für die Medien ein Leichtes, ein Bild zu entwerfen, wonach der Kanzler etwas anderes wolle als geschehe, mithin der heimliche Kanzler, der eigentlich starke Mann des Kabinetts Oskar Lafontaine sei. Gerhard Schröder musste solche Darstellungen als demütigend empfinden. Außerdem stimmte es offensichtlich, dass er von der Politik Lafontaines nicht überzeugt war – was die Kurskorrekturen nach Lafontaines Abgang beweisen.

Im Zusammenhang mit dem Rücktritt von Oskar Lafontaine wurden viele Vorwürfe gegen ihn geäußert. Manche sind berechtigt. Tatsächlich kann zum Beispiel ein Bundesfinanzminister nach dem Grundgesetz nicht zurücktreten. Er muss schon warten, bis ihn der Bundespräsident abberuft. Und vor allem: Der Vorsitzende einer so großen und traditionsreichen Partei wie der SPD kann den Vorsitz nicht niederlegen, ohne sich gegenüber der Mitgliedschaft ausreichend und umfassend zu erklären. Lafontaine aber trat zurück und schwieg mehrere Tage, um dann gegenüber der ARD, nicht gegenüber den Mitgliedern der SPD, eine extrem kurze Erklärung abzugeben, in der er sich über mangelnde Teamarbeit beschwerte. Auf der anderen Seite hatte die Entscheidung Lafontaines aber nicht nur einen politischen und personellen Kern, sondern war doch wohl in erster Linie die persönliche Rücknahme aus dem öffentlichen politischen Geschehen. Wieso wurde diese plötzlich so negativ gewertet, nachdem die Medien ihm bis dahin ein völlig überzogenes Machtstreben vorgeworfen hatten? Passte es ihnen nicht, dass er sich anders verhielt, als sie ihm Monate und Jahre lang unterstellt hatten? Wäre er einen anderen Weg gegangen, hätten sich die meisten Medien bestätigt gefühlt, so aber nahmen sie ihm sein unerwartetes Verhalten übel.

Lafontaine hat mir später versichert, dass er seit langem geplant hatte, nach der Wahl eines sozialdemokratischen Bundespräsidenten, nämlich Johannes Rau, also Ende Mai, Anfang Juni 1999, zurückzutreten. Er wollte den dauerhaften Widerspruch zwischen sich und Schröder auflösen. Dazu gab es ja nur zwei Möglichkeiten. Entweder hätte er versuchen müssen, die SPD gegen den eigenen Kanzler in Stellung zu bringen, um seine eigene Wahl zum Kanzler zu erzwingen, oder er musste zurücktreten. Die erste Variante wäre kaum erfolgreich gewesen, hätte die SPD aber in eine große Krise geführt. Ähnliche Gefahren bestanden bei einem Rücktritt nicht. Ein Mann, der sich in einer solchen Situation für den Rücktritt entscheidet, verdient – so meine ich – auch ein wenig Respekt.

Dennoch glaube ich, dass Lafontaine insofern einen Fehler beging, als er seinen eigenen Fahrplan nicht einhielt, sondern sich aus einer starken momentanen Verärgerung heraus spontan zum Rücktritt entschied. Solche kurzfristig getroffenen, aber in ihrer Konsequenz weit reichenden Entscheidungen im Zorn sind häufig falsch im Leben, auch in der Politik.

Oskar Lafontaine hatte sich, nach dem, was er mir später erzählte, schon darüber geärgert, dass er sich in der Abwehr der vielen Angriffe gegen ihn allein gelassen fühlte. Weder der Bundeskanzler noch Joseph Fischer oder andere hätten ihn unterstützt. Aus dem Bundeskanzleramt seien von dessen damaligem Chef Bodo Hombach zusätzlich immer wieder Meldungen gegen ihn in die Presse lanciert worden. Der in den Medien zitierte Satz von Gerhard Schröder, wonach endlich auch einmal etwas für die Wirtschaft getan werden müsse, hatte ihn offensichtlich besonders verstimmt, weil er alle Vorbehalte gegen ihn bestätigte. Außerdem war er der Meinung, durch den ersten Ansatz in der Steuerreform den Mittelstand um mehrere Milliarden entlastet zu haben. Am Tag des Rücktritts war nach seiner Darstellung das Maß für ihn voll, weil das Kanzleramt der *Bild*-Zeitung zu verstehen gegeben hatte, dass Schröder überlege, wegen der vermeintlich wirtschaftsfeindlichen Politik aus seiner Regierung heraus vom Amt des Bundeskanzlers zurückzutreten. Gleichzeitig wurde ihm die Zeitschrift vorgelegt, in der sich Schröder in teuren Anzügen präsentierte. Über das Erste habe er sich sehr geärgert, es als unbegründeten Angriff auf sich verstanden. Letzteres habe ihm gezeigt, dass dies nicht seine Welt sei. Daraufhin – so sagte er mir – habe er sich entschlossen, die Briefe an den Bundeskanzler, den Bundestagspräsidenten und das Präsidium der SPD abzufassen und nach Hause zu fahren, einfach so.

Als wir uns im Juni 2000 trafen, sagte er mir, dass er insgesamt gar nicht so sehr von Schröder enttäuscht gewesen sei. Er habe ihn gekannt, auch die Konkurrenzsituation, und sich darauf durchaus einstellen können. Allerdings habe er auf eine erträgliche Zusammenarbeit vertraut, zumal klargestellt war, dass nicht er, sondern Gerhard Schröder der Bundeskanzler ist. Die wahre Enttäuschung sei für ihn Joseph Fischer gewesen. Er hätte sich darauf verlassen, durch ihn unterstützt zu werden, zumal dieser gewusst habe, dass Lafontaine viel stärker für eine Koalition mit den Grünen eingetreten war als Schröder. In den Koalitionsverhandlungen habe er mit dafür gesorgt, dass grüne Positionen nicht untergingen. Er glaubte außerdem an eine größere politische Übereinstimmung und persönliche Nähe zwischen beiden. Es gab nach seiner Schilderung aber keine Diskussion im Kabinett, keine öffentliche Attacke gegen ihn, bei der ihm Joseph Fischer zur Seite getreten wäre. Nach meinem Eindruck fühlte er sich im Bundeskabinett isoliert. Da er den Fraktionsvorsitz nicht übernommen hatte, verfügte er über kein Gremium, das zu seiner Mannschaft hätte werden können und in dem ihm Solidarität entgegengebracht worden wäre.

Dass bei seiner Entscheidung der bevorstehende Krieg gegen Jugoslawien eine größere Rolle gespielt hat, wie er einmal öffentlich erklärte, wage ich zu bezweifeln, letztlich beurteilen kann ich es nicht.

Nach einer kurzen Wirrnis in der SPD trat schnell Beruhigung ein. Logisch war, dass jetzt nur noch Gerhard Schröder als SPD-Vorsitzender in Frage kam. Für die SPD hat das zumindest den Vorteil, dass Schröder als Kanzler immer mit bedenken muss, wie er seine Politik der Partei erklärt. Ein durchsetzungsfähiger neuer Generalsekretär war bald gefunden, Franz Müntefering löste Ottmar Schreiner ab. Aus Schröders Sicht war es fast eine ideale Konstellation, dass er den abgewählten hessischen Ministerpräsidenten Hans Eichel, dessen Sparpolitik seinen eigenen politischen Zielen entspricht, zum Bundesfinanzminister berufen konnte. Eichel vermeidet im Unterschied zu Lafontaine die Auseinandersetzungen mit den Wirtschaftsverbänden, Konzernen und Banken.

So sehr ich auch die Politik, die von der Bundesregierung seit dieser Zeit vertreten wird, innerhalb und außerhalb des Bundestages kritisiert habe, muss ich Gerhard Schröder eines lassen: Sie hat Konturen bekommen und er selbst auch. Von handwerklicher Ungenauigkeit, von einem Durcheinander, von Verwirrungen im Gesetzgebungsverfahren kann inzwischen nicht mehr die Rede sein. Auch inhaltlich ist seitdem viel klarer geworden, was Schröder und diese Bundesregierung wollen, egal, wie man dazu steht. Heute würde ihm auch nicht mehr passieren, was ihm Anfang 1999 noch gelang, nämlich die Seele der eigenen Partei zu verletzen. Damals ließ er sich in teuren Anzügen in einer Zeitschrift abbilden. Schröder hat dazugelernt, mit ihm sein gesamtes Kabinett und die beiden Bundestagsfraktionen der Regierungskoalition.

Das gilt auch für das internationale Auftreten des Bundeskanzlers. Überall hat er an Ansehen und Autorität gewonnen. Als Mitglied einer Parlamentariergruppe konnte ich ihn im Oktober 2000 auf einer Nahostreise begleiten. Im autonomen Gebiet Palästinas gab es eine Art neuer Intifada, und die israelische Armee ging dagegen mit aller militärischen Macht vor. Es waren schon mehr als tausend Palästinenser, aber auch Israelis getötet worden. In einem Falle hatten Palästinenser zwei israelische Soldaten als Geiseln genommen und geradezu viehisch ermordet. In dieser gespannten Situation bereiste Gerhard Schröder mehrere arabische Staaten,

Israel und die palästinensischen Autonomiegebiete. Nicht jeder Staatsmann wäre zu einer solchen Reise bereit gewesen, und nicht jedem wäre es gelungen, dabei keinerlei Schaden anzurichten, auch selbst nicht Schaden zu nehmen, sondern die Beziehungen zu allen arabischen Staaten, zu Palästina und zu Israel zu vertiefen. Gewachsene Souveränität muss man ihm einfach zubilligen.

In dem Maße, in dem die Politik Schröders und seiner Regierung klarer wurde, verlor sie aber zunächst an Zustimmung. Während die Gesetze vom Dezember 1998 – wenn auch wenig betont – der SPD bei der Hessenwahl noch Stabilität gebracht hatten, gilt das für die späteren Wahlen nicht mehr. Ob bei der Europawahl, den Wahlen in Thüringen, Sachsen, Brandenburg oder Berlin, die SPD hatte jedes Mal dramatische Verluste zu verzeichnen. Mit ihr verloren regelmäßig auch Bündnis 90/DIE GRÜNEN. Während bei der Europawahl die Frage des Krieges gegen Jugoslawien im Vordergrund gestanden haben mag, galt dies für die späteren Landtagswahlen in weit geringerem Maße. Nach dem Ausstieg Lafontaines konnte Schröder in der Wirtschafts-, Sozial-, Finanz-, Steuer- und Arbeitsmarktpolitik viel deutlicher durchsetzen und vermitteln, was er eigentlich wollte. Mit großer Zustimmung der Wirtschaftsverbände und der Medien stellte er ein grundlegendes Prinzip in den Vordergrund, nämlich den Abbau der jährlichen Neuverschuldung des Bundes.

Ziel ist es, innerhalb einer bestimmten Zeit einen ausgeglichenen Haushalt zu erreichen, das heißt, keine neuen Schulden mehr aufnehmen zu müssen, um den laufenden Haushalt finanzieren zu können. Danach sollen Schritt für Schritt die alten Schulden abgebaut werden, bis der Staat eines Tages schuldenfrei ist. Dieses Ziel ist nicht nur ehrgeizig, sondern verdient auch Unterstützung. Die Bundesrepublik Deutschland ist so hoch verschuldet, dass sie ein Viertel ihrer jährlichen Einnahmen zur Zinstilgung verwenden muss, was zu einer gigantischen sozialen Umverteilung führt. Die Gläubiger des Staates können sich auf den Eingang der Zinsen ebenso verlassen wie auf die Rückzahlung der Kredite. Und mit jeder Zinszahlung werden sie reicher und wächst der Abstand zu den ärmeren Teilen der Bevölkerung. Der Abbau von Staatsverschuldung kann deshalb durchaus als Sozialpolitik verstanden werden. Staatsverschuldung befördert auf ungerechte Weise Reichtum, zumindest so lange, bis ein Staatsbankrott eintritt.

Wenn der Abbau der Neuverschuldung oberstes Prinzip der Politik der heutigen Bundesregierung ist, so bieten sich unterschiedliche Wege an, um dieses Ziel zu erreichen. Man könnte darüber nachdenken, die Verschuldung dadurch zu reduzieren, dass man die Einnahmen des Staates erhöht, ohne die Ausgaben zu erhöhen, was auf eine Anhebung der Steuern und Abgaben hinausliefe. Der zweite Weg wäre die Reduzierung der Staatsausgaben bei gleichbleibenden Abgaben und Steuern. Ein dritter Weg bestünde in der Verbindung dieser beiden Wege, nämlich darin, Steuern und Abgaben zu erhöhen und die Ausgaben des Staates zu reduzieren. Gerhard Schröder, Hans Eichel und die Regierungskoalition gehen – zumindest im Prinzip – einen vierten Weg. Sie wollen die Staatsverschuldung abbauen und dennoch Steuern und Abgaben senken, so dass ihnen keine andere Möglichkeit bleibt, als die Ausgaben des Staates drastisch zu reduzieren. Die Begründung ist relativ einfach. Der Abbau der Verschuldung des Staates ist – wie dargestellt – sinnvoll. Steuern und Abgaben will die Regierung senken, um die Wirtschaft und den Standort Deutschland im Rahmen der weltweiten kapitalistischen Wirtschaftskonkurrenz zu fördern und dadurch Arbeitsplätze zu sichern und zu schaffen. Diese Logik kann man bezweifeln, aber sie klingt zunächst einleuchtend. Sie liegt auch im Interesse sehr einflussreicher Leute in Deutschland und findet deshalb zahlreiche Befürworterinnen und Befürworter.

Der Staat hat unter anderem die Aufgabe, für sozialen Ausgleich zu sorgen. Will er seine Ausgaben drastisch einschränken, hat er dazu weniger Möglichkeiten, als man im ersten Moment glauben mag. Immer, wenn Linke über Ausgabenreduzierung diskutieren, denken sie vor allem an das Geld, das in Rüstung und

Armee oder eine überzogene Bürokratie fließt. Dabei vergessen sie regelmäßig, dass Abrüstung auch Geld kostet. Doch eine Regierung, die wie die deutsche 1999 gerade Krieg geführt hat, kann schlecht gleichzeitig ihren Etat für Rüstung und Streitkräfte verringern. Im Jahr 2000 gab es dennoch eine Reduzierung, sonderlich umfangreich fiel sie allerdings nicht aus. Für das Jahr 2001 werden Rüstungsausgaben wieder erhöht.

Eine zweite Möglichkeit besteht darin, den öffentlichen Dienst wesentlich zu verkleinern, aber auch dort gilt ja der Kündigungsschutz, und zudem stoßen solche Maßnahmen rasch an Grenzen, deren Überschreitung die Funktionsfähigkeit des Staates beeinträchtigen würde. Das ist also kein Weg, auf dem sich schnell sehr viel Geld einsparen ließe. Auswuchs solcher Überlegungen ist, dass Bundesinnenminister Schily bei den Tarifverhandlungen für den öffentlichen Dienst nur minimale Lohnerhöhungen zulässt. Entsprechend niedrig fällt dann auch die Erhöhung der Beamtenbesoldung aus.

Der größte Ausgabenposten des Bundes sind immer noch die Sozialleistungen und waren die Zuschüsse für die Bundesanstalt für Arbeit, das heißt Geld für staatliche Arbeitsbeschaffungsmaßnahmen. Hier setzte nun die Bundesregierung an. Sie beschloss, die Nettolohnanpassung für die Renten zwei Jahre lang ausfallen zu lassen und stattdessen eine Anpassung nach der Inflationsrate durchzuführen. Gleiches galt für die Arbeitslosen- und die Sozialhilfe. Für Bezieherinnen und Bezieher von Arbeitslosenhilfe werden darüber hinaus nur noch minimale Beiträge in die gesetzliche Rentenversicherung eingezahlt, was ebenfalls Milliarden Mark im Jahr einspart. Die Folge davon ist natürlich, dass die Betroffenen im Alter nur noch Anspruch auf sehr viel niedrigere Renten haben werden.

Als sich diese Politik im Frühjahr, Sommer und Herbst des Jahres 1999 immer deutlicher herauskristallisierte, passierte etwas Erstaunliches. Die Bevölkerung erwies sich bei den diversen Wahlen in recht beachtlichen Teilen als resistent nicht nur gegenüber den

Begründungen der Bundesregierung, sondern auch gegenüber den Medien. Kaum eine Zeitung, kaum ein Fernsehsender, kaum eine Rundfunkanstalt hat die Richtung dieser Politik kritisiert, im Gegenteil. Das gilt nicht nur für das breite, zustimmende Medienecho hinsichtlich des Krieges der Nato gegen Jugoslawien, sondern ebenso für die Dreieinigkeit des Abbaus von Staatsverschuldung, Steuerbelastung und Sozialausgaben. Und obwohl das so war, kassierten SPD und Bündnis 90/DIE GRÜNEN eine Wahlniederlage nach der anderen. Die Ostdeutschen erwiesen sich diesbezüglich als besonders widerborstig. Diese Art von Resistenz gegenüber den Rechtfertigungen und Erklärungen der Bundesregierung und der Medien ist nicht nur darauf zurückzuführen, dass viele durch die Einschränkungen von Sozialleistungen selbst betroffen waren oder damit rechneten, eines Tages betroffen zu sein. Offensichtlich gibt es auch ein berechtigtes Misstrauen gegenüber Begründungen, die Sozialabbau legitimieren sollen, und selbst wenn viele Bürgerinnen und Bürger nicht wissen, wie es anders gehen könnte, sind sie dennoch davon überzeugt, dass es anders gehen kann. Sie sehen einfach, wie das Geldvermögen wächst, wie auch der Reichtum in einer Gesellschaft bei einem bestimmten Teil der Bevölkerung ständig zunimmt, und glauben deshalb nicht daran, dass es nur einen einzigen Weg gibt, nämlich gerade bei ihnen einzusparen.

Tatsächlich muss man die Maßnahmen der Bundesregierung anderen Entwicklungen gegenüberstellen. So hatte die alte Bundesregierung die Vermögenssteuer gegen den Willen von SPD und Bündnis 90/DIE GRÜNEN eingestellt, doch als nun SPD und Bündnis 90/DIE GRÜNEN die Mehrheit hatten, wurde sie nicht wieder eingeführt. Von 1980 bis 1999 stiegen die realen Nettolöhne lediglich um 4,3 Prozent, die realen Nettogewinne dagegen um 84,5 Prozent. Der Reallohnanstieg betrug 1999 in Deutschland nur 0,9 Prozent, in Großbritannien 2,2 und in den USA sogar mehr als drei Prozent. Trotz sozialdemokratisch geführter Bundesregierung, trotz viel stärkerer Gewerkschaften im

Vergleich zu den USA und Großbritannien und trotz der Tatsache, dass sowohl Clinton als auch Blair für die neoliberale Ausrichtung ihrer Politik bekannt sind, gab es dort höhere Lohnzuwächse als in Deutschland.

Bundeskanzler Gerhard Schröder hat sich aber nicht beirren lassen. Nach jeder Wahlniederlage erklärte er, er werde seine diesbezügliche Politik nicht korrigieren, und tat es auch nicht. Ich glaube, dass er auch deshalb im Ansehen der Bevölkerung gewonnen hat. Er gilt dadurch als Politiker, der sich von vorübergehenden Niederlagen nicht beeindrucken lässt, der ein Ziel, wenn er es für richtig hält, auch dann anstrebt, wenn ihm dabei Gefolgsleute abhanden kommen. Und wie gesagt, das Ziel, die Staatsverschuldung abzubauen, ist ja nicht nur legitim, sondern auch sozialpolitisch richtig.

Aus meiner Sicht ist es nur falsch, wenn ein Prinzip zum Selbstzweck verkommt, es gibt eben auch noch andere Ziele, die mit bedacht werden müssen. Zu einer Politik des Abbaus der Staatsverschuldung, der Schaffung von Arbeitsplätzen und der Herstellung von mehr sozialer Gerechtigkeit gehört mehr und anderes als die oben beschriebene Dreieinigkeit. So wäre es sicherlich falsch, beliebig Steuern und Abgaben zu erhöhen. Aber könnte es nicht angebracht sein, die Unternehmen stärker nach ihrer wirtschaftlichen Leistungsfähigkeit, Besserverdienende und Reiche mehr entsprechend ihren Einkünften und Vermögen zur Finanzierung des Allgemeinwohls heranzuziehen? Sind nicht die sozialen Unterschiede in Deutschland inzwischen so maßlos geworden, dass es keine nachvollziehbaren Kriterien mehr gibt, nach denen sie sich richten könnten? Mit dem Leistungsprinzip haben die unterschiedlichen Einkommen in Deutschland nichts mehr zu tun. Und für Unternehmen ist die Frage nach dem Zugang zu einem Markt wichtiger als die Frage von Steuern, Abgaben und Löhnen. Der ganze Konjunkturaufschwung in Deutschland hängt damit zusammen, dass der Export boomt, aber das tut er nur, weil durch die Stärke des Dollars und die Schwäche des Euro die Möglichkeit besteht, Produkte im Dollarraum besonders preisgünstig zu verkaufen. Die Schwäche des Euro zieht aber nun die Inflationsgefahr in Europa nach sich. Was wird mit der Politik der Bundesregierung geschehen, wenn der Euro wieder an Stärke gewinnt und die Exporte in den Dollarraum zurückgehen? Eine Stärkung des Binnenmarktes ist bislang nicht erreicht.

Die Arbeitslosigkeit sinkt gegenwärtig aus zwei Gründen. Erstens gehen mehr Menschen in Rente als Arbeit Suchende neu hinzukommen, und zweitens werden in den alten Bundesländern mehr Menschen eingestellt, weil die Exportlage so günstig ist. Gerade diese Arbeitsplätze sind aber in dem Moment gefährdet, in dem der Export aufgrund eines anderen Wechselkurses zwischen Euro und Dollar wieder rückläufig ist. Dann käme es in erster Linie darauf an, dass es der Bundesregierung auch gelungen wäre, den Binnenmarkt anzukurbeln. Das wird aber ohne die Stärkung der Kaufkraft, und das heißt ohne höhere Löhne und Sozialleistungen, nicht gehen.

Besonders gravierend wird sich die von der Bundesregierung durchgesetzte Rentenreform auswirken. Stand in früheren Jahren eine angemessene Altersversorgung im Vordergrund der Diskussion, hat der neoliberale Zeitgeist nunmehr die Belastung der Unternehmen und – wenn auch eingeschränkt – der Arbeitnehmerinnen und Arbeitnehmer durch Beiträge in den Mittelpunkt der Debatten gerückt. Der Gedanke der Solidarität zwischen den Generationen wird mit dem Hinweis auf eine vermeintlich zu hohe Belastung der jüngeren Generation in Frage gestellt, obwohl jede Beschneidung der Altersversorgung nicht nur die gegenwärtigen, sondern auch alle künftigen Renten reduziert. Unsozial ist nicht nur die Senkung des Rentenniveaus, sondern, gesellschaftspolitisch besonders gravierend, auch die faktische Verpflichtung von Arbeitnehmerinnen und Arbeitnehmern, diese Senkung durch eine zusätzliche private Versicherung auszugleichen. An der Finanzierung dieses Ausgleichs werden die Unternehmen künftig nicht mehr beteiligt sein. Damit wird die gesetzliche Rente indirekt zum Teil privatisiert. Staatliche Unterstützungszahlungen für gering Verdienende ändern an dieser Prinzipienverschiebung nichts. Sie beweisen nur, dass die zusätzliche private Versicherung nicht ganz so privat ist, und sie subventionieren private Versicherungsanstalten in einem gigantischen Ausmaß. Meines Erachtens begeht die Sozialdemokratie damit einen gravierenden Fehler. Denn sie eröffnet einen Weg, den sich bislang keine CDU-geführte Regierung zu gehen getraut hatte. Ist dieser Weg einmal beschritten, werden auch CDU-geführte Regierungen ihn fortsetzen. Immer wenn Unternehmen entlastet werden sollen, wird man das Niveau der gesetzlichen Rente reduzieren und stattdessen die Beiträge zu der von den Arbeitnehmerinnen und Arbeitnehmern zu bezahlenden privaten Zusatzversicherung erhöhen. Die SPD kann später solche Schritte im Einzelnen kritisieren, aber nie wieder das Prinzip. Denn es ist von ihr und von niemand anderem eingeführt worden. Damit hat sie einen Prozess eingeleitet, der zum Ausstieg aus der paritätisch finanzierten gesetzlichen Rente führen kann. Sie war nicht bereit, über andere Wege nachzudenken.

Es hätte durchaus die Möglichkeit gegeben, die Lücken in der Finanzierung der gesetzlichen Rente dadurch zu schließen, dass für Besserverdienende die Beitragsgrenze erhöht oder aufgehoben worden wäre, wie das in der Schweiz der Fall ist. Ebenso hätte man beschließen können, angesichts der sinkenden Zahl von abhängig Beschäftigten im Verhältnis zu Menschen, die auf andere Art und Weise ihr Einkommen erzielen, die Beitragspflicht nicht mehr an ein abhängiges Beschäftigungsverhältnis zu binden, sondern Schritt für Schritt dazu überzugehen, dass alle Einwohnerinnen und Einwohner, die ein entsprechendes Einkommen erzielen, beitragspflichtig werden. Auch dieses Prinzip gilt in der Schweiz. Letztlich hätte auch darüber nachgedacht werden können, die paritätische Mitfinanzierung durch die Arbeitgeber anders zu organisieren. Statt sich bei der Bemessung an den von einem Unternehmen gezahlten Bruttolöhnen zu orientieren, könnte auch dessen Bruttowertschöpfung Veranschlagungsgrundlage werden. Dadurch würden die Beiträge der Unternehmen flexibler werden, weil sich eine schwankende Bruttowertschöpfung auf die Höhe ihrer Beitragspflichten auswirkte. Die wirtschaftliche Leistungsfähigkeit – und nicht die Zahl der Beschäftigten und die Höhe der Bruttolöhne – wäre für die Beitragshöhe ausschlaggebend. Arbeitsintensive Unternehmen würden entlastet und Unternehmen mit hohen Gewinnen und geringer Beschäftigtenzahl stärker belastet werden. Für kleinere und mittelständische, aber auch für größere arbeitsintensive Firmen wäre eine solche Reform wirtschaftlich und sinnvoll, und sie würde den veränderten Strukturen der Volkswirtschaft im Vergleich zur Zeit Bismarcks entsprechen. Heute lässt sich nämlich nicht mehr ohne Einschränkung aus der Beschäftigtenzahl und der Höhe der Bruttolöhne auf die wirtschaftliche Leistungsfähigkeit eines Unternehmens schließen. Hinzu kommt, dass die Bedeutung des Finanzkapitals im Verhältnis zu der des Produktionskapitals deutlich zugenommen hat. Die Wertschöpfungsabgabe wirkte dieser Entwicklung entgegen, und für die Unternehmen ergäbe sich auch ein strategischer Vorteil, denn nicht nur sie selbst, sondern auch die Arbeitnehmerinnen und Arbeitnehmer und der Staat hätten ein objektives Interesse daran, dass sie eine hohe Wertschöpfung erzielten.

Aber zu solchen Reformen war die Bundesregierung nicht bereit. Sie leitete stattdessen den partiellen Ausstieg aus der paritätischen Finanzierung der Rentenversicherung ein, und ich bin sicher, dass die Sozialdemokratie diesen Schritt noch bereuen wird.

Vor allem aber gilt: Jede Gesellschaft verträgt soziale Unterschiede nur bis zu einem gewissen Grad. Gleichmacherei ist falsch, doch Maßlosigkeit in den sozialen Unterschieden hat gravierende, letztlich zerstörerisch wirkende Folgen für die Gesellschaft. Es gibt dann nicht mehr eine, sondern mindestens zwei Gesellschaften, zwischen denen keine Gemeinsamkeiten bestehen, nicht einmal mehr Kommunikationsmöglichkeiten.

Damit meine ich nicht die Aufteilung der Gesellschaft in Klassen, wie sie früher von Marxisten beschrieben wurde. Deren Definition bezog sich weniger auf die soziale Frage als auf die Stellung zu Produktionsmitteln. Heute gibt es Selbständige, Freiberufler, Unternehmerinnen und Unternehmer, die weniger verdienen als manche Arbeitnehmerinnen und Arbeitnehmer. Die Grenze verläuft heute an anderer Stelle durch die Gesellschaft. Sie hat damit zu tun, dass die einen immer weniger Zugang zum Erwerb von materiellen Gütern, von Bildung, Kultur, selbst von Gesundheit erhalten, während sich bei den anderen die Zugänge scheinbar endlos erweitern. Spätestens dann kommt auch der Tag, an dem sich technischer und technologischer Fortschritt nur noch für die eine Gruppe auszahlt, während er für die andere gefährlich, bestenfalls bedeutungslos wird.

Solchen Entwicklungen entgegenzuwirken, zumindest davor zu warnen ist die Aufgabe einer linken Opposition. Die PDS kann sie wahrnehmen, hat sie zum Teil schon wahrgenommen und wird sie künftig noch stärker wahrnehmen müssen.

Trotzdem bleibt zu konstatieren, dass es der Bundesregierung gelungen ist, nicht nur den Eindruck des Stillstands zu überwinden, sondern tatsächlich Bewegung in die Gesellschaft zu bringen und damit neue Prozesse und neue Formen von Diskursen einzuleiten. Im Übrigen hat sie sich Freiräume geschaffen, um sich insbesondere im letzten Jahr vor der nächsten Bundestagswahl von einer sozialeren Seite zeigen zu können, was für den nächsten Wahlerfolg nicht ohne Bedeutung sein wird. Das gestiegene Ansehen der Bundesregierung hat aber auch damit zu tun, dass die CDU in die tiefste Krise ihrer Geschichte geriet, worauf ich noch eingehen werde.

Die bisherige Regierungszeit von Gerhard Schröder kann man allerdings nicht behandeln, ohne sich mit dem Krieg der Nato gegen Jugoslawien im Frühjahr 1999 zu befassen, zumal die PDS und ich in besonderer Weise in die Auseinandersetzungen involviert waren.

Kapitel 6

Der Krieg gegen Jugoslawien, mein Treffen mit Milošević

Von allen Ländern, die sich sozialistisch nannten, spielte Jugoslawien immer eine besondere Rolle. Josip Tito war Mitglied des Exekutivkomitees der Kommunistischen Internationale, stand Stalin nahe und leitete während des Zweiten Weltkriegs den kroatischen und serbischen Partisanenkampf gegen die deutsche Besatzungsmacht in Jugoslawien. Er war der einzige osteuropäische kommunistische Führer, der sich zu Lebzeiten Stalins erfolgreich von diesem löste. Stalin blies damals zum Kampf gegen ihn. Alle anderen osteuropäischen Länder und die meisten kommunistischen Parteien distanzierten sich pflichtgemäß von Tito und Jugoslawien, dessen führende Kräfte als Faschisten und Banditen bezeichnet wurden. Hohe Funktionäre anderer kommunistischer Parteien in Osteuropa wurden unter anderem deshalb in Schauprozessen verurteilt, weil sie vermeintlich oder tatsächlich gemeinsame Sache mit Tito gemacht hatten. Als »Titoist« bezeichnet zu werden war in dieser Zeit ein ebenso schwerer Vorwurf wie in früheren Jahrzehnten die Behauptung, man sei Trotzkist. Titoisten, das waren nach stalinscher Lesart zugleich englische und amerikanische Spione, Lakaien des Imperialismus, des Faschismus usw. Es ist geradezu ein Wunder, dass Tito sich halten und seinen eigenen Weg in Jugoslawien beschreiten konnte.

Anfang der sechziger Jahre gelang dem damaligen Partei- und

Regierungschef der UdSSR, Nikita Chruschtschow, wieder eine Annäherung zwischen der Sowjetunion und Jugoslawien, ein Schritt, dem alle anderen osteuropäischen Länder folgten. Chruschtschow brauchte diese Annäherung, weil sich der Konflikt mit der Volksrepublik China erheblich zugespitzt und er Albanien als Bündnispartner verloren hatte. Die kommunistische Weltbewegung begann sich zu spalten. In vielen Ländern teilten sich kommunistische Parteien in solche, die zur Sowjetunion hielten, und andere, die den Lehren Mao Zedongs folgten. Selbst in Westeuropa entstanden etliche maoistische Gruppen. Aber unter den europäischen Staaten hatte China nur einen einzigen Vorposten: Albanien unter Enver Hodscha. Später brachen allerdings auch diese beiden Staaten ihre Beziehungen zueinander ab, und Albanien war fast vollständig isoliert.

Der Bruch zwischen China und der Sowjetunion führte für diese zu einem weltweiten Machtverlust. Das lag nicht nur an Spaltungen von kommunistischen Parteien, darunter so starken wie der Indiens, sondern auch daran, dass Nordkorea und Nordvietnam immer stärker auf ihrer Autonomie gegenüber der UdSSR beharrten. Es war deshalb klar, dass Nikita Chruschtschow ein besonderes Interesse daran hatte, den Einfluss in anderen Ländern zu erweitern. So versuchte er, Kuba an die Sowjetunion zu binden und die Beziehungen zu Jugoslawien zu verbessern.

In allen Phasen der Entwicklung seines Landes ging Tito innen- und außenpolitisch einen eigenständigen Weg. Zwar galten auch in Jugoslawien die Grundzüge des sowjetischen Sozialismusmodells, sodass die kommunistische Partei im Wesentlichen allein die Macht ausübte. Aber es gab auch beachtliche Unterschiede. So setzte Tito nicht in erster Linie auf Staatseigentum, das in den osteuropäischen Ländern Volkseigentum genannt wurde, sondern eher auf Gruppeneigentum. Er versuchte, in den Betrieben eine Art Selbstverwaltung zu organisieren, und ließ von Anfang an, wenn auch eingeschränkt, die Marktgesetze gelten, was allerdings zur Folge hatte, dass es in Jugoslawien im Gegensatz zu den Ländern, die unter sowjetischer Vorherrschaft standen, Arbeitslosigkeit gab. Dafür war aber das Angebot an Waren und Dienstleistungen immer reichhaltiger als in ganz Osteuropa. Tito hatte auch durchgesetzt, dass die jugoslawische Währung frei konvertierbar war. Für DDR-Bürgerinnen und -Bürger bedeutete der Besitz von Dinaren dasselbe wie der von Westmark oder Dollar. Reisefreiheit war unter Tito nie ein Problem, er war geradezu darauf angewiesen, dass Jugoslawen als Gastarbeiterinnen und Gastarbeiter in die Bundesrepublik Deutschland und andere Länder gingen, denn sie stärkten seine Volkswirtschaft und seine Finanzkraft. Auch in Jugoslawien gab es politisches Strafrecht, Zensur und Einschränkungen von Demokratie und politischen Freiheiten, aber all dies war nie so überzogen wie in den anderen osteuropäischen Staaten. Zeitungen waren wesentlich kritischer, literarische Veröffentlichungen freizügiger. Außenpolitisch folgte Tito der Strategie, sich keinem Pakt anzuschließen. Zu keinem Zeitpunkt war Jugoslawien Mitglied des Warschauer Vertrages oder des Rates für Gegenseitige Wirtschaftshilfe (RGW). In den Jahren des Bruches mit der Sowjetunion unterhielt Jugoslawien wesentlich engere Beziehungen zu den USA und den westeuropäischen Staaten als zu den osteuropäischen Ländern. Erst nachdem unter Chruschtschow wieder eine Annäherung erreicht wurde, kann man die Beziehungen Jugoslawiens nach Ost und West als gleichwertig bezeichnen. Das stärkte die Rolle Jugoslawiens in der Bewegung der Nichtpaktgebundenen, und das war wohl auch das Motiv Titos, die Beziehungen zur Sowjetunion und den anderen osteuropäischen Staaten zu normalisieren.

In den Bundestagsdebatten zu Jugoslawien wurde der PDS gelegentlich eine besondere Nähe zur sich sozialistisch nennenden Partei Miloševićs, zu einem vermeintlich sozialistischen Jugoslawien, unterstellt. In Reden wurde nicht selten betont, dass offensichtlich immer noch gute Kontakte aus früherer Zeit bestünden. Solche Vorwürfe resultieren aus blanker historischer Unkenntnis. Für

Bürgerinnen und Bürger der DDR war Jugoslawien fast so unerreichbar wie Frankreich, Großbritannien oder die Bundesrepublik Deutschland. Aus ihrer Sicht gehörte es zum Westen, nicht zum Osten. Die im Prinzip gewährte Reisefreiheit für Bürgerinnen und Bürger der DDR in osteuropäische Länder galt zu keinem Zeitpunkt für Jugoslawien. Das hatte damit zu tun, dass Bürgerinnen und Bürger der DDR, die nach Jugoslawien reisten, jederzeit in die Bundesrepublik Deutschland ausreisen konnten.

Ich erinnere mich noch sehr gut an einen Urlaub, den ich mit Angehörigen und Freunden in Bulgarien verbrachte. Während wir uns dort aufhielten, führte der rumänische Partei- und Staatschef, Nicolae Ceaușescu, eine neue Regelung ein, nach der sämtliche Ausländerinnen und Ausländer an den Tankstellen seines Landes in Devisen bezahlen mussten, was zur Folge hatte, dass DDR-Leute nicht mehr nach Rumänien reisen konnten. Was aber sollte mit jenen wie uns geschehen, die schon mit ihren Pkw in Bulgarien waren und irgendwie durch Rumänien in die DDR zurück mussten? Eigentlich bot es sich geradezu an, mit vollem Tank von der Grenze Bulgariens durch Jugoslawien nach Ungarn zu fahren. Aber dieser Weg blieb verschlossen. Stattdessen verhandelte die DDR so lange mit Rumänien und machte so viele wirtschaftliche Zugeständnisse, bis wir schließlich durch das Land reisen und dabei einmal gegen Zahlung in Mark der DDR, nicht aber in rumänischer Währung, tanken durften.

Die Eigenständigkeit der jugoslawischen Politik und die Sonderstellung in der internationalen Gemeinschaft hatten auch damit zu tun, dass es Tito gelungen war, diesen Vielvölkerstaat zusammenzuhalten, wie er aus dem Ersten und Zweiten Weltkrieg hervorgegangen war. Aus der Zeit Titos sind nur Unruhen seitens der Albaner im Kosovo bekannt, die dazu führten, dass die Autonomie des Kosovo erweitert wurde. Ob man heute mit Kroaten, Serben, Slowenen, Bosniern, Ungarn oder Albanern spricht, die im früheren Jugoslawien gelebt haben, sie alle bestätigen, dass es weder vorher noch nachher ein so friedliches Zusammenleben gegeben hat wie unter Tito. Als Jugoslawien auseinander zu fallen begann, begriff ich, was der damalige französische Präsident François Mitterrand gemeint hatte, als er Ende Dezember 1989 in einem Gespräch mit mir darauf hinwies, dass er befürchte, durch die Vereinigung Deutschlands könnte in Europa ein Zustand wie vor dem Ersten Weltkrieg entstehen. Tatsächlich wandte sich Deutschland 1991 wieder dem alten Verbündeten Kroatien zu, während Frankreich zu dieser Zeit eher zum früheren Verbündeten Serbien hielt. Schon in dieser Zeit wurde deutlich, welchen politischen Einfluss Deutschland inzwischen erlangt hatte. Der damalige Außenminister Hans-Dietrich Genscher konnte sich auch gegenüber Frankreich durchsetzen. Die Bundesrepublik Deutschland hat die Loslösung Sloweniens und Kroatiens so frühzeitig und so intensiv unterstützt, dass ihr allein dadurch eine Mitschuld an mehreren Kriegen zukommt, die inzwischen stattgefunden haben. Deutschland verfolgte hier eine ganz andere Linie als beim Zerfall der Sowjetunion. Dort galt die eiserne Regel, dass eine Republik der ehemaligen Sowjetunion nur dann als eigenständiger Staat anerkannt wird, wenn die Lösung vollständig vollzogen ist und auch Moskau diesbezüglich keine Einwände mehr erhebt. Das galt selbst bei den drei baltischen Republiken Lettland, Litauen und Estland, deren Zugehörigkeit zur Sowjetunion die USA völkerrechtlich nie anerkannt hatten. Aber Jugoslawien war nicht die Sowjetunion. Deutschland leistete es sich, hier aktiv die Loslösungsprozesse zu unterstützen und die – auch internationale – Anerkennung solcher Länder wie Slowenien und Kroatien voranzutreiben, auch wenn im Gefolge dessen militärische Konflikte nicht ausbleiben konnten. Natürlich hatte nicht allein Deutschland dieses Interesse. Auch die USA, Großbritannien und andere westeuropäische Staaten waren am Zerfall Jugoslawiens interessiert. Aber niemand wird leugnen können, dass die deutsche Außenpolitik diesbezüglich an erster Stelle aktiv wurde.

Jugoslawien hatte eine solche politische und wirtschaftliche Macht, dass es der dominierende Faktor in der gesamten Balkanregion geworden wäre. Daran waren weder die Europäische Union noch die Nato interessiert. Das Problem bestand darin, dass in Jugoslawien die Systemfrage keine so gravierende Rolle spielte wie in den anderen osteuropäischen Ländern. In Polen, Ungarn, Rumänien, Bulgarien, der Tschechoslowakei und der DDR sowie in der UdSSR selbst hatte eine Mehrheit der Bevölkerung das sowjetische Sozialismusmodell satt und wollte es überwinden. Dieses Modell war an seinen ökonomischen, politischen und emanzipatorischen Defiziten gescheitert. Mit unterschiedlichen Mitteln und Methoden und in unterschiedlichen Zeiträumen wurde das System in Frage gestellt und überwunden. Überall dominierte anschließend – wenn auch sehr unterschiedlich – die kapitalistische Wirtschaftsordnung. Erst im Laufe der Systemüberwindung stellte sich in der Sowjetunion und in der Tschechoslowakei auch die nationale Frage, die schließlich zum Zerfall dieser beiden Staaten führte. Weder Michail Gorbatschow noch Václav Havel hatten diesen mit ihrer Politik der Reformen und Systemüberwindung angestrebt, aber beiden gelang es nicht, ihn zu verhindern.

Albanien gehörte nicht zum Warschauer Pakt und zum Rat für gegenseitige Wirtschaftshilfe. Dennoch ging es auch hier ausschließlich um die Systemfrage. Obwohl sich das Land unter Enver Hodscha völlig isoliert hatte, war klar, dass eine Abschaffung des dort herrschenden, besonders repressiven Sozialismusmodells erst mit dem Zerfall des Warschauer Vertrages möglich werden würde. Die albanische Bevölkerung erkannte sehr wohl den Zusammenhang zwischen den Erhebungen in Osteuropa und der Chance, das eigene System und die Isolierung Albaniens zu überwinden. Bei all den Veränderungen in Osteuropa ist für mich auch deutlich geworden, dass Blut immer dort floss, wo die Systeme besonders repressiv ausgerichtet waren, so in Albanien und Rumänien.

Jugoslawien hätte unter solchen Umständen der Sonderfall in Europa werden können. Die Systemfrage stellte sich hier am wenigsten. Das politische Modell war nie so repressiv wie in anderen osteuropäischen Ländern, auch ökonomisch stand Jugoslawien besser da. Die Besonderheiten seiner internationalen Beziehungen und seiner Außenpolitik bildeten weitere Voraussetzungen für das Land, einen spezifischen Weg einzuschlagen. Und so war und ist es für mich unentschuldbar, dass Jugoslawien durch den Nationalismus jugoslawischer Politik und den äußeren Druck westlicher Länder über die nationale Frage gesprengt wurde. Ich behaupte, dass es in den USA und in vielen westeuropäischen Ländern, vor allem in Deutschland, Kräfte gab und gibt, die an diesem Zerfall interessiert waren, um ein größeres politisches Gewicht Jugoslawiens zu verhindern. Alle europäischen Staaten sollten sich in die Europäische Union ein- und ihr unterordnen. Für das alte Jugoslawien hätte eine solche Notwendigkeit nicht bestanden.

Die Teilrepubliken Jugoslawiens waren ökonomisch höchst unterschiedlich entwickelt. Als »reichste« galt Slowenien, als »ärmste« Region immer das Kosovo. Daraus ergab sich in der konkreten historischen Situation zu Beginn der neunziger Jahre, dass sich Slowenien ausrechnen konnte, relativ rasch Mitglied der Europäischen Union werden zu können, allerdings nur, wenn es nicht mehr mit den anderen jugoslawischen Teilrepubliken verbunden war. Ähnliches galt für Kroatien, wobei dort noch hinzukam, dass das Land durch seine früheren Verbindungen zu Deutschland eine andere Geschichte hat. In Kroatien gab es einen machtvollen Faschismus, nichts annähernd Gleiches kennt die serbische Geschichte. Die Folge davon war, dass auch der Kroate Tito eine politische und moralische Dominanz Serbiens in Jugoslawien niemals ausschließen konnte und wohl auch nicht wollte. So war es nach jahrzehntelangem friedlichen Zusammenleben möglich, die Völker Jugoslawiens über den Nationalismus einander zu entfremden und sie zu fast jedem Verbrechen gegeneinander anzustiften. Die Helfershelfer in Jugoslawien selbst haben Namen. Vor allem Slobodan Milošević und Franjo Tudjman nutzten und instrumentalisierten den Nationalismus und leisteten jeweils auf ihre Art einen Beitrag zum Zerfall des Landes. Heute ist vergessen, dass beide durch den Westen gefördert wurden, Tudjman vor allem durch Deutschland, Milošević vor allem durch Frankreich und beide letztlich durch die USA bei den Verhandlungen in Dayton.

Dabei wirkte sich aus, dass das staatliche Gefüge nach Titos Tod an Stabilität verloren hatte, und zwar unter anderem deshalb, weil – ein Vermächtnis des gestorbenen Präsidenten – das Staatsoberhaupt jährlich wechselte und reihum von den einzelnen Teilrepubliken gestellt wurde. Dahinter standen mit Sicherheit Überlegungen, die auf Ausgleich hinausliefen. Die Folge aber war, dass jeder Staatspräsident in seiner Amtsperiode die eigene Teilrepublik voranzubringen versuchte und dass größere Teilrepubliken die Zeiten, in denen ihre Geschicke von Vertretern kleinerer Teilrepubliken gelenkt wurden, als demütigend empfanden. Vor allem aber verhinderte dieses System, dass es einen Staatschef gab, der sich längerfristig das Vertrauen der Gesamtbevölkerung erwerben konnte und so integrativ hätte wirken können wie Tito.

Während sich Slowenien als Teilrepublik ohne nennenswerten Widerstand von Jugoslawien trennen konnte, widersetzte sich Milošević, als Kroatien den gleichen Weg gehen wollte. Die kroatischen Streitkräfte unterlagen dem jugoslawischen Militär, sodass die Medien leicht ein Bild zeichnen konnten, wonach Solidarität den Schwächeren, also den Kroaten, gebührte. Die Nato beschloss, Tudjman militärisch auszurüsten, was zur Folge hatte, dass die jugoslawische beziehungsweise serbische Armee der kroatischen nicht mehr gewachsen war. Was Vertreibungen und Morde betraf, so verfuhren die jetzt überlegenen kroatischen Streitkräfte nicht wesentlich zimperlicher als vorher die serbischen, doch in den deutschen Medien galten nun mal die Kroaten als die »Guten« und die Serben als die »Bösen«, und so gut wie niemand wollte sich dieses Bild durcheinander bringen lassen. Nur so ist zu erklären, dass zum Beispiel die Vertreibung von etwa zweihunderttausend Serben aus Kroatien in den Medien und in der offiziellen Politik fast unerwähnt blieb. Und niemand hat je mit ernst zu nehmendem Nachdruck die Rückkehr der serbischen Flüchtlinge in ihre angestammte Heimat in Kroatien gefordert.

Allerdings bestand bei den serbischen Flüchtlingen auch nie die Gefahr, dass sie in nennenswerter Zahl nach Deutschland, Frankreich oder andere europäische Länder fliehen würden. Es war absehbar, dass sie nach Serbien gingen, wo sie noch heute leben. Die albanischen Flüchtlinge aus dem Kosovo wären dagegen ein Problem für viele europäische Staaten geworden, insbesondere auch für Deutschland. Wenn es nur um das Menschenrecht ginge, nicht vertrieben zu werden, dann hätte die Welt auf die Vertreibung der Serben aus Kroatien genauso reagieren müssen wie auf die Vertreibung von Kosovoalbanern aus dem Kosovo. Dass sie es nicht tat, beweist zumindest, wie interessengeleitet und instrumentell der Umgang mit Menschenrechten ist. Wären die Serben aus Kroatien nicht nach Serbien, sondern zum Beispiel nach Deutschland geflüchtet, wäre auch in diesem Fall die Empörung größer gewesen.

Historisch und politisch erstaunlich war noch ein weiterer Umstand. Nachdem sich Kroatien und Serbien bekriegt hatten, nachdem es zu einer Vielzahl von Menschenrechtsverletzungen und Kriegsverbrechen gekommen war und niemand mehr glaubte, dass es zwischen den beiden Republiken noch ein gemeinsames Interesse geben könnte, stellte sich heraus, dass die Erzfeinde Tudjman und Milošević in der Lage waren, sich innerhalb kürzester Zeit gegen die Bosnier zu verbünden. Als diese ihre Unabhängigkeit anstrebten, gefiel das weder den Verantwortlichen in Kroatien noch denen in Serbien, und deshalb führten die Streitkräfte beider Länder Krieg gegen die Bosnier. Nun drohte tatsächlich ein furchtbarer Völkermord, denn Europa wurde insofern ins Mittelalter zurückversetzt, als dieser Krieg auch noch als »heilig« deklariert wurde, nämlich als Kampf des Christentums gegen den Islam, zur Verhinderung einer »Islamisierung« Europas.

Das Kunstgebilde »Bosnien-Herzegowina« ist im Verhandlungswege zustande gekommen, und zwar über die Köpfe seiner Einwohnerinnen und Einwohner hinweg. Der amerikanische Präsident Bill Clinton hat sich diesbezüglich im Wesentlichen mit Slobodan Milošević und Franjo Tudjman in Dayton verständigt und den jugoslawischen Präsidenten nebenbei durch diese Verhandlungen und den Vertragsabschluss geadelt. Mit seiner Instrumentalisierung des Nationalismus hat Milošević unbestreitbar einen wesentlichen Beitrag zum Zerfall Jugoslawiens geleistet. Jeden Krieg hat er verloren, und jedes Mal war Jugoslawien hinterher kleiner als vorher. Solange das so lief, war er im Westen zwar nicht beliebt, aber ein anerkannter Gesprächs- und Verhandlungspartner. Er traf sich mit dem amerikanischen, dem russischen und dem französischen Präsidenten. Kaum ein europäischer Außenminister versäumte es, ihn zu besuchen. Und obwohl seine Politik so erschreckende Konsequenzen für Serbien und ganz Jugoslawien hatte, wurde er bis zum Jahr 2000 bei Wahlen regelmäßig in seinem Amt bestätigt. So war es der deutsche Außenminister Klaus Kinkel, der sein Gespräch mit Milošević in der Öffentlichkeit damit rechtfertigte, dass dieser schließlich von einer Mehrheit der serbischen Bevölkerung gewählt worden sei und er dies zu respektieren habe.

Slobodan Milošević, das habe ich bei meinem Gespräch mit ihm im April 1999 festgestellt, ist weder Sozialist noch Nationalist. Aber er ist in der Lage, sich sowohl des Nationalismus als auch bestimmter sozialistischer Thesen zu bedienen, um die eigene Macht zu sichern. Wie alle Despoten ist er von außen nur begrenzt lenkbar. Wer von sich glaubt, über absolute Macht zu verfügen, bekommt zu sich selbst ein irreales Verhältnis. Alle Despoten von der Art Miloševićs haben sich im Laufe der Geschichte übernommen, litten an Fehleinschätzungen hinsichtlich ihrer Möglichkeiten, glaubten an ihre Unfehlbarkeit und wurden zunehmend jeglicher Beratung unzugänglich. Sie sind schwer zu berechnen, weil sie willkürlich denken und handeln. Mal nutzen sie ihre Macht rigoros, in anderen Fällen verhalten sie sich eher gönnerhaft und scheinbar großzügig, fast niemals folgt der Einsatz von Machtmitteln oder der Verzicht darauf nachvollziehbaren, rationalen Überlegungen. Angesichts der vielen Niederlagen, die Slobodan Milošević hat hinnehmen müssen, hätte er sich niemals so lange halten können, wenn er nicht direkt und indirekt vom Westen über lange Phasen unterstützt worden wäre. Die Leidtragenden des internationalen Machtspiels waren immer die Zivilbevölkerungen in den früheren Teilrepubliken Jugoslawiens.

Im April 1997 reiste ich zum ersten Mal nach Belgrad, traf dort aber mit keinem einzigen Regierungsvertreter zusammen. Abgesehen von einem Gespräch bei der Fraktion der regierenden Sozialistischen Partei des Bundesparlaments besuchte ich nur Vertreterinnen und Vertreter der Opposition. So sprach ich mit dem Vizepräsidenten der Demokratischen Partei (DS), Miodrag Perisić, mit der Vizepräsidentin des Bürgerbundes Serbiens (GSS), Aleksandra Pošarac, sowie dem Präsidenten des Politischen Rates der Serbischen Erneuerungsbewegung (SPO), Professor Milan Božić. Von allen Oppositionspolitikern erfuhr ich das gleiche, nämlich dass der Westen sie im Stich gelassen habe, Milošević für berechenbarer halte und deshalb wieder das offizielle Jugoslawien unterstützen würde. Eine ähnliche Grundhaltung übermittelte mir auch der Fraktionsvorsitzende der Sozialistischen Partei im Bundesparlament. Die großen Anti-Milošević-Demos in Belgrad waren zu dieser Zeit schon wieder deutlich abgeklungen.

Zu Beginn meiner Reise hatte ich vor ausländischen Journalistinnen und Journalisten etwas süffisant erklärt, ich würde in meinen Gesprächen mit offiziellen Vertretern der Sozialistischen Partei darum bitten, dass sich diese in »Nationalistische Partei« umbenenne, damit sie nicht mit uns als demokratische Sozialistinnen und Sozialisten verwechselt werden könne. Irgendeine ausländische Agentur hatte diese Bemerkung in einer Meldung verbreitet, was dazu führte, dass alle meine offiziellen Termine bei Vertreterinnen und Vertretern der Regierung ausfielen und schon gar nicht Slobodan Milošević bereit war, sich mit mir zu treffen. Er sah sowieso keinen Sinn in einem Gespräch mit mir. Für ihn war die PDS eine unbedeutende Partei, er besaß gute offizielle Kontakte zur deutschen Bundesregierung, und ein Treffen mit mir hätte diese Beziehungen beeinträchtigen können. Die PDS und damit auch ich haben Miloševićs Politik immer scharf kritisiert. Das alles geriet auf einmal in Vergessenheit, als es während des Kriegs der Nato gegen Jugoslawien zu meiner zweiten Reise nach Belgrad kam.

1999 hatte sich die Macht Slobodan Miloševićs in jeder Hinsicht stabilisiert. Der Westen hatte seine Unterstützung für die demokratische Opposition fast vollständig eingestellt, und diese war zudem vielfach gespalten. Politiker wie Vuk Drašković pendelten ständig zwischen einer Annäherung an Milošević und einer eigenständigen Rolle hin und her. Einzelne Oppositionspolitiker galten als käuflich. Die einflussreiche serbisch-orthodoxe Kirche unterstützte Milošević. Und doch zeigte sich dieses Jugoslawien eigensinnig. Es war fast das einzige Land Europas, das keine Mitgliedschaft in der Europäischen Union und erst recht nicht in der Nato anstrebte. Milošević betonte immer wieder die Blockfreiheit seines Staates. Er verletzte Menschenrechte und unterdrückte die Opposition, aber diese hatte dennoch, anders als in vergleichbaren diktatorischen Regimen, durchaus Möglichkeiten, sich zu entfalten. So musste auch Milošević akzeptieren, dass die Opposition zum Beispiel bei Kommunalwahlen gewann und den Bürgermeister von Belgrad stellte. Auch setzte sie immer wieder Sender und Zeitungen durch, die allerdings auch immer wieder verboten wurden. Es gab riesige Demonstrationen auf Straßen und Plätzen, die Milošević nicht unterband und wohl auch nicht unterbinden konnte.

Nichts dergleichen passierte zum Beispiel in der DDR, solange Erich Honecker regierte. Kein einziger Sender, keine einzige Zeitung, die auch nur Anlass zu einem Verbot hätten geben können. Und als es zu Massenerhebungen kam, nämlich im Herbst 1989, da war die Systemfrage bereits so verschärft gestellt, dass sie sich in kürzester Zeit auch entschied.

So zweifelhaft die Wahlen in Jugoslawien unter Milošević auch immer gewesen sein mögen, jedes Mal konnte die Opposition daran teilnehmen, was für Diktaturen völlig atypisch ist. Solange in Osteuropa das sowjetische Sozialismusmodell herrschte, gab es niemals Wahlen, die diese Bezeichnung verdient hätten, und in Diktaturen wie die in Lateinamerika, Afrika oder Asien ist solche Mitwirkung von Oppositionellen auch heute ausgeschlossen. Im Vergleich zum heutigen Libyen, zu Afghanistan und vielen anderen Staaten waren die Bedingungen der Diktatur im Restjugoslawien eher moderat. Dennoch wurde sie im Laufe der Jahre durch die westliche Politik und deren Medien in einer Art und Weise dargestellt, als handelte es sich dort um das schlimmste Unrechtssystem, das weltweit existierte und das deshalb besondere Maßnahmen, bis hin zu Bomben, rechtfertigte.

In der Zeit relativer Stabilität besuchte ich zusammen mit einer Delegation Bosnien-Herzegowina. Zwar gab es damals, im April 1997, keinen Krieg mehr, doch die Wunden und Verletzungen saßen, wie ich feststellen konnte, so tief, dass andererseits an einen Frieden noch nicht zu denken war. Dieses Land ist, wie schon erwähnt, ein Kunstgebilde. Die unterschiedlichen Bevölkerungsgruppen wollen nichts miteinander zu tun haben, und auch die vielen internationalen Helferinnen und Helfer, die dort ihr Bestes tun, sind unsicher, wie ein Zusammenleben organisiert werden könnte.

Allerdings sind sie darin immer noch den internationalen Streitkräften weit überlegen, die zwar dafür sorgen, dass kaum noch geschossen wird, aber völlig unfähig sind, ein soziales Gefüge zu installieren. Der heutige außenpolitische Berater Gerhard Schröders, Michael Steiner, war damals als Stellvertreter des Hohen Repräsentanten für den zivilen Wiederaufbau in Bosnien-Herzegowina tätig. Er erklärte mir bei unserem Treffen, dass er in einem Punkt der Argumentation der PDS zustimme. Das Militär, auf das die USA und die Europäische Union in erster Linie gesetzt hätten, könne die Aufgaben, die inzwischen in Bosnien-Herzegowina anstünden, nicht lösen. Mich bestärkte die Reise in der Überzeugung, dass Soldaten grundsätzlich mit einer solchen Mission überfordert sind.

Serbische Regierungsvertreter von Bosnien-Herzegowina, die ich traf, wollten mir ernsthaft weismachen, sie erfüllten eine Kulturaufgabe für ganz Europa, indem sie die Islamisierung des Kontinents zu verhindern versuchten. Ich wandte ein, dass ich es mit der Religionsfreiheit ernst nähme und es mir deshalb völlig egal sei, ob sich jemand zum christlichen, jüdischen oder islamischen Glauben bekenne. Sie erklärten mir daraufhin, Europa sei durch christliche Kultur geprägt und somit gefährdet, wenn sich der Islam dadurch ausbreitete, dass Muslime sich schneller vermehrten als Christen. Ich erwiderte, unter anderem mit dieser Begründung seien über viele Jahrhunderte Juden in Europa verfolgt worden. Daraufhin wichen sie auf das Argument aus, dass es einen spezifischen islamischen Fundamentalismus gebe, und ich entgegnete, dass ich Fundamentalisten jeglicher Glaubensrichtung grundsätzlich ablehnte.

In Gesprächen mit Verantwortlichen der muslimischen Bevölkerungsgruppe wurde mir versichert, sie hätte inzwischen eine europäische Kultur verinnerlicht und deshalb mit Fundamentalisten, wie man sie aus dem Iran und anderen islamischen Ländern kenne, nichts zu tun. Dank der Muslime in Bosnien-Herzegowina habe Europa die Chance, eine Brücke zur islamischen Welt zu bauen und europäische Wertvorstellungen in sie hineinzutragen. Stellten sich die europäischen Staaten jedoch gegen die Muslime in Bosnien-Herzegowina, dann wären sie dafür verantwortlich, wenn der Fundamentalismus eines Tages auch dort Wurzeln schlüge.

Ich war ziemlich entsetzt darüber, dass diese Menschen meinten, mir ihren Wert für Europa begründen zu müssen, und sagte ihnen deshalb, sie bräuchten mich diesbezüglich nicht zu überzeugen, weil ich mir ohnehin ein Europa wünschte, in dem alle Menschen, die dort lebten, gleiche Rechte hätten, unabhängig von ihrem Glauben und ihrer Weltanschauung. Jede Kultur und jede Religion stelle für jeden Kontinent immer auch eine Bereicherung dar.

Die kroatischen Vertreter Bosnien-Herzegowinas argumentierten hinsichtlich ihrer Stellung viel schlichter und pragmatischer. Sie erklärten mir, dass die Muslime unter dem Einfluss Irans und die Serben unter dem Einfluss Restjugoslawiens stünden, während die Kroaten über gute Beziehungen zu Kroatien verfügten. Da Kroatien von der internationalen Staatengemeinschaft wesentlich mehr anerkannt werde als der Iran und Restjugoslawien, sei es doch selbstverständlich, in erster Linie sie zu unterstützen. Auch das lehnte ich natürlich ab. Klar wurde mir aber in all den Gesprächen, dass sich die jeweils Verantwortlichen immer über und gegen ein anderes Land definierten oder versuchten, mit ihm zu drohen. Nur eines konnte ich nicht feststellen, nämlich dass es eine Gemeinsamkeit in Bezug auf Bosnien-Herzegowina gäbe, es sei denn, man sieht als Gemeinsamkeit an, dass alle Verantwortlichen für ihre jeweilige Volksgruppe einen Führungsanspruch geltend machten.

Im Jahre 1999 setzten in Restjugoslawien nach einer Zeit relativer Ruhe neue Spannungen ein, diesmal im Kosovo. 1989 hatte Serbien die Teilautonomie der zu ihr gehörenden Provinz erheblich eingeschränkt, wobei wieder einmal der Nationalismus instrumentalisiert wurde. In seiner berühmt gewordenen Rede auf dem Amselfeld versprach Milošević, die »Unterdrückung« der Serben im Kosovo zu beenden. Das machte ihn in Serbien populär. Nur wurden die Serben im Kosovo nicht wirklich unterdrückt, sie litten im Wesentlichen darunter, dass nicht mehr sie, wie in früheren Jahrhunderten, sondern die Kosovoalbaner die Mehrheit der Bevölkerung stellten. Die Einschränkung der Autonomie des Kosovo hatte zur Folge, dass die Kosovoalbaner in der Pflege ihrer

Kultur, ihrer Sprache und ihrer Traditionen erheblich beeinträchtigt wurden. Ihre Bildungs- und Ausbildungschancen verschlechterten sich gegenüber anderen Bevölkerungsgruppen Jugoslawiens. Eine solche Benachteiligung führt immer zu einem Befreiungswillen, zu dem Wunsch, sich von dem Staat zu lösen, dessen Bevölkerungsmehrheit als dominant empfunden wird.

Trotz guter Ratschläge, übrigens auch aus Moskau, ließ sich Milošević von seiner Kosovopolitik nicht abbringen. Die Folge davon war, dass sich bewaffnete Truppen, die UÇK, bildeten, die für die Unabhängigkeit des Kosovo kämpften. So viel Verständnis ich für die Entwicklung des Freiheitswillens der Kosovoalbaner aufbringe, so wenig billige ich die Methoden dieser Untergrundorganisation oder gar das internationale Vorgehen gegen Jugoslawien. Da die UÇK der jugoslawischen Armee militärisch völlig unterlegen war, versuchte sie, über einzelne Attentate Wirkung zu erzielen. In der ersten Zeit ermordete sie insbesondere Polizisten, und darauf reagiert jeder Staat massiv, so auch der jugoslawische. Die Gewalt eskalierte auf beiden Seiten. Aus der Sicht von Milošević war die UÇK eine terroristische Bande, die es zu vernichten galt. Und niemand kann bestreiten, dass sie Terroranschläge verübte. Dabei ging sie so weit, auch Albaner zu töten, die für den jugoslawischen Staat arbeiteten. Kosovoalbaner waren und sind jugoslawische Staatsbürger, und es ist deshalb ihr Recht, auch im jugoslawischen Staatsdienst einschließlich Polizei und Armee tätig zu sein. Dies als Kollaboration anzusehen, die mit dem Tode bestraft werden müsse, ist verbrecherisch.

Häufig ist der jugoslawischen Armee zu Recht vorgeworfen worden, sie habe bei den Auseinandersetzungen mit der UÇK die Zivilbevölkerung nicht ausreichend geschützt. Wahr ist allerdings auch, dass dies auch für die UÇK gilt. Über Lautsprecher teilte die jugoslawische Armee den Bewohnerinnen und Bewohnern eines Ortes zum Beispiel mit, dass in Kürze ein Einsatz gegen die dort ansässigen UÇK-Truppen stattfinden werde. Die Bevölkerung wurde aufgerufen, sich in Sicherheit zu bringen, woran die UÇK sie hinderte. Auch dadurch sind Zivilisten bei den militärischen Auseinandersetzungen zwischen Armee und Polizei auf der einen und der UÇK auf der anderen Seite ums Leben gekommen.

Die jugoslawische Regierung verfolgte in Bezug auf das Kosovo offensichtlich mehrere Ziele. Einerseits wollte sie die UÇK vernichten, andererseits strebte sie an, dass immer mehr Kosovoalbaner ihre Heimat verließen, um dort schrittweise eine andere Bevölkerungsstruktur zu erreichen. Offensichtlich geschah dies teilweise in Übereinstimmung mit der serbisch-orthodoxen Kirche, deren wichtigste Heiligtümer sich im Kosovo befinden. Bei meinem 1999 geführten Gespräch mit ihrem Patriarchen Pawel in Belgrad stellte ich fest, dass er befürchtete, das Kosovo könnte islamisch werden. Es gelte mit allen Mitteln zu verhindern, erklärte er mir, dass aus den vielen christlichen Heiligtümern Moscheen würden.

Für Deutschland und die anderen europäischen Staaten bestand mithin die Gefahr einer neuen Flüchtlingswelle, und zwar einer, mit der sie es selbst zu tun bekommen hätten. Das sollte unterbunden werden. Die USA wären davon nicht betroffen gewesen, sodass ihr Interesse am Kosovo in dieser Hinsicht gering war. Allerdings war ihnen sehr daran gelegen, ihre eher schwache Position auf dem Balkan auszubauen und die Nato fest in ihre Militärstrategie einzubinden, das heißt, ihr einen anderen als einen militärischen Verteidigungszweck zu geben. Auch Russland war von der Entwicklung in Jugoslawien betroffen. Dabei ging und geht es nicht nur darum, dass sowohl Russen als auch Serben Slawen sind. Vielmehr war Russland eine Art Schutzmacht für Jugoslawien und wollte weltpolitisch unter Beweis stellen, dass sich seine Verbündeten darauf nach wie vor verlassen könnten. Im Übrigen ähnelte Jelzin eher einem Despoten als einem Demokraten. Allein die Tatsache, dass er ein immerhin demokratisch gewähltes Parlament zusammenschießen ließ, belegt, zu welchen Methoden er bereit war, wenn es um die Sicherung seiner Macht ging. Für China schließlich, dessen innere Ordnung von anderen

Ländern stets einer besonderen Kritik unterzogen wird, spielte und spielt die Frage, ob man von außen versuchen darf, die innere Ordnung eines Landes zu verändern, eine entscheidende Rolle für die Gewährleistung seines eigenen Entwicklungsweges. Es gab also höchst unterschiedliche Interessen am Geschehen im Kosovo, die zunächst dazu führten, dass allgemeine Ratlosigkeit und Unentschlossenheit vorherrschen.

Der Sicherheitsrat der Vereinten Nationen hat sich mehrfach mit der Situation in Jugoslawien befasst und immer wieder an die Regierung des Landes und die UÇK appelliert, die bewaffneten Kämpfe einzustellen. Für die deutsche Bundesregierung spielte später das Argument, Jugoslawien habe viele Auflagen des Sicherheitsrates nicht erfüllt, eine große Rolle, wobei unterschlagen wurde, dass dieser zum Beispiel ausdrücklich untersagt hatte, die UÇK zu unterstützen. Das meiste Geld für die UÇK kam aber aus der Schweiz und aus Deutschland von den dort lebenden Albanern. Als ich bei einer Gesprächsrunde des Bundeskanzlers und anderer Regierungsmitglieder mit den Fraktionsvorsitzenden des Bundestages den Außenminister Joseph Fischer fragte, weshalb wir nicht gemäß der Resolution des Sicherheitsrates in der Lage wären, den Geldfluss aus Deutschland an die UÇK zu stoppen, wurde mir erklärt, dass der Regierung dazu die Instrumente fehlten. Ich erwähne dies nur deshalb, weil andererseits Milošević für jede Tat eines serbischen Soldaten oder Polizisten verantwortlich gemacht wurde, egal, ob er darauf im Einzelnen wirklich Einfluss gehabt hat oder nicht. Ich erwähne es, weil viele Staaten die Auflagen des Sicherheitsrates der Vereinten Nationen hinsichtlich Jugoslawiens und speziell des Kosovos nicht eingehalten haben.

Im Jahre 1999 ging die deutsche Bundesregierung noch davon aus, dass im Kosovo vornehmlich eine militärische Auseinandersetzung zwischen der jugoslawischen Armee und Polizei auf der einen und der UÇK auf der anderen Seite stattfinde, dass es keine ausgeprägte Unterdrückung der albanischen Bevölkerung gebe und deshalb zum Beispiel Kosovoalbanern in Deutschland kein Asyl gewährt zu werden brauche. Diese Einschätzung wiederholte sich in jedem Lagebericht des Auswärtigen Amtes, auch nachdem Fischer dessen Leitung übernommen hatte. Auf dieser Grundlage verfügten die Verwaltungs- und Oberverwaltungsgerichte Deutschlands bis zum März 1999 die Abschiebung der Kosovoalbaner in das Kosovo. Dabei ist zu bedenken, dass der Bundestag der dreizehnten Legislaturperiode nach der Wahl des vierzehnten Bundestages im Oktober 1998 noch einmal zusammengetreten war, nur um einen Vorratsbeschluss für ein militärisches Eingreifen gegen Jugoslawien zu fassen. Somit wurden in Deutschland noch zu einer Zeit, in der der Bundestag Jugoslawien bereits die Bombardierung angedroht hatte, Kosovoalbaner mit der Begründung abgeschoben, es gebe im Kosovo lediglich militärische Auseinandersetzungen, denen, wie es in solchen Situationen nicht zu vermeiden sei, zuweilen auch Zivilisten zum Opfer fielen.

Bundesverteidigungsminister Rudolf Scharping und Bundesaußenminister Joseph Fischer sprachen ab Anfang 1999 immer häufiger von Völkermord, unternahmen aber nichts gegen den Rücktransport von Kosovoalbanern in ihre Heimat. Heute werden allerlei Fakten ignoriert. Vergessen ist zum Beispiel, dass eine massenhafte Vertreibung der Kosovoalbaner erst nach dem Beginn der Bombardierung Jugoslawiens einsetzte, weil mit dem Beginn eines Krieges auf allen Seiten nur noch militärische Logik herrscht.

Milošević hatte damit rechnen müssen, dass Natotruppen eines Tages in sein Land einmarschieren würden. In seinem Buch »Mitten im Leben« schreibt Wolfgang Schäuble, nach dem Jugoslawienkrieg habe ihn Joseph Fischer bei einem Essen gefragt, weshalb er so vehement gegen Bodentruppen der Nato im Kosovo aufgetreten sei, deren Einmarsch kurz bevorgestanden habe. Die Befürchtungen Miloševićs waren also nicht abwegig, und ihm war klar, dass sich die Kosovoalbaner in einem solchen Fall zum größten Teil mit den Natotruppen verbünden würden. Mit Beginn der

Bombardierung gab es für ihn also auch einen militärischen Grund, möglichst viele Kosovoalbaner aus dem Kosovo zu vertreiben: Er wollte der UÇK und der Nato Unterstützung entziehen.

Als der Krieg immer näher rückte, nahm auch die Propaganda in Deutschland ein geradezu ungeheuerliches Ausmaß an. Der Krieg sollte der Beendigung beziehungsweise Verhinderung einer »humanitären Katastrophe« dienen. Von Massenhinrichtungen und Massenerschießungen im Kosovo war die Rede. Später haben Uno und OSZE nur eine sehr begrenzte Zahl getöteter Zivilisten im Kosovo ermitteln können. Dabei waren die Umstände im Einzelnen nicht aufzuklären. Handelte es sich um zufällige Opfer militärischer Auseinandersetzungen oder um Opfer verbrecherischer Anschläge? In der im Februar 2001 ausgestrahlten ARD-Sendung »Es begann mit einer Lüge«, produziert vom Westdeutschen Rundfunk, wiesen die Journalisten Jo Angerer und Mathias Werth durch OSZE-Dokumente nach, dass es trotz unbestrittener Menschenrechtsverletzungen keine »humanitäre Katastrophe« im Kosovo gegeben hatte. Der Film belegt unter anderem, dass die von Bundesverteidigungsminister Rudolf Scharping vorgezeigten Bilder eines Massakers unter der Zivilbevölkerung in dem Ort Rugovo manipuliert waren. In Wirklichkeit handelte es sich um während eines Gefechts an verschiedenen Stellen getötete UÇK-Kämpfer, die anschließend zusammengelegt und fotografiert wurden. Ihre Waffen und Uniformen waren auf den Bildern nicht mehr zu sehen. Der Erste am Ort des Geschehens, ein deutscher OSZE-Beobachter, bestätigte in dem Film, er habe Scharping schon damals über den wahren Sachverhalt informiert. Rudolf Scharping sprach während des Krieges auch von einem Stadion im Kosovo, das mit Tausenden verhafteter Kosovoalbaner gefüllt sei. Später stellte sich heraus, dass es ein solches Ereignis nie gegeben hatte. In der *Bild* und in anderen Zeitungen konnte ich von Massenvergewaltigungen albanischer Frauen lesen. Dafür sprach, dass es in den vorangegangenen jugoslawischen Kriegen zu solchen

Verbrechen gekommen war, sodass auch ich zunächst an den Wahrheitsgehalt der Berichte glaubte. Nach dem Krieg berichtete jedoch ein deutscher Arzt, der in den mazedonischen Flüchtlingslagern tätig gewesen war, in der *Frankfurter Rundschau*, er habe bei über einhunderttausend weiblichen Flüchtlingen nicht einen Fall von Vergewaltigung festgestellt, und er halte es deshalb für unwahrscheinlich, dass es sich um ein Massenphänomen gehandelt habe. Ferner erklärte er, er habe diesen Befund schon während des Krieges einer großen Zahl von Journalistinnen und Journalisten mitgeteilt, darunter auch vielen deutschen, ohne dass dies je zu einer Meldung geführt hätte.

Unterdrückten die Redaktionsleitungen solche Nachrichten, oder war das die Schere im Kopf der Journalistinnen und Journalisten? Das Regime Milošević sollte als verbrecherisch dargestellt werden, um den Krieg zu rechtfertigen. Da passten Meldungen nicht, die sich mit den offiziellen Behauptungen nicht vereinbaren ließen. Es gab auch direkte Fälschungen. Gleich zu Beginn des Krieges wurde von allen Fernsehsendern derselbe Film ausgestrahlt. Man sah Flüchtlinge im Schneegestöber, die versuchten, ihrem Leid und Elend zu entfliehen. Aber zu dieser Zeit gab es keinen Schnee im Kosovo. Die Bilder stammten aus einer ganz anderen Zeit und wurden nur eingesetzt, um bestimmte Gefühle bei den Zuschauerinnen und Zuschauern zu erzeugen.

Auch der »Hufeisenplan«, wonach das serbische Innenministerium die massenhafte Vertreibung der Kosovoalbaner schon vor dem Krieg und unabhängig von ihm geplant hatte, stellte sich als Erfindung heraus. Hans-Peter Kirchbach, Generalinspekteur der Bundeswehr, Brigadegeneral Peter Röhrs und Bundesverteidigungsminister Scharping stellten ihn vor. Dieser Plan war jedoch eher im Bundesverteidigungsministerium als irgendwo anders ausgearbeitet worden.

Inzwischen hat der ehemalige Bundeswehrgeneral Heinz Loquai ein Buch veröffentlicht, in dem er versucht, zwischen Dichtung, Fälschung und Wahrheit hinsichtlich der Meldungen vor und während des Krieges zu unterscheiden. Dieses Buch ist mutig, und der Bundeswehrgeneral hat es mit einem Knick in seiner Karriere bezahlt, aber natürlich kommt es ebenso wie die Sendung »Es begann mit einer Lüge« zu spät, um an der damals herrschenden Verunsicherung und Verwirrung nachträglich etwas zu ändern.

Die maßlose Übertreibung bei der Darstellung der Situation im Kosovo, bei der Schilderung von Gewalttaten, auch deren Erfindung, sowie die vorgenommenen Manipulationen und Fälschungen hatten einen einzigen Zweck: die Zustimmung einer breiten Mehrheit der Bevölkerung für einen völkerrechtswidrigen Angriffskrieg zu gewinnen. Deshalb ist die Behauptung richtig, dass im Krieg immer zuerst die Wahrheit stirbt.

Unmittelbar nach dem Massaker von Račak, an dessen Hergang es inzwischen auch erhebliche Zweifel gibt, und der Ausweisung des Verantwortlichen der Organisation für europäische Sicherheit und Zusammenarbeit (OSZE) aus dem Kosovo habe ich einen scharfen Protestbrief an Slobodan Milošević geschrieben, der auch dem Bundeskanzleramt zur Kenntnis gegeben worden ist. Ich protestierte nicht nur gegen das Massaker und die Ausweisung, sondern wies vor allem darauf hin, dass die Gegner eines absehbaren Krieges dadurch in einen unerträglichen politisch-moralischen Konflikt manövriert würden. Der Berater des Bundeskanzlers, Michael Steiner, hat mir noch vor dem Krieg bestätigt, dass dieser Brief das Beste gewesen sei, was er diesbezüglich gelesen habe, zumal eine Regierung sich nie so klar und deutlich ausdrücken könne, wie ich dies getan hätte. Mein Protest entsprach der damaligen Jugoslawienpolitik der PDS und auch meinen Erfahrungen bei meinem ersten, bereits geschilderten Jugoslawienbesuch, dem schlechten Verhältnis der PDS zu den Regierenden in Jugoslawien und speziell meinem schlechten Verhältnis zu dieser Regierung. Dabei ist es wichtig hervorzuheben, dass es zwischen der PDS und der Sozialistischen Partei Jugoslawiens keinerlei offizielle Beziehungen gab. Dieser Brief ist mir übrigens später von linken Kritikern meiner Politik außerhalb der

PDS vorgehalten worden, und zwar dergestalt, dass ich selbst Opfer von Propagandaerfindungen geworden sei, indem ich die veröffentlichte Sicht auf das Massaker von Račak übernommen hätte. Ich denke aber bis heute, dass dieser Brief in seiner Substanz berechtigt war, zumal ich hinsichtlich des Massakers über keine Informationen verfügte, die mich berechtigt hätten, es anders als damals veröffentlicht darzustellen. Er hat es mir im Übrigen später ermöglicht, glaubwürdiger meine Politik gegen den Krieg der Nato in Jugoslawien zu vertreten. Zunächst hatte er aber ganz andere Folgen.

Erstmalig wandte sich der Botschafter Jugoslawiens, Herr Zoran Jeremić, mit einem Antwortbrief an mich. Er wies den Inhalt meines Schreibens zurück, zeigte sich darüber verwundert, dass auch die PDS eine solche Haltung einnehme, und bot mir ein Gespräch an. Ich nahm die Einladung an und verurteilte bei unserem Treffen erneut die Kosovopolitik Miloševićs. Insbesondere fragte ich, weshalb die Aufhebung der Autonomie nicht rückgängig gemacht werden könne. Als Vertreter seiner Regierung musste der Botschafter versuchen, jeden ihrer Schritte zu begründen und zu rechtfertigen. Dennoch verstanden wir uns irgendwie. So fragte er mich unter anderem, ob ich an einen Krieg der Nato gegen Jugoslawien glaubte. Ich sagte ihm, dass ich einen solchen Krieg täglich für wahrscheinlicher hielte, dass ich an ein Ergebnis der Verhandlungen in Rambouillet nicht glaubte, dass die westlichen Regierungen mit ihren Vorratsbeschlüssen und mehrfach ausgesprochenen Bedrohungen sich selbst in eine Situation manövriert hätten, in der sie den Krieg ohne Gesichtsverlust gar nicht mehr vermeiden könnten. Wir verabredeten uns dann zu einem Essen, um ausführlicher miteinander zu reden.

Bei dieser Gelegenheit habe ich den erst später veröffentlichten, von Lothar Bisky und mir entwickelten Kriegsverhinderungsplan erläutert. Dazu muss ich zunächst erklären, dass weder Bisky noch ich so naiv waren zu glauben, wir oder auch die ganze PDS könnten einen solchen Krieg verhindern. Aber wer gegen einen

Krieg ist, muss auch Alternativen anbieten und für diese werben, nicht nur in seinem eigenen Land, sondern überall, wo diesbezüglich Entscheidungen zu treffen sind.

Der Kern unseres Vorschlags bestand darin, dass Jugoslawien selbst über den Sicherheitsrat der Vereinten Nationen UN-Friedenstruppen für das Kosovo anfordern sollte. In einem solchen Fall hätte Milošević Einfluss nehmen können: auf die Herkunftsländer der Soldaten, auf ihre Zahl und Ausrüstung, die Dauer ihres Aufenthaltes etc. Die jugoslawische Regierung hätte damit allerdings eingestehen müssen, dass sie die Situation im Kosovo nicht mehr beherrschte und deshalb die Hilfe einer internationalen Friedenstruppe in Anspruch nehmen musste, um den Schutz der Bevölkerung zu gewährleisten. Die Verantwortung hätte bei der Uno gelegen. Es hätte für Russland und China keinen Grund gegeben, sich einem Einsatz dieser Art zu verweigern. Auch den Natostaaten wäre es schwergefallen, sich gegen ein solches Ersuchen Jugoslawiens zu stellen. Denn wie hätten sie ihren Bürgerinnen und Bürgern erklären sollen, warum sie eine Chance zu einem völkerrechtlich legitimierten internationalen Einsatz von Soldaten zum Schutz der Bevölkerung ausschlugen? Nur, um selbst bombardieren zu können? Ich hoffe, dass sie es nicht einmal gewollt hätten.

Den Botschafter Jugoslawiens konnte ich offensichtlich davon überzeugen. Ich erklärte ihm, dass ich schon im Interesse meiner eigenen Glaubwürdigkeit in Kürze nach Paris, Rom und Moskau reisen würde, um unseren Vorschlag näher zu erläutern. Außerdem wollte ich feststellen, ob es eine Übereinstimmung zwischen der PDS und linken Parteien in den Regierungen Frankreichs und Italiens darüber gab, wie wir uns verhalten sollten, wenn es zum Krieg käme. Mir war klar, dass sie einen Krieg der Nato gegen Jugoslawien ablehnten, aber ich wusste nicht, ob sie in der Regierung bleiben oder in die Opposition gehen wollten, wenn er ausbräche. Ich hätte sie gern davon überzeugt, im Falle eines Krieges die Regierung zu verlassen, was mir aber nicht gelang. Ich war und bin der Meinung, dass man nicht einer Regierung angehören sollte, die einen Krieg führt, den man selbst ablehnt. Schließlich interessierte mich auch, wie weit Moskau im Falle eines Krieges gehen würde, sodass ich auch ein Treffen im Außenministerium vereinbarte. Der stellvertretende PDS-Bundestagsfraktionsvorsitzende Wolfgang Gehrcke fuhr zusätzlich nach Athen, um sich auch über die Haltung der griechischen Regierung zu informieren. Der eigentliche Sinn meiner Reise hätte sich erschlossen, wenn sie in Belgrad geendet hätte, denn alles hing von der jugoslawischen Regierung ab – sie hätte sich bezüglich der UN-Friedenstruppe an den Sicherheitsrat der Vereinten Nationen wenden müssen. Deshalb bat ich den jugoslawischen Botschafter darum, alles Erdenkliche zu unternehmen, um meine Vorstellungen in Belgrad zu erläutern und mir dort Gespräche zu ermöglichen.

Vor Beginn der Reise erläuterte ich meine Idee auch Außenminister Joseph Fischer. Er meinte, ich solle bei einem möglichen Treffen mit dem jugoslawischen Präsidenten in Belgrad nicht nur versuchen, ihn von irgendwelchen UN-Friedenstruppen zu überzeugen, sondern dieser sollte gleich zustimmen, dass die Natosoldaten UN-Helme bekämen. Dies war keineswegs mein Anliegen, aber mir wurde deutlich, dass er nur noch in einer bestimmten Richtung dachte und wie wichtig es in einer solchen Situation wäre, dass sich Jugoslawien mit einem entsprechenden Antrag an den Sicherheitsrat der Vereinten Nationen wendete, aber darauf bestünde, dass die zu entsendenden Soldaten nicht, zumindest nicht überwiegend, aus Natostaaten kämen.

In der Zeit vom 2. bis 6. Februar 1999 reiste ich nach Paris, Rom und Moskau. Während der Reisedauer bemühte sich der jugoslawische Botschafter darum, eine Weiterreise von Moskau nach Belgrad zu ermöglichen. Ich hatte den Eindruck, dass sein Bemühen ernsthaft war, aber sein Einfluss in Belgrad nicht ausreiche. Außerdem war das Verhältnis der Führung der Sozialistischen Partei Jugoslawiens zur Führung der PDS und speziell zu mir viel zu belastet, nämlich durch meine erste Reise 1997 nach Belgrad und durch meine mehrfachen Erklärungen gegen die Politik Miloševićs. Vor allem aber wollte Milošević von UN-Friedenstruppen nichts hören.

In Paris sprach ich mit Verantwortlichen im Außenministerium. Sie wollten mich davon überzeugen, dass die in Kürze beginnenden Verhandlungen in Rambouillet eine reelle Chance hätten, zu einem Vertragsabschluss zu führen. Ich glaubte daran nicht und versuchte ihnen die Gründe für meine Zweifel zu erklären. Unter Kriegsandrohung – so sagte ich – gebe es keine Verhandlungsergebnisse, höchstens Diktate, und Milošević sei nicht der Mann, der sich solchen so ohne weiteres unterwerfe. Mit möglichen Opfern in seiner Bevölkerung sei er nicht zu beeindrucken. Außerdem solle ja auch die UÇK zustimmen, doch gebe es keinen gemeinsamen Nenner zwischen ihr und Milošević. Wir konnten uns diesbezüglich nicht verständigen. Dennoch hielten sie meine Idee nicht für verkehrt und meinten, ich solle versuchen, sie Belgrad nahezubringen. Zu einem eigenen Vorstoß in dieser Sache waren sie allerdings nicht bereit. Im Gespräch mit dem Sekretär des Nationalrates der Französischen Kommunistischen Partei, Robert Hue, stellten wir fest, dass wir darin übereinstimmten, einen Krieg abzulehnen und die Politik Miloševićs scharf zu verurteilen. Ich fragte nach dem Fortbestand der Mitte-links-Regierung in Frankreich im Falle des Krieges. Er antwortete ausweichend, was für mich ein Hinweis war, dass die Parti Communiste Français (PCF) die Koalition nicht aufkündigen würde.

In Italien fanden meine Gespräche auf wesentlich höherer Ebene statt. Ich traf den Ministerpräsidenten Massimo D'Alema, den Parlamentspräsidenten Luciano Volante und den Außenminister Lamberto Dini, ebenso die Vorsitzenden beider kommunistischer Parteien, Armando Cossutta und Faustino Bertinotti. Die Akzente in den Gesprächen waren sehr unterschiedlich. Der Parlamentspräsident versuchte mich davon zu überzeugen, dass es in einer gleichberechtigten Europäischen Union keine Sonderbeziehungen zwischen Deutschland und Frankreich geben dürfe. Über den bevorstehenden Krieg zu sprechen interessierte ihn wenig. Außenminister Dini erklärte mir, es sei auch im Falle des Scheiterns der Verhandlungen von Rambouillet nicht ausgemacht, dass es zu einem Krieg käme. Vielmehr sei ausdrücklich verabredet worden, dass es dann noch einmal einer Beratung der Natoregierungen bedürfe. Das war immerhin eine Information, die uns bei der Runde des Kanzlers mit den Fraktionsvorsitzenden vorenthalten worden war. Denn sowohl Scharping als auch Fischer hatten unmissverständlich erklärt, dass es im Falle des Scheiterns der Verhandlungen von Rambouillet zwingend zu militärischen Maßnahmen kommen würde. Außenminister Dini machte auf mich einen sehr angenehmen Eindruck. Für mich war offenkundig, dass er den Krieg nicht wollte und nur nicht wusste, wie er ihn verhindern könne. Er war äußerst interessiert, wollte umfassend informiert werden und machte sich die Sorgen eines liberalen Intellektuellen, der weiß, was Krieg auf dem europäischen Kontinent bedeutet, zu welchem Ausmaß von Zivilisationszerstörung er regelmäßig führt. Am selben Abend traf ich noch den Ministerpräsidenten D'Alema. Er hatte sich kurz zuvor gegen die Bombardierung des Sudans durch die USA und in früheren Zeiten auch gegen die regelmäßigen Angriffe auf den Irak gewandt. Die US-Regierung hatte ihn deswegen scharf kritisiert und bemerkt, er habe offensichtlich seine kommunistische Vergangenheit noch immer nicht ganz überwunden.

Im Gespräch mit D'Alema wurde mir klar, dass er zumindest meinte, sich einen neuen Affront gegen die USA nicht erlauben zu können. Er setze auf ein so wichtiges Land wie Deutschland, damit man gemeinsam Nein zu diesem Krieg sagen könne. Wenn dies geschähe, wäre mit Sicherheit auch Griechenland dagegen, und die gesamte Front würde bröckeln. Ich teilte ihm meine Einschätzung mit, dass eine solche Reaktion der deutschen Bundesregierung nicht zu erwarten sei. Sowohl Gerhard Schröder als auch Joseph Fischer glaubten meines Erachtens, stellvertretend für die SPD und für Bündnis 90/DIE GRÜNEN Bündnistreue beweisen zu müssen, die in den USA gelegentlich bezweifelt wurde. Schließlich war die Auflösung der Nato, zumindest aber der Austritt Deutschlands aus ihr eine jahrzehntelange Forderung der Grünen gewesen. Eine der ersten Reisen, die Bundeskanzler Gerhard Schröder und Bundesaußenminister Joseph Fischer nach der Regierungsübernahme antraten, führte sie nach Washington. Schon dort hatten sie sich die Zustimmung zum Krieg, die Präsident Bill Clinton und Außenministerin Madeleine Albright geschickt zur Bewährungsprobe für die Bündnistreue beider erklärt hatten, abringen lassen. Ich sagte also offen, bei Helmut Kohl hätte aus meiner Sicht eine Chance für ein deutsches Nein bestanden, zumindest hätte er erheblich gezögert und andere Wege gesucht, doch eine solche Möglichkeit sähe ich bei der gegenwärtigen Regierung nicht.

Wolfgang Gehrcke berichtete mir von seinem Besuch in Athen Ähnliches. Auch dort wolle man zwar diesen Krieg nicht führen, könne aber nicht allein dagegen auftreten. Es bedürfe eines starken Verbündeten wie Deutschland oder Frankreich. Von deren Regierungen war aber ein Nein nicht zu erwarten.

Ministerpräsident D'Alema unterstützte auch meinen Vorschlag, den ich in Belgrad unterbreiten wollte. Für den Fall, dass Jugoslawien einen solchen Antrag an den Sicherheitsrat der Vereinten Nationen stellte, sehe er Chancen, den Krieg abzuwenden. Armando Cossutta wollte sich für seine Partei ebenso wenig wie Robert Hue für die PCF festlegen, ob sie im Falle des Krieges aus der Regierung ausschiede. Faustino Bertinotti, dessen Kommunistische Partei nicht an der Regierung beteiligt war brachte mir gegenüber seine Überzeugung zum Ausdruck, dass sich weder die Französische Kommunistische Partei noch die Kommunistische Partei Cossuttas zu diesem Schritt entschließen würden, wenn es zum Krieg käme. Er sollte Recht behalten.

In Moskau sprach ich nicht nur mit dem Parlamentspräsidenten Gennadij Selesnjow, dem Vorsitzenden des Auswärtigen Ausschusses Wladimir Lukin und dem Vorsitzenden der Kommunistischen Partei Gennadij Sjuganow, sondern auch mit dem Ersten Stellvertretenden Außenminister, Wladimir Awdejew. Wir führten ein langes Gespräch über die Situation in Europa, die bevorstehenden Verhandlungen von Rambouillet und einen möglichen Krieg gegen Jugoslawien. Dabei wurde mir der Ernst der Lage sehr bewusst. Russland suchte eine immer stärkere Anbindung an den Westen, konnte aber im Falle von Jugoslawien die Politik der Nato und der EU nicht unterstützen. Awdejew brachte mir gegenüber seine Distanz zu Milošević zum Ausdruck, erklärte aber andererseits, welche Beeinträchtigung des Verhältnisses zwischen Russland und dem Westen im Kriegsfalle entstünde. Ein Krieg gegen Jugoslawien wäre der russischen Bevölkerung niemals zu vermitteln. In gewisser Hinsicht entschiede sich in diesem Zusammenhang, ob Russland überhaupt noch als Schutzmacht tauge. Wenn er es auch nicht so direkt ausdrückte, mir wurde klar, dass im Falle des Krieges die militärische Führung Russlands eine völlig andere Stellung bekäme. Russland würde nur dann als ständiges Mitglied des Sicherheitsrates der Vereinten Nationen und damit als Weltmacht ernst genommen, wenn es seine frühere militärische Stärke zurückgewänne. Galt also bis zu diesem Zeitpunkt das Primat der Politik, bestand die Gefahr, dass im Falle eines Krieges in Russland das Primat des Militärs einzog, eine Gefahr, die dann später im Tschetschenienkrieg bittere Realität wurde.

Fast beiläufig bat mich Awdejew darum, mich in Deutschland für ein besseres Verhältnis Deutschlands zu Weißrussland einzusetzen, wo ebenfalls ein Despot herrscht, Alexander Lukaschenko. Von allen ehemaligen Staaten der Sowjetunion unterhält Weißrussland die engsten Beziehungen zu Russland, zugleich aber auch zu Milošević. Auch deshalb musste die russische Regierung in der Jugoslawienfrage sehr vorsichtig taktieren, denn den Verbündeten Belorussland wollte sie keinesfalls verlieren.

Auch Awdejew begrüßte die Idee, dass auf Vorschlag der jugoslawischen Regierung UN-Friedenstruppen in den Kosovo geschickt werden, um eine weitere Eskalation zu verhindern. Jugoslowiens Souveränität stünde in einem solchen Fall nicht in Frage.

Dann erhielt ich einen ziemlich verzweifelten Anruf des jugoslawischen Botschafters in Deutschland. Er erklärte mir, er habe versucht, Belgrad meinen Vorschlag zu vermitteln, könne sich aber nicht durchsetzen, und niemand in der Regierung oder im Außenministerium sei bereit, mich zu empfangen, schon gar nicht Präsident Milošević. Ich flog deshalb von Moskau nach Berlin zurück und sagte mir: Immerhin, du hast es versucht. Ich war jetzt davon überzeugt, dass es zum Krieg kommen würde.

Es dauerte auch nicht lange, bis die Verhandlungen in Rambouillet scheiterten. Dem Kosovo sollte zwar eine weitgehende Autonomie zugebilligt werden, die eine spätere Loslösung möglich erscheinen ließ. Die militärische Hoheit über Jugoslawien sollte faktisch auf die Nato übergehen. Zunächst wollte die albanische Seite diesem Plan ebenso wenig zustimmen wie die serbische. Nachdem aber klar war, dass die serbische Seite bei ihrer ablehnenden Haltung bleiben würde, erklärten sich die albanischen Vertreter doch einverstanden. Meines Erachtens hat ihnen Madeleine Albright erklärt, der Krieg der Nato könne nur geführt werden, wenn sie Ja sagten, denn lehnten beide Seiten den Vertrag ab, könne man es auch nicht nur einer anlasten. Ich glaube nach wie vor, dass die Bereitschaft der Albaner, den Vertrag zu unterschreiben, der Kriegsvorbereitung diente. Sie verließen sich darauf, dass Milošević nicht unterschrieb. Später gab es dann viele Diskussionen um den so genannten Appendix B, den militärischen Teil des Vertragsentwurfes. Kein Präsident eines Landes hätte diesen je unterschrieben. Er war so ausgearbeitet worden, wie er für Bosnien-Herzegowina gilt. Das aber hätte bedeutet, dass die Nato (nicht etwa die Uno) in ganz Jugoslawien hätte einrücken dürfen, nicht nur im Kosovo. Sie hätte jedes Gebiet für sich in Anspruch nehmen dürfen, und jeder Nato-Soldat hätte darüber hinaus vollständige Immunität genossen. Es war völlig klar, dass Milošević nicht der Besetzung seines gesamten Landes zustimmen konnte. Zudem ist er während der Rambouillet-Verhandlungen stets davon ausgegangen, dass der Sicherheitsrat der Vereinten Nationen keinen – und schon gar nicht von der Nato geführten – UN-Kampfeinsatz beschließen würde. Sowohl Russland als auch China hätten von ihrem Vetorecht Gebrauch gemacht. Damit war ein militärischer Eingriff gemäß der Charta der Vereinten Nationen nicht möglich.

In der ersten Runde beim Bundeskanzler mit den Fraktionsvorsitzenden, bei der ich anwesend war, hatte Außenminister Joseph Fischer noch Wert darauf gelegt, dass es militärische Maßnahmen nur in Übereinstimmung mit dem Völkerrecht geben dürfe. Davon war inzwischen keine Rede mehr.

Am 24. September 2000 nahm ich an einer Podiumsdiskussion in Potsdam teil, zu der der ehemalige Vizepräsident des Bundesverfassungsgerichtes, Ernst-Gottfried Mahrenholz, eingeladen hatte. Es ging um die rechtliche Bewertung des Krieges gegen Jugoslawien. Auf dem Podium saß auch die parlamentarische Staatssekretärin im Bundesverteidigungsministerium, Brigitte Schulte von der SPD. Sie wurde von einem Teilnehmer gefragt, warum kein Staat die UN-Vollversammlung zur Unterstützung des militärischen Einschreitens gegen Jugoslawien angerufen habe, was die Charta der Vereinten Nationen ermögliche, wenn ein diesbezüglicher Beschluss des Sicherheitsrates nicht zu erwirken sei. Sie antwortete, die Natoregierungen hätten dies überlegt, aber wieder verworfen, weil es in der Vollversammlung mit Sicherheit keine Mehrheit für das Nato-Vorhaben gegeben hätte. Die Mehrheit der Staaten der Erde – so führte sie weiter aus – sei nicht demokratisch organisiert. Das aber bedeutet, dass die Regierungen der Nato-Staaten bewusst gegen den Willen der Mehrheit der Staaten handelten. Es bedeutet ferner, dass sie ein Demokratieverständnis haben, dem zufolge man zuständige Gremien nicht befragt, wenn man keine Mehrheit zu erwarten hat, sondern dann lieber eigenmächtig und rechtswidrig handelt. Und es bedeutet letztlich, dass sie der Meinung waren, nur demokratische Staaten seien für diesen Krieg, undemokratische gegen ihn gewesen, Letztere aber bildeten die Mehrheit in der Uno.

Mit Beginn des Krieges wurden von verschiedenen Seiten die abenteuerlichsten juristischen Argumentationen vorgebracht, um die Verletzung des Völkerrechts zu kaschieren oder zu rechtfertigen. Das erste Argument hieß »Nothilfe« und wurde auch vom damaligen Bundespräsidenten und früheren Vizepräsidenten des Bundesverfassungsgerichtes Roman Herzog benutzt. Nun ist aber die Nothilfe in der Charta der Vereinten Nationen eindeutig geregelt. Sie besteht zum einen in einem Selbstverteidigungsrecht von Staaten, wenn sie militärisch überfallen werden. Ein solcher Fall lag zweifellos nicht vor, denn Jugoslawien hatte keinen einzigen der Staaten angegriffen, die das Land bombardierten. Und auch der zweite Nothilfefall ist in der Charta genau festgelegt. Danach kann der Sicherheitsrat – und nur der Sicherheitsrat – bei Bedrohung oder Verletzung des Friedens, also in »Nothilfe«, militärische Maßnahmen beschließen. Es handelt sich um eine ähnliche Regelung wie im innerstaatlichen Strafrecht, das ebenfalls Rechtfertigungsgründe für eine Gewaltanwendung zulässt, zum Beispiel die Notwehr. Liegt sie nicht vor, kann sich niemand auf eine nicht geregelte »Nothilfe« stützen, um eine von ihm begangene Gewalttat zu rechtfertigen.

Das zweite Argument, das Leute, die den Krieg befürworten, zuweilen verwendeten, fand ich allerdings noch abwegiger. Das Völkerrecht, erklärte sie, müsse ständig weiterentwickelt werden, und das sei in seiner Geschichte immer dadurch geschehen, dass es verletzt worden sei. Das ist zwar richtig und gilt selbst für innerstaatliches Recht. Erst durch Rechtsverletzungen wird gelegentlich deutlich, dass Recht weiterentwickelt werden muss. Aber noch nie habe ich erlebt, dass man die Verletzung geltenden Rechts damit begründet, es weiterentwickeln zu wollen. Mit diesem Argument könnte sich jeder Staat jederzeit über das Völkerrecht hinwegsetzen. Tatsächlich zeigte sich schon kurz nach Beginn des Krieges, dass die Nato das in der Charta der Vereinten Nationen geregelte Gewaltmonopol des Sicherheitsrates der Vereinten Nationen künftig nicht mehr uneingeschränkt akzeptieren will. Diese neue Strategie lässt sich etwa folgendermaßen zusammenfassen: Halten die Nato-Staaten irgendwo auf der Welt ein militärisches Eingreifen für erforderlich, fragen sie den Sicherheitsrat, ob er ihnen dazu in Übereinstimmung mit der Charta der Vereinten Nationen die Genehmigung erteilt. Tut er dies, ist es gut. Lehnt er eine Zustimmung ab, berät die Nato erneut, ob sie dennoch militärisch interveniert. Das Vetorecht der beiden nicht der Nato angehörenden ständigen Mitglieder des Sicherheitsrates, das heißt Russlands und Chinas, wird damit zur Makulatur erklärt. Denn ihnen wird unmissverständlich mitgeteilt, dass sie entweder zustimmen können oder ihr Nein nicht sonderlich interessiert. Natürlich kämpfen Russland und China nun noch beherzter um ihre Stellung als ständige Mitglieder des Sicherheitsrates, befinden sich aber zugleich in einem ständigen Interessenkonflikt, weil sie wirtschaftlich auf die USA und die westliche Welt angewiesen sind. Von dort beziehen sie ihre Kredite. Auf der anderen Seite müssen sie auf ihre Souveränität, ihre Stellung in der Welt pochen. Und deshalb ist der Kampf um die Entmachtung des Sicherheitsrates der Vereinten Nationen noch nicht abgeschlossen.

An dieser Stelle wird vielleicht verständlich, weshalb ich mich so darüber geärgert habe, dass der Bundesparteitag der PDS in Münster im April 2000 beschlossen hat, nicht einmal im Einzelfall Militärbeschlüsse des Sicherheitsrates zu prüfen, sondern sie ausnahmslos abzulehnen. Denn das bedeutet, wenn auch mit anderer Begründung, nichts anderes, als ebenfalls das Gewaltmonopol des Sicherheitsrates abzulehnen. Wer dieses aber ablehnt, muss wissen, dass andere es ausüben werden.

Nachdem die Verhandlungen von Rambouillet gescheitert waren, begann der Krieg. Er begann an einem Mittwoch. Am nächsten Tag wollte der Bundestag über BAföG-Regelungen als ersten Tagesordnungspunkt debattieren. Der Bundeskanzler und der

Bundesaußenminister waren nicht anwesend, aber Bundesverteidigungsminister Scharping saß im Plenum. Ich begründete zu Beginn der Sitzung einen Antrag der PDS-Fraktion, die Tagesordnung zu ergänzen. Es sei undenkbar, sagte ich, dass der Bundestag über BAföG-Regelungen streite, während sich Deutschland seit dem gestrigen Abend zum ersten Mal seit 1945 wieder an einem Krieg beteilige. Vorher war uns signalisiert worden, dass die übrigen Fraktionen unseren Antrag, die Situation in Jugoslawien auf die Tagesordnung zu setzen, ablehnen würden. Erst am nächsten Tag sollte – wie es hieß, auf Wunsch von Joseph Fischer – über den Krieg diskutiert werden, wenn er selbst wieder anwesend war.

Kurz nach mir sprach Christian Ströbele von der Fraktion Bündnis 90/DIE GRÜNEN und erklärte, wie grauenhaft er es finde, dass wieder deutsche Bomben auf Belgrad fielen. Er erinnerte an die schweren Verbrechen der Wehrmacht und der SS gerade im früheren Jugoslawien. Daraufhin ergriff Rudolf Scharping das Wort, wodurch ohne Abstimmung eine Debatte zustande kam, ich glaube, ein einmaliger Vorgang im Deutschen Bundestag. Ich erhielt noch einmal die Gelegenheit, nunmehr nicht zur Geschäftsordnung, sondern zur Sache zu sprechen, was ich auch tat.

Ich erklärte, es handle sich um einen völkerrechtswidrigen Angriffskrieg, und allein das sei schon unerträglich. Es gebe nicht wenige Völkerrechtlerinnen und Völkerrechtler, die meine Auffassung teilten. Auch hielte ich sämtliche Kriegsziele für unerreichbar und deren Begründung für absurd. Zunächst sei zu bezweifeln, dass man mittels Bomben Menschenrechte durchsetzen könne. Außerdem, behauptete ich, werde das Leiden der Kosovoalbaner sich nicht verringern, sondern zunehmen; jetzt erst sei mit ihrer massenhaften Vertreibung zu rechnen, und dabei werde niemand mehr unterscheiden können, ob sie vor Bomben oder vor serbischer Armee und Polizei flüchteten. Rudolf Scharping hatte in seiner Rede behauptet, man könne davon ausgehen, dass Milošević innerhalb weniger Tage den Vertragsentwurf von Rambouillet unterschreibe und damit der Krieg beendet sei. Auch diese Einschätzung bezweifelte ich. Scharping selbst hatte Milošević zu einer Art irrationalem Verbrecher erklärt, und ich fragte ihn, weshalb sich denn dieser dann so verhalten solle, wie er es behauptete. Im Gegenteil, gerade mit der Bombardierung sei eine Unterzeichnung fast unmöglich geworden, denn wie sollte er seiner Bevölkerung gegenüber die Hinnahme der Bombardierungen rechtfertigen, wenn er nach wenigen Tagen etwas unterschriebe, was er auch ohne Bomben hätte unterschreiben können. An diesem Tag war übrigens der Appendix B des Vertragsentwurfes von Rambouillet noch nicht bekannt, sodass auch ich noch nicht wusste, dass dieser Vertragsentwurf nicht unterschriftsfähig war. Die Debatte war hitzig und angespannt, aber noch nicht so aggressiv wie spätere Diskussionen über dasselbe Thema.

Die Medien berichteten jeden Tag über den Krieg, und es wurde nach wie vor ein Schicksal der Kosovoalbaner geschildert, das die Bevölkerung davon überzeugen sollte, dass die Nato richtig handelte, indem sie versuchte, einem unerträglichen Diktator das Handwerk zu legen. Im Laufe des Krieges sollte sich das Medienbild ein wenig ändern. Die Nato bombardierte Jugoslawien wesentlich länger als ursprünglich geplant. Die Präzisionswaffen gingen aus. Immer häufiger wurden Zivilisten getroffen, in einem Fall eine Eisenbahn, in einem anderen Fall ein Flüchtlingstreck mit Kosovoalbanern, in einem dritten Fall ein Krankenhaus usw. Es war auch klar, dass durch die Bombardierung von Elektrizitäts- und Heizkraftwerken die Not der Bevölkerung erhöht wurde. Die Hoffnung, dass sie deshalb den Aufstand gegen Milošević wagen würde, war völlig unrealistisch. Eine solche Situation schweißt ein Volk mit seiner Führung – und sei sie noch so despotisch – zusammen und macht die Opposition handlungsunfähig. Wäre sie in dieser Zeit gegen Milošević aktiv geworden, hätte sie sich in den Augen der Bevölkerung an die Seite derjenigen gestellt, die die Bomben warfen. Der Krieg hat die Stellung Miloševićs in Jugoslawien zunächst stabilisiert. Zu einem Aufstand gegen ihn kam es erst im Oktober 2000, nachdem er die von ihm selbst angesetzten

Präsidentschaftswahlen verloren hatte und das Ergebnis nicht anerkennen wollte. Aber zu dieser Zeit fielen eben keine Bomben auf das Land. Wäre dies der Fall gewesen, hätten die Jugoslawen Milošević auch nicht abgewählt.

Die Stimmung in der deutschen Bevölkerung war ambivalent. Viele Menschen waren instinktiv gegen den Krieg, glaubten aber der offiziellen Darstellung, es habe keine andere Möglichkeit gegeben. Einen Despoten müsse man eben notfalls durch Bomben zur Räson bringen, meinten sie. Im Deutschen Bundestag stimmte nur die PDS-Fraktion gegen den Krieg. Was sollte an einem Krieg falsch sein, den nicht nur CDU/CSU und F.D.P., sondern auch SPD und Bündnis 90/DIE GRÜNEN befürworteten? Die Kirchen waren ebenso gespalten wie die Gewerkschaften, und der Einfluss der PDS reichte niemals aus, um eine gesamtgesellschaftliche Stimmung zu kippen. Umso bemerkenswerter fand ich es, dass unsere Haltung den anderen Fraktionen ein Dorn im Auge war. Sie störte sie so sehr, dass sie vielleicht erstmalig wünschten, wir stimmten mit ihnen überein, sprächen uns also ebenfalls für den Krieg aus. Für mich verbirgt sich dahinter ein merkwürdiges Demokratieverständnis. Denn wenn die Umfragen stimmten, waren die meisten Ostdeutschen, aber auch eine beachtliche Minderheit in Westdeutschland immer gegen den Krieg. Hätte auch die PDS-Bundestagsfraktion den Krieg befürwortet, wären vierzig Prozent der Bevölkerung in einer so wichtigen Frage mit ihrer Einstellung im Bundestag überhaupt nicht vertreten gewesen, was einen Ausfall der repräsentativen Demokratie bedeutet hätte.

Im Laufe des Krieges nahmen die Argumente zu seiner Rechtfertigung immer abstrusere Formen an, während andere bereits Schritt für Schritt widerlegt wurden. So stellte sich heraus, dass die Berichte über Masseninternierungen im Stadion – was ja doch irgendwie an Praktiken des chilenischen Diktators Pinochet erinnern sollte – frei erfunden waren. Noch mehr wunderten sich die Leute, als zwei Wochen nach Beginn der Bombardierung die Europäische Union weitere Sanktionen gegen Jugoslawien beschloss, indem sie zum Beispiel bestimmte Konten sperrte etc. Man fragte sich natürlich, weshalb diese Sanktionen nicht vorher hätten beschlossen werden können, um Jugoslawien zum Einlenken zu bewegen. Auch wollten viele wissen, warum Jugoslawien vorher nie eine demokratische, soziale und ökonomische Perspektive bis hin zur Mitgliedschaft in der EU angeboten worden war, die die Bevölkerung des Landes von der Notwendigkeit eines anderen Weges hätte überzeugen können. Joseph Fischer kam angesichts seiner Biografie und der Haltung seiner Partei in besondere Erklärungsnöte. Er verwies in seinem Dilemma darauf, dass ja die Grünen nicht nur »Nie wieder Krieg!«, sondern auch »Nie wieder Auschwitz!« gesagt hätten. Dieses Argument fand ich erschütternd. Auch in einer solchen Situation darf man nicht versuchen, Auschwitz zu instrumentalisieren. Es gab in Jugoslawien kein Auschwitz. Und Milošević ist kein Hitler. Das Gegenteil zu suggerieren ist auch deshalb gefährlich, weil es die Verbrechen der Naziherrschaft bagatellisiert. Vom Mufti in Belgrad erfuhr ich auf meiner umstrittenen Reise, dass die Albaner, die in der Hauptstadt lebten – immerhin über achtzigtausend –, keinerlei Repressalien ausgesetzt waren. Wo gab es den Ort in Deutschland während der Naziherrschaft, in dem Juden hätten unbehelligt leben können? Außerdem: Wären die Juden »nur« vertrieben und nicht millionenfach und industriell ermordet worden, gäbe es heute wohl kaum noch Diskussionen um die Naziverbrechen. Vertreibung ist ein Verbrechen, aber kein seltenes. Auch Deutsche sind nach dem Zweiten Weltkrieg vertrieben worden. Selbst die Alliierten hatten sich also zu solchen Maßnahmen entschlossen. Der Vergleich mit Auschwitz war meines Erachtens unsäglich, aber er zeigte auch, unter welchem Rechtfertigungsdruck Joseph Fischer stand.

 Damals habe ich im deutschen Fernsehen nur eine einzige Nachtsendung gesehen, in der gegen den Krieg argumentiert wurde. Sonst waren nur Rechtfertigungen und Befürwortungen zu hören. Die Medien – das muss so genannt werden – waren im Wesentlichen gleichgeschaltet, was vielleicht darauf zurückzuführen ist, dass die Bundesregierung einen speziellen Stab für die Öffentlichkeitsarbeit eingerichtet hatte, das zumindest behauptete mir gegenüber der jugoslawische Botschafter Zoran Jeremić. Im Papageienjournalismus wiederholt einer die Argumente des anderen. Alles, was die offizielle Politik erklärte, wurde als Wahrheit entgegengenommen. So gut wie nichts davon ist in dieser Zeit überprüft worden.

Ich sprach auf zahlreichen Kundgebungen, zu denen sich Gegnerinnen und Gegner des Krieges versammelten. Aber insgesamt merkte ich, wie zwiespältig das Verhältnis der Bevölkerung zu diesem Krieg war. Ich wurde auch in einige Sendungen eingeladen, denn man brauchte bei Talkrunden auch einen Widerpart, damit die anderen nicht nur mit einem Phantom, sondern mit einem physisch anwesenden Gegner streiten konnten. Außerdem wurden und werden die PDS und ich von einem Großteil der Bevölkerung ja eher negativ beurteilt. Meines Erachtens lud man mich auch deshalb ein, weil man es für wichtig hielt, dass der Widerspruch von jemandem kam, dem die Bevölkerung wesentlich ablehnender und kritischer gegenüberstand als denjenigen, die den Krieg befürworteten. Es gab zum Beispiel in der Bundestagsfraktion der CDU/CSU einen erklärten Gegner dieses Krieges, der eine wichtige Rolle in der Organisation für Europäische Sicherheit und Zusammenarbeit spielte, Willy Wimmer. Er machte aus seinen Ansichten keinen Hehl, und es wäre nahe liegend gewesen, ihn als Streitpartner der anderen in solchen Talkshows zu Wort kommen zu lassen. Er hat mir bestätigt, dass er nie eingeladen worden ist. Ein Bundestagsabgeordneter der CDU/CSU, der gegen den Krieg argumentierte, hätte bei größeren Teilen der Bevölkerung Wirkung erzielen können als der Fraktionsvorsitzende der PDS. Natürlich gab es auch Journalistinnen und Journalisten, die mich einluden, weil sie selbst gegen den Krieg waren, ohne dies öffentlich bekunden zu können. Insgesamt war das Verhältnis zu mir in dieser Frage instrumentell und durchaus taktisch bestimmt. Ich musste dennoch jede Gelegenheit nutzen, meine Argumente gegen den Krieg vorzubringen.

In dieser Zeit hatte ich aber auch ein besonderes Erlebnis, über das ich bislang noch nie in der Öffentlichkeit berichtet habe, weil ich mir nicht sicher bin, welche Schlüsse ich daraus ziehen soll. Die Bombardierung Jugoslawiens durch die Nato begann ohne Kriegserklärung. Seitdem Hitler Polen überfallen hat, ist diese grobe Verletzung des Völkerrechts offensichtlich üblich. Auf jeden Fall war mir klar, dass fortan Kriegsrecht herrsche und somit Jugoslawien völkerrechtlich legitimiert war, in den Ländern, die es angriffen, seinerseits militärische Aktionen durchzuführen. In Deutschland leben Hunderttausende Serben, und auch in anderen europäischen Nato-Staaten gibt es starke Minderheiten dieser Nationalität. Darüber hinaus war bekannt, dass Milošević über einen gut funktionierenden Geheimdienst verfügte. So lag es nahe, an eine Gefahr der Eskalation zu denken: Die jugoslawische Führung könnte in jenen Staaten, die an der Bombardierung ihres Landes beteiligt waren, Sprengungen und Attentate organisieren. Soweit diese militärischen oder politischen Objekten gegolten hätten, wären sie kriegsrechtlich sogar legitim gewesen, und wenn dabei »zufällig« Zivilbevölkerung zu Schaden gekommen wäre, dann hätte es sich eben um die berüchtigten »Kollateralschäden« gehandelt.

Ich fragte also einen leitenden Beamten des Bundeskanzleramtes, weshalb keine erhöhten Sicherheitsstufen einträten, obwohl mit solchen Anschlägen zu rechnen sei. Er schaute mich längere Zeit an und sagte dann, damit brauche nicht gerechnet zu werden. Und tatsächlich – und das ist so gut wie niemandem aufgefallen – gab es in den Krieg führenden Staaten nicht eine einzige Gewaltaktion seitens des jugoslawischen Geheimdienstes oder der dort lebenden Serben. Was mir keine Ruhe lässt, ist die Frage: Wieso war sich der leitende Beamte des Kanzleramtes so sicher? Entweder kannten die Regierenden Milošević viel besser als ich und wussten, dass er so etwas nicht tun würde; dann aber war ihre Meinung über ihn keineswegs so negativ, wie sie offiziell erklärten. Oder aber der Krieg war so detailliert auch mit ihm abgesprochen, dass sie exakt voraussagen konnten, was geschehen würde und was nicht. Die Beantwortung dieser Frage würde nachträglich viel Aufklärung ermöglichen.

Meiner Familie hatte ich versprochen, zu Ostern Urlaub zu machen. Ich hielt an dem Plan fest, zumal wir im Sommer 1998 wegen des Bundestagswahlkampfes keine Zeit für eine Erholungspause gehabt hatten. Außerdem gab es für mich in jenen Tagen auch nichts zu tun, ich hatte keinerlei Einfluss auf das Geschehen. Während dieser wenigen Urlaubstage erreichte mich aber ein Anruf des früheren Botschafters Jugoslawiens in Deutschland, Zoran Jeremić, der nach der Unterbrechung der diplomatischen Beziehungen nach Belgrad zurückgekehrt war. Dort habe sich, erklärte er, die Stimmung in Bezug auf die PDS und mich spürbar verändert. Man habe natürlich registriert, wie leidenschaftlich ich mich gegen diesen Krieg gewandt hätte. Man wisse nach wie vor, dass ich eine sehr kritische Haltung zu Milošević einnähme. Dennoch sei jetzt auch er bereit, sich mit mir zu unterhalten. Man habe den inzwischen veröffentlichten und ergänzten Friedensplan von Lothar Bisky und mir zur Kenntnis genommen und bitte um dessen Erläuterung in Belgrad. Ich antwortete dem Botschafter, ich hätte keine Lust, mich durch Milošević bei einem Besuch instrumentalisieren zu lassen. Er erwiderte, natürlich könne ich die Bedingungen selbst bestimmen. Ich könne mir andere Gesprächspartner wünschen, müsste auch nicht im jugoslawischen Fernsehen auftreten etc. Das alles hätte mich nicht motivieren können. Überzeugender war sein Hinweis, dass er doch meinen Vorschlag von Anfang an begrüßt habe. Bis heute könne er sich damit nicht durchsetzen. Aber immerhin sei Milošević jetzt bereit zuzuhören. Er appellierte an mich, doch wenigstens einen Versuch zu unternehmen. Vielleicht würde Milošević ja eher auf eine Stimme von außen hören, die sich so leidenschaftlich gegen den Krieg äußere, als auf die Berater aus seinem eigenen Außenministerium.

Damit war ich zweifellos in einer schwierigen Situation. Keine Sekunde glaubte ich, dass ich Milošević überzeugen könnte, denn er brauchte kein Gespräch mit mir, um ein solches Ersuchen an den Sicherheitsrat der Vereinten Nationen zu richten. Wie aber sollte ich, wenn ich denn den Friedensplan ernst meinte und alles tun wollte, um den Krieg wenigstens so schnell wie möglich zu beenden, andererseits rechtfertigen, dass ich ein solches Gesprächsangebot ausschlug? Angenommen, ich hätte die Reise, die mir bis heute vorgeworfen wird, verweigert, und nach der demokratischen Wende in Jugoslawien wäre veröffentlicht worden, dass ich einer Einladung, Milošević von der Notwendigkeit von Friedenstruppen im Kosovo zu überzeugen, nicht gefolgt sei: Hätte man dann nicht in allen deutschen Zeitungen schreiben können, ich hätte den Frieden gar nicht wirklich gewollt, sondern ausschließlich versucht, den Krieg zu nutzen, um Profil und Stimmen für die PDS und mich zu organisieren? Schließlich standen im Juni 1999 Europawahlen bevor. In einer solchen Situation ist man auf sich allein gestellt. Wie auch immer man sich entscheidet, ein negatives Echo ist einem gewiss.

Nach kurzem Bedenken entschloss ich mich zu fahren und einen Versuch zu unternehmen, auch wenn absehbar war, dass er erfolglos bleiben würde. Immerhin aber konnte ich mir dann sagen, dass ich alles mir Mögliche getan hätte. Symbolisch wollte ich außerdem ein einfaches, aber mir würdiges Zeichen setzen! Reden ist immer besser als Schießen. Also teilte ich dem Botschafter mit, dass ich kommen würde. Ich sei bereit, mir Kriegsschäden anzusehen, wolle aber unbedingt auch den Mufti der islamischen Kirche in Belgrad und den Patriarchen der serbisch-orthodoxen Kirche sprechen. Dies wurde mir zugesichert. Ein Treffen mit dem Oppositionspolitiker Zoran Djindić sollte ich über die Botschaft Japans organisieren, der Schutzmacht jener Länder, deren diplomatische Beziehungen zu Jugoslawien unterbrochen worden waren. Die Regierung habe keinen Kontakt zu ihm. Dies tat ich auch während meines Aufenthaltes in Belgrad, aber es war zu spät, ein solches Gespräch zustande zu bringen.

Wichtig war mir, auch eine Reise nach Albanien zu organisieren, auch dort von Verantwortlichen in hohen Positionen empfangen zu werden und vor allem ein oder mehrere Flüchtlingslager zu besuchen. Ich wollte ein einseitiges Bild verhindern, das meiner politischen Haltung nicht entsprach. Dabei habe ich einen Fehler gemacht, den ich bis heute bereue. Es hätte mir gelingen müssen, zuerst nach Albanien und von dort aus nach Belgrad zu reisen. Aber dies war technisch nicht möglich. Ich habe die Bedeutung der Frage unterschätzt und mich schließlich bereit erklärt, zuerst nach Jugoslawien, dann für einen Tag wieder nach Deutschland und danach nach Albanien zu fliegen. So ist es auch geschehen.

Die Reise nach Belgrad, über die das deutsche Auswärtige Amt informiert worden war, verlief ziemlich abenteuerlich. Ich bin kein Anhänger von Verschwörungstheorien, aber merkwürdig war vieles schon. Es begann damit, dass wir in der fest gebuchten Maschine von Berlin-Tegel nach Frankfurt am Main nicht mitgenommen wurden, weil sie angeblich überbucht war. Das ist mir bei einem Flug von Berlin nach Frankfurt weder vorher noch nachher je passiert. Dadurch, dass wir erst später nach Frankfurt fliegen konnten, verpassten wir die Maschine nach Budapest. Also warteten wir stundenlang in Frankfurt auf den nächsten Flug nach Budapest. Als wir dort landeten, war unser gesamtes Gepäck abhandengekommen. Die Fluggesellschaft stattete uns mit einigen Forint aus, sodass wir uns notdürftig in Ungarn versorgen konnten. Wir fuhren dann mit einem Kleinbus der jugoslawischen Botschaft in Ungarn zur jugoslawischen Grenze. Dort ließ man uns aber nicht durch, und wir wurden auch nicht erwartet. Ich telefonierte mit Botschafter Jeremić, und es stellte sich heraus, dass wir an einem anderen Grenzübergang angemeldet waren. Nach kurzer Zeit traf eine Polizeieskorte ein, die uns über Umwege nach Belgrad geleitete.

Es gab nur noch eine Brücke in Novi Sad, über die man vom Norden des Landes in die Hauptstadt gelangen konnte. Wir sahen viele zerstörte Häuser, Brücken und Straßen. Die Menschen machten auf mich keinen panischen, aber einen depressiven Eindruck. In Belgrad selbst freuten sich vor allem die deutschen Journalisten über unser Erscheinen. Sie klärten mich über die Situation in Belgrad auf, auch darüber, worauf ich aufpassen musste, und waren froh, in einer solchen Zeit einen deutschen Politiker treffen zu können. Während dieser Reise absolvierte ich mehrere Gespräche mit deutschen Medien. Das Angebot, im jugoslawischen Fernsehen zu sprechen, lehnte ich ab, nachdem man mir nicht zugesichert hatte, dass meine Äußerungen vollständig gesendet werden würden. Man erklärte mir, dies sei auch im deutschen Fernsehen nicht üblich, was zutrifft. Ich erwidere, es handle sich aber um eine besondere Situation, und deshalb müsse ich darauf bestehen. Es sei mir egal, ob sie mir eine oder drei Minuten Sendezeit gäben, die Zeit würde ich einhalten. Nur auf die vollständige Übertragung meines Beitrags komme es mir an. Das aber lehnte die jugoslawische Seite aus durchsichtigen Gründen ab, denn sie wusste, dass ich mich nicht nur gegen den Krieg, sondern auch gegen die Menschenrechtsverletzungen im Kosovo äußern würde.

Über Lothar Biskys und meinen Vorschlag für einen Friedensplan, der übrigens damals von der gesamten PDS trotz des auf dem späteren Parteitag in Münster abgelehnten militärischen UN-Teils getragen wurde, sprach ich mit dem Vorsitzenden des Auswärtigen Ausschusses des Bundesparlaments ebenso wie mit dem Generalsekretär der Sozialistischen Partei Jugoslawiens. Beide antworteten mir mit den gleichen Worten. Damit war mir klar, dass es wie früher in den sozialistischen Ländern eine bis in die Formulierung abgestimmte Reaktion auf meinen Vorschlag gab. Die Antwort der beiden lautete: Sie verstehen meinen Vorschlag als Ausdruck des guten Willens, um den völkerrechtswidrigen Krieg der Nato gegen Jugoslawien zu beenden, doch in Anbetracht der Erfahrungen aus dem Zweiten Weltkrieg komme für Jugoslawien eine Besetzung durch ausländische Truppen durch wen auch immer und zu welchem Zweck auch immer nie wieder in Frage. Diesbezüglich bäten sie mich um Verständnis. Letzteres brachte ich nicht auf und war außerdem über die wortgleiche Argumentation ziemlich sauer. Zugleich erleichterte sie mir aber meine Gespräche mit den Kirchenvertretern.

Das Treffen mit dem Mufti war mir wichtig, da ich erfahren wollte, wie es den Albanern in Belgrad selbst erging. Er erklärte mir, die Albaner hätten außerhalb des Kosovo zwar ein geringeres Ansehen als Serben, Ungarn und andere Volksgruppen, was schon daraus zu ersehen sei, dass die Albaner in Belgrad überwiegend schlecht bezahlte Berufe ausübten. Das Betätigungsfeld der Albaner in Belgrad ist nach der Beschreibung des Muftis also genau das, was einige Politikerinnen und Politiker in Deutschland als so genannten Niedriglohnsektor anstreben. Aber von einer Verfolgung, fuhr der Geistliche fort, könne keine Rede sein. Weder vor dem Krieg noch seit seinem Beginn sei seiner Kenntnis nach in dieser Stadt einem Albaner irgend ein Leid zugefügt worden. Sie verhielten sich allerdings auch diszipliniert und ruhig.

Von besonderer Bedeutung für mich war ferner das Gespräch mit dem Patriarchen der serbisch-orthodoxen Kirche, Pawel. An dem Gespräch nahm eine Vielzahl von Metropoliten teil. Ich wurde ausdrücklich darauf hingewiesen, dass ich Pawel nur mit »Seine Heiligkeit« anzusprechen hätte, was ich selbstverständlich auch tat. Der Patriarch bedankte sich bei mir, dass ich in diesen schweren Stunden nach Jugoslawien gereist sei, mir zerstörte Stätten angesehen und Verletzte besucht hätte. Und dann versuchte er mir zu erklären, weshalb sich die serbisch-orthodoxe Kirche loyal zum Staat verhalte – im Klartext: loyal zu Milošević. Er verwies darauf, dass sich die wichtigsten heiligen Stätten der serbischen Orthodoxie im Kosovo befänden und dass die Provinz deshalb Bestandteil Serbiens bleiben müsse. Selbstverständlich akzeptiere man den muslimischen Glauben, und deshalb habe er auch ein gutes Verhältnis zum Mufti von Belgrad. Ich erläuterte ihm, weshalb ich es für dringend geboten hielte, dass sich die jugoslawische Führung an den Sicherheitsrat der Vereinten Nationen mit der

Bitte wendete, UN-Friedenstruppen in den Kosovo zu entsenden, unter anderem, weil sie zu diesem Zeitpunkt noch auf deren Einsatzziele, Zusammensetzung und Bewaffnung Einfluss nehmen könne.

Er hörte mir aufmerksam zu und fand den Vorschlag akzeptabel. Ich ging einen Schritt weiter und sagte, ich sei davon überzeugt, Milošević werde diesen Vorschlag ablehnen. Er fragte mich, weshalb, und ich erzählte ihm, dass ich gestanzte und völlig gleichlautende Antworten sowohl vom Vorsitzenden des Auswärtigen Ausschusses als auch vom Generalsekretär der Sozialistischen Partei erhalten hätte. Das sei kein Zufall, sagte ich, und ich wisse deshalb schon jetzt, was mir Milošević antworten werde. Meine Prognose: Milošević werde ein solches Ersuchen wohl nicht an den Sicherheitsrat richten, die Nato werde weiter bombardieren, und irgendwann werde Milošević, schon um den Einsatz von Bodentruppen zu verhindern, einlenken müssen. Wenn er sich gesprächsbereit zeige, hätten auch Russland und China keinen Grund mehr, einen Sicherheitsratsbeschluss zu verhindern. Dann würden Truppen ins Land kommen, aber mit Sicherheit Truppen der am Krieg beteiligten Natoländer, also der USA, Großbritanniens, Frankreichs und Deutschlands. Möglicherweise kämen noch andere hinzu, zum Beispiel aus Russland, aber die Nato-Staaten, die jetzt bombardierten, würden das Gros der Soldaten stellen. Diese Staaten hätten sich inzwischen so weit von den moderaten Kräften des Kosovo unter Ibrahim Rugova entfernt, dass sie auf die UÇK zurückgreifen müssten. Und wie auch immer der Beschluss des Sicherheitsrates lauten werde, das Kosovo sei dann für Serbien verloren.

Dazu dürfe es auf gar keinen Fall kommen, erklärte der Patriarch. Ich sagte ihm, dass die jugoslawische Führung jetzt vielleicht noch den Spielraum hätte, zu bestimmen, welche Länder die Soldaten einer solchen Friedenstruppe stellen sollten. Natürlich müsste sie sich damit einverstanden erklären, dass diese gut ausgerüstet und auch zu Kampfeinsätzen berechtigt seien. Der Auftrag würde im Sicherheitsrat klar formuliert werden. Aber es könnte sich eben um Truppen aus Schweden, Finnland, Griechenland, Russland etc. handeln. Wenn sich die Führung aber jetzt nicht zu diesem Schritt entschlösse, hieße das: Nato im Kosovo und letztlich die Abspaltung des Gebiets von Serbien. Der Patriarch sagte, er wünsche mir viel Glück für mein Gespräch mit Milošević und hoffe, dass die jugoslawische Führung in der Art initiativ werde, wie ich es vorschlüge. Wenn dies nicht geschehe und später eintreffe, was ich prognostizierte, dann wisse er auch, was er zu tun habe.

Und tatsächlich: Einen Tag nach Beendigung des Krieges und dem Einmarsch von Truppen aus den USA, Deutschland und anderen Nato-Staaten in den Kosovo äußerte sich der Patriarch der serbisch-orthodoxen Kirche. Er forderte erstmalig den Rücktritt von Slobodan Milošević. Seitdem war die Serbisch-Orthodoxe Kirche keine Stütze mehr für den damaligen jugoslawischen Präsidenten. Und ein bisschen stolz bin ich schon darauf, dazu meinen Beitrag geleistet zu haben.

Nach dem Treffen mit dem Patriarchen fuhr ich zu Slobodan Milošević. Natürlich habe ich ihm bei der Begrüßung die Hand gegeben, wie das jeder andere Politiker vor und nach mir getan hat, der mit ihm ein Gespräch führte. Dies wurde später in den Medien als »Händedruck« in einer Weise hochstilisiert, als wäre bei dieser Gelegenheit irgendein Bund geschlossen worden. Nichts dergleichen war der Fall. Wir wahrten beide große Distanz.

Auch mein Freund André Brie, damals Wahlkampfleiter der PDS und heute einer ihrer Europaabgeordneten, der mein Engagement in Bezug auf Jugoslawien und meine Reise stets unterstützt hat, erklärte im Nachrichtenmagazin *Der Spiegel*, der Händedruck sei ein PR-Fehler gewesen. Allerdings konnte er mir auch nicht die Frage beantworten, wie ich ihn hätte vermeiden können.

Milošević hatte unser Gespräch offenkundig anders konzipiert, als es verlief. Er hörte sich kurz meine Vorschläge an, und dann kam die mir bereits bekannte Antwort, das sei alles sicherlich gut gemeint, komme jedoch für Jugoslawien nicht in Frage, weil es nach den Erfahrungen des Zweiten Weltkriegs nie wieder Besatzungstruppen akzeptieren könne, in welchem Teil des Landes auch immer. Er bedankte sich für meine Haltung gegen den Krieg und wollte mich damit verabschieden. Sein Ziel war erreicht. Er hatte das von ihm benötigte Bild in den Medien platziert, dass es auch westeuropäische Politiker gab, die gegen den Krieg waren. Am selben Tag hatte er auch den Präsidenten Belorusslands, Lukaschenko, empfangen, der allerdings mit Sicherheit nicht Westeuropa verkörperte, der selbst ein Despot ist. Doch so einfach wollte ich es Milošević nicht machen. Er saß, wie man das häufig im Fernsehen sehen konnte, zurückgelehnt in seinem Sessel und brachte dadurch seine Distanz zum Ausdruck. Nachdem ich noch einmal gesprochen und er darauf kurz geantwortet hatte, tat ich etwas, was einem Präsidenten selten widerfährt und was ihn auch verwirrte: Ich fiel ihm ins Wort. So verwandelte sich das wechselseitige Ableiern von Statements in ein Gespräch. Es folgten Satz auf Satz, Rede auf Widerrede und ein wirklicher Austausch von Argumenten und Ansichten. Er bestritt natürlich fast alle Vorwürfe, die ich in Bezug auf die Behandlung der Kosovoalbaner formulierte. In manchem mag er Recht gehabt haben, in den meisten Fällen sicherlich nicht. Ich erklärte ihm sehr eindringlich, dass er sich mit Sicherheit Nato-Truppen im Kosovo einhandelte, wenn er nicht von sich aus UN-Friedenstruppen anfordere. Er war davon überzeugt, dass dies nicht passieren würde. Ich fragte ihn dann, ob er mit Bodentruppen rechne, und er antwortete, er könne das nicht ausschließen, doch kämen sie, wäre die Nato »tot«. Sollte sich Rationalität durchsetzen, werde sie sich vor dem Einsatz von Bodentruppen hüten. Ich fragte weiter, was seiner Meinung nach am Ende des Bombardements passieren werde. Die Frage war ihm ziemlich unangenehm, denn sein Außenminister und andere saßen ja auch am Tisch. Das wisse er nicht, gestand er plötzlich ein. Und so kam ich auf meine Argumentationsschiene zurück.

Man könne es doch wohl als ausgeschlossen betrachten, dass

die Nato eines Tages einfach aufhören werde, zu bombardieren, sagte ich, und alles so beließe, wie es vorher gewesen sei. Ich wisse nicht, ob er hoffe, dass die inzwischen vertriebenen und geflüchteten Kosovoalbaner in Albanien beziehungsweise Mazedonien bleiben würden, aber wenn er darauf spekuliere, hielte ich es für eine Illusion. Die Nato sei gezwungen – und insofern auch im Recht –, dafür zu sorgen, dass die Flüchtlinge zurückkehren könnten. Er versicherte, er habe nichts dagegen, sie könnten jeden Tag kommen, und ich entgegnete, sie würden aber nicht ohne Schutz vor Angriffen seiner Polizei und Armee zurückkehren. Es müsse doch eine Lösung geben, und die könne nicht im Ist-Zustand bestehen. Er erklärte dann, er würde sich notfalls mit von der Uno entsandten uniformierten Beobachtern abfinden können, aber die müssten dann unbewaffnet sein. Alles andere wäre eine Okkupation, die er nicht akzeptieren könnte. Ich erwiderte, ich sei davon überzeugt, dass es zu einer Besetzung kommen werde, und diese werde noch ganz anders aussehen als ein von ihm mitbestimmter Einsatz von UN-Truppen. Überzeugen ließ er sich nicht, aber mich hat er auch nicht überzeugt. Im »Mitternachtstagebuch« des damaligen russischen Präsidenten Boris Jelzin lese ich im Jahr 2000, dass Slobodan Milošević Ende Mai 1999 UN-Friedenstruppen ohne Nato-Beteiligung vorgeschlagen haben soll. Zu dieser Zeit hatte er jedoch keinen Spielraum mehr. Ein solcher Vorschlag von ihm vor dem Krieg, selbst noch unmittelbar nach meinem Besuch Anfang April 1999, hätte das Geschehen erheblich verändern können.

Im Gespräch wies ich ihn noch daraufhin, dass er als Präsident Jugoslawiens eine Schutzpflicht gegenüber allen Bürgerinnen und Bürgern seines Staates habe, auch gegenüber denen albanischer Nationalität. Anders wäre eine Zuständigkeit für solche Menschen auch nie begründbar. Auch kündigte ich an, dass ich noch nach Albanien reisen und mich mit Flüchtlingen unterhalten würde. Die werde man manipulieren, warf er ein, und ich erklärte ihm, wie ich versuchen würde, Manipulationen auszuschließen.

Ich sicherte ihm zu, ihn später über die dort erhaltenen Informationen schriftlich zu informieren, was ich auch tat. Eine Antwort habe ich von ihm nie erhalten.

Es ist schwer, nach einem solchen Gespräch einen Menschen einzuschätzen. Zweifellos ist Slobodan Milošević nicht unintelligent, aber er hatte eine Machtstruktur um sich herum aufgebaut, die zum Realitätsverlust führen musste. Er hat ein starkes Schutzbedürfnis hinsichtlich seiner gesamten Familie, was wohl in erster Linie darauf zurückzuführen ist, dass er als ältestes Kind nach dem Selbstmord seiner Eltern die Verantwortung für seine Geschwister übernahm. Nichts ist er meines Erachtens mit Überzeugung, außer machtbewusst. Er spielt mit anderen, unterstellt ihnen seine eigene Logik, und dadurch verrechnet er sich. Er hinterließ bei mir aber keinen ängstlichen Eindruck, und ich wurde das Gefühl nicht los, dass es Absprachen zwischen ihm und der Nato gab, von denen die Öffentlichkeit nie etwas erfahren wird, zumindest nicht in absehbarer Zeit.

In Belgrad erlebte ich zwei Tage und eine Nacht, und immer wieder schlugen Bomben ein. Ich bin nicht ängstlich und wurde es auch in solchen Momenten nicht. Aber eine Stadt im Krieg, die sich nicht wehrt, sondern in der die Menschen nur versuchen, ihr Leben in Luftschutzkellern zu retten, hinterlässt einen zutiefst beklemmenden Eindruck. Plötzlich bekommt man eine Ahnung davon, wie sehr wir immer noch am Anfang der Menschheitsgeschichte stehen.

Nach meinen Gesprächen in Belgrad warteten die deutschen Journalisten auf mich. Wir unterhielten uns sehr angeregt, die Atmosphäre blieb verbindlich und freundlich. Sie waren für alle Informationen dankbar, wie auch ich dankbar war, dass sie mir geholfen hatten, mich auf die Gespräche vorzubereiten. Überrascht waren sie über die Reaktion des Patriarchen und darüber, dass sich Milošević letztlich doch auf einen Gedankenaustausch eingelassen hatte.

Die Rückreise verlief ohne Komplikationen. In Budapest wartete inzwischen auch unser Gepäck auf uns. Als wir in Deutschland landeten, erwartete mich ein Team der ARD, das mich bat, von dort aus ein Gespräch mit Ulrich Wickert in den *tagesthemen* zu führen. Vor Beginn des Interviews erklärte Wickert, dass ich heute »im Interesse des Friedens« unterwegs gewesen sei. Anschließend stellte er seine Fragen, die ich so gut wie möglich beantwortete. Kein Vorwurf, kein Vorhalt klang in ihnen durch. Er hatte meinen Besuch ja auch als Friedensmission deklariert. Am nächsten Morgen waren die Meldungen über meine Reise in den meisten Zeitungen sachlich, von Aggression kaum eine Spur. Aber im Laufe des Tages, es war ein Donnerstag, kippte die Stimmung. Der Bundestag debattierte den Krieg gegen Jugoslawien, und es war deutlich zu spüren, dass sich die Mitglieder der Bundesregierung irgendwie von mir vorgeführt fühlten. Offensichtlich empfanden sie es als anmaßend, dass ich selbständig zum Kriegsgegner gereist war. Sie hatten sich auch über die Bilder geärgert, die mich in zerstörten Fabriken und Anlagen zeigten. Gerhard Schröder erklärte, dass die PDS, nachdem sie fünfte Kolonne Moskaus gewesen sei, nunmehr anscheinend die fünfte Kolonne Belgrads werden wolle. Joseph Fischer zeigte sein gequältes Gesicht und lamentierte, wie die Mitarbeiterinnen und Mitarbeiter seines Ministeriums und er selbst Tag und Nacht im Interesse der albanischen Flüchtlinge wirken würden, während sich jemand wie Gregor Gysi einen Urlaub gönne und sonnengebräunt zu Milošević fahre. Durch solche Äußerungen war die Atmosphäre im Bundestag klar bestimmt. Mir schlug eine Aggression entgegen, wie ich sie seit der Bundestagswahl 1998 nicht mehr erlebt hatte. Am Folgetag kam es auch zu einem Umschwung in den Medien. Plötzlich wurde ich zu einer Art Verbündeten von Slobodan Milošević, das frühere Feindbild war wieder hergestellt und schien zu stimmen. Aber niemand konnte mir später erklären, wieso die ersten Medienreaktionen auf meine Reise am Mittwoch und noch am Donnerstagmorgen so gänzlich anders klangen als am Donnerstagabend und am Freitagmorgen. Nachdem der Bundeskanzler und der Bundesaußenminister die Richtung der Bewertung meines Besuches in der Debatte des Bundestages vorgegeben hatten, schwenkten viele Journalistinnen und Journalisten, und zwar überwiegend nachträglich, auf den Kurs der Regierung ein. Die nun einsetzenden Beschimpfungen bekam ich aber gar nicht mehr mit, denn noch am Donnerstag trat ich meine Reise nach Albanien an.

Ich besuchte dieses Land zum ersten Mal. Merkwürdig war, dass mich nicht der Ministerpräsident, sondern der Präsident empfing. Offensichtlich schätzten die beiden meinen Besuch unterschiedlich ein. Natürlich konnte ich mich mit dem Präsidenten Rehep Mejdani in der wichtigsten Frage nicht verständigen. Er war für die Nato-Bombardements, ich dagegen. Aber wir sprachen über die Lage der Flüchtlinge und das, was an Hilfe aus Deutschland und anderen Ländern nötig war. Völlig offen ging das Gespräch hinsichtlich der Zukunft des Kosovo aus. Der Präsident erklärte, sein Land strebe kein Großalbanien an. Er könne sich aber auch nicht vorstellen, dass das Kosovo künftig noch zu Jugoslawien gehöre. Ein unabhängiges Kosovo sei nicht lebensfähig, es könne aber auch nicht Bestandteil eines anderen Landes werden. Aber was dann?, fragte ich mich. Auf jeden Fall, sagte er, müsse das Kosovo über längere Zeit international verwaltet werden, und irgendwann werde sich schon eine Lösung ergeben.

Das Flüchtlingslager, das ich besuchte, wurde von deutschen Helferinnen und Helfern sehr gut betreut. Die Albanerinnen und Albaner empfingen mich sehr offen. Ich suchte mir die Menschen, mit denen ich sprechen wollte, selbst aus und ließ mich von ihnen ausführlich über die Ursachen und Bedingungen ihrer Flucht informieren. Sie schilderten mir, wie sie von Soldaten vertrieben worden waren, berichteten auch von Toten, aber keine der Personen, die ich befragte, hatte Erschießungen erlebt. Die Soldaten hatten ihnen bei der Vertreibung klar zu verstehen gegeben, dass es eine Rückkehr in das Kosovo für sie nicht mehr geben werde.

Nachdem meine Gesprächspartnerinnen und Gesprächspartner etwas Vertrauen gefasst hatten, berichteten sie mir weiterhin, dass ihnen auch die Methoden der UÇK nicht gefielen. Vor allem jüngere Männer würden gezwungen werden, ihr beizutreten.

Besonders beeindruckt hat mich die Schilderung eines kosovoalbanischen Bauern, der mir erzählte, in seinem Dorf hätten nur Albaner gelebt und im Nachbardorf nur Serben. Trotzdem seien sie immer gut miteinander ausgekommen, und auch während des Krieges hätten sich die Serben vollkommen friedlich verhalten. Für ihn waren nicht die serbischen Zivilisten, sondern die Armee und die Polizei die Feinde, von ihnen seien sie aus dem Dorf vertrieben worden. Er erzählte mir, wie sie schon längere Zeit ohne Hab und Gut auf den Straßen unterwegs gewesen und dann nochmals von der Armee eingefangen und wieder zurückgeschickt worden seien, um ihre Sachen abzuholen, damit sie keinen Grund hätten, jemals wieder zurückzukehren.

In Albanien wurde ich aber noch auf ein ganz anderes Problem aufmerksam. Die Bevölkerung war zunächst sehr solidarisch mit den Flüchtlingen umgegangen, doch dann hatte sich ihre Haltung ihnen gegenüber langsam verändert. Es hatten Überfälle auf Flüchtlingslager stattgefunden, bei denen Lebensmittel und technisches Gerät gestohlen worden waren. Die Kosovoalbaner, die in privaten Unterkünften wohnten, mussten inzwischen horrende Mieten bezahlen, weil die einheimische Bevölkerung glaubte, dass sie Verwandte in Deutschland oder in den USA hätten, die ausreichend Geld zur Verfügung stellen könnten. Ich fragte einen der offiziellen Begleiter nach den Gründen des Stimmungsumschwungs und er erklärte mir dann, dass die Bilder der Flüchtlinge in Albanien andere Assoziationen auslösten als etwa in Deutschland. Die Flüchtlinge kämen mit eigenen Traktoren. Viele von ihnen besäßen auch Geld und nicht wenig Hab und Gut. Es gebe aber keinen Bauern in Albanien, der zum Beispiel über einen eigenen Traktor verfüge. Aus der Sicht der Einwohnerinnen und Einwohner Albaniens handle es sich deshalb um eher begüterte Flüchtlinge, denen es offenbar so schlecht im Kosovo nicht gegangen sei. Deshalb sei die anfängliche Solidarität partiell umgeschlagen, und ein Teil der Bevölkerung glaube nunmehr, die Flüchtlinge ausnehmen zu können.

Um zu dem Flüchtlingslager zu kommen, mussten wir ein wenig durch das Land fahren. Bis dahin war für mich Rumänien das ärmste Land gewesen, das ich in Europa gesehen hatte, doch im Vergleich zu Albanien erschien es mir nachträglich als wohlhabend. Es ist schon erstaunlich, welche Rückständigkeit und welchen Mangel an Bedürfnisbefriedigung die von Enver Hodscha zu vertretene Ideologie und Politik hinterlassen haben. In Albanien erlebte ich übrigens einen deutschen Botschafter, der mich so intensiv betreute wie kaum ein anderer, der sich aber gleichzeitig extrem distanziert mir gegenüber verhielt. Es war ganz offenkundig, dass ich Gegenstand seines festgefügten Feindbildes war, dass er meinen Besuch in Jugoslawien nicht akzeptierte, gleichzeitig aber gerade deshalb meinte, nie von meiner Seite weichen zu dürfen.

Unter anderem hatte er organisiert, dass ich an einer Besprechung in der Botschaft teilnehmen konnte, in der die Hilfe der verschiedenen Verbände, Vereine und Hilfswerke koordiniert wurde. Die Helferinnen und Helfer waren sehr engagiert und konkret. Sie wussten, was sie zur Unterstützung der Flüchtlinge dringend benötigten, und sie führten mir auch vor Augen, wie falsch die Hilfe zum Teil in Deutschland organisiert wurde. Hier wurde mir klar, dass »gut gemeint« häufig wirklich das Gegenteil bewirkt. So wurden in der Bundesrepublik zum Beispiel Sammlungen in Apotheken durchgeführt, um die Flüchtlinge mit Medikamenten zu versorgen. Dabei handle es sich, berichteten die Helferinnen und Helfer, in der Regel um Arzneimittel, deren Verwendungsfrist abgelaufen sei. Doch das größere Problem sei, dass sie völlig ungeordnet auf einen Lastwagen gekippt würden, und so kämen sie dann in Albanien an. Es bedürfe eines riesigen Aufwandes, sie zu sortieren. Da albanische Ärztinnen und Ärzte in der Regel nicht Deutsch oder Englisch sprechen, nutzten die Packungsbeilagen wenig. So verdürben die Medikamente in Albanien, da niemand wisse, wozu sie gut seien. Viel sinnvoller wäre es, wenn die Hilfsorganisationen Bestellungen für bestimmte Medikamente aufgeben könnten. Die Mitarbeiter der deutschen Botschaft bemühten sich unter hohem Einsatz, alles zu koordinieren und die ihnen mögliche Hilfe zu gewähren.

Als die Besprechung zu Ende war, meldeten sich mehrere und sagten, sie würden gern noch eine Stunde bleiben und sich mit mir unterhalten. Schließlich sei es recht selten, dass ein deutscher Politiker vorbeikäme, und sie hätten eine Menge Fragen an mich zur Situation in Deutschland, zu meinem Besuch in Jugoslawien und zu meiner politischen Haltung, nicht nur in Bezug auf diesen Konflikt. Daraufhin sprang der deutsche Botschafter auf und erklärte die Versammlung für beendet. In diesem Haus, verkündete er, werde eine solche Aussprache mit mir nicht stattfinden. Die Vertreterinnen und Vertreter der Hilfsorganisationen reagierten erstaunt und entsetzt. Aber es half nichts, der deutsche Botschafter machte von seinem Hausrecht Gebrauch. Ich muss sagen, dass ich so etwas weder vorher noch nachher an irgendeiner anderen deutschen Botschaft erlebt habe. Es war ihm auch völlig gleichgültig, dass er damit vor einer breiteren Öffentlichkeit seine tiefe Ablehnung mir gegenüber zum Ausdruck brachte. Immer wenn ich so behandelt werde, stelle ich fest, dass ich völlig wehrlos dagegen bin. Ich kann dann nur schweigen und mich wundern.

Am nächsten Tag klappte mein Rückflug nach Deutschland nicht. Militärmaschinen hatten Vorrang, und ich musste deshalb stundenlang auf dem Flughafen von Tirana warten. Wiederum wich der deutsche Botschafter nicht von meiner Seite und kümmerte sich um mein »Wohlergehen«. Zufällig saß in dem VIP-Raum auch die amerikanische Botschafterin in Albanien. Nachdem sie erfahren hatte, wer ich war, sprach sie mich an, und wir führten ein intensives Gespräch, bei dem sie mich bat, meine Eindrücke von Milošević zu schildern. Dabei machte sie sich viele Notizen. Keine Ahnung, was aus ihnen geworden ist. Irgendwann startete die Maschine schließlich, und meine Begleitung und ich flogen nach Slowenien, wo wir übernachten mussten. Am Wochenende kam ich dann restlos erschöpft nach Berlin zurück.

Dieser Widerspruch, offiziell meine Reise zu verurteilen, aber an ihren Ergebnissen interessiert zu sein, begegnete mir auch in Deutschland. Selbst bei der zuvor geschilderten aggressiven Debatte im Bundestag ließ sich Joseph Fischer nach seiner und meiner Rede von mir über die Gespräche in Belgrad informieren. Auch deshalb werde ich das Gefühl nicht los, dass die Zwiespalte hinsichtlich der Jugoslawienpolitik weniger bei mir und eher bei anderen liegen. Ich bin auch davon überzeugt, dass die Aggression, insbesondere von Joseph Fischer gegen mich in der damaligen Situation, nicht Ausdruck von Stärke und Souveränität war. Ich glaube noch heute, in seinem tiefsten Innern wusste und weiß er, dass der Krieg falsch war, und verhielt sich gerade deshalb so aggressiv. Wäre er wirklich von dem Krieg in jeder Hinsicht überzeugt gewesen, dann hätte er viel gelassener reagiert.

Während die Medien breit über meinen Aufenthalt in Jugoslawien berichteten, nahmen sie die Albanienreise so gut wie gar nicht zur Kenntnis. Selbst für mein Gespräch mit dem albanischen Präsidenten interessierten sich deutsche Journalisten nicht sonderlich und erst recht nicht für meinen Besuch im Flüchtlingslager. So musste ich damit leben, dass das Medienbild einseitig blieb. Ich bekam viele empörte Briefe wegen meines Jugoslawienbesuches. Auch Anhängerinnen und Anhänger der PDS schrieben mir, sie würden sie künftig nicht mehr wählen. Doch in den darauf folgenden Wochen änderte sich die Situation.

Der Krieg schien kein Ende zu finden. Die USA setzten immer fragwürdigere Waffen ein, auch Splitterbomben und Geschosse mit Urananteilen. Die Uranmunition führt allerdings erst heute zu ernsthaften Auseinandersetzungen, nachdem auffällig viele eingesetzte Natosoldaten an Leukämie und anderen Krebsleiden erkrankt, zum Teil gestorben sind. Die so genannten Kollateralschäden unter der Zivilbevölkerung nahmen erheblich zu. Angeblich aus Versehen wurde die chinesische Botschaft bombardiert, die

Nato soll veraltetes Kartenmaterial verwendet haben, was wenig glaubwürdig klingt. Die chinesische Botschaft war etwa drei Jahre zuvor gebaut worden, und vorher stand dort gar nichts. All dies führte dazu, dass sich auch die Medienberichterstattung änderte. Die Fragen an die Regierung wurden kritischer. In dieser Zeit bekam ich immer mehr Briefe, die Zustimmung zu meiner Haltung signalisierten, und manche schrieben mir, dass sie meine Reise nach Jugoslawien zunächst als falsch empfunden hätten, diese inzwischen aber anders beurteilten. Einige entschuldigten sich sogar für Briefe, die sie mir vorher geschickt hatten.

Es war deutlich zu spüren, dass auch der Bundeskanzler und der Bundesaußenminister unruhig wurden. Sie fingen an, Russland wieder ernsthaft einzubeziehen, nachdem der damalige Premierminister Primakow nach einem Besuch in Belgrad von Bundeskanzler Gerhard Schröder – wohl eher aus Unsicherheit – brüskiert worden war. Schröder reiste nach Peking, um China in die Lösung einzubinden. In dem Moment, da Russland diplomatisch wieder gefragt war, konnte die russische Regierung auch wieder Druck auf Milošević ausüben, sodass es letztlich zu einer Verständigung über einen Sicherheitsratsbeschluss der Vereinten Nationen kam und der Krieg zu Ende war.

Sein einzig positives Ergebnis liegt darin, dass die Flüchtlinge nach ihrer Vertreibung in ihre Heimat zurückkehren konnten. Bisher kannten Flüchtlinge in Europa nur das Schicksal, dass ihre Vertreibung zwar verurteilt, aber nie rückgängig gemacht wurde. Europa hat sich nach dem Krieg verändert. So meinte Russland zum Beispiel, im zweiten Tschetschenienkrieg nunmehr beweisen zu müssen, was es sich militärisch erlauben kann. Selbst wenn der neue russische Präsident Putin aus politischen Gründen den Tschetschenienkrieg schneller beenden wollte, gegen den Willen der Militärführung kann er sich das nicht mehr leisten. Meine Prognose hat sich leider bewahrheitet: Das Militärische hat in Russland ein deutlich größeres Gewicht bekommen als vor dem Krieg gegen Jugoslawien. Auch die Ängste in China haben spürbar zugenommen. An Abrüstung ist gegenwärtig weltweit nicht mehr zu denken. Ein indischer Politiker hat den Atomwaffenbesitz seines Landes gegenüber Wolfgang Gehrcke gerechtfertigt, indem er erklärte, er glaube nicht, dass die Nato Jugoslawien angegriffen hätte, wenn Jugoslawien atomar bewaffnet gewesen wäre. Der Besitz von Nuklearwaffen gilt wieder als Mittel, die eigene Souveränität zu sichern.

Schon während des Krieges und danach habe ich meine Überzeugung zum Ausdruck gebracht, dass der Krieg unter Helmut Kohl als Bundeskanzler nicht stattgefunden hätte. Nach den Gesprächen, die ich mit ihm in den Jahren 1999 und 2000 geführt habe, hat sich dieser Eindruck verstärkt. Helmut Kohl weiß, dass eine Beteiligung der Bundesrepublik an dem Krieg unter seiner Verantwortung die Gesellschaft in Deutschland ganz anders gespalten hätte. Nicht nur die PDS, auch Bündnis 90/DIE GRÜNEN und große Teile der SPD hätten gegen den Krieg argumentiert. Sie hätten Kundgebungen und Demonstrationen unterstützt. Die Folge davon wäre gewesen, dass sich auch große Teile der Gewerkschaften und der evangelischen Kirche gegen den Krieg gestellt hätten. Vor allem aber wurde mir im Gespräch mit Kohl klar, dass er es nicht in Kauf genommen hätte, das mühsam aufgebaute Vertrauensverhältnis zwischen Nato und Europäischer Union einerseits und Russland andererseits zu gefährden.

Diese Überzeugung zu äußern fällt mir besonders schwer. Denn es ist klar, dass mir aus politischen Gründen Gerhard Schröder und Joseph Fischer näher stehen als Helmut Kohl. Aber manchmal kann ein Konservativer schon deshalb eine gescheiterte Politik machen, weil er nicht beweisen muss, dass er kein Linker ist. Manchmal kann ja auch ein Westdeutscher mehr für Ostdeutschland tun als ein Ostdeutscher, der gerade Bundespolitiker geworden ist und deshalb zunächst einmal beweisen will, dass er trotz seiner Herkunft keinesfalls den Osten bevorzuge. Und manchmal ist es auch so, dass ein Berliner Senat die Infrastruktur im Ostteil der Stadt fördert und Bezirke des Westteils verkommen lässt, nur um zu beweisen, dass die Überzahl der Westberliner in diesem Senat nicht zu einer Vernachlässigung des östlichen Teils der Stadt führt. So ist es ja auch nicht selten im persönlichen Leben. Um ein bestimmtes Bild nicht zu bedienen, macht man das Gegenteil von dem, was von einem erwartet wird. Der Ausbruch des Krieges wurde durch die Tatsache begünstigt, dass wir in Deutschland gerade eine Regierung hatten, die meinte, ihre Bündnistreue unter Beweis stellen zu müssen.

Erstaunt war ich darüber, dass mir Helmut Kohl versicherte, dass weder Gerhard Schröder noch Joseph Fischer während des Kosovokonfliktes seinen Rat gesucht hätten, obwohl sie doch gerade erst in ihre Ämter berufen worden waren und wussten, dass er die internationalen Gesprächspartner länger und besser kannte, ebenso die Hintergründe. Ratschläge muss man nicht annehmen, sie sich aber gar nicht erst einzuholen halte ich zumindest für fahrlässig.

Die neue, demokratisch gewählte Regierung in Jugoslawien wird meines Erachtens zu einem Problem für die Nato-Truppen im Kosovo werden, denn auch sie wird auf die Zugehörigkeit des Kosovo zu Jugoslawien und auch zur serbischen Teilrepublik bestehen. Sie wird dem Kosovo sicherlich eine weitgehende Autonomie sichern wollen und für die Gleichberechtigung der Kosovoalbanerinnen und -albaner eintreten. Aber eine Loslösung des Kosovo kann sie ebenso wenig akzeptieren wie Milošević. Die Nato-Staaten und die EU-Mitgliedsländer werden gezwungen sein, die neue jugoslawische Regierung zu unterstützen. Das liegt in ihrem ureigensten Interesse. Nur die Kosovoalbaner werden trotzdem nicht akzeptieren, dass sie dauerhaft zu Jugoslawien gehören sollen. Wie werden sich die Nato-Staaten und die Mitgliedsländer der EU verhalten, wenn eine gleiche separatistische Bewegung im Kosovo einsetzt wie unter Milošević? Ich wage zu prognostizieren, dass sie dann an der Seite der jugoslawischen Regierung stehen werden, sich gegen ihre ehemaligen Freunde von der UÇK stellen müssen und uns plötzlich über die Medien ein völlig anderes Bild von diesen Leuten liefern werden, als sie es vor, während und nach dem Krieg gegen Jugoslawien taten. Aus »Freiheitskämpfern« werden sie »Terroristen« machen müssen. Sie werden dabei ihre Glaubwürdigkeit aufs Spiel setzen – Genugtuung wird mir das nicht verschaffen.

Am 2. Oktober 2000 endete meine Zeit als Fraktionsvorsitzender der PDS im Bundestag. Seitdem bin ich Mitglied des Auswärtigen Ausschusses des Bundestages. Erstmalig nahm ich am 11. Oktober 2000 an einer Sitzung des Ausschusses teil. Außenminister Joseph Fischer referierte unter anderem über die Lage in Jugoslawien nach der Wahl von Vojislav Koštunica zum Präsidenten und dem damit verbundenen Sturz von Slobodan Milošević.

Dabei machte er zwei für mich aufschlussreiche Bemerkungen. Er sagte, die Sozialistische Partei in Jugoslawien habe gute Voraussetzungen, sich demokratisch zu erneuern. Sie sei eine stolze Partei, die sich im Kampf gegen die deutsche Besatzung während des Zweiten Weltkrieges bewährt habe. Das spricht dafür, dass er künftige Beziehungen zu dieser Partei schon jetzt rechtfertigen will. Noch interessanter war seine Feststellung, mit dem Sturz Milošević sei das letzte sozialistische Regime in Europa gestürzt worden. War der Kampf gegen einen vermeintlichen Sozialismus das eigentliche Motiv Joseph Fischers, den Krieg gegen Jugoslawien zu befürworten?

Für die USA ging es meines Erachtens darum, eine neue Rolle der Nato definiert zu bekommen, weg von einem ausschließlichen Verteidigungsbündnis, hin zu einem weltweiten Interventionsbündnis, das auch unabhängig von der Uno agiert. Dies bestätigte ein hochrangiger amerikanischer Diplomat, der in die damaligen Kriegsplanungen einbezogen war, in der oben genannten ARD-Sendung »Es begann mit einer Lüge«. SPD und Grüne haben daran mitgewirkt und damit einen Beitrag zur Änderung der Weltordnung geleistet. Diese neue Weltordnung zeichnet sich nicht nur durch die Dominanz der USA im Weltgeschehen aus, sie bringt darüber hinaus nicht mehr Sicherheit, im Gegenteil.

Kapitel 7

Reisen ins Ausland

Für einen ehemaligen Bürger der DDR spielen Reisen eine besondere Rolle, denn er war vor dem Mauerfall in seiner Entscheidung, ein anderes Land zu besuchen, sehr eingeschränkt. Ich war vierzig Jahre alt, als ich zum ersten Mal in ein westliches Land reisen durfte, nämlich 1988 nach Paris. Offensichtlich hängt es damit zusammen, dass ich mich als Vorsitzender der PDS und ihrer parlamentarischen Vertretungen in Volkskammer und Bundestag zunächst auf fast jeden bevorstehenden Auslandsaufenthalt freute. Aber dieser Enthusiasmus hat sich aus verschiedenen Gründen rasch gelegt, und in den letzten Jahren habe ich nur noch Dienstreisen unternommen, die unter die Kategorie »erforderlich« fielen.

So konnte ich mich stets mit ziemlicher Sicherheit darauf verlassen, dass in meiner Abwesenheit Dinge in der Partei oder in der Fraktion passierten, die mich entweder schon während der Reise erreichten und mir den Aufenthalt verdarben, oder spätestens nach meiner Rückkehr dazu führten, dass ich zu der Auffassung kam, es wäre besser gewesen, nicht gefahren zu sein. Ich kann mich zum Beispiel noch gut daran erinnern, wie ich – gerade in Mexiko angekommen – von einem Angehörigen der deutschen Botschaft abgeholt wurde und dieser mir mit süffisantem Lächeln Agenturmeldungen über umfangreiche Durchsuchungen und Beschlagnahmen in den Häusern der PDS übergab. Wie soll man sich dann noch auf ein bevorstehendes Gespräch mit einem Regierungsvertreter konzentrieren? Zumindest in den ersten Jahren konnte ich mich auf solche Hiobsbotschaften verlassen.

Hinzu kommt, dass ich in Ländern, in denen ich gern besonders viel gesehen hätte, fast nie etwas zu sehen bekam. Wenn ich nach Frankreich, nach Italien oder Spanien reiste, war alles zeitlich so durchorganisiert, dass es keine Chance gab, durch die Stadt zu bummeln, ein Museum aufzusuchen oder eine Sehenswürdigkeit zu erkunden. Das liegt daran, dass diejenigen, die Dienstreisen in solchen Ländern organisieren, davon ausgehen, man kenne als Deutscher ihr Land, ihre Städte. Das mag auf Westdeutsche zutreffen, aber für Ostdeutsche gilt das deshalb noch lange nicht. In keinem osteuropäischen Staat würde man bei solchen Besuchen ausländischer Gäste versäumen, ein bisschen Sightseeing zu organisieren.

Genervt hat mich aber auch, dass sich die Auseinandersetzungen um mich in der Bundesrepublik Deutschland zumindest indirekt im Ausland fortsetzten. Gerade in Osteuropa habe ich erlebt, dass Verantwortliche bestimmter Parteien das Gespräch mit mir ablehnten, um – wie sie offen zugaben – keinen Ansehensverlust bei ihren deutschen Partnerparteien zu erleiden, den sie zumindest befürchteten. Das kam in westlichen Ländern seltener vor, wenngleich – wie geschildert – über das Auswärtige Amt auch dorthin signalisiert wurde, die Bundesregierung sei nicht daran interessiert, dass hochrangige Vertreterinnen und Vertreter des Staates mit mir Gespräche führten. Dazu kam es dennoch, weil die Interessen der von mir besuchten Regierung und der deutschen nicht immer identisch waren, und vielleicht hat es die Bundesregierung auch gelegentlich versäumt, ihrem Begehren bezüglich meiner Person den nötigen Nachdruck zu verleihen.

Sämtliche Reisen, die ich in den letzten Jahren unternommen habe, waren anregend. Ich habe letztlich doch eine Menge gesehen, viele interessante Persönlichkeiten kennen gelernt und vor allem dazugelernt. Ohne diese Reisen wäre die Gefahr noch größer gewesen, Deutschland, die PDS und mich selbst zu wichtig zu nehmen. In anderen Ländern relativieren sich nicht nur die Probleme deines Landes, nicht nur die Probleme deiner Partei, sondern auch deine eigenen. Im Übrigen hoffe ich, nach dem Ausscheiden aus meiner Funktion als Fraktionsvorsitzender wieder mehr und anders zu reisen, vor allem ohne Druck und mit mehr Genuss.

Abgesehen von meinen geschilderten Besuchen in Jugoslawien, Albanien und anderen europäischen Ländern sind mir aus der letzten Zeit meine Reisen nach Kuba, Brasilien, Chile, Indien, Vietnam und China und nach meinem Ausscheiden als Fraktionsvorsitzender durch den Nahen Osten und nach Korea in besonderer Erinnerung geblieben. Über das Verhalten der Botschafter beziehungsweise anderer Mitarbeiter der deutschen Botschaften konnte ich mich schon in früheren Jahren nicht beklagen, erst recht nicht in den letzten. Sie waren in der Regel zuvorkommend, interessiert und haben sich, soweit Auflagen des Auswärtigen Amtes sie nicht behinderten, auch um interessante Gespräche bemüht. Eine Ausnahme erlebte ich allerdings bei meinem Aufenthalt in Kuba im Jahre 1999. Dort hat die deutsche Botschaft mich nicht einmal eines Telefonats, geschweige denn irgendeiner Betreuung für würdig befunden, obwohl sie ebenso wie die Botschaften in den anderen Ländern über meine Reise informiert war. Es ist eigentlich völlig unüblich, als Fraktionsvorsitzender des Deutschen Bundestages vom Parlamentspräsidenten, von Ministern empfangen zu werden, ohne dass ein Vertreter der deutschen Botschaft an solchen Begegnungen teilnimmt. Mir war das in Kuba aber ziemlich egal, die Gespräche waren dadurch wahrscheinlich sogar offener.

Ich habe andererseits auch besonderes Interesse deutscher Botschafter erlebt. Als ich von Kuba nach Brasilien weiterflog und mitternachts einen Zwischenstopp in Panama einlegen musste, hatte ich nur einen Aufenthalt von zwanzig Minuten im Transitraum. Dennoch erschien der Botschafter, um mich zu begrüßen. Als ich ihm sagte, ein solches Maß an Höflichkeit wäre doch keinesfalls nötig gewesen, erklärte er, es komme so selten offizieller deutscher Besuch nach Panama, dass er sich über jeden freue. Obwohl er sich nur ein paar Minuten mit mir unterhalten könne, sei das für ihn eine angenehme Abwechslung.

1999 habe ich Entwicklungen in Kuba gesehen, die ich nicht für möglich gehalten hätte. Als ich das erste Mal 1993 dort war, machte das Land auf mich einen völlig hoffnungslosen Eindruck. Armut und Lethargie schlugen mir entgegen. Havanna wirkte teilweise wie ausgestorben. Wegen der ausgebliebenen Erdöllieferungen aus der Sowjetunion konnten kaum noch Busse fahren. Die Läden sahen erbärmlich aus. Meine damaligen Gesprächspartner versuchten zwar, mir Optimismus zu vermitteln, doch glaubwürdig klang das für mich nicht. Die Vorschriften waren so streng, dass im Gästehaus der Regierung nur für meinen Dolmetscher und mich Essen serviert wurde. Kein Vertreter der Regierung, kein Vertreter des ZK der Kommunistischen Partei Kubas durfte am Essen teilnehmen. Alles war rationiert und zugeteilt. Und wie ich bei meinem Besuch 1999 erfuhr, hatte sich die Situation 1994 noch verschlechtert. Nun aber zeigte sich mir ein völlig anderes Bild.

Das Stadtzentrum von Havanna ist inzwischen wieder entstanden. Es herrscht reges Treiben, reger Verkehr. Es gibt drei Stufen von Geschäften. In den einen bekommt man per Zuteilung hoch subventionierte Lebensmittel für kubanisches Geld. Diese Läden sehen immer noch nicht viel besser aus als früher. Auf den freien Märkten wird dagegen eine Fülle von Waren angeboten, auch für kubanisches Geld, aber wesentlich teurer. In einer Vielzahl von Restaurants, Cafés und Läden, in denen nur mit Dollars bezahlt werden kann, gibt es ein reichhaltiges westliches Angebot. Die Dollars kommen in erster Linie aus dem Tourismus, und deshalb sind die dort Beschäftigten privilegiert. Allerdings ist der Devisenverkehr freigegeben, das heißt, auch Bürgerinnen und Bürger, die nur über kubanisches Geld verfügen, können dieses gegen Dollars eintauschen, wenngleich sie dafür lange sparen müssen.

Die Produktion in der Landwirtschaft ist offensichtlich deshalb so gewaltig angestiegen, weil der Staat ein halb privates System eingeführt hat. Die Genossenschaftsmitglieder bekommen ein Stück Land zugeteilt, auf dem sie eine bestimmte Menge für den Staat erwirtschaften müssen, den Rest können sie frei zu ihrem eigenen Vorteil verkaufen. Seitdem diese Regelung in Kraft getreten ist, soll die Produktion um ein Drittel gestiegen sein. So ganz lässt sich also nicht leugnen, dass private Anreize beachtliche Stimuli für Produktionsergebnisse sind, offenkundig wirksamere als Ehrenurkunden wegen Planerfüllung oder selbst eher willkürlich verteilte Prämien, auf die kein sicherer Anspruch besteht. Selbstverständlich kenne und erlebte ich die Demokratiedefizite in der Politik der kubanischen Regierung. Sie hat es aber gelernt, auf Schwierigkeiten flexibel zu reagieren, sodass dort nach wie vor eine Gesellschaftsstruktur herrscht, die es in Europa nicht mehr gibt. Es darf auch nicht vergessen werden, dass in Kuba soziale und gesundheitliche Leistungen vollbracht werden, die für eine Vielzahl von Menschen in Lateinamerika unter anderen gesellschaftlichen Bedingungen nach wie vor unerreichbar sind.

Mein anschließender Besuch in Brasilien machte mir dies auf besondere Weise deutlich. Dort herrscht Armut in einem Ausmaß, das Kuba nicht kennt, und Reichtum in einem Umfang, wie man ihn sich in Kuba gar nicht vorstellen kann. Ich hatte sogar den Eindruck, er sei größer als in Deutschland. Vielleicht trügt der Schein, aber immerhin entsteht dieser Eindruck. Arm und Reich leben extrem dicht beieinander. In Brasilien herrscht eine Kriminalität, deren Ausmaß kaum vorstellbar ist. Schon bei der Einreise bekam ich Hinweise, die mich verwirrten. So wurde ich zum Beispiel davor gewarnt, nachts an einer roten Ampel anzuhalten, weil die Überfallgefahr zu groß sei. Auch riet man mir, immer eine bestimmte Summe Bargeld bei mir zu haben, weil enttäuschte Räuber wesentlich gefährlicher seien als jene, denen man wenigstens ein kleines Erfolgserlebnis bescherte.

Ich hatte die Gelegenheit, mit wirklich reichen Männern Brasiliens zu sprechen, und sie alle bestätigten mir, dass sie ihre Häuser wie Hochsicherheitstrakte eingerichtet hätten. Sie erklärten mir auch, dass ihre Kinder ohne Personenschutz und ohne gepanzerte Fahrzeuge nicht zu ihren Schulen gebracht werden könnten und dass auch diese Schulen in besonderer Weise geschützt seien. Die Freizeit verbrächten die Kinder ebenso wie ihre Eltern in Clubs, deren oberstes Gebot wiederum die Sicherheit sei. Ich habe diese Männer gefragt, ob es ihnen denn nicht auffiele, dass sie sich in Gefängnissen bewegten, selbst wenn diese luxuriös ausgestattet seien. Ich habe sie gefragt, ob ihre Kinder nicht die der armen und »normalen« Leute darum beneideten, dass sie durch die Stadt streunen, selbstbestimmt ein Kino oder eine Eisdiele aufsuchen könnten. Ich habe sie gefragt, ob es sich nicht lohnen könnte, die schreckliche Armut zu überwinden, das heißt, den Reichtum gerechter zu teilen, um die Kriminalität wenigstens auf eine Rate zu reduzieren, die im Weltmaßstab als durchschnittlich gelten könne. Solche Ideen waren ihnen fremd.

Mir wurde klar, dass jede Gesellschaft nur einen bestimmten Grad an sozialen Unterschieden verträgt. Wird diese Grenze überschritten, dann tritt eine so tiefe Spaltung zwischen Arm und Reich ein, dass ein zerstörerischer Hass entsteht und dadurch Verhaltensweisen von Menschen und Prozesse in einer Gesellschaft unbeherrschbar werden. Die im Luxus lebende Minderheit, sei sie auch noch so mächtig, muss sich irgendwann selbst einmauern, um sich vor dem eigenen Volk zu schützen.

Ein solches Land muss die Geburtsstätte vieler Sozialistinnen und Sozialisten sein, und die trifft man dann auch in der größten Partei Brasiliens, der Arbeiterpartei PT. Sie ist noch pluralistischer als die PDS und damit höchst kompliziert strukturiert, aber auf viel existenziellere Art in der Bevölkerung verankert. In ihr streiten Maoisten, Trotzkisten, Marxisten, Sozialdemokraten, Gewerkschafter – aber irgendwie geht es, weil sie ein starkes dominierendes Zentrum und mit Lula eine herausragende integrierende Führungspersönlichkeit hat.

São Paulo ist die im negativen Sinne städtischste Stadt, die ich je erlebt habe. Man sieht keinen Park, nicht einmal einen Baum. Es gibt keine alten Häuser mehr, sie wurden alle abgerissen und durch Hochhäuser ersetzt, weil die Grundstückspreise derartig gestiegen waren, dass es sich nur lohnte, Häuser in die Höhe zu bauen. Diese Stadt ist in jeder Hinsicht bedrückend. An ihr wurde mir aber auch deutlich, was Deregulierung in ihren Konsequenzen bedeutet. Niemand hat die Bauherren der siebziger und achtziger Jahre gestoppt. Keine Vorschrift stellte Architektur vergangener Jahrzehnte unter Schutz. Allein das Geld, das Geschäft bestimmte die Entwicklung dieser Stadt, und so sieht sie heute auch aus. Ich wünschte allen Neoliberalen einen Besuch São Paulos, damit sie wenigstens einsähen, dass es auch bei der Deregulierung Grenzen geben muss.

In Brasilien luden mich zum ersten Mal im Ausland Betriebsratsmitglieder deutscher Unternehmen zu einem Gespräch ein, nicht nur, um mich über die Situation in der Bundesrepublik auszufragen und über ihre eigene Situation zu berichten, sondern auch, weil sie ganz konkrete Beschwerden gegen Verletzungen von Gewerkschafts- und Mitbestimmungsrechten hatten, die ich an die Unternehmensleitungen in Deutschland weiterleiten sollte. Das habe ich selbstverständlich getan und kann nur hoffen, dass sich daraus für die Belegschaften und ihre Betriebsräte positive Folgen ergeben haben.

Eine weitere neue Auslandserfahrung war für mich, dass ich mit Verantwortlichen deutscher Wirtschaftsunternehmen zusammentraf. Bei dem Gespräch zeigte sich, dass deutsche Unternehmer in solchen Ländern Politik anders beurteilen als Unternehmer in Deutschland. Naturgemäß haben sie zum Beispiel zur Entwicklungshilfe eine viel positivere Einstellung. Sie sehen das Land, in dem sie leben, differenzierter und kritisieren die Bundesrepublik meist wegen ihres unzureichenden Engagements. Ähnliches erlebte ich bei meinen Gesprächen mit deutschen Unternehmern in Chile und in Hongkong im Frühjahr 2000.

Sowohl die PT in Brasilien als auch später die Sozialistische Partei Chiles zeigten sich in den Gesprächen mit mir an Kontakten zur PDS interessiert. Die Vertreter beider Parteien – auch das war für mich neu – versuchten mich davon zu überzeugen, dass die PDS die Mitgliedschaft in der Sozialistischen Internationale anstreben sollte. Sie meinten sogar, die SPD würde im Gegensatz zu früheren Jahren keinen ernsthaften Widerstand mehr leisten. Ich habe ihnen erklärt, dass die PDS keine sozialdemokratische Partei sei und deshalb gar nicht das Ziel habe, der Sozialistischen Internationale anzugehören. Allerdings hätten wir, und zwar schon im Januar 1990, den Beobachterstatus beantragt, ohne darauf je eine Antwort erhalten zu haben. Zuhören, mitreden, mitberaten, das hätten wir damals für angemessen gehalten, aber keine Mitentscheidung und keine Mitgliedschaft. Ich solle das nicht so eng sehen, erwiderte zum Beispiel der Vorsitzende der Sozialistischen Partei Chiles, Ricardo Nuñez, zur Sozialistischen Internationale gehörten viele Parteien, die deutlich links von dem stünden, was ich als europäische Sozialdemokratie erlebte. Die PDS könnte sich ja dann vor allem mit solchen Parteien verbunden fühlen. Ich glaube nicht, dass die PDS diesen Weg gehen wird. Bemerkenswert daran ist aber, dass solche Parteien Wert auf die Mitgliedschaft der PDS legen.

In Chile besuchte ich eine gute Bekannte, die ihr Veterinärmedizinstudium in der DDR begonnen und nach der Einheit abgeschlossen hat. In dieser Zeit lernte sie einen chilenischen Tierarzt kennen, mit dem sie nun in Chile lebt. Sie ist glücklich und zufrieden. Uns beiden war klar, welche enormen Schwierigkeiten für sie entstanden wären, wenn sie versucht hätte, eine solche Perspektive zu DDR-Zeiten zu verwirklichen. Ein jahrelanger Kampf wäre erforderlich gewesen, bevor sie eine Genehmigung zur Ausreise nach Chile bekommen hätte, um selbstbestimmt ihr persönliches Glück zu suchen. In diesem Moment wünschte ich mir, dass einige PDS-Mitglieder dies so bewusst erleben könnten, weil man diesen Fortschritt nie vergessen darf, wenn man die Zustände von heute mit denen von damals vergleicht. Andererseits wünschte ich mir auch, dass die Leute, die immer noch meinen, die PDS sei eine Ansammlung von DDR-Nostalgikern, diese Frau erlebt hätten. Denn ihre Sympathien für die PDS und deren Politik waren unverkennbar, obwohl sie sehr genau weiß, dass ihr heutiges Leben in der DDR entweder gar nicht oder nur unter größten Schwierigkeiten zu realisieren gewesen wäre. Aber sie verbindet die PDS mit der Gegenwart und nicht mit alten Zeiten und will auch ihr früheres Leben in der DDR nicht missen oder ausschließlich negativ bewertet sehen. Die Dinge sind eben oft komplizierter, als sie sich einige ausmalen.

Indien hatte ich bereits im Herbst 1988 als Mitglied einer Delegation der Vereinigung der Juristen der DDR besucht. Damals war ich in Neu-Delhi und in Jaipur gewesen. Ich musste einen Vortrag auf Englisch halten, was mir sehr schwer fiel, was ich aber für eine Reise nach Indien gern in Kauf nahm. Damals wurde ich mit einer Armut konfrontiert, wie ich sie so noch nie gesehen hatte. Bei mir hatte dies zur Folge, dass ich mich darin bestätigt fühlte, als Sozialist auf der richtigen Seite der Geschichte zu stehen. Mich nervte auch die Unterwürfigkeit der Kellnerinnen und Kellner in jedem Restaurant. Es handelte sich überwiegend um tibetische Flüchtlinge, die nicht den geringsten Anlass zur Kritik aufkommen lassen wollten. Ich verglich ihr Verhalten mit dem von Kellnerinnen und Kellnern in der DDR, die dir bei jedem Restaurantbesuch nachwiesen, dass sie die wahren Königinnen und Könige waren, nicht etwa die Kunden. Wahrscheinlich entstand so in mir die Bereitschaft, einen dritten Weg zu akzeptieren, denn weder will ich schlecht oder gar nicht, noch unterwürfig bedient werden.

Bei meinem Besuch im März 2000 hatte ich es mit den Vertretern von zwei kommunistischen Parteien zu tun. Die indische KP hatte sich im Zusammenhang mit dem großen Konflikt zwischen der Sowjetunion und China gespalten. Heute, so erklärten sie mir, gebe es zwischen ihnen zwar kaum noch politische Unterschiede, aber eine Vereinigung bekämen sie dennoch nicht zustande. In dem Bundesstaat Westbengalen, den ich zunächst besuchte, regieren die Kommunisten, die ursprünglich dem chinesischen Kurs gefolgt waren. Von den Vertretern anderer Parteien wurde mir versichert, dass dort die wirtschaftliche Entwicklung schwächer sei als in den übrigen Bundesstaaten und dass internationale Investoren Westbengalen mieden. Die Kommunisten haben dies bestritten. Aber Vertreter aller Parteien, mit denen ich sprach, mussten einräumen, dass das wenige, was es dort gibt, gerechter verteilt wird, dass Siedlungen für Obdachlose gebaut, dass Schulen für die meisten Kinder errichtet worden sind. Und trotzdem, die Armut in diesem Bundesstaat wie auch in den anderen, die ich noch besuchen konnte, ist nach wie vor erschreckend. Erneut fühlte ich mich als Sozialist im Kampf gegen Armut bestärkt. Von einem ziemlich bedeutenden Unternehmer Indiens hörte ich den bemerkenswerten Satz, ein bisschen mehr Sozialismus würde Indien nicht schaden. Ich weiß zwar nicht, was er darunter versteht, aber es war deutlich, dass der hohe Grad an Armut auch seine Lebensfreude beeinträchtigt.

Bei meinem Treffen mit dem indischen Außenminister Jaswant Singh versuchte dieser, mich davon zu überzeugen, dass die atomare Bewaffnung der indischen Armee wegen der Aufrüstung in Pakistan und wegen des Kaschmirkonflikts gerechtfertigt und notwendig sei. Mein Argument, eine weitere Verbreitung von Atomwaffen erhöhe die Gefahr, dass sie eines Tages auch eingesetzt würden, stieß bei ihm auf taube Ohren. Er versicherte mir, er sei an guten Beziehungen zu China interessiert, und bestand darauf, dass der Kaschmirkonflikt nicht international, sondern allein durch Indien gelöst werden müsse. Zur selben Zeit besuchte US-

Präsident Clinton das Land, und es war deutlich zu spüren, dass die indische Regierung dies als Aufwertung eigener Positionen verstanden wissen wollte.

Über viele Jahrzehnte hat die Kongresspartei den Staat regiert. Inzwischen ist sie abgewählt und in der Opposition. Der letzte Ministerpräsident aus ihren Reihen, Rachif Gandhi, ist ermordet worden. Anschließend wurde seine Frau, die Italienerin Sonia Gandhi, zur neuen Parteivorsitzenden gewählt. Sie ist inzwischen indische Staatsbürgerin und legt größten Wert darauf, nicht mehr als Italienerin angesehen und angesprochen zu werden. Wir haben uns längere Zeit unterhalten und dabei vereinbart, Beziehungen zwischen der Kongresspartei und der PDS herzustellen. Sie gilt als wenig selbständig, ist angeblich unablässig auf Berater angewiesen, so zumindest ist sie mir von Vertretern anderer Parteien geschildert worden. Ich kann nicht beurteilen, ob dieses Bild stimmt, aber ihren Kampf finde ich bemerkenswert, ebenso den Grad an Toleranz in der Kongresspartei und in der Gesellschaft. Man stelle sich vor, eine Inderin würde kurz nach ihrer Einbürgerung Vorsitzende einer der beiden großen deutschen Parteien.

Vietnam habe ich erstmalig im Jahr 2000 besucht. Auch dieses Land war einmal geteilt, ist aber länger wiedervereint als Deutschland. Aber es gab den entsetzlichen Vietnamkrieg, und deshalb ist die Einheit dort mit einem hohen Blutzoll bezahlt worden. Außerdem vollzog sie sich unter umgekehrten Vorzeichen, das heißt, die Kommunistische Partei Nordvietnams übernahm die Macht in ganz Vietnam. Die USA haben den Vietnamkrieg verloren, ohne eine konkrete Schlacht verloren zu haben. Der Sieg über die Vereinigten Staaten ist immer noch ein wichtiger bestätigender Bestandteil des Lebens in Vietnam. Im Süden wurden mir unterirdische Anlagen gezeigt, in denen sich in der Zeit des Krieges Befreiungskämpfer aufgehalten hatten. Nachts hatten sie ihre Stellungen verlassen, um Schläge gegen die US-Streitkräfte und die offizielle südvietnamesische Armee zu führen. Stolz zeigten sie auch ihre Kriegswaffen, darunter gespitzte Bambusstangen, die Soldaten aufspießten, wenn diese in eine Fallgrube stürzten. Krieg ist und bleibt barbarisch.

Dass Nordvietnam siegen konnte, lag natürlich auch daran, dass in Südvietnam eine diktatorische Clique herrschte. Für mich war unter anderem bemerkenswert, dass es noch nach Jahrzehnten beachtliche materielle Unterschiede zwischen dem Süden und dem Norden gibt. Das wird schon im Straßenbild deutlich. Das, was in Hanoi das Fahrrad ist, ist in Ho-Chi-Minh-Stadt, also dem früheren Saigon, das Moped. Und so setzen sich die Unterschiede fort. Immerhin habe ich in Ho-Chi-Minh-Stadt zum ersten Mal erlebt, dass auch durch Mopeds ein Stau verursacht werden kann.

Ein bisschen war der Besuch wie zu DDR-Zeiten: So durfte ich zum Beispiel im Beisein von Soldaten für Ho Chi Minh einen Kranz niederlegen, als ich sein Mausoleum besuchte. Da ich ihn durchaus schätze, hatte ich damit keine Probleme. Dennoch sind die Zustände ganz andere als früher in der DDR. Es gibt viele Privatunternehmen, eine durchaus florierende Marktwirtschaft. Auf der anderen Seite hat die Partei sich mit Problemen herumzuschlagen, die ihr früher eher fremd waren: massenhafter Schmuggel, schwere Kriminalität, Prostitution, Korruption. Während meiner Gespräche mit den Parteivertretern merke ich, dass die Widersprüche zwischen der Wirtschaftsordnung einerseits und den politischen und moralischen Ansprüchen der Partei andererseits kaum noch lösbar scheinen. Der einmal eingeschlagene Weg kann aber nicht mehr revidiert werden. Das Land braucht steigende Investitionen aus dem Ausland und muss sich deshalb strukturell immer mehr öffnen, was mit den politischen Strukturen immer stärker kollidiert. Das Ausmaß der Probleme ist bei weitem nicht so hoch wie in China, und auch der Umgang mit Dissidenten ist deutlich weniger repressiv. Bei meinen Gesprächen mit Vertretern der Kommunistischen Partei habe ich gespürt, dass sie an einem Punkt angelangt sind, an dem die Unsicherheit besonders groß ist, wie die Entwicklung weitergehen soll.

Meinen Vietnambesuch habe ich dem Krieg der Nato gegen Jugoslawien zu verdanken. Damals wurde ich vom Botschafter Vietnams gefragt, wie ich diesen Krieg, seine Ursachen, seine Folgen beurteilte. Er wollte von mir wissen, welche Gefahren für sein Land bestünden, ob der Sicherheitsrat noch in der Lage wäre, eine Aggression gegen Vietnam zu unterbinden. Bei diesem Gespräch wurde mir deutlich, dass die Verantwortlichen in Vietnam zwar keine Schutzmacht wollen, aber verunsichert sind, ob es ohne eine gehe. So eng die Beziehungen zwischen Vietnam und China auch sein mögen, die früheren Spannungen zwischen den beiden Staaten wirken bis heute nach. Unterschwellig besteht andererseits immer noch die Angst, dass die USA eines Tages Revanche nehmen könnten für den verlorenen Krieg. In den Gesprächen mit den Vertretern Vietnams habe ich ebenso wie in Indien festgestellt, dass der Krieg der Nato gegen Jugoslawien in vielen Ländern, die nicht unmittelbar an ihm beteiligt waren, zu einem Wandel im Denken und Verhalten geführt hat: Rüstungs-, Militär- und Bündnisfragen haben neues Gewicht bekommen.

China besuchte ich erstmalig im März 1993, damals zusammen mit Lothar Bisky. Diesmal, das heißt im Jahr 2000, begann mein Besuch in Hongkong, inzwischen offizieller Bestandteil der Volksrepublik. Hongkong ist in jeder Hinsicht eine Sonderzone geblieben, obwohl an fast jedem Gebäude Besuchern durch die gehisste chinesische Flagge klar gemacht wird, dass die Stadt nunmehr zu diesem Staat gehört. Dennoch kann nicht jede Bewohnerin und jeder Bewohner Hongkongs in das übrige China reisen, geschweige denn jede Chinesin und jeder Chinese nach Hongkong. Über Letzteres sind dort alle ganz froh, denn sie befürchten nicht zu Unrecht, dass sie in kürzester Zeit die große Zahl von Menschen, die bleiben wollten, nicht mehr unterbringen könnten. Politisch unliebsame Leute aus Hongkong erhalten kein Visum, um in andere Teile Chinas zu reisen. Wirtschaftlich soll sich in Hongkong wenig verändert haben. Es ist und bleibt eine spannende kapitalistische Metropole.

In dem Parlament, das ich besuchte und das überwiegend berufen und nicht gewählt wird, fand gerade ein großer, bis heute nicht abgeschlossener Streit statt, ob künftig demokratische Wahlen zwischen verschiedenen Parteien in Hongkong durchgeführt werden sollten. Nur dadurch erfuhr ich, dass das Mutterland der Demokratie, das Vereinigte Königreich von Großbritannien und Nordirland, in Hongkong nie Wahlen zugelassen hatte. Erst kurz vor der Übergabe Hongkongs an die Volksrepublik China entschied sich Großbritannien, wenigstens in begrenztem Umfang ein Wahlrecht einzuführen. Die chinesische Seite konnte also bei ihrem Widerstand gegen diese Bestrebungen auf das bisher Praktizierte verweisen. Mehrere Minister empfingen uns, und bei den Gesprächen konnte man den Eindruck gewinnen, dass die Chinesen in Hongkong ebenso wie die in der übrigen Volksrepublik einen längeren Atem besitzen als wir in Europa, wenn es darum geht, Veränderungen abzuwarten und zu gestalten.

Vertreter der deutschen Wirtschaft luden mich zu einem opulenten Essen ein, und so fragte ich sie etwas verwundert, womit ich diese Ehre verdient hätte, zumal sie von mir ja nichts erwarten könnten, was für sie irgendwie von Vorteil wäre. Sie erklärten mir die Einladung, ihr Interesse und ihre Freude auf einleuchtend einfache Weise. Seitdem Hongkong Bestandteil der Volksrepublik China sei, hätte sich kein deutscher Politiker mehr dort sehen lassen, ich sei der erste. Außerdem erhofften sie sich, dass ich mich in Peking dafür einsetzte, dass die Rechtssicherheit erhöht würde. Immer wieder müssten sie für ihre Firmen in China Fragen auch gerichtlich entscheiden lassen. Das sei ziemlich schwierig. Aber selbst, wenn es gelinge, sei in der Regel eine Vollstreckung der Urteile unmöglich. Das Essen war wirklich vorzüglich, und ich versprach, meine Gesprächspartner in Peking auf das Problem anzusprechen. Ich habe es auch getan, sogar mit Nachdruck, und habe bei meinem nächsten Besuch in Peking im Januar 2001 vom deutschen Botschafter erfahren, dass sich die Situation tatsächlich gebessert haben soll.

An dem Gespräch mit den deutschen Wirtschaftsvertretern in Hongkong war noch ein weiterer Umstand bemerkenswert. Sie versuchten mir zu erklären, dass meine europäische Menschenrechtseinstellung ein eher ungeeigneter Ausgangspunkt für diesbezügliche Diskussionen in Peking sei. Dann erzählten sie mir eine Geschichte, die, so behaupteten sie jedenfalls, Roman Herzog als Bundespräsident bei seinem Treffen mit dem Partei- und Staatschef Jiang Zemin in Peking erlebt hatte. Er habe die Menschenrechtslage angesprochen und dazu längere Ausführungen gemacht. Jiang Zemin hätte ihm zugehört und danach sehr freundlich darauf hingewiesen, dass China insgesamt ein Entwicklungsland sei, und das gelte auch für die Menschenrechte. Er sei aber stets dankbar, wenn er von Politikern aus Ländern, die hinsichtlich der Menschenrechte eine ganz andere Tradition und Kultur besäßen, diesbezüglich aufgeklärt werde. Deshalb bitte er den Herrn Bundespräsidenten, einfach beim Jahr 1933 in Deutschland anzufangen. Ich weiß natürlich nicht, ob diese Geschichte stimmt, aber augenblicklich wurde mir klar, dass mir das nicht passieren sollte.

In meinen Gesprächen mit Verantwortlichen des Zentralkomitees der Kommunistischen Partei Chinas in Peking haben wir lange über den Krieg der Nato gegen Jugoslawien, über die Situation in China, über die deutsch-chinesischen Beziehungen, über die Beziehungen zwischen der PDS und der chinesischen KP, aber irgendwann auch über die Menschenrechtslage in China geredet. Und ich will erklären, welchen Ausgangspunkt ich für dieses Thema wählte, auch auf die Gefahr hin, mich einer Kritik auszusetzen.

Da ich die DDR ganz gut kannte, ahne ich wenigstens, wie die Parteiführung in einem solchen Land denken muss, unabhängig davon, dass sie wirtschaftlich eine breite Öffnung zugelassen, gewollt und organisiert hat. Hinzu kommt mein Anwaltsverständnis. Es bringt in der Regel nichts, Verhandlungen nur aus der Interessenlage des eigenen Mandanten heraus zu führen. Wenn man erfolgreich sein will, muss man auch die Interessenlage des Ge-

genübers mitdenken und berücksichtigen. Abgesehen davon, dass ich keine Reaktion provozieren wollte, wie sie angeblich Roman Herzog erlebt hatte, war mir klar, dass eine einfache Kritik an der Menschenrechtssituation mit Sicherheit zu keiner Änderung der Situation führte. Ich würde irgendwelche Erklärungen hören, weshalb ich die Dinge falsch sähe oder in welcher schwierigen Situation man sich befände.

Ich schilderte deshalb zunächst die Umstände des Untergangs der DDR. Ich sagte, die Führung der DDR habe jahrelang vor der Frage gestanden, wie man mit Dissidenten umgehen solle. Im Grunde genommen hätte sie immer zwei Möglichkeiten gehabt. Sie habe den Dissidenten die Freiheit oder die Wirkung nehmen können. In der Regel habe sie sich entschieden, ihnen die Freiheit zu nehmen, und damit ebenso regelmäßig deren Wirkung erhöht. Klüger wäre es gewesen, ihre Wirkung zu reduzieren, aber ihnen nicht die Freiheit zu nehmen. Von den europäischen Demokratien könne man ganz gut lernen, wie sich über eine breite Erlaubnisstruktur Wirkungen einschränken ließen. Ich schilderte ihnen, welche Bedeutung jedes kritische Buch in der DDR gehabt hatte. Wenn nach elenden Auseinandersetzungen zwischen der Schriftstellerin oder dem Schriftsteller einerseits, der Partei und dem Verlag andererseits das Buch dann doch habe erscheinen dürfen, hätten es Hunderttausende gelesen, die Wirkung sei enorm gewesen. Alle diese Autorinnen und Autoren könnten heute die kritischsten Bücher über die Bundesrepublik Deutschland schreiben, sie würden zwar veröffentlicht, aber ihre Wirkung sei wesentlich geringer.

Der verantwortliche Mann des ZK schrieb alles mit. Insbesondere bat er mich, den Satz wörtlich zu wiederholen, wonach es besser sei, Dissidenten die Wirkung und nicht die Freiheit zu nehmen. Von sich aus erklärte er, meine Einschätzung würde an höchster Stelle erörtert werden. Ich glaube trotzdem nicht, dass es schnell und schon gar nicht durch meine Ausführungen zu positiven Veränderungen kommen wird. Dennoch bin ich davon überzeugt, dass solche Argumente eher zu Veränderungen führen können als harsche Kritik. Allerdings konnte ich mir auch leicht ausmalen, welche Reaktionen solche Gedankengänge hervorriefen, würden sie später, noch dazu aus dem Zusammenhang gerissen, unter unseren deutschen Maßstäben der Öffentlichkeit zugänglich werden. Anstatt mich vehement für die Dissidenten einzusetzen, so würde der Vorwurf lauten, hätte ich versucht, der chinesischen Parteiführung zu erklären, dass man Dissidenten die Wirkung nehmen solle. Aus meiner Sicht war meine Argumentation logisch und lag im Interesse der Dissidenten. Die Partei dort hat die Macht. China ist von außen relativ wenig zu beeinflussen. Wenn Dissidenten aus Sicht der Partei die Macht gefährden, dann drohen ihnen Repressalien bis hin zum Gefängnis. Ich werde die Parteiführung nicht dazu bringen können, ihre Macht aufs Spiel zu setzen, aber es besteht eine kleine Chance, sie davon zu überzeugen, dass Unterdrückung die falsche Methode ist, Macht zu erhalten. Sowohl im Interesse der inneren Stabilität als auch im Interesse des Ansehens Chinas wäre der andere Weg wesentlich optimaler. Und würde er tatsächlich beschritten werden, hieße das doch zumindest, dass Dissidenten nicht mehr im Gefängnis landeten.

Das und nichts anderes war mein Ziel, nur habe ich in meiner Argumentation und in meiner Logik die Interessen der chinesischen Regierung nicht negiert, sondern mit bedacht. Das ist die Voraussetzung, wenn man zumindest ein Mindestmaß an Wirkung erzielen will. Wäre ich als europäischer Oberlehrer aufgetreten, hätte ich außer Floskeln nichts zu hören bekommen, den Betroffenen mit Sicherheit nicht geholfen und höchstens Selbstbefriedigung gefunden, indem ich hinterher den deutschen Medien hätte erzählen können, wie tapfer ich die Menschenrechte in China zur Sprache gebracht hätte. Natürlich ging ich weiter. Ich nutzte die Chance, dass ich real schildern kann, wie ein Land, das sich sozialistisch nannte, untergegangen ist. Ich begründete, weshalb gerade Repressionen und ein Mangel an Demokratie und Freiheit erheblich zum Kollaps der DDR beigetragen haben.

Ideenvielfalt, so fügte ich hinzu, kann man nutzen, man muss sie nicht fürchten.

Nach dieser Schilderung meiner Argumentation in China muss ich einräumen, dass ich mich in Debatten mit der Bundesregierung und der Führung anderer Parteien nicht selten ungerecht verhalten habe, nämlich dann, wenn ich ihnen vorwarf, sie hätten sich gegenüber der türkischen Regierung nicht eindeutig und klar geäußert. Auch sie müssen einen Weg finden, ihre türkischen Gesprächspartner zu überzeugen, indem sie deren Interessen mit einbeziehen. Solange dies tatsächlich geschieht, um real Verfolgung und Repression zu reduzieren, sollte man es unterstützen und nicht auf ideologische Reinheit bestehen. Nur dann, wenn der Eindruck berechtigt ist, dass es deutschen Regierungs- oder Parteivertretern gar nicht um eine Verbesserung der Menschenrechtslage, sondern um deren Hinnahme geht, weil ihnen ökonomische oder militärische Verhandlungsergebnisse wichtiger sind, ist die Kritik notwendig und berechtigt.

Breiten Raum in den Gesprächen in China nahm die Situation nach dem Krieg der Nato gegen Jugoslawien ein. Dabei interessierte sich die chinesische Seite dafür, wie ich den Willen der USA einschätzte, unter Ausschaltung des Sicherheitsrates und damit des Vetorechts Russlands und Chinas militärisch weltweit zu dominieren. Die USA planen ein Raketenabwehrsystem, in das Taiwan einbezogen werden soll. Die Insel ist in den Augen der chinesischen Führung ein unverzichtbarer Bestandteil der Volksrepublik, ihre dreiundzwanzigste Provinz, was auch die USA, zumindest verbal, anerkennt. Bei meinem ersten Besuch in China 1993 spielten solche Fragen nicht die geringste Rolle. Ich habe deutlich gespürt, welche Sorgen mit dem Krieg der Nato gegen Jugoslawien unter Verletzung des Gewaltmonopols des Sicherheitsrates auch in China entstanden waren, dass es eine neue Gefahrenanalyse gab, dass das Misstrauen wieder ziemlich tief saß.

Ein herausragendes Erlebnis für mich war mein erster Besuch Tibets. Die Höhenluft machte allen Mitgliedern unserer Delegation zu schaffen. Ein ständiges Kribbeln in den Beinen, ein taumeliges Gefühl, eine erhebliche Verlangsamung aller Bewegungen stellten sich bei mir ein. An Schlaf war nicht zu denken. Ich ärgerte mich über meinen Körper, weil ich zu denjenigen gehöre, die von ihrer physischen Kondition verlangen, dass sie so funktioniert, wie sie gerade gebraucht wird. Die Schwierigkeiten, die mir die Höhenluft bereitete, wollte ich aber weder wahrhaben noch zugeben. Ich verzichtete auf Sauerstoffkissen und andere Hilfsmittel, um meinen Körper zur Umstellung zu zwingen. In Tibet erlebte ich auch meinen ersten Sandsturm. Eben noch konnte ich in die Weite sehen, alles war klar, und plötzlich war die Sicht auf wenige Meter begrenzt. Obwohl ich mich in dem geschlossenen Flughafengebäude aufhielt, knirschte an mir und in meinem Gepäck alles vom Sand. Nach einer Weile war der Sturm ebenso schnell vorüber, wie er begonnen hatte. Obwohl es ein imposantes Erlebnis war, dachte ich, wie in der zu einem anderen Zeitpunkt erlebten Hitze und Feuchtigkeit Afrikas, wie vorteilhaft es für mich ist, in einem Land zu leben, das zumindest meteorologisch keine Extreme kennt und in dem es vier gleichwertige Jahreszeiten gibt.

Die politische Situation in Tibet erwies sich als relativ gespannt. Die buddhistische Bevölkerung, die in begrenzter Autonomie lebt, leidet, heißt es, unter zwei Momenten: Sie fühlt sich durch die Chinesen national und durch den Atheismus des kommunistischen Systems hinsichtlich ihres Glaubens fremdbestimmt. Mit Vertretern der Kommunistischen Partei habe ich zum Beispiel darüber diskutiert, weshalb sie Gläubigen die Mitgliedschaft in der Partei verweigern. Sie erklärten mir, kommunistische Weltanschauung und buddhistischer Glauben schlössen einander aus. Immerhin wollten sie sich mit den Erfahrungen in Kuba befassen, wo neuerdings Christen in der Kommunistischen Partei zugelassen sind. Ich habe ihnen zu erklären versucht, dass Buddhisten als Mitglieder eine Bereicherung der Kultur in der eigenen Partei bedeuteten, die Verweigerung der Mitgliedschaft einen Verzicht darauf. Im Übrigen sei es doch relativ egal, ob man nun über Karl

Marx oder Buddha zu einer sozial gerechten Gesellschaft gelange. Sie haben sich zwar über meine Bemerkung amüsiert, aber ich hatte nicht das Gefühl, dass sie tief beeindruckt waren. Ein wenig nachdenklicher sahen sie aus, als ich darauf hinwies, dass die Geschichte des Kommunismus rund hundertfünfzig Jahre, die des Buddhismus mehrere tausend Jahre alt sei. Schon deshalb könne die KP einen Kampf gegen diese Religion nicht gewinnen, und sie sollte ihn deshalb gar nicht erst führen. Außerdem stellte ich die These auf, dass Tibet umso sicherer ein Bestandteil Chinas sei, je mehr wirkliche Autonomie der Region gewährt würde. Politik besteht auch aus Symbolen. Ich fragte sie, weshalb an Geschäften die chinesischen Bezeichnungen größer geschrieben seien als die tibetischen, es ginge doch auch umgekehrt. Die Fahne Tibets ist verboten. Ich habe sie gefragt, was sie eigentlich daran hindere, per Verordnung die Fahne zuzulassen, also einem Bedürfnis der tibetischen Bevölkerung nachzugeben und gleichzeitig festzulegen, dass bei offiziellen Anlässen und an staatlichen Gebäuden neben der tibetischen Fahne auch die der Volksrepublik China zu wehen habe? Im Grunde genommen würde damit die Zugehörigkeit Tibets zu China deutlicher symbolisiert, als wenn man der Bevölkerung die eigene Symbolik nähme. Man kann nach solchen Gesprächen letztlich nie einschätzen, ob sie irgendeinen Beitrag zu Veränderungen leisten, aber man hat immerhin das Gefühl, einen Versuch unternommen zu haben.

Es war für mich aber offensichtlich, dass sich die Politik Pekings in Bezug auf Tibet verändert hat. Überall stößt man auf Anzeichen, dass dort investiert wird. Es entstehen moderne Produktionsstätten, die Infrastruktur entwickelt sich, und es gibt erhebliche Bemühungen, die Bevölkerung zu bilden. Wenn man durch Tibet fährt, erlebt man deshalb den ständigen Wechsel zwischen Mittelalter und Moderne. Investitionen sind sicherlich eine deutlich vernünftigere Politik als die frühere Vernachlässigung. Sie wird die buddhistisch geprägte Gesellschaft vor Herausforderungen stellen. Denn Menschen, die wissenschaftlich gebildet sind, die in modernen Unternehmen arbeiten, geraten irgendwann auch in Widerspruch zu solchen religiösen Ritualen und Maßstäben, die heute als rückschrittlich empfunden werden müssen. Sie blieben sicherlich Buddhisten, aber auf einer anderen Entwicklungsstufe.

Natürlich haben wir auch über den Dalai-Lama und seine Stellung gesprochen. Ich hatte den Eindruck, dass es Kontakte der chinesischen Führung zu ihm gibt, von denen die übrige Welt kaum etwas weiß. An seine baldige Rückkehr glaube ich nicht, zu unterschiedlich sind die jeweiligen Bedingungen. Die Besichtigung des Palastes des Dalai-Lama hat mich tief beeindruckt. Man spürt, dass der Buddhismus eine besonders naturverbundene Religion ist, aber es wird einem auch klar, dass sich der Reichtum der Gesellschaft wie in Europa in der Zeit der politischen und ökonomischen Macht der Kirche auf die Oberhäupter konzentrierte und dafür massenhafte Armut in Kauf genommen wurde. Mit anderen Worten, die Vertreter solcher Institutionen tragen letztlich selbst die Verantwortung dafür, wenn sie im Laufe von Jahrhunderten ins Abseits geraten sind. Nur heute ist eine solche Machtausübung gar nicht mehr möglich, und gerade deshalb ist die Gewährung von Religionsfreiheit so wichtig. Sie ist nicht mehr die Bestätigung ökonomischer und politischer Macht, sondern des Rechtes der und des Einzelnen, sich auf selbst entschiedene Art zu verstehen und zu verwirklichen.

China ist und bleibt für mich ein faszinierendes Land. Kein mitteleuropäischer Maßstab stimmt, weder was die Größe des Landes noch was seine Geschichte und Kultur betrifft. Es herrscht ein langer Atem, auch in der Politik, der uns fremd ist. Die westlichen Regierungen sehen in der Macht der Kommunistischen Partei einen Stabilitätsfaktor, und entsprechend behandeln sie sie auch. Niemand will den Zerfall einer Gesellschaft von mehr als 1,3 Milliarden Menschen riskieren, der unabsehbare Folgen hätte. Die Verbesserung der deutsch-chinesischen Beziehungen ist mir ein wichtiges Anliegen, aus persönlichen, politischen und ökonomischen Gründen, und zwar im Interesse beider Länder.

Nachdem ich nicht mehr Fraktionsvorsitzender und dafür Mitglied des Auswärtigen Ausschusses des Bundestages bin, gehörte ich einer Parlamentariergruppe an, die, wie bereits erwähnt, Bundeskanzler Gerhard Schröder vom 28. Oktober bis zum 1. November 2000 auf seiner Nahostreise begleitete. Sie unterschied sich von allen, die ich bis dahin unternommen hatte. Als angenehm empfand ich es, dass ich die Delegation nicht leitete, also nicht unter der entsprechenden Anspannung stand. Die gesamte Delegation, einschließlich Journalistinnen und Journalisten sowie Beamten des Bundeskriminalamtes, flog in einem Airbus, der von der DDR übernommen worden ist. Im VIP-Raum waren der Bundeskanzler, seine offizielle Delegation und die fünf ihn begleitenden Bundestagsabgeordneten untergebracht. Es ist für mich immer wieder ein Erlebnis, solche DDR-Einrichtung mit mehrjähriger Verspätung in der Bundesrepublik Deutschland kennen zu lernen.

Auf dieser Reise habe ich erstmalig militärisches Zeremoniell erlebt. Wenn es sich so häufig wiederholt, verliert es an Reiz. Am imposantesten war zweifellos das jordanische Armeemusikcorps, das in langen engen Röcken und mit Dudelsäcken auftrat. Sie intonierten eine Musik, die selbst bei einem so wenig militanten Typ wie mir ein Zucken in den Beinen auslöste. Schade, dass eine solche Militärkapelle nicht importiert werden kann, sie würde das militärische Zeremoniell in Deutschland auf eine völlig andere Stufe heben.

Neben mir im Flugzeug saß die F.D.P.-Abgeordnete Ina Albowitz, mit der ich mich sofort gut verstand. Irgendwie muss ich doch eine Schwäche für die Liberalen haben. Von der SPD nahm der junge Abgeordnete Christoph Moosbauer an der Reise teil, der sich durch beachtliche Sachkunde hinsichtlich der Nahostfragen auszeichnete. Im Laufe der Tage kamen sich sogar Joachim Hörster von der CDU/CSU-Bundestagsfraktion und ich näher, weil man in Gesprächen Vorurteile abbaut und in bestimmten Situationen ähnliche Reaktionen zeigt, die menschliches Verstehen erleichtern. Wir vier verständigten uns darauf, dass Kerstin Müller als Vorsitzende der Fraktion Bündnis 90/DIE GRÜNEN quasi unsere Chefin sein sollte, was zur Folge hatte, dass sie die Gesprächsleitungen übernahm, wenn wir uns als Parlamentarier zu gesonderten Unterredungen mit Politikerinnen und Politikern der von uns besuchten Länder trafen. Das nahm noch mehr Druck von mir. Je nach Gesprächssituation konnte ich nun entscheiden, ob ich etwas einwandte oder es bleiben ließ.

Die Parlamentarier nahmen an den offiziellen Gesprächen Gerhard Schröders nicht teil, es sei denn, er traf sich mit Parlamentspräsidenten. Ich finde das einleuchtend, denn weshalb sollte der Bundeskanzler Oppositionspolitiker an Regierungsverhandlungen beteiligen? So entsteht aber die Frage, welchen Sinn es überhaupt macht, Parlamentarier im Rahmen einer Regierungsreise mitzunehmen. Zwei Vorzüge habe ich erkannt. Die Parlamentarier bekommen Gelegenheit, hochkarätigere Gespräche zu führen als sonst, weil sie als Sondergäste des Bundeskanzlers protokollarisch höher eingestuft werden. Die gastgebenden Staaten nutzen ihrerseits die Kontakte zu den Parlamentariern, indem sie diese zu Übermittlern unliebsamer Botschaften machen. In Ägypten empfing uns zum Beispiel der stellvertretende Außenminister. Wir sprachen lange über den gefährdeten Friedensprozess in Nahost, über die gewalttätigen Auseinandersetzungen in den palästinensischen Autonomiegebieten. Er kritisierte das Vorgehen Israels scharf. Gleichzeitig äußerte er Verständnis für die besondere Situation Deutschlands in Bezug auf Israel. Er ließ uns aber wissen, dass fünfzig Jahre nach dem Zweiten Weltkrieg der Zeitpunkt gekommen sei, wo Deutschland die Argumentationen Israels nicht mehr unkritisch übernehmen dürfe, sondern internationales Recht und Resolutionen des Sicherheitsrates der Vereinten Nationen zum Maßstab erheben müsse. Er fügte hinzu, dass aus seiner Sicht eine ständige Mitgliedschaft Deutschlands im Sicherheitsrat der Vereinten Nationen so lange ausgeschlossen werden müsse, wie zu befürchten sei, dass Deutschland sein Vetorecht quasi stellvertretend für Israel einsetzte, wenn es um die Lage im Nahen Osten gehe. Das war deutlich. Niemals würde ein Präsident oder ein Ministerpräsident so etwas dem Kanzler direkt sagen, doch im Gespräch mit uns sah die ägyptische Regierung eine Möglichkeit, es ihn dennoch wissen zu lassen. Ähnliches erlebten wir im Libanon, in Jordanien, Syrien, Israel und Palästina.

Die Situation war äußerst gespannt, sodass die Reise sich wohl anders gestaltete, als es üblich ist. Es gab zu Recht kein Sightseeing, keine Stadtbesichtigung. Dadurch habe ich allerdings die arabischen Länder, die ich vorher noch nie besucht hatte, auch bei dieser Reise nicht näher kennen gelernt. In Israel einschließlich dem palästinensischen Gebiet war ich schon öfter, einmal auch privat.

Das Misstrauen im Nahen Osten sitzt wieder so tief, dass ich nicht weiß, wie man einen Friedensprozess erfolgreich organisieren soll. Jeder misstraut jedem, und das macht schon das Abfassen von Verträgen so schwierig, weil hinter jedem Halbsatz und hinter jeder Auslassung böser Wille der anderen Seite vermutet wird. In den Gesprächen wurde mir bewusst, wie wichtig es ist, dass zwischen führenden Politikern von Staaten in Konfliktsituationen ein Vertrauensverhältnis besteht. Offensichtlich hatten sich Yassir Arafat und Yitzhak Rabin vertraut. Deshalb konnten sie auch Verträge miteinander aushandeln. Mein Eindruck bei dieser Reise war, dass Yassir Arafat und Ehud Barak sich gegenseitig misstrauen, was die Aushandlung von Friedensvereinbarungen erheblich erschwert. Während uns in Israel gesagt wurde, man wolle Frieden, finde dafür aber keinen Partner, erklärte man uns in Syrien und Palästina, Israel widersetze sich leider allen Friedensbemühungen. Frieden kommt aber nur zustande, wenn man ihn will und berechtigt davon ausgehen kann, dass auch die andere Seite ihn will. Außerdem wurde mir klar, dass Frieden sich lohnen muss. Seit Jahren gibt es eine Autonomie für die Palästinenser ohne soziale Wohlfahrt, sodass viele Palästinenser wenig zu verlieren haben, wenn der Friede nicht hält. Die enge Verquickung von Ökonomie, Sozialem und Frieden wird einem nirgendwo so deutlich wie in Nahost.

Für jeden Bundeskanzler ist eine solche Reise schwierig. Ich habe schon erwähnt, dass Gerhard Schröder seine Aufgabe souverän gelöst hat. Deutschland hat keine »normalen« Beziehungen zu Israel und wird sie nie haben können. Die millionenfache Ermordung von Jüdinnen und Juden verpflichtet uns dauerhaft in besonderer Weise. Trotzdem ist es auch richtig, dass als Maßstab für die Beurteilung des Verhaltens Israels in erster Linie das internationale Recht gelten sollte, und dies muss meines Erachtens in der deutschen Außenpolitik deutlicher geschehen. Vor allem darf aber ein weiterer Umstand nicht übersehen werden. Die Gründung des Staates Israel nach 1945 war auch eine Konsequenz aus den Verbrechen der Naziherrschaft an den Jüdinnen und Juden, wenngleich auch eine viel ältere Forderung dieser selbst. Die Art, wie sich Israelis heute gegenüber Palästinensern verhalten, hängt auch damit zusammen, dass sie zu lange, zu oft und auf zu bestialische Weise Opfer von Verfolgung und Pogromen gewesen sind und deshalb nur noch aus Stärke heraus handeln wollen. Begünstigt wurde diese Haltung dadurch, dass die arabischen Staaten Jahrzehnte brauchten, bis sie das Existenzrecht Israels anerkannten. In gewisser Hinsicht tragen die Palästinenser aber indirekt einen Teil deutscher Schuld ab, obwohl sie an den Verbrechen der Nazis nicht beteiligt waren. Das verpflichtet die Bundesrepublik auch gegenüber Palästina in besonderer, wenn auch anderer Weise als gegenüber Israel. Für jede deutsche Regierung stellt diese doppelte Verantwortung eine Herausforderung dar, die politisches, ökonomisches, soziales und kulturelles Engagement und zugleich ein Höchstmaß an politischem und moralischem Fingerspitzengefühl erfordert. Vermittler kann Deutschland sicherlich nicht sein, Brückenbauer schon.

Im Januar 2001 besuchte ich zum ersten Mal zunächst Nord- und dann Südkorea.

Im Laufe meines DDR-Lebens hatte ich widersprüchliche Informationen über Nordkorea erhalten. In meiner Fantasie stellte ich mir Nordkorea so ähnlich wie Albanien unter Enver Hodscha beziehungsweise Rumänien unter Nicolae Ceauşescu vor. Allerdings war ich, was Albanien betrifft, ebenfalls auf meine Fantasie angewiesen, da ich dieses Land zu DDR-Zeiten nie besuchen konnte und nach der Wende erst 1999 kennen lernte. Andererseits wusste ich, dass Luise Rinser von den Zuständen in Nordkorea begeistert gewesen war und darüber ein Buch veröffentlicht hatte. Ebenso erinnerte ich mich, dass Rudolf Bahro – beflügelt durch Luise Rinsers Begeisterung – nach Nordkorea gefahren, offenbar aber weniger enthusiastisch zurückgekehrt war. In der DDR kannte ich nur wenige, die Nordkorea besucht hatten. Die einen waren beglückt, weil sich dort in besonders ursprünglicher Weise Gleichheit der Menschen realisiere, die anderen entsetzt über den auch für den Geschmack von DDR-Bürgern überdimensionierten Personenkult und eine ihnen fremde Geschlossenheit der Gesellschaft.

Noch unwirklicher waren meine Vorstellungen von Südkorea. Hier schwebte mir ein Bild wechselnder Militärdiktaturen und protestierender Studenten vor, die regelmäßig die Staatsgewalt zu spüren bekamen. Natürlich wusste ich, dass es 1997/1998 zu erheblichen Veränderungen in Südkorea gekommen war. Erstmalig war mit Kim Dae-Jung ein Oppositionspolitiker zum Präsidenten gewählt worden. Er hatte gegen die südkoreanischen Diktaturen gekämpft, war deshalb mehrfach ins Gefängnis gekommen und hatte sich jahrelang im Ausland aufgehalten. Spätestens seit dieser Zeit begann ich mich sehr viel ernsthafter für das letzte noch geteilte Land zu interessieren.

Auf einem Kongress von im Ausland lebenden Südkoreanern sprach ich über die Vereinigung in Deutschland. Ich hatte schon vorher erfahren, dass Vertreter der südkoreanischen Botschaft regelmäßig meine Bücher erwarben, um meine Einschätzung des deutschen Vereinigungsprozesses kennen zu lernen. Nach meinem Vortrag wurde an mich der Wunsch herangetragen, Südkorea zu besuchen und dort über die Annäherung der beiden deutschen Staaten und die schließliche Vereinigung vor allem unter dem Gesichtspunkt zu sprechen, was aus meiner Sicht hätte anders laufen sollen. Davon erfuhr auch die nordkoreanische Interessenvertretung in Deutschland, was dazu führte, dass mich deren Vertreter aufsuchten und um einen Besuch Nordkoreas baten. Ich entschloss mich, beides miteinander zu verbinden, wobei ich dem Wunsch der Nordkoreaner folgte, erst in ihr Land und anschließend nach Südkorea zu reisen. Da es keine direkte Verbindung für mich gab, musste ich vor der Einreise nach Pjöngjang und vor der Einreise in Seoul Zwischenaufenthalte in Peking planen. Dies war mir in mehrfacher Hinsicht recht, denn ich hoffte, von chinesischen Politikern zusätzliche Informationen über Nordkorea zu erhalten. Außerdem konnten die Kontakte zum Parlament, zur Regierung und zur KP Chinas bei dieser Gelegenheit fortgesetzt werden.

Nordkorea gilt in den deutschen Medien als letzte stalinistisch organisierte Gesellschaft, und so stand ich vor der Frage, wie man in der Öffentlichkeit einen solchen Besuch rechtfertigen könne. Zu meinem Erstaunen erfuhr ich dann im Herbst 2000 im Auswärtigen Ausschuss des Bundestages, dass schon mehrfach Politiker von CDU, CSU, F.D.P. und SPD Nordkorea aufgesucht hatten, unsere Selbstbeschränkung also überflüssig war.

Inzwischen hat sich die Situation auch weltpolitisch verändert. Jahrelang hatten die USA versucht, Nordkorea als »Schurkenstaat« zu klassifizieren, und betreiben bis heute eine weitreichende Embargopolitik gegen das Land. Internationale Sanktionen scheiterten am angekündigten Veto Chinas im UN-Sicherheitsrat. Aufmerksamkeit erzielten die Nordkoreaner mit dem Start einer Mittelstreckenrakete und dem Export von Raketen vornehmlich in Länder des Nahen Ostens. Die USA sahen sich letztlich zu Verhandlungen mit Nordkorea gezwungen, und es gab auch Übereinkünfte. Die Nordkoreaner waren bereit, auf ihre

Atomreaktoren zu verzichten, wenn die USA dafür zwei Leichtwasserreaktoren bauten. Höhepunkt im Jahr 2000 war aber der Besuch des südkoreanischen Präsidenten Kim Dae-Jung in Nordkorea. Weltweit wurde damit die Hoffnung auf eine Öffnung Nordkoreas und einen Annäherungsprozess beider koreanischer Länder verbunden. Nunmehr entwickelte sich eine intensive Reisediplomatie.

Kurz bevor ich in den Fernen Osten aufbrach, verkündete Bundeskanzler Gerhard Schröder, dass Deutschland diplomatische Beziehungen zu Nordkorea aufnehmen wolle. Dies geschah nicht etwa gegen den Willen, sondern mit Zustimmung Südkoreas. Jacques Chirac war offensichtlich verstört, dass nicht er selbst diese Erklärung im Namen der Europäischen Union, deren Präsident er gerade war, abgegeben hatte, und äußerte deshalb Bedenken gegen die Aufnahme diplomatischer Beziehungen. Italien und Großbritannien hatten aber bereits diplomatische Beziehungen zu Nordkorea hergestellt, und mit Ausnahme Frankreichs waren sich auch alle anderen Länder der Europäischen Union in dieser Frage einig. Trotzdem nutzten CDU/CSU und F.D.P. die Haltung Chiracs aus, um im Auswärtigen Ausschuss Bedenken anzumelden. Vorrang habe das Einvernehmen mit Frankreich, und darüber hinaus müsse die Bewegungsfreiheit deutscher Diplomaten in Nordkorea garantiert sein. Bisher dürften Diplomaten die Hauptstadt Pjöngjang nur mit ausdrücklicher Genehmigung des nordkoreanischen Außenministeriums verlassen. Durch diese Umstände geriet der Annäherungsprozess zwischen Deutschland und Nordkorea ins Stocken.

Bekannt war mir, dass Nordkorea in den letzten Jahren von verheerenden Naturkatastrophen heimgesucht worden war, die zu schrecklichen Hungersnöten geführt hatten. Nordkorea akzeptierte – erstmalig in seiner Geschichte – internationale Hilfe durch westliche Länder. In dieser Situation trat ich meine Reise in die beiden Koreas an. Bei einem kurzen Aufenthalt in Peking hatte ich vorab die Möglichkeit zu Gesprächen mit chinesischen Politikern. Die mehrfachen Besuche haben sich insofern ausgezahlt, als ich den Eindruck bekam, dass auf chinesischer Seite das Vertrauen zu mir gewachsen ist. Wir sprachen sehr offen über die Situation in China selbst, vornehmlich aber über Nordkorea. Die chinesische Interessenlage ist relativ einfach zu beschreiben. Zwischen der Kommunistischen Partei Chinas und der nordkoreanischen Partei der Arbeit gibt es ganz erhebliche politisch-ideologische Differenzen. Die ökonomische Entwicklung in Nordkorea wird in China als ziemlich desaströs eingeschätzt. China ist auf Dauer weder in der Lage noch bereit, Nordkorea wirtschaftlich am Leben zu erhalten, wenn dort nicht notwendige ökonomische Reformen eingeleitet werden. Für China ist der ökonomische Austausch mit Südkorea von sehr viel größerer Bedeutung, und die beiden Länder haben gegen den Protest Nordkoreas diplomatische Beziehungen aufgenommen. Andererseits ist China an einer Stabilität auf der gesamten koreanischen Halbinsel interessiert und befürwortet deshalb einen schrittweisen Annäherungsprozess zwischen Nord- und Südkorea. In Südkorea sind US-Streitkräfte stationiert, und für China ist es unannehmbar, dass diese im Zuge einer Vereinigung bis an die Grenze Chinas heranrücken könnten. China lehnt den Plan der USA, ein Raketenabwehrsystem unter Einschluss Taiwans in Asien zu installieren, konsequent ab, weil dies seine Sicherheitsinteressen erheblich beeinträchtigte. Insofern tritt es wie Nordkorea für eine multipolare Welt ein und lehnt eine allein durch die USA bestimmte Weltordnung ab.

Die wichtigste Information für mich war, dass Kim Jong Il, der Führer Nordkoreas, die ökonomische Entwicklung Chinas bei seinem ersten Besuch dort gewürdigt haben soll, ein Hinweis darauf, dass er eine Öffnung seines Landes anstrebt. Andererseits hatte ich in einem Bericht einer Delegation des Auswärtigen Ausschusses, die Nordkorea besucht hatte, gelesen, dass der Parlamentspräsident Kim Jong Nam, das nominelle Staatsoberhaupt Nordkoreas, sehr empfindlich auf den Vorschlag der Vizepräsidentin des Deutschen Bundestages, Antje Vollmer, reagiert hatte, wenigstens Reformen wie in China durchzuführen. Die Atmosphäre sei sofort erheblich belastet gewesen. Kim Jong Nam habe erklärt, dass der Besuch, den er bis dahin als einen Beitrag zur Herstellung freundschaftlicher Beziehungen zwischen Deutschland und Nordkorea verstanden habe, einen ganz anderen Charakter bekäme, wenn ihm solche Vorschläge unterbreitet würden. Als ich dies den chinesischen Gesprächspartnern erzählte, konnten sie den Widerspruch zu den von ihnen wiedergegebenen Äußerungen Kim Jong Ils auch nicht erklären, und so flog ich in völliger Unkenntnis, welchen Kurs die Führung Nordkoreas künftig anstrebte, nach Pjöngjang.

Innerlich war ich aber eher davon überzeugt, dass die Reaktion Kim Jong Nams typisch für die Politik der nordkoreanischen Führung sei, und glaubte deshalb, dass sich Kim Jong Il nur aus Höflichkeit positiv über China in China geäußert hatte. Dieser Einschätzung lag ein Erlebnis aus den Wochen davor zugrunde. Unserer Delegation sollten neben mir, dem stellvertretenden Fraktionsvorsitzenden der PDS im Bundestag, Wolfgang Gehrcke, und dem außenpolitischen Berater des Fraktionsvorstandes, Ernst Krabatsch, auch die Dolmetscherin Helga Picht angehören, die in der DDR als Professorin an der Humboldt-Universität gearbeitet hatte und auch als Dolmetscherin zwischen Erich Honecker und dem damaligen Führer Nordkoreas, Kim Il Sung, tätig gewesen war. Ich dachte, dass die Auswahl dieser Dolmetscherin für Nordkorea besonders unproblematisch wäre, hatte mich aber gründlich geirrt. Nach der Wende hatte Helga Picht auch Südkorea aufgesucht und sich kritisch über Nordkorea geäußert. So kam es, dass ihr die Einreise verweigert wurde. Vorher hatte die nordkoreanische Interessenvertretung versucht, mich davon zu überzeugen, dass überhaupt keine Dolmetscherin erforderlich sei, weil das Land über genügend eigene Dolmetscher verfüge. Das aber lehnte ich ab. Nach der Visumsverweigerung standen wir vor der Entscheidung, den Besuch ganz abzusagen oder einen anderen Dolmetscher auszuwählen. Wir gewannen dann Holmer Brochlos, der an der Humboldt-Universität und in Pjöngjang an der Kim-Il-Sung-Universität Koreanisch studiert hatte. Gegen ihn wurden glücklicherweise keine Einwände erhoben. Aber all diese Erlebnisse und Umstände weckten in mir tiefe Zweifel an der Vorstellung, die nordkoreanische Führung wolle ernsthafte Öffnungspolitik betreiben.

Wir wurden in einem teuren Hotel untergebracht und mussten feststellen, dass die Energieprobleme Nordkoreas schwerwiegender waren, als wir gedacht hatten. Die Fernheizung war auf ein Minimum reduziert. Wir erfuhren, dass viele Kohlengruben unter Wasser stehen und in Kraftwerken Strom fehlt, um sie betreiben zu können. Ich bekam eine Suite mit drei Zimmern, von denen zwei eiskalt waren, ebenso das Bad. Im Schlafraum hatte man einen Ölradiator aufgestellt, sodass die Temperaturen erträglich waren. Jetzt wurde mir auch klar, weshalb die nordkoreanische Seite mir immer wieder eine andere Jahreszeit für den Besuch vorgeschlagen hatte. Die Kälte war das bestimmende Merkmal unseres viertägigen Aufenthalts. Draußen sanken die Temperaturen auf über minus zwanzig Grad Celsius ab. Bei unserem Gespräch mit dem stellvertretenden Außenminister herrschte eine Temperatur von drei Grad plus. Wenn aber schon Spitzenfunktionäre unter solchen Bedingungen arbeiten mussten, konnten wir uns leicht vorstellen, wie es für die übrige Bevölkerung aussieht. Deshalb haben wir später in Südkorea den Wunsch des nördlichen Nachbarn, ihm mit fünfhunderttausend Kilowattstunden Strom zu helfen, mit Nachdruck unterstützt. Eine solche Stromlieferung würde das Leben in Nordkorea erträglicher gestalten und zugleich dazu beitragen, das Feindbild dort abzubauen. Der Energieengpass scheint gegenwärtig ein größeres Problem zu sein als die Nahrungsmittelknappheit, was uns auch von internationalen Helfern in Pjöngjang bestätigt wurde.

Nach unserer Ankunft im Hotel wies mich unser Begleiter darauf hin, dass wir niemals das Hotel allein verlassen sollten. Wenn wir irgendwelche Wünsche hätten, sollten wir uns an ihn wenden.

Ich erwiderte, ich sei schon über achtzehn Jahre alt und hätte bisher in jedem Land mein Hotel auch ohne Begleitung verlassen dürfen. Der Begleiter setzte ein ernstes Gesicht auf und sagte, man habe Sorge, dass ich mich in Pjöngjang verliefe, was zu Unannehmlichkeiten führen könnte. Pjöngjang hat sehr breite Straßen, und zwischen den Häusern erstreckt sich viel freier Raum. Das Hotel verfügt über zwei spitze, hoch emporragende Türme, die man von fast jeder Stelle in der Stadt sehen kann. Sich dort zu verlaufen ist fast unmöglich. Es ging also schlicht darum, Kontakte zwischen uns und »normalen« Nordkoreanern zu verhindern, zumal wir uns mit Hilfe des Dolmetschers hätten leicht verständigen können.

Das Besuchsprogramm an den vier Tagen zeichnete sich vornehmlich durch Besichtigungen und weniger durch Gespräche aus. Es war nur eine Beratung bei der Abteilung Internationale Verbindungen des ZK der Partei der Arbeit Koreas und ein Gespräch mit Kim Jong Nam vorgesehen. Erst auf unseren Wunsch kam noch ein Treffen mit dem stellvertretenden Außenminister Tschö Sa Hon hinzu.

Zunächst besichtigten wir das Kim-Il-Sung-Mausoleum. Es ist ein pompöses Gebäude, und man braucht vom Einlass bis zum gläsernen Sarg etwa dreißig Minuten. Dabei wird man auf laufenden Bändern transportiert und durch getragene Musik schrittweise auf die Begegnung mit dem verstorbenen großen Führer Nordkoreas vorbereitet. Man muss eine Sicherheitsanlage passieren, in der man auf metallische Gegenstände untersucht wird. Anschließend werden einem von unten die Schuhe durch rollende Bürsten gereinigt. Kurz vor dem gläsernen Sarg begibt man sich einzeln in eine Kabine, in der man durch Wind entstaubt wird.

Während des Besuches und während der Gespräche wurde mir einiges klar. Nordkoreas Entwicklung unterscheidet sich von der aller anderen Staaten in Osteuropa und in Asien, die sich, ob zu Recht oder nicht, sozialistisch nannten beziehungsweise nennen. Das hängt zunächst mit der Geschichte Koreas zusammen. Das

Land war immer ein Spielball von Großmächten. An der Grenze zu China war es über Jahrhunderte den Begehrlichkeiten des großen Kaiserreiches ausgesetzt. Wünschte andererseits das Kaiserreich Japan einen Zugriff auf das Festland, lag eine Besetzung Koreas nahe, wenn es eine Besetzung Chinas nicht wagte. Die Geschichte Koreas ist deshalb eine Geschichte des Kampfes um Unabhängigkeit. 1945 wurden die Japaner vertrieben, und aufgrund einer Vereinbarung zwischen den USA und der UdSSR wurde Nordkorea sowjetisch und Südkorea amerikanisch besetzt. Die Grenze verlief am 38. Breitengrad. Aber schon nach wenigen Jahren zogen Besatzungsmächte ihre Truppen zurück. Glaubwürdig wird einem versichert, dass Kim Il Sung den Truppenabzug in zähen Verhandlungen mit der Sowjetunion erreichte, was mit dem koreanischen Anspruch zusammenhängt, sich autark zu entwickeln. Der Koreakrieg Anfang der fünfziger Jahre führte zunächst zu raschen militärischen Erfolgen des Nordens über den Süden. Erst mit Hilfe der zurückkehrenden US-Streitkräfte und militärischer Unterstützung anderer Länder gelang es dann, die nordkoreanischen Truppen bis dicht an die chinesische Grenze zurückzudrängen. Daraufhin griff China ein und marschierte bis zum 38. Breitengrad vor, sodass Korea an derselben Stelle geteilt wurde, an der auch vor dem Krieg die Grenze verlaufen war. Auch diesmal erwirkte Kim Il Sung relativ rasch, dass sich die chinesischen Truppen wieder aus Nordkorea zurückzogen. Die US-Truppen dagegen blieben aufgrund eines UN-Beschlusses in Südkorea stationiert. Die Südkoreaner hatten die Erfahrung gemacht, dass sie ohne die USA der nordkoreanischen Armee unterlegen waren, und sicherten sich ihre Eigenständigkeit mit Hilfe US-amerikanischer Truppen. Bemerkenswert für die heutigen politischen Auseinandersetzungen ist daran, dass die USA über Jahrzehnte verschiedene Diktaturformen in Südkorea unterstützt haben, Südkorea den USA also die Unabhängigkeit, keineswegs aber eine Demokratie verdankt. Die hat sich die südkoreanische Opposition selbst hart erkämpft.

Das aus der koreanischen Geschichte erklärliche starke Bestreben nach unabhängiger Entwicklung erklärt auch, weshalb die Partei der Arbeit Koreas eines eigenständigen ideologischen Gerüstes bedurfte. Während sich alle anderen in Europa, Asien oder auch in Kuba regierenden kommunistischen Parteien regelmäßig als marxistisch-leninistisch bezeichneten und gegebenenfalls darauf hinwiesen, den Marxismus-Leninismus entsprechend den spezifischen Interessen des eigenen Landes weiterentwickelt zu haben, ersann Kim Il Sung die Dschudsche-Ideologie als weltanschauliche Grundlage der Partei der Arbeit Koreas und des nordkoreanischen Volkes. Mir wurde zum Beispiel ausdrücklich erklärt, dass Marx das Materielle in den Vordergrund gestellt habe, während Kim Il Sung den Menschen in den Mittelpunkt stelle. Vor allem aber diente die Dschudsche-Ideologie dazu, die Eigenständigkeit Nordkoreas auch gegenüber anderen Ländern, die sich sozialistisch nannten, zu betonen. Die Dschudsche-Ideologie soll Geltung für die gesamte Welt haben. Das wird einem auch am so genannten Dschudsche-Turm verdeutlicht, der zum fünfundsiebzigsten Geburtstag Kim Il Sungs errichtet wurde. Tafeln aus einer Vielzahl von Ländern vermitteln den Eindruck, die Dschudsche-Ideologie sei weltweit verbreitet. Eine der Tafeln stammte sogar vom Stellvertreter des Vorsitzenden der rechtsnationalistischen Partei Russlands, Schirinowski.

Die Dschudsche-Ideologie erklärt sich aber nicht nur aus der autarken Entwicklung Koreas. Sie stellt in gewisser Hinsicht tatsächlich den Menschen in den Mittelpunkt, aber als gleichgeschaltetes soziales und eher entindividualisiertes Wesen. Also muss es einen Führer geben, der durch die Dschudsche-Ideologie gerechtfertigt wird. Die eigenständige Ideologie und das Streben nach Unabhängigkeit Nordkoreas hatten für das Land auf jeden Fall den Vorzug, dass es sich aus den scharfen sowjetisch-chinesischen Auseinandersetzungen einigermaßen heraushalten konnte, und sie bildeten auch die Grundlage dafür, dass die Partei der Arbeit Koreas und Kim Il Sung die nationale Frage zu keinem Zeitpunkt aus dem

Auge verloren. Das Streben nach Vereinigung der beiden Koreas – wenngleich zumindest früher nur durch Ausdehnung des nordkoreanischen Systems gedacht – war immer eines der erklärten Hauptziele nordkoreanischer Politik. In meinen Gesprächen in Nordkorea habe ich diesen Punkt durchaus gewürdigt, denn unter anderem deshalb, weil die SED die nationale Frage vom Beginn der sechziger Jahre an aufgab, konnte sie, als die Geschichte die Vereinigung der beiden deutschen Staaten auf die Tagesordnung setzte, in diesem Prozess keine aktive Rolle spielen. Kim Jong Il muss keinen Bruch in der Politik vollziehen, um sich für die Vereinigung Koreas einzusetzen.

Auf der anderen Seite hat die autarke Entwicklung Nordkoreas zu einer fast vollständig geschlossenen Gesellschaft geführt. Man kann dort keine ausländischen Fernseh- oder Rundfunksender empfangen. Es gibt auch keine Zeitschriften und Zeitungen aus anderen Ländern. Die nordkoreanische Bevölkerung ist ausschließlich auf Informationen ihrer eigenen Medien angewiesen, und was man nicht kennt, kann man auch nicht anstreben. Deshalb sind alle Vorstellungen, die Gesellschaft Nordkoreas könnte unter den gegenwärtigen Bedingungen implodieren, illusionär. Zu einer Öffnung Nordkoreas und einer Annäherung beider Länder kann es nur mit der Führung Nordkoreas, nicht gegen sie kommen. Und genau darin liegt auch ihre Chance, im Rahmen von Veränderungsprozessen würdig einbezogen zu werden, was wiederum von Südkorea erforderte, diese Einbeziehung nordkoreanischer Eliten in den Vereinigungsprozess zu akzeptieren. Zur Öffnung Nordkoreas gibt es meines Erachtens keine Alternative, denn das Land ist wirtschaftlich einfach am Ende. Bei unseren Gesprächen wurde uns berichtet, dass man die vergangenen Jahre als Periode der Entbehrungen bezeichnet, die nunmehr vorüber sei. Es beginne jetzt der »Marsch der roten Fahnen«, wobei uns bis zum Schluss unklar blieb, was darunter zu verstehen ist. Die Fragen der Ernährung sollen mittels einer »Kartoffelrevolution«, einer »Samenrevolution« und einer »Welsrevolution« gelöst werden. Kartoffeln lassen sich leichter anbauen als Reis, allerdings müsste sich auch die Ernährungsweise der Bevölkerung entsprechend ändern. Mit der »Samenrevolution« ist offensichtlich geplant, der Züchtung geeigneten Samengutes höhere Aufmerksamkeit zu widmen. Darüber hinaus werden überall Teiche angelegt, in die Welse eingesetzt werden. Diese können sich auch von Schlamm ernähren, sodass die Meinung besteht, auch dadurch die Ernährungsfrage leichter lösen zu können. Aber alle drei »Revolutionen« können die Notwendigkeit internationaler Kooperation, internationalen Austausches, nicht beseitigen.

Uns fiel in Nordkorea auf, dass die gewählten Gremien der Partei faktisch nicht mehr existieren. Im Unterschied zu früher und im Unterschied zu anderen Ländern, die sich sozialistisch nannten beziehungsweise nennen, ist das Zentrum der Macht nicht – zumindest nicht mehr – die Parteiführung. Der letzte Parteitag der Partei der Arbeit Koreas hat 1980 stattgefunden. Viele Mitglieder des Zentralkomitees sind in den vergangenen zwanzig Jahren gestorben, ohne dass es je zu einer Nachwahl gekommen ist. Seit 1995 soll es nach unseren Informationen keine Tagungen des Zentralkomitees mehr gegeben haben. Seit diesem Zeitpunkt sind auch keine neuen Politbüromitglieder mehr gewählt worden. Von über zwanzig früheren Mitgliedern des Politbüros leben nur noch sieben, sodass es faktisch aufhört zu existieren. Jüngstes Mitglied im Politbüro ist der Führer Kim Jong Il mit achtundfünfzig Jahren. Die anderen Mitglieder sind über siebzig, manche über achtzig Jahre alt. Parteifunktionen werden im Protokoll kaum noch erwähnt. An erster Stelle im Protokoll steht die Mitgliedschaft im Verteidigungskomitee. Vorsitzender dieses Komitees ist Kim Jong Il, und dies wurde er vor seiner Ernennung zum Generalsekretär der Partei. Die Macht hat sich – wie uns gegenüber auch erklärt wurde – vom Politbüro auf das Verteidigungskomitee verlagert. So gibt es zum Beispiel für die Abteilung Internationale Beziehungen des Zentralkomitees keinen zuständigen Sekretär und kein zuständiges Politbüromitglied im Zentralkomitee mehr. Der Apparat der

Partei existiert weiter, aber faktisch ohne gewählte Gremien an der Spitze. Daraus erklärt sich auch, dass nicht das Zentralkomitee Kim Jong Il zum Generalsekretär der Partei gewählt hat, sondern eine Tagung von Bezirkskomitees. Demzufolge nennt er sich auch nicht Generalsekretär des Zentralkomitees, sondern Generalsekretär der Partei.

Für uns war aber zunächst nicht einzuschätzen, welches Motiv Kim Jong Il bewegt haben könnte, eine Machtverlagerung von der Partei auf das Militär zu organisieren. War das ein Kompromiss mit dem Militär? War der Parteiapparat so desolat, dass nur noch das Militär die Ordnung aufrechterhalten konnte? Will das Militär eher die Öffnung des Landes als die Partei? Oder ist es genau umgekehrt?

Später in Südkorea erfuhren wir von unseren Gesprächspartnern, dass das nordkoreanische Militär nicht sonderlich an einer Öffnung des Landes interessiert sein soll und es deshalb wichtig wäre, dort die Partei der Arbeit zu stärken. Tatsache ist, dass es im Politbüro einer Partei Verantwortliche für alle gesellschaftlichen Bereiche gibt und dass deshalb ein Interessenausgleich zwischen Wirtschaft, Landwirtschaft, Landesverteidigung etc. organisiert werden muss. In einem Militärkomitee kommen vornehmlich militärische Interessen zur Geltung. Natürlich konnten wir den Mitarbeitern des ZK der Partei der Arbeit keine offiziellen Parteibeziehungen zusichern, nur eine Prüfung. Die politischen Unterschiede zwischen ihr und der PDS sind einfach zu groß. Außerdem bestünde im Falle offizieller Beziehungen die Gefahr, dass die PDS durch entsprechende Berichte des Bundesamtes für Verfassungsschutz und in den Medien diskreditiert würde, denn ihr könnte eine Nähe zur Politik und Ideologie der Partei der Arbeit Koreas unterstellt werden. Das musste ich später auch unseren südkoreanischen Gesprächspartnern mitteilen, die aus besagten Gründen durchaus daran interessiert sind, dass wir unsere Kontakte zur nordkoreanischen Partei der Arbeit Koreas intensivieren, auch offizielle Beziehungen aufnehmen. Im Unterschied zu westlichen Medien gehen sie davon aus, dass Kim Jong Il nicht vom Militär beherrscht wird, sondern dass er auch dieses dominiert. Noch interessanter für uns war ihre Einschätzung, Kim Jong Il strebe die Öffnung und Erneuerung des Landes an, nur wisse er noch nicht genau, wie das dem Militär, wahrscheinlich auch dem Parteiapparat, beizubringen sei und wie man unter den Bedingungen der Öffnung politische Stabilität in Nordkorea wahren könne. Tatsächlich sprach Kim Jong Il noch während unserer Anwesenheit in Nordkorea von einem notwendigen »neuen Denken« in einer »neuen Zeit«, ohne dies näher zu definieren. Als wir in Südkorea waren, würdigte er während eines erneuten Besuches Chinas dessen Entwicklung, was dafür spricht, dass er zumindest ökonomisch den chinesischen Weg beschreiten will. Allmählich lösten sich dadurch für uns Widersprüche auf. Offensichtlich akzeptiert Kim Jong Il tatsächlich die Notwendigkeit einer Öffnungspolitik, hat diese aber in Nordkorea noch nicht verkündet, sodass eben der Präsident des Parlamentes auf entsprechende Vorstellungen der Vizepräsidentin des Deutschen Bundestages abwehrend reagieren musste.

Die nordkoreanische Führung hat sich nach meiner Einschätzung ein praktikables Modell für die von ihr angestrebte Konföderation mit Südkorea ausgedacht. Ihr Ziel ist die Bildung einer Bundesregierung. Wir fragten, welche Kompetenzen auf die Konföderation übertragen werden und welche bei dem jeweiligen Land bleiben sollen. Zunächst klingt es völlig abwegig, wenn die nordkoreanische Führung von der Aufrechterhaltung zweier Systeme innerhalb einer Konföderation spricht. Ihre Vorstellung läuft aber darauf hinaus, dass jede Seite vorschlagen kann, etwas in die Kompetenz der Konföderation zu verlagern. Stimmt die andere Seite zu, ist es von diesem Zeitpunkt an Konföderationsangelegenheit. Stimmt sie nicht zu, bleibt die Zuständigkeit des jeweiligen Staates bestehen.

Die Einschätzung unserer Reise nach Nordkorea bliebe unvollständig, würde ich die Gastfreundschaft und Höflichkeit unerwähnt lassen. Wir verließen Pjöngjang mit zwiespältigen Gefühlen. Vieles, was wir erlebt hatten, war uns fremd.

Als wir nach Peking zurückkehrten, merkten wir, welch enorme Entwicklung China in den letzten Jahren vollzogen hat. Die chinesischen Politiker, mit denen wir sprachen, zeigten sich überrascht, als wir ihnen unseren Eindruck von den veränderten Machtstrukturen in Nordkorea schilderten. Sie blieben aber – und offensichtlich zu Recht – dabei, dass Kim Jong Il eine Öffnungspolitik will. Hier wird die Kompliziertheit von Geschichte offenkundig. Als westeuropäischer Demokrat müsste ich mich mit aller Entschiedenheit gegen die absolutistische Macht Kim Jong Ils in Nordkorea wenden. Wenn er dann aber tatsächlich der Garant für eine Entwicklung und Öffnung Nordkoreas sein sollte, dann könnte seine Machtfülle für das Land von Vorteil sein, zumindest vorübergehend.

In Südkorea wurden wir fast wie Staatsgäste behandelt. Wir führten Gespräche mit dem Ministerpräsidenten, mit dem Vereinigungsminister, mit zahlreichen Ausschussvorsitzenden des Parlaments, mit Vertretern der regierenden Parteien ebenso wie mit Vertretern der großen konservativen Oppositionspartei. Die Millenniumspartei, die Regierungspartei des südkoreanischen Präsidenten und Friedensnobelpreisträgers, hatte bisher in Deutschland überwiegend Kontakte zur SPD. Mich erfreute ihr Wunsch, auch offizielle Beziehungen zur PDS herzustellen. Darauf konnte ich sofort und positiv reagieren.

In Südkorea wurde ich politisch an die Situation des ersten Gesprächs zwischen Willy Brandt und dem damaligen Ministerpräsidenten der DDR Willi Stoph in Erfurt im Jahre 1971 erinnert. Heute ist schon fast vergessen, dass CDU und CSU Brandt wegen seiner Entspannungspolitik in Richtung Osteuropa und speziell gegenüber der DDR scharf attackierten. Sie behaupteten, er gebe damit das Vereinigungsziel auf und stütze außerdem die Regimes in Osteuropa. Im Wahlkampf zwischen Willy Brandt und Franz

Josef Strauß war die Ostpolitik der eigentliche Schwerpunkt. Nachdem CDU und CSU die Wahlen verloren hatten, schwenkten sie auf die Entspannungspolitik ein. Es war dann sogar Strauß, der für die DDR den größten Kredit in ihrer Geschichte organisierte. Es ging um eine Milliarde Mark. Inzwischen war bei ihm, bei Helmut Kohl und anderen konservativen Politikern der Eindruck entstanden, dass finanzielle Hilfen und Kredite die DDR nicht stärkten, sondern abhängiger machten und deshalb eher instabiler.

Der südkoreanische Präsident kämpft heute auch gegen eine starke Opposition für eine Annäherung des Südens an den Norden. Die gleichen Argumente, wie sie früher in Deutschland benutzt wurden, begegneten mir nun von Seiten der Großen Nationalpartei, der konservativen Opposition in Südkorea. Ihre Vertreter wiesen darauf hin, dass jede Hilfe das Regime in Nordkorea stabilisiere, dass es nur einen erfolgreichen Weg für die Wiedervereinigung geben könne, nämlich Nordkorea permanent unter Druck zu setzen. Abgesehen davon, dass eine solche Haltung in Bezug auf die nordkoreanische Bevölkerung nicht besonders human ist, halte ich sie auch für politisch falsch. Ich konnte deshalb in meinen Gesprächen immer auf die veränderten Positionen von CDU/CSU zur Entspannungspolitik Willy Brandts hinweisen, gerade auch auf den von Franz Josef Strauß eingefädelten Milliardenkredit für die DDR. Ich fragte die konservativen südkoreanischen Politiker, ob sie sich nicht die Jahre des Bekämpfens schenken und stattdessen lieber gleich mit den Regierungsparteien auf Entspannungspolitik setzen wollten. Andererseits spürte ich auch, dass die regierenden Parteien die Oppositionsparteien nicht gern in ihre Nordkoreapolitik einbezogen, was zum Teil auch deren Haltung erklärt. Wenn man noch bedenkt, dass es nicht nur um eine große nationale Frage geht, sondern auch um heikle militärische und sicherheitspolitische Probleme, dann wäre ein gemeinsames Vorgehen von Regierungs- und Oppositionsparteien nicht nur wünschenswert, sondern elementar und notwendig.

Im gesellschaftlichen Bewusstsein Südkoreas gibt es durchaus auch noch Befürchtungen vor einer Überlegenheit Nordkoreas, was zum einen aus der Überlegenheit der nordkoreanischen Streitkräfte im Koreakrieg, zum anderen aus der jahrzehntelangen diktatorischen Entwicklung in Südkorea selbst und nicht zuletzt aus der Tatsache, dass das Pro-Kopf-Einkommen der nordkoreanischen Bevölkerung bis 1969/1970 höher lag als das der südkoreanischen. Zu diesem Zeitpunkt setzte dann allerdings ein gigantischer wirtschaftlicher Aufschwung Südkoreas ein, der Auswirkungen bis nach Deutschland hatte. Ob die Schiffsproduktion, die Produktion eines eigenen Autos oder die von Chips, stets riet das Ausland mit dem Hinweis von einer Investition ab, dass eine solche gigantische Aufgabe in eigenständiger südkoreanischer Produktion nicht zu lösen sei, und jedes Mal bewies Südkorea das Gegenteil. Auch solche wirtschaftlichen Leistungen untermauern den Stolz der Koreaner. Allerdings wurde Südkorea von der so genannten Asienkrise besonders hart getroffen. Dennoch ist das ökonomische und demokratische Gefälle zwischen Süd- und Nordkorea heute so groß, dass die südkoreanische Gesellschaft eine besondere Attraktivität der nordkoreanischen nicht zu befürchten brauchte. Aber immer noch gilt das Gesetz, wonach nicht genehmigte Kontakte zu Nordkorea unter Strafe gestellt sind. Südkorea lebt zwar heute unter den Bedingungen einer Demokratie. Aber die lange Zeit wechselnder Diktaturen bestimmt das Denken und Handeln einiger immer noch mit. Wahlkämpfe werden wie Schlachten geführt, auch die Regierungsvertreter zeigen zum Beispiel eine Haltung gegenüber den Medien, die vom Wunsch nach disziplinierter Einordnung getragen ist. Würdigungen eines Führers sind ihnen nicht fremd. Parteien werden um eine Person herum gebildet. Eine wirkliche Aufarbeitung der Geschichte ihrer Diktatur hat bis heute nicht stattgefunden.

Bei den Gesprächen stellte sich auch heraus, dass es kaum inoffizielle Kontakte zwischen Süd- und Nordkorea gibt, und wenn, dann nur sporadisch und mit immer wechselnden Personen. Ich wurde gefragt, wie das früher zwischen den beiden deutschen

Staaten gelaufen sei, und verwies auf die Rolle von Rechtsanwalt Wolfgang Vogel. Er habe das Vertrauen der Regierenden sowohl in der DDR als auch in der BRD genossen, dort auch der führenden Kräfte in den jeweiligen Oppositionsparteien. Ihm sei es dadurch möglich gewesen, viele Fragen zwischen den beiden deutschen Staaten einer Lösung zuzuführen, die offiziell zwischen den Regierungen nicht hätten verhandelt werden können. An diesem Beispiel zeigten sich die südkoreanischen Politiker besonders interessiert. Ich musste sie allerdings darauf hinweisen, dass dieser Mann nach Herstellung der Einheit mehrere Monate in Untersuchungshaft gesessen hatte, quasi als Dank für seine frühere Vermittlungstätigkeit. Immerhin, letztlich ist er vom Bundesgerichtshof freigesprochen worden. Es werde schwer sein, sagte ich, jemanden zu finden, der in Korea die gleiche Aufgabe übernähme, wenn er mit einem solchen Schicksal rechnen müsse. Sie selbst erwähnten dann, dass die nordkoreanische Führung besonders erschüttert gewesen sein soll, als sie die Bilder von der Erschießung Nicolae Ceaușescus und der Inhaftierung Erich Honeckers gesehen hätten. Deshalb legten die südkoreanischen Regierungspolitiker Wert darauf, die Eliten Nordkoreas zu beruhigen. Ohne sie würde ein Vereinigungsprozess nicht stattfinden. Um die nordkoreanischen Eliten für einen solchen Prozess zu gewinnen, müssten deren Ängste abgebaut werden. Das alles konnte ich gut verstehen.

Erzählt wurde mir auch, dass der Vorsitzende der Deutsch-Koreanischen Parlamentariergruppe im Bundestag, der Abgeordnete Hartmut Koschyk von der CDU/CSU-Bundestagsfraktion, ganz anders in Südkorea aufgetreten sei. Er habe ihnen vor allem von den positiven Erfahrungen mit der Gauck-Behörde berichtet und ihnen empfohlen, möglichst schon jetzt eine solche Einrichtung zu planen, damit sie im Falle einer Vereinigung ihre Tätigkeit gleich aufnehmen könne. Mein Eindruck war, dass die südkoreanischen Regierungspolitiker eine solche Herangehensweise aus nachvollziehbaren Gründen ablehnen. Während die Bundesrepublik Deutschland über Jahrzehnte eine demokratische Entwicklung genommen hat, kann Gleiches von Südkorea nicht behauptet werden. Eine derart einseitige Form von Aufarbeitung der Geschichte schließt sich mithin aus. Verfolgungen, ungerechte Verurteilungen, Unterdrückung von Opposition, von Freiheitsrechten, das war eben über Jahrzehnte auch der Alltag in Südkorea. Vor allem aber, eine Vereinigung wird im Unterschied zu Deutschland nicht dadurch zustande kommen, dass Nordkorea in nächster Zeit implodiert. Und wenn man die Eliten eines Landes zur Vereinigung benötigt, kann man sie nicht verfolgen, auch nicht nachträglich.

Bei einem Frühstück, das vom Deutschen Industrie- und Handelstag in Südkorea für mich und meine Delegation gegeben wurde, habe ich versucht, die Vertreter deutscher Unternehmen davon zu überzeugen, dass es Sinn machte, jetzt relativ uneigennützig in Nordkorea zu helfen. Unternehmen – so meine Argumentation – hätten ja nicht nur eine ökonomische, sondern auch eine soziale und gesellschaftliche Verpflichtung. Im Übrigen könnte Nordkorea eines Tages zu einem interessanten Markt werden, und dann wäre es ja auch für sie nicht von Nachteil, wenn ihre Produkte dort schon bekannt und eingeführt seien. Die asiatische Wirtschaftsentwicklung der letzten Jahrzehnte zeige, dass deutsche Unternehmen nicht selten zu spät kämen. Der Vertreter von Siemens wies mich darauf hin, dass er eine solche Möglichkeit nicht habe, weil er wegen der amerikanischen Anteile am Unternehmen dem US-Embargo unterliege. Andere zeigten sich bereit, über entsprechende Maßnahmen nachzudenken. Sie wollten vor allem von mir hören, wie ich die politische Lage in Deutschland beurteilte. Wer sich lange im Ausland aufhält, nur auf das Fernsehen der Deutschen Welle und verspätet eingehende Zeitungen angewiesen ist, schätzt solche persönlichen Bewertungen besonders.

Alle Gesprächspartner waren an unseren Eindrücken aus

Nordkorea interessiert und animierten uns, die Kontakte nach Nordkorea zu verstärken und nichts zu unternehmen, was die Beziehungen gefährden könnte. Letzteres belastete mich wiederum in Gesprächen mit südkoreanischen und deutschen Journalisten, weil ich Zurückhaltung üben musste. Und deshalb habe ich auch beim Schreiben dieses Abschnitts ein ungutes Gefühl, da ich nicht beurteilen kann, welche Äußerung von mir künftige Kontakte nach Nordkorea erschwert. Dabei wünsche ich nach dem Besuch beider koreanischen Länder nichts mehr, als dass ein friedlicher Annäherungsprozess gelingt, in dem insbesondere die Lebensqualität der nordkoreanischen Bevölkerung deutlich angehoben wird und auch die spezifischen Erfahrungen, insbesondere die sozialen, der nordkoreanischen Bevölkerung entsprechende Berücksichtigung finden.

Wenn mir jemand vor fünfzehn Jahren erzählt hätte, dass ich meinen dreiundfünfzigsten Geburtstag am 38. Breitengrad auf südkoreanischer Seite verbringen würde, hätte ich ihn glatt für verrückt erklärt. Aber genau so ist es gekommen. Das Leben hält eben doch viele Überraschungen bereit. In Panmunjom am 38. Breitengrad sieht man einen der Anachronismen aus dem 20. Jahrhundert. Obwohl es an der Demarkationslinie keine Mauer und keinen Grenzzaun gibt, stehen sich nordkoreanische Soldaten auf der einen Seite und US-amerikanische und südkoreanische auf der anderen Seite scheinbar unüberwindlich getrennt gegenüber. Ein südkoreanischer und ein US-amerikanischer Soldat erklärten mir die militärische Situation, während ich von nordkoreanischen Soldaten beobachtet wurde. Die Situation ist gespenstisch, dennoch nicht ganz ohne Faszination, doch muss sie auf jeden Fall überwunden werden. Am Abend gratulierten mir die südkoreanischen Gastgeber beim Abendessen mit einer Torte zum Geburtstag. Ich durfte sie anschneiden, und anschließend wurde sie abgeräumt. Meine Erwartung, während des Abendessens ein Stück von dieser Torte zu bekommen, wurde allerdings nicht erfüllt. Ob dies ein Versehen war oder aber Sitte ist, kann ich nicht einschätzen.

Bei meiner Rückreise war mein Koffer zur Hälfte mit Geschenken gefüllt. Kein Treffen mit südkoreanischen Politikern, kein Essen mit ihnen, bei dem nicht der gesamten Delegation Geschenke überreicht worden waren. Wir hatten größte Mühe, mit Gegengeschenken einigermaßen mitzuhalten. Der Bundestag ist auf so etwas ohnehin nicht vorbereitet. Für mich habe ich auf jeden Fall eine Schlussfolgerung gezogen. Bei der nächsten Reise nach Südkorea brauche ich zwei Koffer, einen gefüllt mit meinen Klamotten und einen zweiten, gefüllt mit Geschenken.

Unsere freundschaftliche Aufnahme in Nord- und Südkorea hat mich auf jeden Fall bestärkt, die mir mögliche Hilfe auch künftig zu gewähren, wobei ich mir darüber im Klaren bin, dass sich deutsche Erfahrungen nur sehr begrenzt auf Korea übertragen lassen und dass gerade der Nationalstolz der Koreaner von diesen verlangt, solche Probleme möglichst eigenständig und ohne Hilfe durch Dritte zu lösen. Aber das Interesse beider Seiten hat mir auch gezeigt, dass eine gewisse Hilfe erwünscht ist und deshalb auch gewährt werden sollte.

Kapitel 8

Die PDS von 1998 bis 2000 – und darüber hinaus

Bis zum Bundestagswahlkampf 1998 hatte die PDS eine erstaunliche Entwicklung durchgemacht. Ihre Akzeptanz in der ostdeutschen Bevölkerung war erheblich gewachsen, und in der westdeutschen Bevölkerung hatten sich zumindest die Ängste vor ihr abgebaut. Der Bundestagswahlkampf 1994 war, wie geschildert, in Bezug auf die PDS von der Rote-Socken-Kampagne der CDU dominiert worden. 1998 wehrten sich die CDU-Landesverbände Ost gegen eine Wiederauflage dieser Kampagne, was dazu führte, dass sich die Auseinandersetzung mit der PDS seitens der CDU in Grenzen hielt. Die Bedrohung sah für uns diesmal ganz anders aus.

Es bestand die Gefahr, dass die PDS zu wenig wahrgenommen würde und an einem taktischen Verhalten der Wählerinnen und Wähler scheitern könnte. SPD und Grüne wurden zu den Hauptgegnerinnen einer PDS-Wahl. Sie erklärten der deutschen Öffentlichkeit, es gebe erstmalig die reale Chance, die Mehrheit von CDU/CSU und F.D.P. im Bundestag zu brechen, damit Helmut Kohl als Bundeskanzler abzulösen und einen personellen und politischen Neubeginn zu ermöglichen. Dieser aber fiele aus, falls die PDS in den Bundestag einzöge. Im Falle ihres Einzugs ergäbe sich wahrscheinlich keine Mehrheit von SPD und Grünen, sondern nur von SPD, Grünen und PDS. Da aber eine Zusammenarbeit mit dieser ausgeschlossen sei, entstünde der Zwang zu einer Großen Koalition, wobei Kohl Kanzler bliebe, wenn die CDU/CSU mehr Stimmen erhielte als die SPD. Jürgen Trittin und andere formulierten deshalb immer wieder, wer PDS wähle, wähle in Wirklichkeit Kohl.

Dieser Methode des Wahlkampfes war schwer zu begegnen, denn SPD und Grüne führten keine sachpolitische Auseinandersetzung mit der PDS. Tatsächlich bestand ja die Gefahr, dass es eine Mehrheit jenseits von CDU/CSU und F.D.P. nur mit der PDS gäbe, und es war auch nicht widerlegbar, dass SPD und Grüne nach der Bundestagswahl ein Zusammengehen mit der PDS ablehnen würden. Da gerade linke Wählerinnen und Wähler in den alten Bundesländern zu taktischem Wahlverhalten neigen, war uns klar, dass die Argumentation von SPD und Grünen ihre Wirkung nicht völlig verfehlen würde. Wir waren mithin gezwungen, den eigenständigen Wert der Vertretung der PDS im Bundestag, unabhängig von allen denkbaren Regierungskonstellationen, zu thematisieren und zusätzlich darauf zu verweisen, wie wichtig es wäre, dass eine mögliche Regierung aus SPD und Grünen sozialen Druck von links erhielte. Das war mehr eine Argumentation für den Westen, und es war auch vorauszusehen, dass sie nur begrenzt verfangen würde.

In den neuen Bundesländern war dagegen relativ glaubwürdig zu vermitteln, dass es erforderlich sei, sich für die Interessen der Ostdeutschen in spezifischer und originärer Form einzusetzen, um Schritt für Schritt Chancengleichheit für sie herzustellen, eine Aufgabe, die weder bei Gerhard Schröder noch bei Oskar Lafontaine, weder bei Joseph Fischer noch bei Jürgen Trittin gut aufgehoben wäre. Der Verlust der PDS-Vertretung im Bundestag wöge auf jeden Fall schwerer als das Erreichen irgendeiner konkreten Regierungskonstellation. Außerdem wiesen wir regelmäßig darauf hin, dass ein Regierungswechsel zumindest an der PDS nicht scheitern solle.

Die Argumentation der PDS ging letztlich auf. Wir konnten im

Westen und im Osten zulegen, wobei die Zunahme in den neuen Bundesländern ausschlaggebend dafür war, dass die PDS erstmalig in ihrer Geschichte bundesweit – wenn auch äußerst knapp – die Fünfprozenthürde überschritt. Die Wahlgewinne der SPD und die Wahlverluste von CDU/CSU waren jeweils so erheblich, dass SPD und Grüne zusammen gegenüber CDU/CSU, F.D.P. und PDS über eine deutliche Mehrheit verfügen.

Die Stellung der PDS im Bundestag hat sich, wie bereits beschrieben, seit der Bundestagswahl 1998 erheblich verändert. Ich selbst erlebte eine spürbar wachsende Aufmerksamkeit. Rednerinnen und Redner im Bundestag begannen, auf mich einzugehen, Beifall und Ablehnung kamen von unterschiedlichsten Seiten. Fanden im Parlament Beratungen der Fraktionsvorsitzenden statt, nahm ich ohne Widerspruch eines anderen Fraktionsvorsitzenden daran teil. Für den Bundeskanzler wurde es zur Selbstverständlichkeit, mich zu Beratungen mit den Fraktionsvorsitzenden ins Kanzleramt einzuladen. Die Angriffe auf meine Person wurden so abrupt und so vollständig eingestellt, dass man sich kaum noch vorstellen kann, mit welcher Aggression ich früher konfrontiert war.

Auch in den Medien wurde die PDS nicht mehr nur als Phänomen, sondern mehr und mehr auch als politische Partei wahrgenommen. Die Inhalte unserer Politik spielen zwar nach wie vor keine gewichtige, aber immerhin doch eine gewisse Rolle. Unser Abstimmungsverhalten wurde in Nachrichtensendungen zumindest gelegentlich erwähnt, es war auch keine ganz große Ausnahme mehr, dass in den Nachrichten Auszüge aus Reden von PDS-Abgeordneten gesendet wurden. Bei einem Vergleich zwischen *Tagesschau* und *heute* zeigt sich, dass das ZDF damit deutlich weniger Schwierigkeiten hat als die ARD. Das muss wohl daran liegen, dass einem Gerücht zufolge das ZDF der CDU und die ARD, insbesondere die Verantwortlichen der *Tagesschau*, der SPD näher stehen. Konkurrenz wird nicht selten stärker gemieden als der politische Gegner. Tatsächlich stellt die PDS für die SPD eine andere Schwierigkeit dar als für die CDU, denn die PDS-Bundestagsfraktion wiederholte zunächst Anträge, die die SPD-Bundestagsfraktion in der Opposition gestellt hatte, um dadurch nachzuweisen, dass die SPD immer stärker von ihren ursprünglichen Vorstellungen und Versprechungen abweicht und im eigentlichen Sinne keine sozialdemokratische Politik mehr betreibt.

Die Normalisierung im Umgang mit der PDS durch andere Parteien, durch Gewerkschaften, Kirchen, Verbände und Medien ist kein abgeschlossener und vollständiger Vorgang gewesen. Nach wie vor gibt es Versuche der CDU/CSU-Bundestagsfraktion, den Kalten Krieg mit der PDS fortzusetzen. Der Beschluss dieser Fraktion, keine Anträge der PDS zu unterstützen und mit ihr auch nicht gemeinsam Anträge zu stellen, ist erneuert worden. Während die meisten Einzelgewerkschaften eher normale Kontakte zur PDS unterhalten, gilt das zum Beispiel für die Einzelgewerkschaft Bergbau, Chemie und Energie nicht. Werde ich von evangelischen Gemeinden eingeladen, eine Predigt zu halten, intervenieren regelmäßig die Kirchenleitungen. Auch die katholische Kirche sieht Probleme im Umgang mit der PDS, obwohl ich inzwischen auch ein sehr ausführliches und gutes Gespräch mit dem Nuntius, das heißt dem Vertreter des Vatikans in Deutschland, hatte. Trotzdem ist ganz deutlich zu spüren, dass die Zeit der Ausgrenzung und Tabuisierung der PDS vorüber ist, dass der Kalte Krieg nicht mehr glaubwürdig fortgesetzt werden kann, nachdem seine historischen Grundlagen entfallen sind.

Das alles stärkte das Selbstbewusstsein der Mitglieder der Partei, ihrer Funktionäre und Abgeordneten in den Kommunen, in den Landtagen und im Bundestag. Mit dieser zu begrüßenden Entwicklung ging aber einher, dass die Differenzierungsprozesse in der PDS zunahmen und inzwischen Debatten stattfinden, die die Mitglieder in früheren Zeiten gemieden hatten. Ohne die eingeschworene Ablehnung von außen entfallen die Bedingungen, die zu einer relativen Geschlossenheit der PDS geführt hatten. Die Folge ist, dass die politischen und personellen Auseinandersetzungen in der PDS schärfer geworden sind. Aus der Kommunistischen Plattform, dem Marxistischen Forum und anderen Zusammenschlüssen in der PDS werden inzwischen Ansichten und Forderungen vertreten, die auch deren Mitglieder in den vergangenen Jahren nicht zu artikulieren gewagt hätten.

Die Situation ist nicht ungefährlich für die Zukunft der PDS und nach wie vor nicht endgültig entschieden. Die Ausgrenzung und die damit verbundene Einigelung der Partei haben auch zu einem Stillstand bei der Erneuerung und gedanklichen Bewältigung der Prozesse in der Bundesrepublik geführt. Gelegentlich kommt es zu Versuchen, auf alte Antworten zurückzugreifen, nur weil neue noch nicht gefunden sind. Das kulturelle Problem besteht darin, dass ein Teil der Mitglieder sich aus nachvollziehbaren Gründen in der Gesellschaft der Bundesrepublik Deutschland nach wie vor fremd fühlt, mit ihr eigentlich nichts zu tun haben will und es deshalb anderen Mitgliedern übel nimmt, wenn sie sich als Teil der Gesellschaft verstehen und bewegen. Es entwickelte sich eine Form denunziatorischer Kommunikation, in der gerade jene, die die wesentliche Verantwortung in der PDS trugen, die in besonderer Weise für ihre Existenz und Entwicklung standen, dem Verdacht des Opportunismus, der Anpassung und des Bestrebens ausgesetzt werden, die Sozialdemokratisierung der Partei zu betreiben. Die Motive für solche Denunziationen sind höchst unterschiedlich.

Es gibt nicht wenige Mitglieder in der PDS, die mit ihrer in der DDR erworbenen Qualifikation und in ihrem Alter keine berufliche Perspektive in der Gesellschaft der Bundesrepublik haben. Ihnen kommen Personen verdächtig vor, die sich, ob nun über ein Mandat oder auf andere Art und Weise, eine berufliche Gegenwart und Zukunft organisiert haben. Für sie ist aber auch von besonderem Wert, Bestätigung für ihr früheres Wirken in der DDR zu bekommen. Sie beziehen Kritik an der DDR auf sich selbst. Die Suche nach Rechtfertigung von Zuständen in der DDR ist deshalb in der Regel die Suche nach eigener Rechtfertigung. Auf der anderen Seite gibt es jüngere Mitglieder, die altersgemäß eine bestimmte Radikalität bei der Lösung von ihnen erkannter gesellschaftlicher Probleme fordern. Die SPD ist ihnen viel zu behutsam und angepasst. Aus ihrer Sicht ist aber auch die PDS nicht radikal genug, und zwar weder im Inhalt noch in der Form. Sie stören sich an kleinbürgerlichen Strukturen in der Partei und im Kern auch an realitätsnaher Politik, gerade weil sie viele Realitäten ablehnen. Es gibt Mitglieder aus den alten Bundesländern, für die in gewisser Hinsicht dasselbe gilt wie für einen Teil ehemaliger SED-Funktionäre. Auch sie wollen das Gefühl haben, dass ihr früherer Kampf in der Bundesrepublik und ihre damals gewonnene Weltanschauung weder kritik- noch korrekturbedürftig sind. Sie hoffen, die relative Stärke der PDS nutzen zu können, um mit ihren schon früher gescheiterten Projekten doch noch Recht zu behalten. In ihren jahrelangen Auseinandersetzungen mit der SPD haben sie dieser Partei gegenüber eine ablehnende Haltung entwickelt, die sie der PDS als kulturellen Ausgangspunkt aufzuzwingen versuchen.

Ich bin nicht sicher, ob diejenigen, die die Politik der Parteiführung ablehnen, seit 1998 wirklich zugenommen haben, auf jeden Fall sind sie lauter geworden und haben sich stärker organisiert. Seit längerer Zeit findet ein Kampf statt, in dem es – verkürzt ausgedrückt und deshalb sicher unkorrekt – um die Frage geht: Wem gehört die PDS, wohin soll sie gehen? Die Aufstellung von Dogmen und die Ideologisierung jeder Form von Politik haben an Gewicht gewonnen. Gerade durch ihre Erfolge sind die so genannten Reformer partiell in die Defensive geraten. Aus der Sicht unserer innerparteilichen Gegnerinnen und Gegner ist der Rückzug von Lothar Bisky und mir kaum nachvollziehbar, denn sie führen ihren Kampf derart konsequent und leidenschaftlich, dass sie nicht verstehen, weshalb wir nicht mit gleichen Mitteln gegenzuhalten versuchen. Für die Fortsetzung des Erneuerungsprozesses in der PDS gibt es nur eine Chance, nämlich dass die Mehrheit der Mitglieder diese Fortsetzung will und deshalb diejenigen marginalisiert, die zu dogmatisch-ideologischen Denk- und Verhaltensstrukturen zurückkehren wollen. Lothar Bisky, mir und anderen wurde klar, dass wir diesen Kampf lange Zeit zum Teil stellvertretend führten, weil sich ein Teil jener, die unsere Politik unterstützten, auf uns verließ, aber kaum selbst in die Debatte eingriff. Erst durch unsere Entscheidung sind viele aufgewacht und fangen ernsthaft an, sich mit der Frage des Profils und der Zukunft der PDS auseinander zu setzen und für ihre Perspektive zu streiten. Ich erinnere an das erwähnte Beispiel der Veränderung im Hamburger Landesverband der PDS.

Es ist nichts Besonderes – sollte es zumindest nicht sein –, wenn sich ein Parteivorsitzender oder ein Vorstand mit Personalvorschlägen oder politischen Anträgen auf einem Parteitag nicht durchsetzen kann. Das gibt es in jeder demokratischen Partei, und das gab es auch schon in der PDS. Dennoch stellte die Niederlage des Parteivorstands und damit auch von Lothar Bisky und mir beim UN-Beschluss des Parteitags der PDS in Münster im April 2000 eine Zäsur dar. Denn zum ersten Mal stimmte hier eine große Mehrheit der Delegierten gegen einen Grundsatzantrag des Parteivorstands. Sie hatten sich gefunden und – wie Sahra Wagenknecht von der Kommunistischen Plattform später formulierte – einen wichtigen »Sieg« davongetragen. Entsprechend sah auch die Berichterstattung in den Medien aus, die einige erfreute, andere erschreckte.

Dieser Konflikt hatte sich schon lange angebahnt. Nur in den ersten Jahren gab es wenig Streit in der PDS. Die Situation zeichnete sich damals durch Solidarität und Geschlossenheit aus, weil es darum ging, die Existenz der Partei zu sichern. Seitdem dies einigermaßen gewährleistet war, ist der Kampf um ihre Ausrichtung entbrannt. Die Auseinandersetzungen drehen sich immer wieder um die Fragen, wie die Geschichte der DDR beurteilt werden müsse und wie das sozialistische Profil der Zukunft für die Partei aussehen könnte. Seit Jahren gibt es Mitglieder der PDS, die der Führung der Partei vorwerfen, die DDR nicht genügend zu verteidigen, sich opportunistisch der Bewertung durch die herrschende Klasse in der Bundesrepublik Deutschland anzupassen. Schon in der ersten Legislaturperiode nach Herstellung der staatlichen Einheit kam es in der Bundestagsgruppe zu einer tiefgreifenden Kontroverse. Beim Bundestag war eine Enquetekommission zur Bewertung der DDR-Geschichte gebildet worden, die vom CDU-Abgeordneten Rainer Eppelmann geleitet wurde. Die PDS-Gruppe war durch den Abgeordneten Dietmar Keller vertreten. Gegen Ende der Arbeit dieses Untersuchungsausschusses legte Keller den Entwurf zu einem Minderheitenvotum vor. Er geißelte darin die Unterdrückung in der DDR, die mangelnde Demokratie, die mangelnde Möglichkeit zur Emanzipation für ihre Bürgerinnen und Bürger. Andererseits wich er auch von undifferenzierten und ungerechtfertigten Feststellungen der Mehrheit der Enquetekommission ab. Der PDS-Abgeordnete Uwe-Jens Heuer fand aber die gesamte Richtung des Entwurfes von Keller falsch. Er sah darin eine Anpassung an herrschende Bewertungen und verlangte von der PDS-Bundestagsgruppe, sie habe die Realitäten in der DDR anders aufzuzeigen und zu verteidigen. Die Auseinandersetzung zwischen den beiden wurde so scharf, dass die Sitzung zu platzen drohte. Mir blieb nichts anderes übrig, als insbesondere die Einleitung des Minderheitenvotums neu zu formulieren. Es gelang mir, die Unterstützung sämtlicher Mitglieder der Gruppe einschließlich Kellers und Heuers für meine Formulierungen zu gewinnen. Nur der Ehrenvorsitzende der PDS, Hans Modrow, enthielt sich der Stimme. Noch heute kann die PDS meines Erachtens mit diesem Minderheitenvotum selbstbewusst umgehen. Es gab auch kaum öffentliche Kritik an unseren Feststellungen. Andererseits muss ich einräumen, dass mir in den letzten Jahren ein solcher Konsens nicht mehr gelungen wäre. Die Dinge haben sich so auseinander entwickelt, dass ein gemeinsames Papier von Dietmar Keller und Uwe-Jens Heuer nicht mehr denkbar ist. Heuer würde sich auch auf nichts mehr einlassen, was ich bei einem solchen Konflikt vorschlüge, und ich wäre wahrscheinlich auch nicht mehr bereit, unter dem Gesichtspunkt nachzudenken, wie ich einen Konsens erreichen könnte.

Dietmar Keller war SED- und Staatsfunktionär in der DDR. Unter Erich Honecker brachte er es zum stellvertretenden Kulturminister, und unter Hans Modrow wurde er dann Kulturminister. Uwe-Jens Heuer war in diesem Sinne nie Funktionär, sondern Gesellschaftswissenschaftler. Aber Keller hat sich sehr ernsthaft mit der Geschichte der DDR und mit seiner eigenen Biografie auseinander gesetzt. So wirkt er innerhalb der PDS nicht selten wie ein Provokateur. Gelegentlich mag er in seinen Formulierungen auch zu weit gehen oder verletzend wirken. Ich staune dennoch, wie wenig Anerkennung er innerhalb der PDS für sein Bemühen erfährt, sich selbstkritisch mit seiner Entwicklung zu befassen. Es gab viele verletzende Äußerungen gegen ihn, die ich auch deshalb als besonders ungerecht empfand, weil er im Dezember 1989 ein sechsstelliges Angebot der Friedrich-Ebert-Stiftung ablehnte, um der Modrow-Regierung und der PDS treu zu bleiben. Nachdem wir uns in der Gruppe auf ein Minderheitenvotum verständigt hatten, sprach Dietmar Keller im Bundestag. Unter anderem berichtete er von der tiefen Betroffenheit, die er erlebt hatte, als er mit Opfern von DDR-Unrecht während der Tagungen der Enquetekommission zusammengetroffen war. Die Bewertungen, die er in seiner Rede vornahm, stießen in der PDS auf scharfen Widerspruch. Es gab viele Debattenbeiträge in der Tageszeitung *Neues Deutschland*, die sich mit den Ansichten von Keller beschäftigten.

Dietmar Keller verzichtete von sich aus auf eine erneute Kandidatur für die Bundestagswahl 1994 im Brandenburger Landesverband der PDS, wo er einen sicheren Listenplatz hätte erwerben können. Auf meine Bitte hin versuchte er eine Kandidatur auf der Landesliste der PDS in Sachsen, wo er die Spitzenkandidatur Heinrich Graf Einsiedels unterstützen sollte.

Heinrich Graf Einsiedel ist Mitglied der weit verbreiteten Familie Bismarck. Als junger Fliegeroffizier der deutschen Wehr-

fragwürdige Personalpolitik

macht wurde er im Zweiten Weltkrieg über der Sowjetunion abgeschossen. Er geriet in Kriegsgefangenschaft und schloss sich dem gegen das Hitlerregime agierenden, aber natürlich sowjetisch beeinflussten Nationalkomitee Freies Deutschland an, dessen stellvertretender Präsident er wurde. Nach 1945 hielt er sich zunächst in der Sowjetischen Besatzungszone auf, wechselte dann aber in den Westen. Dort galt er nicht wenige Jahre lang als eine Art Vaterlandsverräter, weil er sich nicht nur zur Naziherrschaft, sondern auch zum Wirken der Wehrmacht äußerst kritisch äußerte. Vor allem aber wurde ihm seine Mitgliedschaft im Nationalkomitee Freies Deutschland verübelt. Heinrich Graf Einsiedel ist ein Linker mit Nationalbewusstsein, und er brachte in aller Öffentlichkeit seine große Freude über die Vereinigung beider deutscher Staaten zum Ausdruck. Wegen seiner nationalen Einstellung weigerte sich der Landesverband der PDS in Bayern, ihn als Spitzenkandidaten für die Bundestagswahl 1994 aufzustellen. Damit eine so wichtige Persönlichkeit für die PDS nicht verloren ging, war der Landesvorstand der PDS in Sachsen gebeten worden und bereit, ihn zu nominieren. Das diesbezügliche Wirken des Landesvorsitzenden Peter Porsch und von Dietmar Keller war erfolgreich. Heinrich Graf Einsiedel wurde Spitzenkandidat der PDS in Sachsen.

Damit war aber die Kompromissfähigkeit der Delegierten des Landesverbandes erschöpft. Für eine aussichtsreiche Kandidatur von Dietmar Keller gab es nicht genügend Stimmen. Zum Schluss verzichtete er sogar zugunsten des Mannes auf eine weitere Kandidatur, der als sein Widersacher gilt, nämlich Uwe-Jens Heuer, der immerhin so aufgestellt wurde, dass er eine zweite Legislaturperiode im Bundestag verbringen konnte.

Im Gegensatz zu Keller kannte ich Heuer aus DDR-Zeiten. Er war keineswegs ein unkritischer Gesellschaftswissenschaftler, wie heute manche meinen mögen. Er erlebte Demütigungen und Degradierungen. Aber inzwischen verteidigt er die DDR in einer Art und in einem Umfang, wie ich es nicht nachvollziehen kann. Auch bei der Bewertung der Bundesrepublik und der Formulierung sozialistischer Positionen für die PDS hat er einen bestimmten Horizont nie überschritten, den er vor 1990 verinnerlicht haben muss. Er verteidigt heute Leute, die ihn vor 1990 zum Teil schäbig behandelt haben, und darin liegt dann auch eine charakterliche Stärke von ihm, für die ich Respekt aufbringe. In ihm hat sich eine tiefe Abneigung gegen Parteimitglieder wie André Brie, Lothar Bisky und mich entwickelt. Ich bin davon überzeugt, dass er uns für eine Art Verräter hält, bestrebt, der PDS jenen Charakter zu rauben, den er für dringend geboten hält. Er merkt nicht einmal, dass es ihm in Wirklichkeit mehr um sich selbst als um die PDS geht, dass die Partei nicht die geringste Perspektive hätte, ließe sie sich von seinen Vorstellungen leiten.

Nachdem Dietmar Keller nicht wieder als Kandidat für die Bundestagswahl 1994 aufgestellt wurde, blieb er zunächst arbeitslos. Nach einigen Monaten stellte ich ihn – wenn auch zunächst nur mit einem Teilzeitvertrag – als einen meiner persönlichen Mitarbeiter ein. Mit der Legislaturperiode 1998 wurde er Berater des Fraktionsvorstandes, eine Funktion, die er bis Ende 2000 ausübte.

Eine weitere Auseinandersetzung will ich hier schildern. Sie fand kurz vor den Bundestagswahlen 1998 statt. Altbundespräsident Richard von Weizsäcker hatte sich gegenüber den Medien zur PDS geäußert. Er kritisierte, dass wir nicht genügend Schlussfolgerungen aus der Geschichte gezogen, uns vor allem bei der Bevölkerung der DDR für das Unrecht, das von der SED begangen worden sei, nicht entschuldigt hätten. Darüber hinaus trat er aber dafür ein, das Verhalten gegenüber der PDS auf eine sachliche, politische Grundlage zu stellen. Er äußerte sich strikt gegen die bis dahin praktizierte Ausgrenzung der PDS. Sein Herangehen war differenziert. Vor allem half uns, dass wir dadurch wenige Monate vor der Bundestagswahl in den Medien präsent waren. Die Parteiführung entschied sich, Richard von Weizsäcker in einem offenen Brief zu antworten. Den Entwurf erarbeitete – wie üblich in solchen Fällen – André Brie, der damalige Wahlkampfleiter der

PDS. Auch unser Brief fand ein breites Medienecho. Kurze Zeit später kam der Jahrestag des Mauerbaus, und die Berliner Landesvorsitzende der PDS, Petra Pau, äußerte sich sehr kritisch zu dieser Art von Grenzsicherung und brachte ihr tiefes Bedauern über die Toten an der Grenze zum Ausdruck. Dann kam – ebenfalls im August – der zwanzigste Jahrestag des Einmarsches der Truppen der Sowjetunion und anderer osteuropäischer Länder in die Tschechoslowakei 1968, zu dem wir uns ebenso ablehnend öffentlich äußerten. Dabei bedauerten wir vor allem, dass der Versuch eines demokratischen Sozialismus im Keim erstickt worden war.

Nach diesen drei Veröffentlichungen reichte es einer Vielzahl von Mitgliedern in der PDS. Uns wurde nicht nur Opportunismus, sondern auch eine moralisch verwerfliche Entschuldigungsorgie vorgeworfen. Die Angriffe richteten sich vornehmlich gegen André Brie, aber auch gegen Lothar Bisky und mich, wenngleich die Gegnerinnen und Gegner unseres Kurses in dieser Zeit noch versuchten, unsere Namen auszuklammern. Sie nehmen Dokumente nie so, wie sie aufgeschrieben sind. Regelmäßig interpretieren sie Motive und deuten Äußerungen in der von ihnen gewünschten Richtung. In dem offenen Brief an Richard von Weizsäcker stand zum Beispiel keine einzige Entschuldigung. Es wurde lediglich darauf hingewiesen, dass ich mich stellvertretend für die Partei bereits im Dezember 1989 auf dem Außerordentlichen Parteitag der SED bei dem Volk der Deutschen Demokratischen Republik entschuldigt hatte. Wir haben in diesem Brief auch unseren Anspruch, eine sozialistische Partei zu sein, ausdrücklich verteidigt. Aber all das nutzte uns gar nichts. Leserbriefe und Debattenbeiträge im *Neuen Deutschland* unterstellten uns, dass die Briefverfasser nur selbst in der Bundesrepublik ankommen wollten, wahrscheinlich nach Posten jagten, auf jeden Fall weder die DDR noch das Profil der PDS in dem Maße verteidigten, wie sie es verdient hätten.

Die Abstände zwischen solchen Auseinandersetzungen wurden

immer kürzer, die Unversöhnlichkeit von Standpunkten nahm zu. Mir wurde auf jeden Fall klar, dass es bei irgendeiner inhaltlichen Frage und zu irgendeinem Zeitpunkt eine Art Knall geben musste, wobei ich nicht sicher war, in welcher Richtung sich die Partei anschließend entwickeln würde.

Die PDS verfügt heute über zahlreiche Politikerinnen und Politiker, die durchaus verstanden haben, welchen Platz die PDS in der Gesellschaft der Bundesrepublik Deutschland einnehmen könnte, die ihre Aufgabenstellung nicht mehr über die Herkunft aus der DDR, sondern über Deutschland definieren wollen.

Lothar Bisky war und ist besonders geeignet, das Vergangene, das Gegenwärtige und das Künftige in einer Person widerzuspiegeln. Darin lag seine integrative Kraft in der PDS. Das galt für mich nicht im gleichen Maße, weil ich meine Auseinandersetzungen mehr im Rahmen der aktuellen Entwicklung in Deutschland als auf die Vergangenheit bezogen führen musste.

André Brie hat wie kaum ein anderer die Partei zum Nachdenken gezwungen, aber auch herausgefordert. Ich habe kein anderes PDS-Mitglied erlebt, das sich so über die Partei ärgern und sich zugleich so energisch für sie einsetzen konnte. André Brie kann auch provozieren und macht das gerne. Auf die dann regelmäßig einsetzenden Attacken reagiert er zu empfindlich, wobei sie nicht selten wirklich verletzend sind. Ich wünschte ihm gerade dann mehr Gelassenheit. Seine Gegnerinnen und Gegner in der PDS werden erstaunt sein, hier zu erfahren, dass gerade er am häufigsten die verurteilten Generale der DDR-Grenztruppen im Gefängnis besucht hat. Er kritisierte die Verhältnisse in der DDR scharf, aber das hinderte ihn nicht daran, diese Art Solidarität zu üben. Auf jeden Fall bin ich mir sicher, dass André Brie ohne die PDS nicht und die PDS ohne ihn nur wesentlich schlechter leben kann. Gelegentlich wollen es beide nicht wahrhaben.

Ein besonders enges und gutes Verhältnis hatte ich auch immer zu den Brandenburger Abgeordneten Heinz Vietze und Michael

Schumann. Beide spielen beziehungsweise spielten weit über ihren Landesverband hinaus eine bedeutende Rolle für die PDS. Michael Schumann war in der DDR als Gesellschaftswissenschaftler und Heinz Vietze als FDJ- beziehungsweise SED-Funktionär tätig. Sie waren beziehungsweise sind keine Provokateure, aber auf deutliche Art und Weise Erneuerer. Sie haben versucht, der PDS Schritt für Schritt ein neues, modernes Profil zu geben. Inhaltlich standen sie deshalb Leuten wie Dietmar Keller und André Brie immer näher als etwa Uwe-Jens Heuer oder Michael Benjamin, dem inzwischen verstorbenen Sprecher der Kommunistischen Plattform. Da sie aber nicht provozierten, sondern behutsamer vorgingen, erfreuen beziehungsweise erfreuten sie sich einer größeren Beliebtheit in der Partei. Immer wieder habe ich die Erfahrung gemacht, dass Funktionen, die PDS-Mitglieder in der DDR innehatten, wenig über ihren heutigen Erneuerungswillen aussagen. Michael Schumann ist im Dezember 2000 tödlich verunglückt, zutiefst tragisch und für die PDS ein ungeheurer Verlust.

In diesem Zusammenhang muss ich etwas zu Hans Modrow sagen. Ich bin ihm seit Ende 1989/Anfang 1990 in besonderer Weise emotional verbunden. Er hat einen in jeder Hinsicht redlichen Charakter und war mir in den ersten Jahren häufig eine moralische, fast väterliche Unterstützung. Ich glaube, dass ich ihn in der Zeit, in der er es besonders nötig hatte, nach besten Kräften verteidigt habe. Für mich ist er aber irgendwann in der Entwicklung stehen geblieben und war dann nicht mehr bereit, den Erneuerungskurs von Lothar Bisky, André Brie und anderen mitzutragen. Besonders gereizt reagiert er regelmäßig auf André Brie. Dahinter steckte meines Erachtens seine Enttäuschung, die er angesichts der staatlichen Vereinigung erlebt hat. Als er Ministerpräsident der DDR wurde, galt er in der DDR und in der BRD als Hoffnungsträger. Er erlebte eine überwiegend positive Resonanz in den Medien. Um seine Akzeptanz in der Gesamtbevölkerung zu erhöhen, spielte er im Januar 1990 sogar mit dem Gedanken, seine Parteimitgliedschaft ruhen zu lassen, wogegen ich mich vehement gewehrt habe. Zusammen mit anderen musste ich größten Druck auf ihn ausüben, damit er überhaupt bereit war, bei den Wahlen zur Volkskammer am 18. März 1990 für die PDS zu kandidieren. Offensichtlich dachte und hoffte er, das Wohlwollen ihm gegenüber hielte auch nach der Bildung einer neuen Regierung in der DDR und nach der Herstellung der deutschen Einheit an. Das war aber nicht der Fall. Die Beliebtheit Hans Modrows störte viele außerhalb der PDS. Und so ging man daran, seinen Ruf systematisch zu zerstören. Mit aller Macht sollte er auf seine Rolle als Erster Sekretär der SED-Bezirksleitung Dresden reduziert werden. Das einzige Wahlfälschungsverfahren, das gegen einen Ersten Sekretär einer Bezirksleitung der SED durchgeführt wurde, richtete sich gegen Hans Modrow. Waren die anderen Ersten Bezirkssekretäre wirklich so eindeutig weniger beteiligt gewesen? Offensichtlich hatte das Vorgehen gegen ihn gar nicht so sehr mit seiner Vergangenheit als vielmehr mit seiner Gegenwart als immer noch aktiver Politiker zu tun. Wie dem auch sei, diese Veränderung im Verhalten ihm gegenüber hat er meines Erachtens nicht verkraftet. Er wandte sich jenen zu, die in dieser Zeit am eindeutigsten hinter ihm standen, und seitdem fühlte er sich ihnen gegenüber besonders verpflichtet. Dabei handelte es sich um Personen, die ihrer eigenen DDR-Biografie nachhingen, ihm allerdings eher ablehnend gegenüberstanden in der Zeit, als er versuchte, die SED zu erneuern und die DDR als deren Ministerpräsident zu öffnen und zu reformieren. In der geschilderten Phase wuchsen jedoch die inhaltlichen Abstände zwischen ihm, mir und anderen. Die Rolle des Ehrenvorsitzenden hat er nie angenommen. Er kümmert sich um fast jede Angelegenheit in der Partei, würde allerdings bestimmte Grenzen in der Auseinandersetzung – egal, in welcher Richtung – nie überschreiten. Deshalb ist unser gegenseitiges Verhältnis nach wie vor von Respekt getragen. Was auch immer er künftig sagen und tun wird, eine Grundsympathie für ihn wird mir immer erhalten bleiben. Im Rahmen der Auseinandersetzung um den UN-Beschluss des Parteitags in Münster hatte er aber zunächst durchaus zur Schärfe beigetragen, indem er sich in einer Presseerklärung mit einem vermeintlich kriegstreiberischen Entwurf der PDS-Bundestagsfraktion auseinander setzte. Als er dann aber die Gefahren für die Partei erkannte, hat er in Münster versucht, die Wogen zu glätten, zu vermitteln und Schaden abzuwenden. Es kam zu spät.

Worum ging es eigentlich im Kern, was war das Anliegen des Parteivorstandes und auch mein Anliegen in Bezug auf die Stellung der PDS zur Organisation der Vereinten Nationen?

Die PDS hatte den Natokrieg gegen Jugoslawien einmütig verurteilt. Die Begründung unserer ablehnenden Haltung vollzog sich auf verschiedenen Ebenen. Ich selbst bin davon überzeugt, dass man mittels Krieg Menschenrechte nicht durchsetzen, sondern nur verletzen kann. Ich glaube ferner, dass die Öffentlichkeit zu keinem Zeitpunkt über die wahren Motive der Intervention ausreichend informiert worden ist. Geradezu hysterisch wurden Menschenrechtsverletzungen von Milošević und seinen Truppen zum Teil erfunden, zum Teil überzogen dargestellt, um den Krieg moralisch zu rechtfertigen. Auf die Auseinandersetzungen zwischen PDS und Bundesregierung zu diesem Thema und meine eigenen Aktivitäten bin ich bereits eingegangen. Durch die neue Natostrategie, die im April 1999 verabschiedet wurde, stellten die USA und ihre Verbündeten klar, dass sie die Absicht haben, den Sicherheitsrat der Vereinten Nationen zu entmachten. Das Vetorecht Russlands und Chinas wurde ignoriert und damit beiden Mächten erklärt, ihre Stellung im Sicherheitsrat sei nur noch formaler Natur, weil dahinter keine militärische, politische und ökonomische Macht stehe, die eine Rücksichtnahme erfordere. Das alles wird langfristige Auswirkungen haben.

In einer solchen Situation waren der Parteivorstand und ich davon überzeugt, dass es die Aufgabe der Linken sei, den Sicherheitsrat der Vereinten Nationen zu stärken, statt ihn zu schwächen.

Hinsichtlich dieser Auffassung besteht breite Übereinstimmung mit den meisten linken Parteien in Europa, in Lateinamerika und auf anderen Kontinenten. Wer dem Sicherheitsrat das Gewaltmonopol nicht zubilligt, nimmt, ob er das will oder nicht, die Position der USA und der Nato ein, die dasselbe tun. Und es nützt dann herzlich wenig, wenn man sich gleichzeitig gegen eine Selbstmandatierung der Nato wendet.

Der Antrag des Parteivorstands an den Parteitag in Münster war durch den Einsatz von UN-Truppen in Ost-Timor ausgelöst worden. Zunächst ging es dort nicht um eine deutsche Beteiligung, sondern nur um die Frage, ob der Beschluss des Sicherheitsrates nach Kapitel VII der Charta der Vereinten Nationen für den militärischen Kampfeinsatz von UN-Truppen von der Bundestagsfraktion der PDS unterstützt werden sollte oder nicht. Es herrschte tiefe Unsicherheit, die dazu führte, dass ich für die Zukunft eine Vorlage erarbeitete, die in den Antrag des Parteivorstandes an den Parteitag in Münster einfloss. Ausgangspunkt für die zugespitzte Situation auf dem Parteitag waren also eine Unsicherheit der PDS-Bundestagsfraktion und mein diesbezüglicher Vorstoß, weniger die Initiative des Parteivorstands selbst.

Unser Antrag schloss – entgegen anders lautenden Medienmeldungen – den internationalen Einsatz der Bundeswehr aus. Ich habe dies immer wieder politisch und historisch begründet und meine auch heute noch, dass das gewachsene politische und ökonomische Gewicht der Bundesrepublik Deutschland keines adäquaten militärischen Engagements bedarf. Auf der anderen Seite trat ich für den Fall, dass es nicht um eine deutsche Beteiligung gehe, dafür ein, Beschlüsse des Sicherheitsrates zu Kampfeinsätzen von UN-Truppen im Einzelfall zu prüfen und je nach den Bedingungen zu entscheiden, ob wir sie unterstützen oder ablehnen. Der vom Parteitag angenommene Gegenantrag, formuliert von einer Vielzahl von PDS-Mitgliedern, an deren Spitze sich die damalige stellvertretende Parteivorsitzende, Sylvia-Yvonne Kaufmann, stellte, forderte, Kampfeinsätze der Vereinten Nationen ausnahmslos abzulehnen. Damit hat der Parteitag der PDS in Münster zunächst nichts anderes beschlossen als die Nato, nämlich dem Sicherheitsrat der Vereinten Nationen das Gewaltmonopol streitig zu machen. Im Falle des nächsten Natokrieges, der ohne Mandat des Sicherheitsrates stattfinden sollte, kann jede Bundesregierung jede Kritik der PDS zumindest insoweit abschmettern, als sie darauf verweisen kann, dass man sich mit der PDS darin einig sei, das Gewaltmonopol des Sicherheitsrates der Vereinten Nationen abzulehnen. So begrenzt die Möglichkeiten des Sicherheitsrates, so groß auch die ökonomische Abhängigkeit Chinas und Russlands von den USA sein mögen, wer die Charta der Vereinten Nationen an dieser Stelle negiert, setzt letztlich an die Stelle des Völkerrechts das Recht des Stärkeren. Die USA und die Nato sind die Stärkeren. So gesehen hat die PDS ihren bescheidenen Beitrag zur Schwächung der Uno und des Völkerrechts geleistet. Aber dies wurde auf dem Parteitag nicht erkannt oder anders gesehen, und so kam eine große Mehrheit für den Antrag von Sylvia-Yvonne Kaufmann und anderen zustande.

Das Unehrliche an dem Beschluss ist, dass die Motive der Delegierten, ihm zuzustimmen, höchst unterschiedlich waren. Zunächst gibt es eine Gruppierung wirklicher Pazifisten, die jede Form von Gewalt auch im Rahmen von Notwehr etc. ablehnen. Deren Standpunkt gilt es zu respektieren. Mit ihnen habe ich politisch und moralisch nicht die geringsten Schwierigkeiten. Bei einem Teil der Delegierten halte ich den Pazifismus allerdings für aufgesetzt. Sie haben das Militärische, solange es von der Sowjetunion, der DDR und den anderen Staaten des Warschauer Vertrages ausging, nie abgelehnt. Ihr Problem besteht nur darin, dass sie kein Land mehr haben, dessen Militär sie sich verbunden fühlen können. Sie gehen davon aus, dass es fast nur noch kapitalistische beziehungsweise imperialistische Länder gibt, und benutzen deshalb den Pazifismus, um sich gegen deren Militär zu stellen. Gäbe es in ihrem Verständnis wieder eine »sozialistische Militärmacht«, wäre ihr Pazifismus auch am gleichen Tage beendet. Für sie sind

Nato und UN-Sicherheitsrat fast identische Größen, sodass sie für Feinheiten in den Überlegungen nicht das geringste Gespür entwickeln können.

Für manche Delegierte war eine ganz andere Frage entscheidend. Sie glaubten, dass der Antrag des Parteivorstands der Anbiederung an die SPD diente und weitere Regierungsbeteiligungen vorbereiten sollte. Sie meinten, ein Stoppzeichen setzen zu müssen, weil sie einen Weg der PDS befürchteten, den die Grünen vorgezeichnet hatten, nämlich von einer antimilitaristischen Partei hin zu einer Partei, die sogar völkerrechtswidrige Angriffskriege befürwortete. Wenn man den Antrag des Parteivorstands liest, ist eine solche Vermutung abwegig. Bedenkt man darüber hinaus, wie ich und andere sich in der Zeit des Natokriegs gegen Jugoslawien verhalten haben, ist auch die damit verbundene Unterstellung gegen Personen wie mich absurd. In einem Klima denunziatorischer Kommunikation greifen aber Verdächtigungen um sich, begünstigt durch PDS-Politikerinnen und -Politiker, die sich den herrschenden Machtstrukturen tatsächlich anpassen und unterordnen, sich also opportunistisch verhalten.

So können dann Entwicklungen und Veränderungen im Umgang mit der PDS oder mit mir auch anders interpretiert werden.

Könnte der Abbau der Feindschaft gegenüber der PDS, ihre relativ normale Behandlung im Bundestag, nicht darauf zurückzuführen sein, dass eine opportunistische Anpassung bereits stattgefunden hat? Hat sich Gregor Gysi nicht doch irgendwie an die Regierung und die anderen Parteien verkauft? Wie anders ließe sich erklären, dass die Angriffe gegen ihn plötzlich nachlassen? Solche unterschwelligen Verdächtigungen sind nicht widerlegbar. Man kann sie glauben oder nicht. In einer solchen Situation gibt es dann aber auch keine Verteidigung mehr, wenn Leute wie ich aus den eigenen Reihen als Kriegstreiber beschimpft oder mit Verbalinjurien belegt werden. Die eigentliche Schwäche einer solchen Argumentation und der dahinter stehenden Überlegungen liegt aber darin, dass sie die PDS zum Selbstzweck erheben. Nicht ihre

Akzeptanz in der Gesellschaft, nicht ihre Möglichkeiten, Interessen zu vertreten und Veränderungen herbeizuführen, sondern ausschließlich ihr eigenes Profil gewinnt an Bedeutung, und zwar völlig unabhängig von der Frage, wen dieses Profil über die Verfechter hinaus noch interessieren könnte, ob die Bürgerinnen und Bürger außerhalb der PDS damit etwas anfangen können oder nicht.

Einer anderen Gruppe von Delegierten ging es offenkundig in erster Linie darum, mich und andere Verantwortungsträger hinsichtlich unserer Stellung in der PDS zu schwächen. Das sind ganz persönliche Motive von Leuten, die in der PDS eine größere Verantwortung, eine höhere Position anstreben und nicht zu Unrecht meinen, dass dabei Leute wie ich ein Hindernis darstellen.

Es gab auch viele Delegierte, die unserer Argumentation nicht folgen oder denen wir unsere Argumentation nicht nahe genug bringen konnten und die deshalb aus ehrlichen und achtenswerten politischen Motiven entschieden. Insofern muss eingeräumt werden, dass die Parteiführung – mich eingeschlossen – den Kontakt zur Basis partiell verloren hatte. Gerade diese Delegierten wären zu überzeugen gewesen, wenn wir unsere politischen Überlegungen deutlicher kommuniziert hätten. Doch auch wenn uns dies nicht gelungen wäre, hätten wir die Fragen nicht anders stellen können, als wir sie auf dem Parteitag gestellt haben. Opportunismus ist auch gegenüber der eigenen Partei ein Fehler.

Diese Mischung höchst unterschiedlicher Ziele und Motive bei der Abstimmung auf dem Parteitag machte das Gefährliche daran aus. Denn hier wurde deutlich: Es ist in der PDS möglich, dass sich Mitglieder nicht nur mit höchst unterschiedlichen, sondern sogar mit gegensätzlichen Zielen treffen können, um gemeinsam Beschlüsse zu fassen. Die meisten sehen nur ihre eigenen Motive und nehmen die anderer in Kauf. Solche Beschlüsse können im Einzelnen sowohl zu Gunsten als auch zu Ungunsten der PDS gefasst werden. Das Problem besteht im Grad der Zufälligkeit solcher Mehrheiten. Die Gegner des seit Jahren verfolgten Politikkurses der PDS-Führung haben dadurch gelernt, dass sie erfolgreich sein können, wenn sie die Gefühle von Mitgliedern ansprechen und zugleich eine Denunziation aufbauen, die entsprechende Wirkung erzielt.

Ich habe das nach dem Parteitag von Münster noch einmal erlebt. Der radikalste und alternativste Vorschlag zur Rentenreform der Bundesregierung ist in der Bundestagsfraktion der PDS ausgearbeitet worden.

In diesem Reformvorschlag steht unter anderem, dass Besserverdienende, denen die gesetzliche Rente nicht genügen sollte, immer noch die Möglichkeit hätten, eine zusätzliche private Versicherung abzuschließen, um ihre Altersbezüge zu erhöhen. Das ist ja auch heute schon der Fall, stellte also gar keine Neuerung dar. Niemand hat bisher gefordert, private Versicherungen zu verbieten.

Der Reformvorschlag der PDS-Bundestagsfraktion schließt ausdrücklich die Senkung des gesetzlichen Rentenniveaus und dessen Ausgleich durch eine private Versicherung aus. Er enthält die weiter oben aufgeführten Momente. Sahra Wagenknecht, die sich wahrscheinlich nie in diesen Rentenreformvorschlag vertieft hat und ausschließlich hörte, dass darin auch eine private Versicherung enthalten sein soll, erklärte schon in Münster und später immer wieder, dass die PDS-Bundestagsfraktion vorhabe, einem neoliberalen Konzept zu folgen, indem auch sie wie die Regierung die gesetzliche Rente teilweise privatisieren wolle. Davon konnte zwar keine Rede sein, aber die Unterstellung setzte sich durch und wurde zu einer weit verbreiteten Meinung in der Partei. Verbunden mit dem allgemeinen Misstrauen gegenüber dem vermeintlichen Anpassungsverhalten der PDS-Führung stieß das Gerücht auf fruchtbaren Boden, und obwohl es sich um eine glatte Unwahrheit handelte, war der Parteivorstand so verängstigt, dass er das alternative und radikale Rentenkonzept der PDS-Bundestagsfraktion nicht mehr unterstützen wollte. Ein ziemlich

Sarah Wagenknecht

aufgeweichter Antrag erreichte dann den Parteitag von Cottbus. Im Wesentlichen wurden die Reformvorschläge der Bundestagsfraktion von der Baugewerkschaft und ihrem Vorsitzenden Klaus Wiesehügel übernommen. Sie erschienen dadurch als diejenigen, die als einzige eine wirkliche Alternative anzubieten hätten.

Eine Demotivierung jener, die dieses Rentenreformkonzept ausgearbeitet hatten, war nicht zu vermeiden. Sahra Wagenknecht und anderen konnte es egal sein, ob ihre Einschätzung des Rentenreformkonzepts der Bundestagsfraktion zutraf oder nicht. Das Hauptziel, den ungeliebten Teil von Verantwortungsträgerinnen und -trägern der PDS bei der Parteibasis zu denunzieren, war auf jeden Fall erreicht. So aber kann man keine linke Politik machen, in Wirklichkeit überhaupt keine Politik.

Um mein Misstrauen gegenüber Sahra Wagenknecht zu begründen, muss ich nicht auf einzelne Äußerungen oder Stellungnahmen von ihr eingehen. Ausschlaggebend für mich war ihr Aufsatz »Marxismus und Opportunismus« in den *Weißenseer Blättern* 4/1992. Dabei geht es mir weniger um Äußerungen, die mich lediglich entsetzten. So beschreibt sie zum Beispiel, dass es im damaligen Russland ihrer Meinung nach keine realisierbare Alternative zur stalinschen Linie gegeben habe. Wörtlich führt sie dann aus: »Und was immer man – berechtigt oder unberechtigt – gegen die Stalinzeit vorbringen mag, ihre Ergebnisse waren jedenfalls nicht Niedergang und Verwesung...« Es geht mir auch nicht darum, dass sie in diesem Aufsatz Walter Ulbricht würdigt und Erich Honecker des Opportunismus und Reformismus bezichtigt. Wer den Aufsatz liest, dem wird klar, dass Sahra Wagenknecht glaubt, die DDR sei nicht an Dogmatismus und Enge gescheitert, sondern, im Gegenteil, an überzogener Liberalität.

Solche schlimmen inhumanen Auffassungen muss man bekämpfen, man kann aber hoffen, dass Sahra Wagenknecht selbst sie überwindet. Im Übrigen spiegeln sie eine Einzelmeinung wider, die sich in der PDS nicht durchsetzen wird. Mein tiefes Misstrauen resultierte eher aus dem, was sie über den Pluralismus in der PDS schrieb. Sie erklärt in diesem Aufsatz, dass dieser historisch vorübergehend notwendig sei, von ihr und anderen auch genutzt werden müsse. Dann aber heißt es eindeutig: »Das pluralistische Parteikonzept ist selbstverständlich mit einer konsequent sozialistischen Politik ebenso unvereinbar wie das sozialdemokratische, es ist ja genau besehen nur eine Spielart desselben.« – »Weil die gesellschaftliche Realität aber als in sich zusammenhängende Totalität funktioniert, ist sie auch nur durch ein in sich geschlossenes, ganzheitliches Weltbild adäquat erfassbar, nicht durch das abstrakte Nebeneinander verschiedener Weltbilder.« – »Daher war und ist programmatischer Pluralismus die Basis einer reformistischen, nie einer revolutionären Politik.«

Im Klartext bedeutet dies, dass Sahra Wagenknecht und ihre Mitstreiterinnen und Mitstreiter den Pluralismus in der PDS nur so lange anerkennen, wie sie eine Minderheit bilden. Sollten sie aber jemals die Mehrheit erreichen, dann würde auch der Pluralismus in der PDS sofort überwunden werden. Dann gäbe es nur noch ein Weltbild, nur noch eine Weltanschauung, nur noch einen »wissenschaftlichen Sozialismus«. Und alle, die sich dem einen Weltbild nicht unterordnen wollten, hätten mit entsprechenden Konsequenzen zu rechnen. An diesen Positionen Sahra Wagenknechts hat sich bis heute nichts geändert. Natürlich weiß sie, weiß ich, dass sie damit in der PDS nicht mehrheitsfähig ist. Aber ein Misstrauen gegen Mitglieder, die nur eine Wahrheit zulassen wollen und die außerdem noch behaupten, diese zu besitzen, scheint mir in der PDS dringend geboten.

Für die Zukunft der Partei wird es von ausschlaggebender Bedeutung sein, ob sie denunziatorische Kommunikation unterbindet, ob sie bereit ist, den von ihr gewählten Verantwortungsträgerinnen und -trägern ein bestimmtes Grundvertrauen entgegenzubringen. Sollte dies nicht gelingen, dann würde ein organisiertes Denunziationsklima irgendwann die Oberhand gewinnen, bis jene, die die reale Arbeit leisten, die Lust daran verlören. Dies

Partei der Mitte

hätte dann völlig veränderte Personal- und Einflussstrukturen in der PDS zur Folge, in denen sich ausschließlich Ideologie, aber keine Politik mehr entwickelte, eine Ideologie, die die Partei an den Rand der Gesellschaft führte, wo sie vielleicht mit sich selbst zufrieden wäre, aber letztlich in Bedeutungslosigkeit versänke.

Ich glaube, die Partei wird dies nicht zulassen. Das hat der Parteitag von Cottbus Mitte Oktober 2000 gezeigt. Denn sie hat nur eine Chance, wenn sie an ihrer sozialistischen Vision festhält und gleichzeitig eine realitätsnahe Politik betreibt. Dabei wird sie auch lernen müssen, dass sie zwar über ihre Visionen, auch über bestimmte politische Inhalte selbst entscheidet, keinesfalls aber allein ihr Profil bestimmen kann.

Die SPD steuert an, Partei der Mitte zu werden. Diejenigen, die in ihr die Verantwortung tragen, wollen gar nicht, dass sie als linke Partei gilt. Sie bejahen die Dominanz der Kapitalverwertungsinteressen und versuchen, diese unter der Bedingung einer gewissen sozialen Abfederung wirksam zu vertreten. Bliebe die PDS einfach bei ihrem bisherigen Profil stehen, wehrte sie sich erfolgreich dagegen, linke sozialdemokratische Positionen mit zu vertreten, dann entstünde zwischen ihr und der in die Mitte wandernden SPD eine immer größere Lücke, bis eine gesellschaftliche Bewegung dazwischen Platz fände, die durchaus fünf Prozent und mehr der Bürgerinnen und Bürger erreichen könnte. Schöbe sich aber zwischen die PDS und die SPD eine weitere Partei, würde die PDS automatisch so an den Rand gedrückt werden, dass ihre Existenz gefährdet wäre. Wenn sie andererseits ihr Profil so entwickelte, dass es immer bis an den Rand der SPD, sogar etwas darüber hinaus reichte, liefe sie Gefahr, sich von der jeweiligen Entwicklung der SPD abhängig zu machen und ihr Profil ebenfalls zur Mitte hin zu verschieben. Eine Partei muss in der Lage sein, beide Gefahren bewusst zur Kenntnis zu nehmen und auf dieser Grundlage eine politische Entscheidung zu treffen. Das ist keine Frage, die sich rein emotional beantworten lässt. Die PDS müsste in einem höchst bewussten politischen Vorgang beides versuchen, nämlich die

Lücke zwischen sich und der SPD nie zu groß werden zu lassen, dabei auch Änderungen des eigenen Profils hinzunehmen und dennoch Unkenntlichkeit zu vermeiden.

Ich denke, dass diejenigen, die heute Verantwortung in der PDS tragen, dies durchaus erkannt haben. Ob sie auch über die Kraft verfügen, die PDS in diesem Sinne strategisch zu führen, wird die Zukunft zeigen. Der Cottbuser Parteitag gibt einigen Anlass zur Hoffnung, die Zeit danach etwas weniger. Voraussetzung ist auf jeden Fall, dass nicht versucht wird, alles irgendwie zu integrieren und zu decken. Der Streit gegen den Dogmatismus, gegen Sektierertum, gegen eine Rückwärtsgewandtheit gehören ebenso zwingend dazu wie die prinzipielle Auseinandersetzung mit dem gescheiterten sowjetischen Sozialismusmodell, ohne deshalb das Leben, die kulturellen und sozialen Leistungen in der DDR zu denunzieren. Es sind also schwierige Aufgaben, die auf diejenigen warten, die sich das Ziel gesetzt haben, ein Höchstmaß an Vernunft auch in die deutsche Linke einzubringen, aber sie unterscheiden sich doch erheblich von jenen Aufgaben, die ich und andere in den ersten zehn Jahren zu lösen hatten.

Die PDS ist jedoch in mehrfacher Hinsicht in einer schwierigen Situation, wenn es um die Bestimmung ihres Profils und ihrer Politik geht. Das hängt einmal damit zusammen, dass die soziokulturelle Zusammensetzung ihrer Mitgliedschaft sich wesentlich stärker von der Wählerschaft unterscheidet als bei anderen Parteien. So ist zum Beispiel bekannt, dass zwischen dreißig und vierzig Prozent der Beschäftigten im öffentlichen Dienst in den neuen Bundesländern PDS wählen, doch so gut wie niemand von ihnen ist in der Partei organisiert. Der Grund ist klar, nach 1990 sind viele Beschäftigte im öffentlichen Dienst davon ausgegangen, dass sie durch eine PDS-Mitgliedschaft berufliche Nachteile erleiden könnten. Aus ganz anderen Gründen wählen viele Selbständige, Freiberuflerinnen und Freiberufler sowie Unternehmerinnen und Unternehmer die PDS, ohne sich in ihr zu organisieren. Der Anteil junger Wählerinnen und Wähler der PDS liegt prozentual wesentlich höher als der Anteil junger Mitglieder in der Partei. Umgekehrt ist der Anteil älterer Mitglieder prozentual wesentlich höher als der Anteil bei der entsprechenden Gruppe von Wählerinnen und Wählern. Die Folge davon ist, dass sich in der Mitgliedschaft der PDS keineswegs adäquat die Interessen ihrer Wählerschaft widerspiegeln.

Ein weiteres Problem besteht darin, dass der Wendebruch der Jahre 1989/1990 zu völlig unterschiedlichen Erfahrungen und Einsichten unter den Mitgliedern der PDS geführt hat. Insbesondere die Gruppe jener, die zum Zeitpunkt der Wende bereits fünfzig oder älter waren, ohne kurze Zeit später bereits in Rente gehen zu können, haben die strukturellen Veränderungen in den neuen Bundesländern schwer getroffen. Sie wurden vornehmlich arbeitslos und hatten in der Regel keine reale Chance mehr, ins Berufsleben zurückzufinden. Völlig anders stellt sich die Situation für jene dar, die zum Zeitpunkt der Wende oder relativ kurz danach ins Rentenalter kamen, weil für sie die Frage der Fortsetzung einer Erwerbsbiografie ohne Bedeutung war. Wieder anders sieht das bei denjenigen aus, die zum Zeitpunkt der Wende jünger waren und die in der Regel auf die eine oder andere Art für sich Perspektiven in der Bundesrepublik Deutschland entwickeln konnten, wenngleich auch zumeist nicht in der früher erworbenen Qualifikation. Ihnen fiel es auf jeden Fall wesentlich leichter, sich in die neuen Strukturen einzuordnen und individuelle Perspektiven zu erschließen. Hinzu kommen dann noch die Mitglieder aus den alten Bundesländern, die ihre langjährigen und anders gearteten Erfahrungen in der Bundesrepublik als eigenständiges Bild in die PDS einbringen.

Die erste Gruppe verbindet mit der Wende und der Zeit danach vornehmlich die negative Erfahrung, dauerhaft aus dem Erwerbsleben ausgeschlossen worden zu sein, nicht mehr gebraucht zu werden. Der Professor für Marxismus/Leninismus, der zum Zeitpunkt der Wende fünfzig Jahre alt war, hatte und hat tatsächlich beruflich nicht die geringste Chance. Sein Beruf wurde nicht mehr gebraucht, und für eine Neuqualifizierung war er zu alt. Hilfstätigkeiten hätten ihn sicherlich gedemütigt und standen für diese Altersgruppe auch nur sehr begrenzt zur Verfügung. Diese Feststellung gilt aber nicht nur für ideologieträchtige Berufe, sondern erstreckt sich auf viele Bereiche.

Für diejenigen, die kurz vor dem Rentenalter standen, ging es mehr um die Frage, wie ihr Leben in der für sie neuen Gesellschaft bewertet wird. Für sie spielte es eine wichtige Rolle, ob sie über das Rentenrecht eher begünstigt oder im Falle der so genannten Strafrente benachteiligt wurden.

Der Umgang mit der ersten Gruppe in der PDS ist häufig schwieriger als der Umgang mit der zweiten Gruppe. Nicht selten habe ich festgestellt, dass es für die ganz Alten, die ein bewusstes Leben schon vor 1945 oder gar vor 1933 geführt hatten, weniger schwierig war, sich in die Strukturen der Bundesrepublik zumindest gedanklich einzuordnen. Sie beurteilen Deutschland aus einer allgemeinpolitischen Sicht und weniger von ihrer persönlichen Situation her. Letzteres ist aber bei der ersten Gruppe der Fall. Das, was sie in der BRD im Vergleich zur DDR an Lebensqualität gewonnen haben, wiegt den Verlust ihrer Bedeutung, den Verlust ihrer qualifizierten früheren Erwerbstätigkeit nicht auf. Sie beurteilen deshalb die BRD ausgehend von ihrem wesentlichsten Lebensabschnitt in der DDR.

Die Mitglieder der dritten Gruppe, so heterogen sie auch sein mögen, haben eine wichtige Gemeinsamkeit. Sie sind inzwischen eher Bürgerinnen und Bürger Deutschlands, für die ihr Lebensabschnitt in der DDR ein vergangener ist, der zwar ihr Denken und Verhalten beeinflusst, aber nicht mehr dominiert.

Die vierte Gruppe, das heißt die Mitglieder aus den alten Bundesländern, hat schon deshalb in der PDS eine Sonderstellung, weil ihr die DDR-Erfahrung fehlt. Sie hat sich der PDS zugewandt, weil sie die gesellschaftliche Ordnung in der Bundesrepublik Deutschland besonders kritisch sieht. Da ihr aber die Negativerfahrung aus der DDR fehlt, fehlt ihr oft das Abwägen bei der Beurteilung von Zuständen, das ich bei PDS-Mitgliedern mit DDR-Erfahrung doch immer wieder feststellen kann. Ihre Kritik an der DDR ist eher abstrakt und instrumentell. Die politische Sozialisation dieser Mitglieder erfolgte regelmäßig in kleinen Gruppen, und sie sind es deshalb gewohnt, für kleine Gruppen und in Auseinandersetzung mit anderen kleinen Gruppen Politik zu entwickeln. Ein Zugang zu einer Art »Massenpolitik« fehlt ihnen häufig.

Durch die Heterogenität von Mitgliedschaft und Wählerschaft der PDS und innerhalb der Mitgliedschaft ergeben sich nicht zu unterschätzende Probleme bei der Entwicklung einer ganzheitlichen Politik und einer ganzheitlichen Partei. Von ihrer Führung muss deshalb immer zweierlei erwartet werden, nämlich einerseits Integrationsfähigkeit, andererseits aber auch die Fähigkeit, Politik unter Vernachlässigung der Sicht eines Teils der Mitglieder zu entwickeln.

In einer besonderen Situation befinden sich die Frauen. Nicht zu Unrecht wird immer wieder formuliert, gerade sie seien die Verliererinnen der Einheit. Das hängt einfach damit zusammen, dass über neunzig Prozent von ihnen in der DDR einer Erwerbsarbeit nachgingen und dadurch eine relative finanzielle Unabhängigkeit von ihren männlichen Partnern erwarben. Als Mütter hatten sie nicht nur wichtige juristische Rechte, sondern es gab für sie – selbstverständlich auch für Väter – eine sozial verträgliche, umfassende Versorgung mit Krippen, Kindergärten und Horteinrichtungen in den Schulen. An jeder Schule in der DDR gab es zum Beispiel eine stellvertretende Direktorin beziehungsweise einen stellvertretenden Direktor für außerunterrichtliche Arbeit. Nachmittags wurden Angebote für Schülerinnen und Schüler organisiert, von dramatischen Zirkeln bis hin zu naturwissenschaftlichen und technischen Arbeitsgemeinschaften. Die Frauen in der DDR hatten sich darüber hinaus hinsichtlich des Schwangerschaftsabbruches eine Fristenregelung erkämpft, die Antibabypille wurde kostenlos auf Rezept zur Verfügung gestellt. Wie in der BRD herrschte auch in der DDR ein Patriarchat, aber die Bedingungen für Frauen, sich in diesem zurechtzufinden, waren in den genannten Feldern deutlich günstiger. Die Folgen der Strukturveränderungen nach Herstellung der deutschen Einheit trafen sie in besonderer Weise. Sie stellen in erster Linie das Heer der Arbeitslosen und haben die günstigen Bedingungen zur Kinderbetreuung und -versorgung vielfach verloren. Ihnen wurde eine Stellung streitig gemacht, die sie schon erreicht hatten. Und das gilt trotz aller Defizite, die es in der DDR auch hinsichtlich der Gleichstellung der Geschlechter gab. Ihre Artikulation auch in der PDS unterscheidet sich deshalb noch einmal von der der Männer.

Auf der anderen Seite habe ich immer wieder die Erfahrung gemacht, dass sie, obwohl häufig stärker betroffen, dennoch fähiger sind, mit neuen Situationen umzugehen, ihnen auch Positives abzugewinnen und nicht selten auch energischer zu kämpfen. Schon das kann Lebenssinn, gelegentlich sogar Lebensfreude vermitteln. Trotzdem erklären diese Umstände unter anderem, weshalb die PDS in den neuen Bundesländern außer in der Gruppe der über Sechzigjährigen stärker von Frauen als von Männern gewählt wird. Bei der älteren Gruppe ist dann allerdings der Anteil der Männer im Vergleich zum Anteil der Frauen so groß, dass die PDS insgesamt mehr von Männern als von Frauen gewählt wird. Weshalb das so ist, gehört zu den Rätseln, die ich mir auch nicht erklären kann.

Die PDS hat ein weiteres Problem: Bei keiner anderen Partei gibt es eine so gewaltige regionale Differenz hinsichtlich der Akzeptanz und der Stimmen von Wählerinnen und Wählern wie bei ihr. Keine Partei hat quer durch die BRD einen etwa gleichen Stimmenanteil, aber er bewegt sich doch jeweils innerhalb einer vertretbaren Spannbreite. Nur bei der PDS gibt es Schwankungen zwischen 0,1 Prozent der Zweitstimmen in einem Wahlkreis und über vierzig Prozent der Zweitstimmen in einem anderen, zum Beispiel bei der letzten Bundestagswahl. Bildet man die Durchschnitte für die alten und für die neuen Bundesländer, dann kann man die PDS im Westen als eine Einprozentpartei und im Osten mindestens als eine Zwanzigprozentpartei bezeichnen. Will man versuchen, aus einer Einprozentpartei schrittweise eine Zwei-, Drei- oder Vierprozentpartei zu machen, steht man vor einer völlig anderen Aufgabe, als wenn man darum ringen muss, eine Zwanzigprozentpartei als solche zu erhalten oder zu einer Fünfundzwanzigprozentpartei zu machen. Für so unterschiedliche Bedingungen eine einheitliche Politik zu entwickeln scheint kaum möglich.

Ob es die PDS will oder nicht, im Osten hat sie faktisch den Charakter einer Volkspartei. Es gibt dort keine Bevölkerungsgruppe, deren Interesse sie vernachlässigen darf und kann, es gibt kein Politikfeld, das sie nichts anginge. Das reicht dann eben von der Frage mangelnden Eigenkapitals kleiner Unternehmen über das Problem der Besoldung von Polizisten bis hin zur Unterbringung Obdachloser. Eine Partei, die ein Prozent der Stimmen erreicht, machte sich geradezu lächerlich, wenn sie die Besoldung von Staatsdienern erörterte. Eine Zwanzigprozentpartei hat gar keine andere Chance, als sich auch dieser Frage zu stellen. Eine Partei, die ein Wahlergebnis von etwa ein Prozent auf zwei Prozent steigern will, müsste völlig anders vorgehen als eine Zwanzigprozentpartei. Erstere ist gezwungen, Politik für eine Minderheit zu entwickeln, während Letztere immer Politik für eine Mehrheit machen muss.

Die PDS vereinigt nun aber einmal in sich eine Einprozent- und eine Zwanzigprozentpartei. Schon aus existenziellen Gründen wird sie immer darauf achten müssen, in den neuen Bundesländern Stimmen nicht zu verlieren, sondern, im Gegenteil, hinzuzugewinnen. Sie wird auf der anderen Seite immer Unzufriedenheit bei ihren Westmitgliedern erzeugen, weil sie deren Politikverständnis nur begrenzt nachgeben kann. Natürlich lassen sich auch unter so unterschiedlichen Bedingungen gemeinsame Politikfelder finden. Am leichtesten ist dies noch in der Friedens-, Abrüstungs- und Außenpolitik. Auch in Fragen der Entwicklung demokratischer Strukturen, zum Beispiel hinsichtlich der Zulässigkeit von Volksentscheiden etc., lässt sich relativ schnell Übereinstimmung herstellen. Aber wenn es um Wirtschaftspolitik, um Ökologie, um Sozial- und Arbeitsmarktpolitik oder auch um das Bildungssystem geht, wird es sehr viel schwieriger. Die West-PDS könnte es sich zum Beispiel leisten, sich auf einen bestimmten, politisch eher radikalen Teil der Studentenschaft zu konzentrieren. Die Ost-PDS muss nicht nur versuchen, die Studierenden anzusprechen, sondern auch die Mitarbeiterinnen und Mitarbeiter, die Dozentinnen und Dozenten, die Professorinnen und Professoren von wissenschaftlichen Einrichtungen. Für die West-PDS wäre es ausreichend, zu einem kleineren, besonders linken Teil aktiver Gewerkschafterinnen und Gewerkschafter Kontakt zu unterhalten. Die Ost-PDS hingegen braucht Beziehungen zu allen Einzelgewerkschaften und zum DGB als Ganzem. Die West-PDS könnte es sich zumindest leisten, Kontakte zu Kirchen auf ein Minimum zu beschränken, für die Ost-PDS wäre es verheerend, wenn sie sich den Zugang zu Hunderttausenden Gläubigen selbst versperrte. Für die West-PDS ist eine Nähe zu Unternehmerinnen und Unternehmern kaum zu erreichen und auch kein praktisches Ziel, für die Ost-PDS besteht gerade darin die Chance, Sozial-, Arbeitsmarkt- und Wirtschaftspolitik in Einklang zu bringen. Im Übrigen hat sie eine ganze Reihe Unternehmerinnen und Unternehmer als Mitglieder und vor allem als Wählerinnen und Wähler.

Die damit zusammenhängenden Probleme sind äußerst schwierig, aber lösbar. Voraussetzung ist, dass sie bewusst erkannt und somit auch bewusst in Angriff genommen werden. Man könnte durchaus unterschiedliche Schwerpunkte suchen und bestimmen. Die Verbindung von höchst konkreter Kommunalpolitik vor Ort und einer wachsenden Akzeptanz für Bundespolitik, zum Beispiel der Bundestagsfraktion, könnte es den Mitgliedern der PDS im Westen erleichtern, Schritt für Schritt eine Kultur und Politik zu entwickeln, die sich in die Gesamtpolitik der PDS integrieren ließe. Klar muss sein, dass die Zwanzigprozentpartei dominiert. Letztlich ist es zwar schwerer, aber möglich, mit einer Politik für eine Mehrheit der Gesellschaft von ein auf zwei Prozent zu kommen, aber ausgeschlossen, mit einer Politik für drei Prozent der Bevölkerung zwanzig Prozent der Stimmen zu erzielen.

In einer Partei wie der PDS wird alles vornehmlich ideologisch bewertet. Und auch daraus kann leicht ein Denunziationsklima entstehen. Wenn man selbst keinen Kontakt zu Kirchen, zu Unternehmerinnen und zu Unternehmern hat, ist es einfacher, dies nicht als Defizit, sondern als Prinzipienfestigkeit hinsichtlich einer bestimmten ideologischen Ausrichtung auszugeben, und es liegt dann nahe, denjenigen, die solche Kontakte pflegen, ein vermeintlich fehlerhaftes ideologisches Vorgehen zu unterstellen. Aber all das sind Fragen, die sich die PDS nicht aussuchen kann; sie müsste nur lernen, bewusst und zukunftsorientiert mit ihnen umzugehen. Auch dadurch lässt sich aber erklären, weshalb die Profilgewinnung in der PDS solche Schwierigkeiten bereitet, und das gilt eben nicht nur für die Unterscheidung zwischen Ost- und West-PDS-Mitgliedern, sondern auch innerhalb dieser Gruppen. Wie in der Frage der Regierungsbeteiligung, bei der einige in der PDS ernsthaft glauben, die Partei könne sich diesbezüglich völlig frei entscheiden, gibt es auch in der Frage der Profilbestimmung die Illusion, diese sei allein Angelegenheit der PDS. Die Wahrheit sieht – wie dargestellt – anders aus.

Die PDS leidet strukturell auch daran, dass sie über keine Flügel und damit über kein ausgeprägtes Zentrum verfügt. Es gibt Gründe dafür, dass sich weder ein linker noch ein rechter Flügel in der PDS herausbilden können.

Die Mitglieder der Kommunistischen Plattform und des Marxistischen Forums würden sich gern als linker Flügel der Partei definieren. Gerade durch ihr relativ unkritisches Verhältnis zur DDR strahlen sie aber konservative Denkweisen aus. Auch das zum Beispiel, was in der DDR unter dem Begriff »Law and Order« einzuordnen war, wird von ihnen, zumindest partiell, verteidigt.

Deshalb kommen sie auch in Widersprüche, wenn sie entsprechende Zustände in der Bundesrepublik Deutschland kritisieren wollen. Sie sind in dieser Hinsicht nicht glaubwürdig. Gelegentlich habe ich sie deshalb auch als rechten Flügel der PDS bezeichnet. Es gibt aber eine nicht geringe Anzahl vorwiegend, aber nicht nur junger Mitglieder, die tatsächlich von links Kritik an der Parteiführung und der Mehrheit der PDS-Mitglieder üben. Sie bleiben sich jedoch treu und üben gerade deshalb auch eine scharfe linke Kritik an der DDR. Darüber können sie sich mit der Kommunistischen Plattform und dem Marxistischen Forum niemals verständigen. So hindern sie sich gegenseitig an einer Flügelbildung.

Nicht anders sieht das auf der »rechten« Seite der Partei aus. Diejenigen, die sich besonders widerspruchsfrei in die Strukturen der Gesellschaft der Bundesrepublik Deutschland einordnen und deren Kritik daran auch aus meiner Sicht viel zu verhalten ausfällt, bilden keine geschlossene Gruppe. Sie spalten sich ebenfalls in der Frage des Verhältnisses zur untergegangenen DDR. Aus der Bejahung bestimmter staatlicher Strukturen in der DDR kann man nämlich auch zur Bejahung bestimmter staatlicher Strukturen in der BRD kommen. Man kann aber auch umgekehrt aus einer scharfen Kritik an der DDR zu einer überzogenen Bejahung von Strukturen in der Bundesrepublik gelangen. Deshalb gibt es auch zwischen diesen Gruppen kein Zusammengehen und historisch kein gemeinsames Verständnis. Daraus resultiert die gegenwärtige strukturelle Unmöglichkeit, Flügel und damit ein Zentrum zu bilden. Das ist eine der Ursachen für zufällige Mehrheiten auf Parteitagen der PDS. Bis zur Überwindung dieses strukturellen Problems werden mindestens noch zehn Jahre vergehen.

Dabei wird es auf Personen ankommen, die inzwischen eine größere Verantwortung für die PDS tragen, was zuallererst für Gabriele Zimmer gilt, die neue Vorsitzende der Partei. Sie ist auf der einen Seite durch ihre Sozialisation in der DDR geprägt, wenn auch anders, als manche denken. Sie hatte Angehörige in der alten Bundesrepublik, sodass es für sie so gut wie keine Möglichkeit gab, ihren Beruf als Dolmetscherin, insbesondere soweit es die französische Sprache betraf, zu DDR-Zeiten auszuüben. Ein ihren Fähigkeiten entsprechender beruflicher Werdegang scheiterte auch daran, dass sie über viele Jahre nicht Mitglied der SED werden konnte, obwohl sie es werden wollte, was wiederum an ihren Verwandten in der BRD und zusätzlich an der Tatsache lag, dass sie nicht als Angehörige der Arbeiterklasse galt. Sie hat also in der DDR keine gerade Entwicklung genommen und sich dennoch zu ihr bekannt, unter anderem als Parteisekretärin des Suhler Jagdwaffenbetriebs. Zum Zeitpunkt der Wende war sie aber noch relativ jung, und es fiel ihr deshalb leichter, sich auf die neuen Verhältnisse in Deutschland einzustellen. Sie ist insofern angekommen in dieser Gesellschaft, als sie in ihr eine neue Identität sucht und viel eher als Ältere bereit ist, sich als Mitglied der Gesamtgesellschaft und nicht nur der ostdeutschen Teilgesellschaft zu verstehen. Auf dem Parteitag in Cottbus wurde sie mit überwältigender Mehrheit gewählt, obwohl sie sich mit einem so schwierigen Thema wie dem Verhältnis der deutschen Linken zu ihrer Nation befasste. Ich weiß nicht, ob sie in dieser Hinsicht immer geschickt genug und alle Folgen bedenkend operieren wird. Aber allein die Tatsache, dass sie im Gegensatz zu Lothar Bisky, mir und anderen den Mut aufbrachte, das Thema anzugehen, verdient Respekt. Sie ist klug, offen und bereit, sich auf neue Fragen einzulassen. Ihre Zögerlichkeit, die Führung wahrzunehmen, und eine gewisse Ängstlichkeit vor Auseinandersetzungen in der Partei wird sie überwinden müssen. Die Medien liegen ihr wahrscheinlich weniger. In der neuen Parteiführung könnte aber eine andere Arbeitsteilung organisiert werden.

Roland Claus wird als neuer Vorsitzender der Bundestagsfraktion in der öffentlichen Darstellung und Entwicklung der Politik der PDS eine besondere Rolle spielen müssen, und er ist entschlossen und in der Lage, sie wahrzunehmen. Roland Claus ist vor allem ein Verhandler. Ohne ihn wäre es in Sachsen-Anhalt niemals zum Tolerierungsmodell zwischen SPD und PDS gekommen. Er ist loyal und verlässlich, und das sind Eigenschaften von großem Wert, wenn man mittels politischen Dialogs die Bedeutung der PDS in der Gesellschaft erhöhen will. Er hat aber auch klare Vorstellungen über die politischen Inhalte der Partei, sodass ich hinsichtlich der Entwicklung der Bundestagsfraktion optimistisch bin. Kennen gelernt habe ich Roland Claus Ende 1989/Anfang 1990. Damals glaubte er nicht daran, dass es möglich sei, aus der SED heraus eine erneuerte demokratisch-sozialistische Partei aufzubauen. Er wollte die Partei auflösen und eine neue gründen, ich wollte sie fortführen. Nachdem aber die PDS blieb, hat er sich engagiert für ihre Erneuerung eingesetzt. Er hat schon mehrere Auseinandersetzungen in der PDS durchgefochten und blieb dabei regelmäßig standhaft. Das war meines Erachtens einer der Gründe für seinen Erfolg in Sachsen-Anhalt und jetzt in Berlin. Auf dem Parteitag der PDS in Cottbus im Oktober 2000 hielt er eine Rede, die die Delegierten begeisterte. Er kann also auch mitreißen und überzeugen. Trotzdem ist er sicherlich kein Volkstribun und wird sich überwinden müssen, auch im Bundestag mehr für die Zuschauerinnen und Zuschauer am Fernsehschirm als für die Anwesenden im Saal zu sprechen.

Roland Claus kann sich in der Fraktion auf eine Vielzahl von fähigen und erfahrenen Abgeordneten stützen. Dazu gehört in erster Linie Christa Luft, die seit ihrer Zeit als Wirtschaftsministerin in der Regierung von Hans Modrow für die PDS eine herausragende Rolle spielt. Zwei Mal hat sie den Direktwahlkreis Berlin-Lichtenberg/Friedrichshain für die PDS gewonnen. Stets hat sie in der Fraktion durch ihre menschlichen Qualitäten als stellvertretende Vorsitzende eine integrative Rolle gespielt. Auch sie hat zahlreiche Angriffe von außen erlebt, die sie verkraften musste. Ihr besonderes Verdienst liegt darin, dass sie die PDS für wirtschaftspolitische Fragen geöffnet hat. Durch ihr und Rolf Kutzmutz' Wirken ist es gelungen, viele kleine und mittelständische Unternehmerinnen und Unternehmer als Bündnispartnerinnen und Bündnispartner der PDS zu gewinnen.

Auch Petra Bläss ist hervorzuheben. Als frauenpolitische Sprecherin hat sie die Partei in feministischen Fragen vorangebracht, in letzter Zeit aber vornehmlich als Vizepräsidentin des Bundestages gewirkt. Diese Aufgabe erfüllt sie souverän, und sie genießt Respekt und Anerkennung in allen Fraktionen. Eine solche Stellung zu erreichen ist nicht selbstverständlich. Ich finde, dass sie dafür mehr Anerkennung in der PDS verdient hätte.

Im neuen Fraktionsvorstand sind darüber hinaus Wolfgang Gehrcke als stellvertretender Vorsitzender und Heidi Knake-Werner als Parlamentarische Geschäftsführerin vertreten. Beide kommen aus den alten Bundesländern. Sie gehören zu denjenigen, die von Anfang an nichts anderes wollten als das Projekt PDS. Sie haben es immer unterstützt und versucht, die Sozialisation der ostdeutschen Mitglieder zu verstehen, was dazu geführt hat, dass ihre Stellung in westlichen Landesverbänden heute gelegentlich schwieriger ist als in östlichen. Heidi Knake-Werner hat mich in sehr schwierigen Situationen moralisch und menschlich solidarisch unterstützt.

Im Laufe der Jahre haben sich in der PDS viele weitere Persönlichkeiten entwickelt, die heute Verantwortung tragen, so der stellvertretende Ministerpräsident Mecklenburg-Vorpommerns, Helmut Holter, der stellvertretende Parteivorsitzende und Landesvorsitzende in Sachsen, Peter Porsch, die stellvertretende Partei- und Fraktionsvorsitzende Petra Pau oder der Bundesgeschäftsführer Dietmar Bartsch.

Helmut Holter gilt in der PDS zu Recht als ehrgeizig. Ihm wird gelegentlich vorgeworfen, dass er sich in den Machtstrukturen Mecklenburg-Vorpommerns zu angepasst verhalte. Ich finde, dass er sehr erfolgreich Politik betreibt und stets loyal gegenüber der PDS ist. Als es im Juni 2000 im Bundesrat um die schwierige Frage der Zustimmung Mecklenburg-Vorpommerns zur Steuerreform der Bundesregierung ging, beriet er sich ständig mit den anderen Landesvorsitzenden der PDS, mit Lothar Bisky und mir. Er macht keine Alleingänge. Noch nie habe ich es erlebt, dass er eine Intrige initiiert hätte, während er selbst häufig gezwungen war, Intrigen gegen sich abzuwehren. Vielleicht ist er gegenüber politischen Konkurrentinnen und Konkurrenten in der SPD gelegentlich zu nachgiebig. Die Partei sollte aber seine Loyalität und seine Fähigkeit, Vertrauen in der Bevölkerung und in Wirtschaftskreisen zu gewinnen, schätzen lernen. Es hat mich für ihn gefreut, dass er im Oktober 2000 mit einem hohen Stimmenanteil in den Parteivorstand der PDS gewählt wurde.

Peter Porsch gehört zu den intelligentesten Politikern der PDS. Sein österreichischer Humor, seine dadurch geprägte Kultur, seine logischen Fähigkeiten und sein Integrationsvermögen haben ihn stets herausragen lassen. Er war bislang der Einzige, der den höchst kompliziert zusammengesetzten Landesverband der PDS in Sachsen zusammenhalten konnte. Ich kann nur hoffen, dass die Mitglieder dort wissen, was sie an ihm haben.

Petra Pau ist in der PDS gelegentlich unterschätzt worden, auch von mir. Sie hat aber allen bewiesen, was für eine Kämpfernatur sie ist, als sie nach der gescheiterten Kandidaturanmeldung des ehemaligen Flottenadmirals Elmar Schmähling im Bundestagswahlkreis Berlin-Mitte/Prenzlauer Berg in die Bresche sprang. Sie gewann nach Stefan Heym den Bundestagswahlkreis 1998 erneut für die PDS, obwohl ihr ein so gewichtiger Konkurrent wie Wolfgang Thierse von der SPD gegenüberstand. Der Landesverband der PDS in Berlin hat sich unter ihrer Verantwortung erfolgreich entwickelt.

Dietmar Bartsch ist in den Medien bekannt und strahlt dort eine Kultur aus, die auch bei Menschen in den alten Bundesländern Anklang findet. Er gilt als ehrgeizig, ist aber absolut loyal. Am meisten habe ich an ihm seine Krisenfestigkeit geschätzt. Im größten Chaos bewahrt er Übersicht und Ruhe. Er besitzt eine bewundernswerte Leichtigkeit, gelegentlich vielleicht eine Idee zu viel davon. Ich habe ihn nie hektisch erlebt. Vor allem vergesse ich nicht, dass er 1990 nach dem Finanzskandal der PDS mit der Bereitschaft zu mir kam, Schatzmeister der Partei zu werden. Ich kenne sonst niemanden, der bereit gewesen wäre, sich auf diesen Schleudersitz zu begeben und eine so komplizierte Aufgabe zu übernehmen. Er hat bravourös alle Vermögensfragen der PDS geklärt. Das Erstaunliche ist, dass er auch diesen Job – wie fast alles im Leben – mit Lust und Freude ausübte.

Im März 2000 stellte Lothar Bisky sowohl Petra Pau als auch Dietmar Bartsch als mögliche Nachfolger im Parteivorsitz vor. Er wollte damit unterstreichen, dass die PDS über mehrere geeignete Kandidatinnen und Kandidaten verfügt. Dennoch – und das habe ich ihm offen gesagt – war die Benennung von einer Kandidatin und einem Kandidaten ein Fehler. Es war dies übrigens das einzige Mal, dass Lothar Bisky und ich in einer wichtigen Frage unterschiedlicher Auffassung waren. Ich glaube aber, dass er mir inzwischen Recht gibt. Denn was sollten die betreffenden Personen damit anfangen, dass sie beide in den Medien genannt, gegeneinander bewertet und in eine Konkurrenz zueinander gebracht wurden? Letztlich war das Ergebnis, dass beide nicht kandidierten und die Wahl auf Gabriele Zimmer fiel. Es tat mir für beide Leid, dass sie mit einer solchen Situation konfrontiert wurden. Inzwischen haben es beide verkraftet. Ich hoffe, dass sie zum eigenen Vorteil und zum Vorteil der Partei zusammenarbeiten werden.

Der stellvertretende Parteivorsitzende Diether Dehm aus den alten Bundesländern spielt in der PDS insoweit eine besondere Rolle, als seine westdeutsche, sozialdemokratische, künstlerische und wirtschaftliche Sozialisation einmalig ist, was ihn in die Lage versetzt, wichtige Impulse zu geben. Er berücksichtigt allerdings nicht immer, wie atypisch eine solche Sozialisation in der PDS ist und auf lange Zeit bleiben wird.

Den Politikerinnen und Politikern der neuen PDS-Generation ist gemein, dass ihnen die Umstellung auf die Bundesrepublik Deutschland leichter fällt als älteren Mitgliedern. Sie haben hinsichtlich der Zusammenarbeit mit der SPD keine Schwierigkeiten, werden aber aus politischen und existenziellen Gründen stets darauf achten, ein eigenständiges Profil für die PDS zu bewahren.

Die genannten Personen standen gegen die Mehrheit des Parteitages in Münster. Sie wurden dennoch auf dem Parteitag in Cottbus mit großer Mehrheit in verantwortliche Positionen gewählt. Mit großer Betroffenheit hat Letzteres Winfried Wolf, Mitglied der Bundestagsfraktion der PDS aus Baden-Württemberg, registriert. Wolf ist Trotzkist und kämpft seit längerer Zeit darum, der PDS ein anderes Profil zu geben. Er hatte mit den Ergebnissen des Parteitags in Münster große Hoffnungen verbunden, dass neue Mehrheitsverhältnisse in der PDS entstünden, die sich auch bei den Wahlen auf dem Cottbuser Parteitag widerspiegeln würden. Entsprechend enttäuscht reagierte er anschließend in einem Artikel. Weder im engeren Vorstand der Parteiführung noch im Bundestagsfraktionsvorstand gibt es, wie er feststellte, auch nur eine einzige Person, die mit der Mehrheit auf dem Parteitag in Münster gestimmt hatte. Er erklärte in seinem Beitrag weiter, dass sich aber die Sozialistinnen und Sozialisten nicht entmutigen lassen sollten, dennoch um die PDS und ihr Profil zu ringen. Damit hatte er nebenbei erklärt, dass er jene, die in Münster in der Minderheit geblieben waren, aber in Cottbus wieder klar die Mehrheit der Delegierten erreichten, nicht für Sozialistinnen und Sozialisten hält. Dahinter verbirgt sich der typisch elitäre Anspruch einiger Linker, allein zu wissen, worin die einzig wahre sozialistische Politik besteht.

Die Mehrheit der Mitglieder der PDS hat meines Erachtens aus Münster gelernt. Sie hat auch verstanden, dass sie nach dem Rückzug von Lothar Bisky und mir Signale in die Gesellschaft aussenden muss, zum akzeptierten politischen Spektrum dieser Gesellschaft gehören zu wollen. Wenn diese Besinnung, wie sie sich in Cottbus ausdrückte, anhält, braucht man sich hinsichtlich der Zukunft der PDS keine Sorgen zu machen. Eine Garantie gibt es dafür nicht. Die neu gewählte Führung der Partei ist aber offenkundig entschlossen, sich dafür einzusetzen. Sie wird nur nicht umhin kommen, sich mit denen, die die PDS zurückentwickeln wollen, auseinander zu setzen, sonst wären zufällige Mehrheiten wie auf dem Parteitag in Münster auch zukünftig nicht auszuschließen. Außerdem bestünde die Gefahr einer Verfestigung rückwärts gewandter Denkweisen, die sich nicht so leicht reparieren ließen, wie das zwischen den Parteitagen von Münster und Cottbus der Fall war. Nicht jeder Rückzug von Personen hätte die gleiche Wirkung wie der von Lothar Bisky und mir.

Seit der Bundestagswahl 1998 treten Umbrüche im politischen System Deutschlands immer deutlicher hervor. Wir steuern auf eine Demokratiekrise zu. Die auffälligsten Erscheinungen dieses Kurses sind der Bedeutungsverlust des Nationalstaates einerseits, die Revitalisierung des Nationalismus und die Stärkung des Rechtsextremismus andererseits, das Primat der Wirtschaft über die Politik, der strukturelle Bedeutungsverlust des Bundestages und die zunehmende Profilschwäche der Parteien.

Die weltweiten Globalisierungsprozesse haben an Geschwindigkeit gewonnen. Der Konkurrenzdruck zwischen kapitalistischen Unternehmen nimmt täglich zu. Von nationalen Fesseln hat sich zunächst das Finanzkapital befreit, das inzwischen weltweit und mittels neuer Technologien und Informationstechniken in einem atemberaubenden Tempo agiert. Die Politik hat seit den siebziger Jahren Schritt für Schritt die Instrumente zur Regulierung internationaler Finanzmärkte beseitigt, damit ihr eigenes Primat abgebaut und die Globalisierung begünstigt. Infolge der Entwicklungen auf den internationalen Finanzmärkten fordern nun auch die Vertreter des Produktivkapitals die Befreiung von »nationalen Fesseln«. Jede staatliche Regulierung wird als Behinderung empfunden, egal, ob sie sich auf den Gesundheits- und Arbeitsschutz, Rechte von Arbeitnehmerinnen und Arbeitnehmern und ihrer Gewerkschaften oder auf ökologische und soziale Standards bezieht. Der Neoliberalismus hat sich der Forderung nach Deregulierung verschrieben.

Natürlich gibt es keine Person oder Institution, die solche Thesen in Reinkultur vertritt. Aber die Tendenz ist unübersehbar. Ob es um die Bindung an Tarifverträge, die Installierung eines Niedriglohnsektors, die Regulierung von Arbeitszeit, die Steuer- und Abgabenlast der Unternehmen, die Ausbildung Jugendlicher, staatliche Hoheitsbereiche, die Höhe der Löhne, der Renten, anderer Sozialleistungen oder die ökologischen Standards geht, überall wird ein Bild der Überregulierung gezeichnet, das dringend der Korrektur bedürfe.

Eine aktuelle sozialistische Politik gegenüber den entfesselten Finanzmärkten, der Tendenz von Deregulierung, Privatisierung und Sozialabbau bestünde in einem weltweiten Kampf, der die im Zuge der Auseinandersetzung zwischen Kapital und Arbeit erzielten höchsten sozialen, ökologischen und demokratischen Standards zum Entwicklungsmaßstab erhöbe. Denn eine Chancengleichheit zwischen den Unternehmen wäre ja auch dann gewährleistet, wenn sich die jeweils höchsten Standards international durchsetzten. Aufgrund der unterschiedlichen kulturellen und ökonomischen Entwicklungsstufen in der Welt müssten die Standards nicht einmal gleich sein, sondern lediglich äquivalent im Vergleich zur erreichten Entwicklungsstufe. Das erste Mal wäre die Linke wirklich weltweit gefordert. In den meisten Staaten beschränkt sie sich aber auf nationale Abwehrkämpfe.

Die europäische Sozialdemokratie tendiert zu einem anderen Weg. Um in den Gesellschaften mehrheitsfähig zu sein, dem Zeitgeist zu entsprechen, ergreift sie nicht Maßnahmen gegen diese Entwicklung, sondern versucht Schritt für Schritt selbst zum Motor einer neoliberalen Ausrichtung der Politik zu werden. Die Thesen von Tony Blair und Gerhard Schröder aus dem Jahre 1999 belegen dies in höchst anschaulicher Art und Weise. Nach wie vor gibt es auch eine andere Tendenz in der europäischen Sozialdemokratie, die gegenwärtig von Lionel Jospin aus Frankreich repräsentiert wird und für die früher auch Oskar Lafontaine in der deutschen Politik stand. Aber die Tendenz der europäischen Sozialdemokratie, den Neoliberalismus zu fördern, sich an die Spitze von Privatisierung und Deregulierung zu setzen, ist unverkennbar. Natürlich versucht sie im Rahmen dieser Prozesse die eine oder andere soziale, arbeitsrechtliche und ökologische Schranke zu setzen in dem Glauben, so auf längere Sicht mehrheitsfähig zu bleiben. Denjenigen, die an neoliberaler Deregulierung und Privatisierung interessiert sind, verspricht sie, diese Prozesse zu befördern. Und denjenigen, die damit kulturelle und soziale Ängste verbinden, verspricht sie, dafür zu sorgen, dass kulturelle Identität und, zumindest in bestimmten Grenzen, soziale Absicherung gewahrt blieben. Ihr Angebot an beide Seiten ist durchaus verführerisch. Arbeitnehmerinnen und Arbeitnehmern, Arbeitslosen, sozial Schwachen kann sie einleuchtend erklären, dass die neoliberalen Prozesse auch stattfänden, wenn nicht die Sozialdemokratie, sondern Konservative und Rechte regierten, dass es aber in einem solchen Fall noch weniger soziale Sicherungen gäbe, sodass diese Bevölkerungsgruppen besser gestellt seien, wenn sie Sozialdemokratie wählten. Den Verfechtern des Neoliberalismus versucht sie zu erklären, dass die Durchsetzung der reinen Lehre durch Konservative und Rechte zu erheblichen gesellschaftspolitischen Auseinandersetzungen führte, an denen auch sie nicht interessiert sein könnten.

Die regierende Sozialdemokratie kann aber eine Politik der Privatisierung, der Deregulierung und des Sozialabbaus nicht als dem eigenen politischen Willen entsprechend ausgeben. Sie ist deshalb in besonderer Weise darauf angewiesen, eine solche Politik als durch Sachzwänge gegeben, als alternativlos darzustellen. Genau darin liegt aber die Gefahr für die Demokratie. In dem Maße, in dem Menschen glauben, dass nicht der politische Wille der Regierenden für das, was diese tun, entscheidend ist, sondern die aus der Wirtschaft resultierenden vermeintlich objektiven Zwänge, in dem Maße verliert für sie die Demokratie an Bedeutung. Dies kann der Rechtsextremismus für sich nutzen, indem er die Lösung von Problemen für den Preis anbietet, auf eine scheinbar immer überflüssiger werdende Demokratie zu verzichten. Dabei spielt dann eine geringere Rolle, dass es die Politik selbst war, die die Sachzwänge heraufbeschworen hat. Natürlich ist der Euro zum Beispiel heute ein Sachzwang. Aber er ist von der Politik eingeführt worden, ohne dass vorher Steuern, Löhne, ökologische und soziale Standards in Europa angeglichen worden wären. Nun ist der scheinbare Sachzwang zur Angleichung nach unten entstanden.

Mit der Veränderung der Sozialdemokratie sind aber auch die anderen Parteien, und zwar nicht nur in Deutschland, in eine Profilkrise geraten. CDU und CSU in Deutschland scheinen nur dann eine Chance zu haben, wenn sie sozialdemokratischer würden, als es die SPD gegenwärtig ist. Das hieße aber, dass sie ihre guten Beziehungen zu den Vertretern des Großkapitals gefährden müssten. Stimmten sie dagegen der inhaltlichen Ausrichtung der heutigen Sozialdemokratie zu, machten sie sich überflüssig. Eine weitere Alternative bestünde darin, den neoliberalen Kurs noch konsequenter zu vertreten, als es die Sozialdemokratie tut. Dann aber verlören CDU und CSU ihren Volksparteicharakter, weil sie jegliche soziale Begrenzung neoliberaler Prozesse verneinen müssten. Deshalb fällt es CDU und CSU gegenwärtig besonders schwer, ihr Profil zu bestimmen. Sie haben kein Thema, das sie deutlich von der Sozialdemokratie unterschiede. Der gegenwärtige Spendenskandal der CDU überdeckt ihr inhaltliches Defizit.

Die F.D.P. war schon immer die konsequenteste Vertreterin einer neoliberalen Gesellschaftspolitik. Auch ihr fällt es immer schwerer, die Unterschiede zur heutigen Sozialdemokratie zu definieren. Letztlich gilt das auch für die Partei Bündnis 90/DIE GRÜNEN, die sich ebenfalls dem Neoliberalismus untergeordnet hat und sogar in einen Wettstreit mit der F.D.P. getreten ist, wer ihn konsequenter vertrete. In Fragen der Steuer-, der Finanz- und der Sozialpolitik stehen Bündnis 90/DIE GRÜNEN heute deutlich rechts von der Sozialdemokratie und versuchen dadurch, der F.D.P. den politischen Zweck zu nehmen. Auf längere Sicht scheint mir festzustehen, dass entweder die F.D.P. oder Bündnis 90/DIE GRÜNEN als politische Kraft keinen Bestand haben wird. Im Augenblick spricht mehr für das Überleben der F.D.P. Aber das kann sich auch wieder ändern. Die F.D.P. hat auf jeden Fall erkannt, dass ihr Standbein neoliberaler Privatisierung und Deregulierung für die Sicherung ihrer Existenz nicht ausreicht. Sie muss versuchen, wieder stärker den politischen Liberalismus zu verkörpern, der ihr in den vergangenen Jahren vom Bündnis 90/DIE GRÜNEN streitig gemacht worden ist. Ob es um gleichgeschlechtlich Liebende, um Ausländerinnen und Ausländer, um das Recht auf Verteidigung oder die Abwehr polizeistaatlicher Methoden ging, überall erschienen Bündnis 90/DIE GRÜNEN liberaler als die F.D.P. Aber die liberale Kultur von Bündnis 90/DIE GRÜNEN hat einen Mangel, weil sie elitär angelegt ist. Bündnis 90/DIE GRÜNEN hat keine Schwäche für Schwächen und entwirft ein Idealbild des Verhaltens von Menschen, das in der Realität nicht anzutreffen ist. Die Folge davon ist eine Entfremdung, die in der Politik nicht folgenlos bleibt. Durch das Hinzukommen von Bündnis 90 zum Beispiel maßten sich die Grünen in besonderer Weise an, wie Richter über ostdeutsche Biografien zu urteilen. Wenn ich in diesem Zusammenhang überhaupt nicht auf das ökologische Thema eingegangen bin, dann deshalb, weil die ökologischen Standards der neoliberalen Ausrichtung von Wirtschaft und Politik ebenso untergeordnet werden wie soziale Standards. In dem Maße, wie Ökologie im Rahmen der neoliberalen Prozesse vertretbar erscheint, wird sie von allen Parteien respektiert und ist deshalb kein Markenzeichen der Grünen mehr. Mehr leisten die Grünen inzwischen diesbezüglich auch nicht. Im Gegenteil: Selbst nach dem Bekanntwerden der BSE-Fälle in Deutschland wirkten Vertreterinnen und Vertreter der anderen Parteien grüner als die Grünen. Dabei ist es gerade die ökologische Frage, die der sozialen einen völlig neuen weltweiten Stellenwert verleiht. Wir haben nur eine Erde, und es besteht die Gefahr, dass die Lebensgrundlagen der Menschheit zerstört werden. Wer aber weltweit den ökologischen Umbau voranbringen will, muss weltweit die soziale Frage lösen, weil er andernfalls scheitern wird. Die Grünen in Deutschland geben aber der sozialen Frage einen so geringen Stellenwert, dass sich diese politische Verbindung bei ihnen nicht herstellen lässt.

Infolge dieser Entwicklungen verschwimmen die politischen Unterschiede zwischen CDU/CSU, F.D.P., SPD und Bündnis 90/DIE GRÜNEN immer stärker. Wahlentscheidungen werden deshalb vornehmlich kulturell und in Abhängigkeit von Personen und viel weniger durch politische Alternativen bestimmt. Auch das gefährdet Demokratie, weil Wahlmotivationen irrationaler werden und stärker von Medienwirksamkeit als von inhaltlichem Profil abhängen und dadurch auch zufälliger werden.

Eine Gefährdung der Demokratie sehe ich auch in der Ausschaltung des Parlaments durch die Verabredung von Gesetzentwürfen in von Gerhard Schröder organisierten Konsensrunden. Zunächst ist Schröders Versuch durchaus zu begrüßen, mit den Vertreterinnen und Vertretern divergierender Interessen Gespräche zu führen, um Lösungen anstehender gesellschaftlicher Probleme zu finden. Allerdings gewinnt man immer stärker den Eindruck, dass die Bundesregierung dabei moderiert, vermittelt, kaum eigene politische Ziele vertritt. Wenn sich die Gewerkschaften mit der Arbeitgeberseite verständigen, dann, so ist zumindest der Eindruck, nimmt die Bundesregierung das Ergebnis lediglich an.

Es macht aber Sinn, dass der Bundeskanzler nach dem Grundgesetz die Richtlinien der Politik bestimmen soll. Lässt sich die Bundesregierung den Konsens durch die Vertreterinnen und Vertreter gesellschaftlicher Gruppen aushandeln, um diese lediglich zu übernehmen, ist auch das Ausdruck für die Überwindung des Primats der Politik.

In den Konsensgesprächen kommt es heute auch zur Verabredung von Gesetzentwürfen. Dies halte ich für besonders bedenklich, weil der Bundestag in solchen Fällen weniger Gesetzgeber ist und eher zum Ratifizierungsgremium degradiert wird. Vor allem trifft dies die Koalitionsfraktionen, die in der Regel Gesetzentwürfe der eigenen Regierung durchaus noch verändern, zum Beispiel nach Anhörungen oder anderen Diskussionen in den Ausschüssen. Bei solchen Gelegenheiten wird auch die eine oder andere Vorstellung aus der Opposition von Regierungsfraktionen übernommen. Wenn der Gesetzentwurf aber der Kompromiss zwischen den Vertreterinnen und Vertretern gesellschaftlicher Gruppen darstellt, ist den Koalitionsfraktionen klar, dass er mit jeder Änderung gefährdet wird. Wie bei einem völkerrechtlichen Vertrag verzichten sie auf Verbesserungen, nur, um den erreichten Kompromiss nicht zu gefährden. Das Problem besteht nicht nur darin, dass der Bundestag in solchen Fällen insgesamt seiner Funktion nicht gerecht werden kann, sondern dass in der Gesellschaft eine Verschiebung der Bedeutung von Wahlen eintreten könnte. Wenn diese Art der Verabredung von Gesetzen zur generellen Methode würde, erhielten Wahlen in Gewerkschaften, im Bund der Industrie, im Arbeitgeberverband, im Deutschen Industrie- und Handelstag mehr Gewicht als die allgemeinen, freien, gleichen und geheimen Wahlen zum Bundestag. In den genannten Verbänden ist aber nur jeweils ein Bruchteil der Bevölkerung wahlberechtigt. Die Art, die Konsensgespräche zu organisieren, trägt also dazu bei, das Primat der Politik weiter auszuhöhlen, den Bundestag zu schwächen und damit die Wahlen zum Bundestag in ihrer Relevanz zu schmälern. Genau darin besteht die Gefährdung der Demokratie.

Die PDS ordnet sich nicht in die neoliberale Ausrichtung der Politik ein. Sie misst den Fragen der Demokratie eine größere Bedeutung bei. Sie versucht diesbezüglich, alternativ zu bleiben, was mit der Schwäche verbunden ist, dadurch in besonderer Weise in Abwehrkämpfe verwickelt zu sein, also eher defensiv als offensiv zu wirken. Um irgendwelche Ansätze ihrer Politik Realität werden zu lassen, ist sie auf die Zusammenarbeit mit anderen Parteien angewiesen. Realistischerweise kommt dafür vornehmlich die Sozialdemokratie in Frage. Im Klartext heißt das allerdings, dass die PDS im Zusammenwirken mit der Sozialdemokratie die Aufgabe wahrzunehmen hätte, im Rahmen der nicht von ihr zu verhindernden neoliberalen Ausrichtung der Politik soziale, kulturelle und ökologische Grenzen so deutlich wie möglich zu markieren. So oder so gefährdet sich die PDS. Ließe sie sich auf diese Rolle ein, würde sie Bestandteil der Prozesse der Deregulierung und Privatisierung, des Abbaus ökologischer und sozialer Standards. Ließe sie sich nicht darauf ein, verzichtete sie auf die Möglichkeit, in diesen Prozessen wenigstens Grenzen zu setzen. Ihre Anhängerinnen und Anhänger verübelten ihr das eine ebenso wie das andere. Ließe sie sich auf die Einbindung in den Prozess, wenn auch in der Funktion des Korrektivs, ein, würde sie an Profil verlieren und innerparteiliche Auseinandersetzungen bis hin zu Zerreißproben überstehen müssen. Verweigerte sie sich einer solchen Einbindung, müsste sie auf absehbare Zeit jede Regierungsbeteiligung ablehnen. Sie müsste so weit gehen, öffentlich zu erklären, dass ihr eine Koalition von CDU und SPD immer noch lieber wäre als ein Zusammengehen von SPD und PDS. Sie müsste vor Wahlen den Menschen erklären, das sie an eine auch nur teilweise Realisierung ihrer Forderungen nur für den Fall glaube und denke, dass sie die absolute Mehrheit erränge. Damit machte sie sich fast unwählbar, definierte sich nicht als Teil, sondern außerhalb der Gesellschaft. Irgendwann würde sie nur noch als Sekte wahrgenommen werden, reduzierte sich auf einen Selbstzweck und verlöre jede politische Relevanz. Leicht ist die Situation für die PDS nicht, und daraus resultieren zum Teil auch die beschriebenen inneren Auseinandersetzungen. Es gibt keinen »Königsweg«.

In dem Maße aber, in dem die PDS akzeptierte, Teil der Gesellschaft zu sein und als solche die Gesellschaft zu verändern, hätte sie die Chance, die Widersprüche und unterschiedlichen Momente in der Gesellschaft deutlich zu machen. Die bundesdeutsche Gesellschaft ist nicht nur kapitalistisch. In ihr gibt es eine Vielzahl von Momenten, die sich mit kapitalistischer Marktwirtschaft nicht erklären lassen. Friedrich Engels sah in England schon ein Stück Sozialismus, als der Zehnstundenarbeitstag eingeführt wurde. Regulierte Momente in der Arbeitswelt, in der Wirtschaft, im Gesundheits-, Bildungs-, Wohnungs- und Verkehrswesen lassen sich nicht marktwirtschaftlich, sondern nur als Ergebnis gesellschaftspolitischer Auseinandersetzungen interpretieren. Die PDS kann als Teil der Gesellschaft auf diese Momente verweisen, sie verteidigen und dafür eintreten, das eine oder andere Moment auszubauen. Sie muss nur wissen, dass sie gegenwärtig zu schwach ist, den allgemeinen Trend aufzuhalten, und das reduziert letztlich ihre Rolle darauf, als Korrektiv zu wirken. Aber diese Rolle ist wichtiger, als es im ersten Moment erscheint. Denn im Kern geht es darum, zu verhindern, dass aus der Marktwirtschaft eine Marktgesellschaft wird. In letzter Konsequenz verlangt die neoliberale Ausrichtung der Politik nämlich, alle gesellschaftlichen Bereiche marktwirtschaftlichen Kriterien unterzuordnen, auch das Sozialwesen, den Kulturbereich, das Gesundheitswesen, den Bildungsbereich und das Verkehrswesen. Genau dagegen könnte die PDS wirksam werden. Immer wieder wird in der PDS die These vertreten, eine Zusammenarbeit mit der SPD setzte wenigstens voraus, dass diese politisch von dem geprägt sei, was man mit Oskar Lafontaine, und nicht von dem, was man mit Gerhard Schröder verbinde. Mir scheint dieser Ansatz falsch zu sein, weil er unterschätzt, wie wichtig ein Korrektiv wie die PDS gerade im Rahmen einer Zusammenarbeit mit einer SPD wird, deren politische Ausrichtung so aussieht, wie sie sich in den letzten Jahren entwickelt hat. Im Grunde genommen wäre die PDS in der gegenwärtigen Zeit im Rahmen einer Zusammenarbeit mit der SPD das sozialdemokratische Korrektiv zur SPD. Aber auch dies hätte für Millionen Menschen eine nicht zu unterschätzende kulturelle und soziale Bedeutung. Es ist keine Schande für eine sozialistische Partei, in einer Gesellschaft – zumindest vorübergehend – linke Sozialdemokratie zu ersetzen, wenn diese, aus welchen Gründen auch immer, ausfällt. Nur darf sie dabei ihre sozialistische Vision – das heißt ihre Vorstellung von einer Welt, in der die sozialen, kulturellen und ökologischen Interessen der Menschen das gesellschaftliche Geschehen dominieren und nicht die allerdings weiter existierenden

Kapitalverwertungsinteressen – nicht aufgeben. Sie muss die Begrenztheit ihrer politischen Wirkungsmöglichkeit deutlich machen, diese nicht zum Selbstzweck erklären und immer wieder auf den Kompromisscharakter hinweisen. Es ist nicht falsch, in einer bestimmten Situation aus bestimmten Gründen einer halbherzigen Steuerreform zuzustimmen. Gefährlich wird das nur dann, wenn man diese Steuerreform zum eigentlichen Ziel und Zweck der Partei erklärte. Die Verantwortlichen jeder Partei müssen wissen, dass sie das Profil der eigenen Partei nur begrenzt selbst bestimmen. Es hängt auch immer davon ab, welches Profil durch andere Parteien nicht besetzt ist und was einer Partei in einer konkreten gesellschaftlich-historischen Situation abverlangt wird. Nur Naive, Dogmatiker und Fundamentalisten glauben, das Profil einer Bewegung ausschließlich selbst bestimmen zu können.

Je schneller und gründlicher sich die PDS von bestimmten Illusionen hinsichtlich der Unbegrenztheit ihrer Selbstbestimmung befreit, desto schneller ist sie auch in der Lage, eine Politik zu betreiben, die sozialistische Visionen mit sozialistischer Realpolitik verbindet. Zu Letzterem reichte es aus, zu verstehen, dass jeder Schritt zu mehr Frieden und Sicherheit, zu mehr sozialer Gerechtigkeit, zu mehr Ökologie, zu mehr Gleichstellung der Geschlechter, zum Abbau der Diskriminierung von Minderheiten, zur Entwicklung von Demokratie usw. ein Schritt sozialistischer Alltagspolitik ist. In bestimmten Situationen kann wie beschrieben eine erfolgreiche Alltagspolitik schon darin bestehen, gegenteilige Schritte zu verhindern. Niemand kann und wird der PDS ihre Probleme abnehmen. Meistern wird sie sie im Interesse vieler, die auf sie setzen, nur dann, wenn sie sich dieser Probleme bewusst wird und ebenso bewusst mit ihnen umgeht. Sie muss alles verhindern, was dazu führte, dass sie zum Selbstzweck verkommt. Sie muss das ideologisch dominierte Denunziationsklima überwinden und deshalb eine Politik nach vorne auch dann entwickeln, wenn andere stehen bleiben wollen.

Mein Optimismus für die Zukunft der Linken im 21. Jahrhundert basiert auf neuen Entwicklungen. Im 19. und 20. Jahrhundert war die soziale Frage überwiegend eine Frage der Gerechtigkeit. Es ist eben höchst ungerecht, wenn Eigentum und Chancen extrem ungleich zwischen Menschen verteilt sind. Daraus resultiert übrigens, dass Linke sich als die besseren Menschen empfinden, und tatsächlich fällt es Konservativen regelmäßig schwer zu erklären, weshalb gerade ungleiche und dann noch extrem ungleiche Verteilungen besonders gerecht sein sollen. Dieses moralische Überlegenheitsgefühl der Linken hat ihren Bewegungen aber nicht nur genutzt, sondern auch kulturelle Schäden hinterlassen, die sich in verschiedenen Formen von Arroganz niederschlagen. Wenn ich meine, dass die Linke im 21. Jahrhundert neue Chancen bekommt, dann nicht in erster Linie deshalb, weil die moralische Frage der Gerechtigkeit nach wie vor ungelöst ist. Dieser Umstand würde künftig nicht sehr viel stärker wirken als in den vergangenen beiden Jahrhunderten. Es gibt jedoch in der Zukunft eine neue Qualität in der sozialen Frage, die mit dem ökologischen Problem zusammenhängt. Die Menschheit steht vor der Entscheidung, ob sie die eigenen Lebensgrundlagen weiter zerstört oder nicht. Die Stärke aller ökologischen Bewegungen in den vergangenen Jahrzehnten bestand darin, dass sie diese Frage auf die politische Tagesordnung gesetzt haben. Dabei haben sie jedoch die soziale Frage unterschätzt, nicht selten sogar die ökologische und soziale Frage alternativ behandelt. In Wirklichkeit aber bilden sie eine Einheit. Wenn der Regenwald weiter so abgeholzt wird wie in den vergangenen Jahrzehnten, werden wir eines Tages auch in Deutschland nicht mehr atmen können. Er wird aber weiter abgeholzt. Das liegt zum einen an der Profitgier jener, die an diesen Rodungen fast grenzenlos verdienen; die Menschheit steht also vor der Frage, wie dieser Gier wirksam begegnet werden kann. Es liegt aber auch daran, dass viele Menschen in Brasilien nicht wüssten, wovon sie leben sollten, wenn die Abholzaktion beendet werden würde. Das ist für sie die soziale Frage.

Mit diesem Beispiel soll deutlich werden, dass im Zusammenhang mit der ökologischen Frage die soziale Frage erstmalig über den moralischen Status der Gerechtigkeit hinaus zu einer existenziellen Frage wird. Gelingt es nicht, die soziale Frage zu lösen, wird es auch nicht gelingen, die Lebensgrundlagen der Menschheit zu erhalten, das heißt, die ökologische Frage zu lösen. Und weil das so ist, gehe ich davon aus, dass die Linke im 21. Jahrhundert wieder eine größere Rolle spielen wird. Parteien wie die PDS können zunehmend zu einem wichtigen Faktor werden, wenn sie es schaffen, immer mehr Menschen davon zu überzeugen, dass die Lösung der sozialen Frage, deren Bestandteil die ökologische wurde, eine Frage des Fortbestehens der Menschheit ist.

Kapitel 9

Unerwünschte Gespräche

In einer parlamentarischen Demokratie kann man ohne das politische Gespräch, den politischen Dialog in die Gesellschaft hinein, nicht wirksam werden. Das war für mich immer selbstverständlich. Im Laufe der zehn Jahre meines Wirkens für die PDS im Bundestag habe ich eine Vielzahl von Gesprächen mit so genannten einfachen Leuten, aber auch mit Unternehmerinnen und Unternehmern, Bankiers und Konzernchefs, mit Journalistinnen und Journalisten, Künstlerinnen und Künstlern, Schriftstellerinnen und Schriftstellern geführt. Dabei habe nicht nur ich Einfluss auf andere genommen, sondern diese auch auf mich. Dagegen habe ich mich nie gewehrt, ganz im Gegenteil. Nur wenn man bereit ist, sich selbst zu verändern, kann man eine politische Entwicklung vollziehen, dazulernen, neue Erkenntnisse gewinnen und artikulieren. Solche Gespräche sind im Übrigen auch eine wichtige Möglichkeit, die Resultate seines eigenen Wirkens zu überprüfen. Man erfährt, welches Bild sich andere von einem machen und welche Chancen man hat, dieses Bild zu korrigieren oder zu verteidigen.

Viele Persönlichkeiten aus den neuen und den alten Bundesländern waren zum Gespräch mit mir bereit, suchten gelegentlich danach. Die einzige Ausnahme bildete die politische Klasse, wo zu einem bestimmten Zeitpunkt das normale Gespräch mit mir tabuisiert war. Das war nicht von Anfang an so. Bis einschließlich 1993 war es keineswegs unüblich, dass auch die Vertreterinnen und Vertreter anderer Parteien mit mir redeten. Danach versiegte die Kommunikation. Das hing mit der im Bundestagswahlkampf 1994 begonnenen Rote-Socken-Kampagne von CDU und CSU zusammen, die darauf ausgerichtet war, Grenzen in den Beziehungen anderer Parteien zur PDS und zu mir zu setzen. Erst recht schlossen sich Kontakte zu mir aus, als man mich nach der Bundestagswahl 1994 mit Hilfe des Immunitätsausschusses moralisch zu ächten und aus dem Bundestag zu jagen versuchte.

In Zeiten der Feme verhelfen Empfänge und Essen, an denen ich mich sonst nicht so gern beteilige, zu einem gelegentlichen Kontakt oder kurzen Gespräch. Bei solchen Anlässen habe ich festgestellt, dass sich bestimmte Zuordnungen nur schwer ändern lassen. Als ich zum Beispiel an einem Empfang für die Außenminister einer Konferenz der Organisation für Europäische Sicherheit und Zusammenarbeit in Berlin teilnahm, bat mich der Gastgeber, der Berliner Bürgermeister Eberhard Diepgen, mich um den damaligen sowjetischen Außenminister zu kümmern, damit dieser nicht so allein auf dem Empfang herumstehe. Ich konnte allerdings der Bitte nicht folgen, weil ich nicht einmal genau wusste, wie der Nachfolger von Eduard Schewardnadse aussah. Außerdem überschätzte Diepgen meine Russischkenntnisse. Niemals wäre er auf die Idee gekommen, den französischen, britischen oder amerikanischen Außenminister meiner Obhut anzuvertrauen. Meine Zuständigkeit lag für ihn bei der Sowjetunion.

Zu einem späteren Zeitpunkt nahm ich an einem Mittagessen teil, das der damalige Bundespräsident Roman Herzog für Boris Jelzin anlässlich der Verabschiedung der russischen Truppen aus Deutschland gab. Der russische Präsident war bereits stark angetrunken. Deshalb hatte ich auch Verständnis für eine undiplomatische Geste von Helmut Kohl, der das Glas des Ehrengastes zuhielt, wenn die Kellnerin nachschenken wollte. Jelzin sagte unter anderem, es dürfe zwischen Deutschland und Russland nie wieder

Krieg geben. Da die Anwesenden diesen Satz mit Beifall quittierten, brüllte er ihn noch etwa drei Mal und immer lauter, in der Hoffnung, der Beifall würde sich steigern. Eigentlich ging mich das gar nichts an.

Ich hatte Boris Jelzin früher einmal in Bonn bei einem seiner offiziellen Besuche in der Bundesrepublik Deutschland zu einem Gespräch getroffen. Erstaunlich war für mich damals, dass er mich nach dem Schicksal des ehemaligen Vorsitzenden der Deutschen Kommunistischen Partei, Herbert Mies, fragte, worüber ich ihm allerdings kaum Auskunft geben konnte. Sonst waren wir uns nie begegnet, ich ging mit ihm auch nicht in die Sauna, und es gab keinerlei spezifische Zuständigkeit der PDS für das von ihm geprägte Russland. Dennoch drehten sich auf dem Höhepunkt der peinlichen Szene beim Mittagessen von Roman Herzog viele Gesichter zu mir um, so als trüge ich irgendeine Verantwortung für diese Entgleisung. Was mich noch mehr ärgerte, war aber, dass ich mich tatsächlich schämte. Ich habe mich gefragt, wie lange es wohl dauert, bis man falsche Zuständigkeitsgefühle überwindet.

Meistens sind solche Empfänge für mich nicht besonders ergiebig. Man steht irgendwie doof in der Gegend herum, führt mal hier, mal dort ein kleines Gespräch, etwas Substantielles geschieht nicht. Zu essen gibt es meist nur kleine Häppchen, sodass sich zumeist auch der kulinarische Genuss in Grenzen hält. Sind dagegen ansprechende Buffets aufgebaut, fehlen die Stühle und Tische, und es bereitet zumindest mir große Schwierigkeiten, gleichzeitig einen Teller zu halten und erfolgreich mit Messer und Gabel zu operieren. Wollte ich außerdem noch etwas trinken, müsste ich artistische Leistungen vollbringen. Bei einem offiziellen Essen sieht die Sache anders aus. Das Menü ist zwar in der Regel nicht besonders schmackhaft, aber man nimmt trotzdem auf der Stelle zu. Das Unangenehme bei solchen Gelegenheiten ist, dass man sich nicht aussuchen kann, zwischen wem man sitzt. So kann man Glück oder Pech haben. Beides habe ich erlebt. Die erste Stufe des Glücksfalles besteht darin, dass man sich mit seinen Tischnachbarinnen beziehungsweise Tischnachbarn in irgendeiner Sprache verständigen kann. Ob noch eine weitere Stufe des Glücks hinzukommt, hängt dann von der eigenen Fähigkeit und der der anderen ab, einer Unterhaltung interessante Momente abzugewinnen. So etwas kommt vor, ist aber nicht die Regel. Meistens sagte ich deshalb solche Einladungen ab, gelegentlich war ich aber selbst daran interessiert, oder mir blieb gar nichts anderes übrig, als sie anzunehmen.

In meiner Zeit als Parlamentarier in Bonn und Berlin erlebte ich drei Bundespräsidenten. Zunächst residierte Richard von Weizsäcker. Er fühlte sich für alle im Bundestag vertretenen Parteien zuständig, sodass es zwischen ihm und mir gelegentlich zu Gesprächen kam. Dabei war er stets freundlich, aufgeschlossen und interessiert. Da er auch meinen Vater kannte, ergab sich zusätzlich ein privater Austausch. Bei einem Neujahrsempfang des Bundespräsidenten konnte ich ihn erfreuen. Nachdem ich in der Reihe der Vorsitzenden der im Bundestag vertretenen Parteien von ihm und seiner Frau zum neuen Jahr begrüßt worden war, stellte ich fest, dass sich Helmut Kohl, der ihm als Vorsitzender der CDU gratuliert hatte, erneut anstellte, um ihm noch einmal als Bundeskanzler Neujahrswünsche zu übermitteln. Also reihte auch ich mich noch einmal bei den Fraktionsvorsitzenden ein und defilierte ein zweites Mal an Weizsäcker und seiner Frau vorbei. Er lachte vor den zahlreichen Fotografen auf und fragte, weshalb ich schon wieder vor ihm stünde. Ich erwiderte, was der Kanzler könne, könne ich schon lange. Da ich der letzte Gratulant war, führten wir daraufhin ein längeres anregendes Gespräch miteinander.

Roman Herzog hat mich während seiner Amtszeit als Bundespräsident zu keinem Zeitpunkt empfangen. Es war offensichtlich, dass er in jeder Hinsicht Distanz zur PDS und zu mir wünschte.

Anders wiederum verhält sich Johannes Rau seit seiner Wahl zum Bundespräsidenten. Er empfindet es als seine Pflicht, allen Fraktionsvorsitzenden als Gesprächspartner zur Verfügung zu stehen, wenn sie es wünschen. Auch nach meiner Zeit als Fraktionsvorsitzender bot er mir Gespräche an. Meines Erachtens genießt er sein Amt und leidet zugleich unter der Enge der Möglichkeiten eines Bundespräsidenten. Die Gespräche mit ihm sind sehr angenehm und persönlich. Er kann gut zuhören und brachte durchaus Verständnis für meine Sicht zum Beispiel bezüglich der Situation in Ostdeutschland auf. Wir haben auch über die schwierige Frage der Strafverfolgung von Leuten gesprochen, die wegen hoheitlichen Handelns in der DDR zur Verantwortung gezogen wurden. Beklemmungen gab es dabei auf beiden Seiten, eine Lösung konnten wir nicht finden.

Als ich Bürger der Bundesrepublik Deutschland wurde, war der Kanzler bekanntlich Helmut Kohl. Mit ihm habe ich bis 1999 kaum mehr als ein paar Worte gewechselt. Etwa im Dezember 1990 schrieb ich ihm einen Brief, in dem ich um ein Gespräch bat, um ihn aus meiner Sicht über die besondere Situation im Osten Deutschlands zu informieren. Ich hoffte, insbesondere auf mentale Probleme der Bürgerinnen und Bürger der ehemaligen DDR hinweisen und für sie irgendetwas erreichen zu können. Er sprach mich im Plenum des Bundestages an und sagte, er habe den Brief erhalten und werde zu gegebener Zeit darauf zurückkommen. Schon die Formulierung machte mir klar, dass dies niemals geschehen würde, und es geschah auch nicht. Unsere Kontakte während seiner Kanzlerschaft reduzierten sich auf zufällige Begegnungen, in denen entweder nur Grußformeln ausgetauscht wurden oder er versuchte, auf meine Kosten einen Scherz zu machen. Recht typisch für ihn war eine Bemerkung, die er machte, als er mich außerhalb des Plenarsaals im Gespräch mit zwei Kolleginnen sah. Im Vorübergehen erklärte er, der Gysi unterhalte sich auch lieber mit Frauen als sich die Reden im Plenum anzuhören. Ich erinnere mich noch, wie er sich einmal in Begleitung seiner Minister im Plenarsaal des Bundestages in Bonn mit folgenden Worten an mich wandte: »Was ich Ihnen, Herr Gysi, schon immer mal sagen wollte, ist: Wenn Sie katholisch wären, dürften Sie bei der Schwere Ihrer Sünden nicht bei einem normalen Priester beichten, Sie müssten immer gleich zum Prälaten gehen.« Man kann sich die Heiterkeit bei den um ihn herumstehenden Bundesministern leicht vorstellen. Ich erwiderte kurz: »Das wäre was, dann würden wir uns ja ständig über den Weg laufen.« Interessant war die Reaktion der Minister. Sie wagten erst über meine Antwort zu lachen, nachdem Helmut Kohl selbst zu lachen begonnen hatte. Auf dieser Ebene verliefen also unsere gelegentlichen Kontakte.

Dennoch war es ja nicht unwichtig, für besondere Fälle einen Kontakt zur Bundesregierung zu halten, und der lief über Friedrich Bohl, den Chef des Kanzleramtes. Viel hatten wir im Laufe der Jahre nicht zu besprechen. Er wandte sich hin und wieder an mich, wenn es um den Termin einer Bundestagswahl oder die inhaltliche Bestimmung des Mahnmals Unter den Linden oder ähnliche Fragen ging. Einmal habe auch ich ihn angerufen, als ich den Steuerbescheid gegen die PDS über 67 Millionen Mark abwenden wollte. Er bezog sich auf das Altvermögen der Partei, das längst durch die Treuhandanstalt verwaltet und verwertet wurde. Trotzdem sollte die Forderung ausschließlich aus den Neueinnahmen der Partei vollstreckt werden. Auch die Höhe der Steuerforderung war höchst zweifelhaft. Wäre die Vollstreckung des Steuerbescheids gelungen, hätte die PDS aufgehört zu existieren. Es gelang mir nicht, Herrn Bohl zu einer Intervention zu bewegen, und so entschlossen sich Verantwortliche der PDS, in den Hungerstreik zu treten. Wir stellten ihn ein, als das Berliner Verwaltungsgericht feststellte, dass nicht die PDS, sondern die Treuhandanstalt mit dem Altvermögen der Partei für den Steuerbescheid haftete. Übrigens hat die Finanzverwaltung Berlin die Steuerforderung daraufhin auf acht Millionen Mark reduziert. Der Kontakt zwischen Friedrich Bohl und mir war korrekt und höflich, aber nicht substantiell.

Das Verhältnis zu den übrigen Bundesministern von CDU und CSU lässt sich als »Nichtbeziehung« charakterisieren. Unterschiede gab es dennoch. Leute wie Theo Waigel oder Manfred Kanther tauschten nicht einmal Grußformeln mit mir aus. Wir hatten uns einfach überhaupt nichts zu sagen. Im Vergleich dazu war der Kontakt zum Beispiel zu Norbert Blüm eher freundlich.

Einen besonderen Stellenwert hatte für mich Wolfgang Schäuble. Zu einem ersten ausführlichen Gespräch mit ihm kam es 1991, als er noch als Bundesinnenminister fungierte. Damals versuchte die Bundestagsfraktion der CDU/CSU, der PDS die Verfügung über ihr Parteiarchiv zu entziehen. In diesem Archiv lagerten aber auch die Protokolle der Gespräche zwischen führenden Vertretern der KPdSU und der SED. Michail Gorbatschow, damals noch Generalsekretär des Zentralkomitees seiner Partei, ließ Helmut Kohl einen geharnischten Protest zukommen, der Wirkung zeigte. Bundesinnenminister Wolfgang Schäuble lud mich zu einer Unterredung ein und gab darin offen zu, dass die Bundesregierung von Gorbatschow unter Druck gesetzt werde und er deshalb an einer Verständigung interessiert sei. Die Fragen, um die es ging, konnten nur in einem Vertrag zwischen der Bundesregierung und der PDS geregelt werden, und ich legte großen Wert darauf, dass wir Eigentümer des Archivs blieben. Wir wollten auch, dass das Archiv öffentlich zugänglich wurde, vorausgesetzt, die Rechte Dritter, das heißt von Personen und anderen Parteien, blieben geschützt. Die Schwäche meiner Position bestand vor allem darin, dass wir nicht das Geld hatten, das Archiv zu unterhalten, also darauf angewiesen waren, dass das Bundesarchiv die Verwaltung übernahm. Auf dieser Basis haben wir uns letztlich auch verständigt. Bei dieser Gelegenheit versuchte ich, Schäuble zu erklären, weshalb die Ostdeutschen ein so starkes Gefühl des Bedeutungsverlustes erlitten und was meines Erachtens getan werden müsste, um sie gleichberechtigter in den Vereinigungsprozess einzubeziehen. Wolfgang Schäuble hörte mir sehr geduldig zu, fragte gelegentlich nach, machte auf mich also einen interessierten Eindruck. Dieses Treffen im Jahre 1991 nutzte er für eine bemerkenswerte Äußerung mir gegenüber. Fast gegen Ende des Gesprächs sagte er, er lege Wert darauf, dass ich wisse, dass er wisse, dass sowohl Hans Modrow als auch ich einen wesentlich größeren Beitrag zum friedlichen Verlauf der Wende beziehungsweise der Revolution in der DDR geleistet hätten als viele andere. Ich müsse aber verstehen, dass er dies nicht öffentlich äußern könne. Verstanden habe ich das schon, eingesehen nicht. Was wäre eigentlich so schlimm daran gewesen, wenn Leute wie Wolfgang Schäuble so etwas auch eingeräumt hätten? Es hätte die Spannungen in Deutschland entschärft, den Kalten Krieg schneller beendet und den Dialog befördert. Aber eben weil die CDU daran kein Interesse hatte, war Wolfgang Schäuble eingebunden, konnte er diese Erkenntnis nicht öffentlich vertreten. Immerhin hat er in seinem 1994 veröffentlichten Buch »Und der Zukunft zugewandt« über mich geschrieben: »Die Ostdeutschen müssen ihre Chance in der freiheitlichen Demokratie haben, wenn sie sie denn haben wollen, und dürfen nicht ausgegrenzt werden beim Bemühen um die Vollendung der inneren Einheit. Dieser Punkt ist nicht nur theoretischer Natur, sondern ganz schnell ganz praktisch, auch für mich. Ist etwa Gregor Gysi, der ehemalige DDR-Rechtsanwalt, Verteidiger vieler Oppositioneller und frühere Vorsitzende der SED-Nachfolgepartei PDS, weniger ehrenwert als viele andere Mitglieder des Deutschen Bundestages? Ich halte nichts vom Sozialismus und noch viel weniger von sozialistischer Politik, aber die Frage menschlicher Qualitäten und des menschlichen Umganges miteinander ist eine andere. Gysi kann für sich nicht nur in Anspruch nehmen, intelligent und witzig zu sein, man kann ihm wohl auch nicht vorwerfen, dass die Schlechtigkeit aus jedem seiner Knopflöcher herausschaute. Immerhin hätte sich mit dem vielen Material, über das er zum Beispiel aus den alten SED-Akten verfügen muss, manch schmutziges politisches Spiel treiben lassen, was Gysi – im Gegensatz zu anderen, die mit Unterlagen, über die sie verfügen, weniger pfleglich, sorgsam und verantwortungsvoll umgegangen sind – weder im Bundestagswahlkampf 1990 noch seitdem getan hat. Allerdings ist jeder letztlich in der Partei, die er verdient.«

Diese Äußerung lässt sich nur so erklären, dass Wolfgang

Schäuble ein korrekter Mensch ist. Also wird er es nicht als fair empfunden haben, dass er sich öffentlich niemals positiv zu mir geäußert hat. Er holte dies in seinem Buch nach, etwas versteckt zwar, aber er tat es immerhin. Mehr war von ihm sicherlich nicht zu erwarten. Dieses Zitat nutzte später die SPD, als CDU und CSU wegen des Gesprächs zwischen Oskar Lafontaine und mir über diesen herfiel. Dadurch wurde es sicherlich bekannter als ursprünglich gedacht.

Zu weiteren kurzen Begegnungen zwischen Schäuble und mir kam es später auch bei Runden der Präsidentin des Bundestages, Rita Süssmuth, mit den Fraktionsvorsitzenden und mir als Vorsitzendem der Abgeordnetengruppe, vor gemeinsamen Fernsehauftritten oder bei Empfängen. Ein tieferes Gespräch über politische Fragen führte ich mit ihm gemeinsam mit Lothar Bisky bei dessen Antrittsbesuch bei Wolfgang Schäuble im Jahre 1993. Danach brachen die Kontakte ab. Als die Rote-Socken-Kampagne einsetzte – und erst recht, als der Immunitätsausschuss gegen mich zu ermitteln begann –, schien es auch Wolfgang Schäuble nicht mehr opportun, mit mir zu reden. Das Vorgehen gegen mich und die PDS wäre konterkariert worden, hätten weiterhin Treffen auf dieser Ebene stattgefunden. Ganz selten wurden Botschaften über Lothar de Maizière ausgetauscht, der Schäuble etwas von mir oder mir etwas von Schäuble bestellte. Die Sprachlosigkeit zwischen uns hielt an, bis er seine Funktionen als Partei- und Fraktionsvorsitzender im Jahre 2000 verlor.

Die Fragen zur Regelung des Parteiarchivs führten auch zu einem ausführlichen Gespräch mit Rudolf Seiters, dem Nachfolger von Wolfgang Schäuble als Bundesinnenminister. Auch ihn informierte ich über die Situation im Osten Deutschlands, und auch er hörte mir aufmerksam zu.

Anders als die meisten Bundesminister der CDU und CSU verhielten sich von Anfang an die meisten der F.D.P. Irgendwie waren und sind sie doch liberaler als ihre konservativen Kollegen. Noch in der Zeit, in der Hans-Dietrich Genscher Bundesaußenminister war, schickte ich diesem einen Glückwunsch zu seinem fünfundsechzigsten Geburtstag und bot ein Gespräch an. Darauf ging er unverzüglich ein, und wir verabredeten uns. Unter anderem war er daran interessiert, etwas über Werner Jarowinski zu erfahren, der in DDR-Zeiten Mitglied des Politbüros des ZK der SED und Vorsitzender der SED-Volkskammerfraktion gewesen war. Sie hätten sich als Jugendliche bei irgendeiner Wehrmachtsausbildung 1944 oder 1945 kennen gelernt. Schon damals sei für ihn klar gewesen, dass Jarowinski Kommunist sei und den Weg konsequent gehen werde. Leider musste ich Genscher enttäuschen, denn ich kannte Politbüromitglieder kaum. Aber wir haben uns auch über Außenpolitik und die Situation in Deutschland unterhalten. Hans-Dietrich Genscher machte auf mich einen aufgeschlossenen Eindruck. Am Ende eines Gesprächs mit ihm hat man allerdings immer das Gefühl, viel gehört, aber kaum etwas erfahren zu haben. Da zeigt sich der clevere Diplomat. Mit ihm hatte ich auch einmal ein besonders peinliches Erlebnis, weil ich eine neben ihm stehende Dame als seine Frau ansprach. Sie war es aber nicht. Vielmehr handelte es sich um die Berliner F.D.P.-Politikerin Carola von Braun, und mein Fauxpas war nicht mehr auszugleichen, zumal ich dadurch eingestanden hatte, dass mir bis dahin Frau von Brauns Gesicht nicht bekannt war.

Begegnungen mit Otto Graf Lambsdorff hatten einen anderen Charakter. Er baut zwischen sich und seinem Gegenüber eine wohl durch Abstammung und Sachverstand begründete Distanz auf. Seine Fragen sind eher Feststellungen, denen man nur selten widersprechen kann, und irgendwie hatte ich bei ihm immer das Gefühl, kurz vor einer Prüfung zu stehen. Sicherlich wird er Freunde haben, mit denen er sich duzt. Aber nach Gesprächen mit ihm fiel es mir schwer, mir das vorzustellen. Imponiert hat er mir trotzdem – oder gerade deswegen.

Zu seinem Nachfolger als Parteivorsitzenden, zu Klaus Kinkel, hatte ich nie einen nennenswerten Kontakt. Zwischen uns gab es auch keine ausführlichen Gespräche. Als er bei einer Runde von

Kanzler Schröder mit den Fraktionsvorsitzenden zum Thema Jugoslawien vor dem Kriegsausbruch in Frühjahr 1999 Wolfgang Gerhardt vertrat, äußerte er wenig liberal sein Bedauern, dass Milošević vor bestimmten Fehlern zurückschrecke, was ein militärisches Eingreifen erschwere.

Die Kontakte zu seinem Nachfolger Wolfgang Gerhardt waren freundlich, sogar kollegial. Zwar übernahm er das Amt zu einer Zeit, als es bereits leichter war, Gespräche mit mir zu führen, doch hatte ich immer den Eindruck, dass er sich auch in früheren Jahren daran nicht hätte hindern lassen. Zu der Feier anlässlich meiner Verabschiedung als Fraktionsvorsitzender am 2. Oktober 2000 hatte er sich angemeldet, war dann aber wegen Krankheit nicht erschienen. Stattdessen erhielt ich einen mit der Hand geschriebenen Brief von ihm, in dem er seine Wertschätzung trotz aller politischen Unterschiede zum Ausdruck brachte. Wolfgang Gerhardt hat es in seiner Partei, umgeben von durchaus schwierigen Individualisten, zweifellos nicht leicht. Er besticht eher durch Redlichkeit als durch Brillanz, was in heutiger Zeit leider weniger gefragt ist. Er hat aber ziemlich feste Standpunkte, die man im Gespräch mit ihm kaum aufweichen kann. Ich weiß nicht, warum, aber ich hatte bei ihm immer den Eindruck, dass er sich vor ihm fremden Gedankengängen eher fürchtet und deshalb auf seiner Sicht beharrt. Nachdem der Machtkampf in der F.D.P. dadurch entschärft wurde, dass sich Wolfgang Gerhardt und der Generalsekretär der F.D.P., Guido Westerwelle, dahingehend verständigten, dass Westerwelle den Parteivorsitz übernehmen und Gerhardt den Fraktionsvorsitz inne behalten solle, wirkt Wolfgang Gerhardt auf mich entlastet und erleichtert. Diese Konstellation macht die F.D.P. für Jüngere attraktiver und stärkt die Partei im Existenzkampf gegen die Grünen. Durch das »Tandem« werden auch die Optionen der F.D.P. offener: Während Guido Westerwelle eher für eine Koalition mit der SPD steht, verkörpert Wolfgang Gerhardt die Bereitschaft zu einer Koalition mit der CDU/CSU.

Meine Beziehung zu Jürgen Möllemann ging über gelegentliche Flachsereien kaum hinaus. Sie war so, wie er selber ist, verspielt, trotz seines unbestreitbaren Machtinstinktes.

Am intensivsten ist der Kontakt zu Guido Westerwelle. Er hat einen beachtlichen rheinischen Humor und strahlt ein solches Vergnügen an Politik aus, dass es ansteckend wirkt. Das hat mich ebenso fasziniert wie seine Aufgeschlossenheit. Ich bin davon überzeugt, dass nicht nur ich ihn, sondern auch er mich mag, was für mich geradezu ein Beweis dafür ist, dass man sich sehr wohl freundlich oder sogar freundschaftlich gesonnen sein kann, auch wenn man politisch entgegenstehende Auffassungen hat. Aber das passiert mir ja nicht zum ersten Mal.

Seit Jahren bin ich mit Lothar de Maizière befreundet, obwohl er behauptet, ich hätte ihn mal als bourgeoises Fossil bezeichnet. Linke, Liberale und Konservative können loyal oder illoyal, freundlich oder unfreundlich, aufgeschlossen oder desinteressiert, sympathisch oder unsympathisch, gutartig oder bösartig sein. Wenn in meinen Augen eher die ersten Varianten zutreffen, sind politische Differenzen für mich kein Hinderungsgrund, jemanden zu mögen. Natürlich bedarf es dazu eines bestimmten Maßes an Toleranz, aber das bringen Leute wie Guido Westerwelle, Lothar de Maizière und ich allemal auf.

Wenn ich hier Guido Westerwelle und Lothar de Maizière in einem Atemzug nenne, bedeutet das nicht, dass sie außer Menschlichkeit, Loyalität und Toleranz noch irgendetwas anderes hätten, was sie einander ähnlich machte. Guido Westerwelle nimmt die Politik stets ernst, sich selbst aber nicht so wichtig. Er hat wie ich einen Hang zu Ironie und Selbstironie und lässt sich auch von den verbittertsten und verbiestertsten Kolleginnen und Kollegen nicht die Freude an seiner Arbeit, am Genießen und überhaupt am Leben nehmen. Lothar de Maizière ist nicht humorlos, aber sehr viel ernster, ähnelt mehr dem Politikertyp Wolfgang Schäuble. Ich will gar nicht erst versuchen zu erklären, warum ich ihn mag. Es ist einfach so.

Befreundet bin ich auch mit Peter-Michael Diestel, konservativ und CDU-Mitglied. Sein Herangehen ist oft spielerisch, gelegentlich politisch waghalsig, aber in der Sache verteidigt er die Würde von DDR-Biografien konsequenter als manch PDS-Funktionär.

Zurück zu Schäuble. Als er das erste Mal ins Plenum kam, nachdem er im März 2000 angekündigt hatte, nicht wieder für den Fraktions- und Parteivorsitz zu kandidieren, habe ich ihm gesagt, mir tue dies um seine Person Leid, unabhängig von den einzelnen Umständen. Ich hatte den Eindruck, dass ihm meine Reaktion nicht ganz gleichgültig war. Zum Tag seines Ausscheidens habe ich ihm mit der Hand einen Brief geschrieben, was ich nur äußerst selten tue. Er ist ein Badener, der sich vor allem durch strikte Korrektheit auszeichnet, und es liegt schon eine gewisse Tragik darin, dass der Anlass seines Rücktritts eine Inkorrektheit war.

Zum zehnten Jahrestag der Wahl von Lothar de Maizière zum Ministerpräsidenten der DDR im April 2000 gab Johannes Rau ein Essen. Lothar de Maizière hielt aus diesem Anlass eine Rede. Am Schluss erklärte er, am Tage seiner Wahl zum Ministerpräsidenten sei gegen Mitternacht an seiner Wohnungstür geklingelt worden. Über die Sprechanlage, fuhr er fort, meldete sich ein Freund von ihm, der sich als »Führer der Opposition« bezeichnete. Mit ihm, das heißt mit mir, habe er anschließend Wein getrunken. An diesem Abend hätte ich ihm gesagt, dass er als letzter Ministerpräsident der DDR einsam enden werde und niemand würde sich ihm erkenntlich zeigen. Er schloss seine Rede mit dem ironischen Hinweis, Letzteres treffe nicht zu, und das verdanke er dem Herrn Bundespräsidenten, der zu diesem Essen eingeladen habe. Deutlicher konnte er nicht sagen, wie sehr er davon enttäuscht war, dass sich meine Prophezeiung bewahrheitet hatte.

Bei dieser Gelegenheit traf ich auch Wolfgang Schäuble. Er war seit drei Tagen funktionslos, und ich hatte am Sonntag zuvor auf dem Parteitag der PDS in Münster angekündigt, im Herbst des Jahres nicht wieder für den Fraktionsvorsitz zu kandidieren. Als wir uns unterhielten, kam eine Schar von Fotografen, die ihre Kameras auf uns richteten. Während er in den Jahren zuvor sicher die

Flucht angetreten hätte, um solche Fotos zu verhindern, blieb er diesmal ganz ruhig und sprach weiter, als ob wir ganz ungestört wären. Nach kurzer Zeit unterbrach er sich, lächelte mich an und sagte: »Das ist aber angenehm, dass ich mich jetzt mit Ihnen so einfach unterhalten kann und es mir überhaupt nichts ausmacht, dabei fotografiert zu werden.« Wir verabredeten uns zu einem ausführlicheren Gespräch, das im Juli 2000 in seinem Büro stattfand.

Während dieses Treffens erzählte ich ihm von meinem Eindruck, Helmut Kohl leide unter dem Zerwürfnis mit ihm, was er eher regungslos zur Kenntnis nahm. Er schilderte mir – wie bereits dargestellt – die Situation, in der er versucht hatte, Helmut Kohl klar zu machen, dass die nächste Bundestagswahl mit ihm nicht zu gewinnen sei. Er berichtete auch von seinem vor dem Erscheinen stehenden Buch. Er habe alles so aufgeschrieben, wie er es wisse. Deshalb sei es auch keine Abrechnung, sondern lediglich eine Tatsachenschilderung, was ich beim späteren Lesen bestätigt fand. Ich sagte ihm, ich hätte in der Bundesrepublik Deutschland die Erfahrung gemacht, dass sich Politikerinnen und Politiker fast alles erlauben könnten, nur keine Imageverletzung. Das Image bestimmten zum Teil sie selbst, zu einem anderen Teil die Medien. Das sei aber auch nicht erheblich, wichtig sei nur, wie es aussehe. Was für den einen Politiker »tödlich« wirke, könne einem anderen nicht im Geringsten schaden. Es hänge allein davon ab, welches Image für den Betreffenden existiere.

Franz Josef Strauß zum Beispiel hätte im Bordell fotografiert werden können, ohne daran Schaden zu nehmen. Dies hätte seinem Image eher entsprochen, und die Mehrheit der Menschen in Bayern hätte gesagt, man habe doch schon immer gewusst, dass man es mit einem »richtigen« Mann zu tun habe. Auch Geschäfte dubiosester Art gehörten zum Image von Strauß und hätten ihm deshalb nicht wirklich gefährlich werden können. Ganz anders sah das zum Beispiel bei Björn Engholm aus. Er trug als Image fast einen Heiligenschein, und dann genügt die kleinste Unwahrheit, um in der Politik als erledigt zu gelten. Wolfgang Schäubles Image ist nun mal die Korrektheit. Dann reicht ein unkorrektes Moment aus, um vernichtend zu wirken. Ich habe Verständnis dafür, dass er im Bundestag auf eine Zwischenfrage des Grünen-Abgeordneten Christian Ströbele in Bezug auf eine Spende von Karl-Heinz Schreiber falsch geantwortet hat. Er war darauf nicht vorbereitet, es kam zu plötzlich, und er hat eher spontan abwehrend reagiert. Aber die ganzen Umstände der Transaktion, die Entgegennahme von Bargeld etc., das alles widersprach seinem Image und musste sich zerstörerisch für ihn auswirken. In einer solchen Situation nimmt auch die Solidarität in einer Partei mit rasantem Tempo ab, sodass jemand wie Schäuble das nur eine begrenzte Zeit aushält. Die tiefere politische Ursache liegt in der Überholtheit der CDU alter Couleur, die durch den Kalten Krieg geprägt ist und die er nicht weniger als Kohl und andere über Jahre repräsentierte, wenngleich er sich besonders bemühte, über Veränderungen nachzudenken und ihnen zu entsprechen. Den notwendigen Generationswechsel nach Kohl konnte er nicht verkörpern. Wir sprachen natürlich auch über Politik, vor allem über die ausgebliebene Vereinigung ost- und westdeutscher Eliten, ein Thema, über das wir uns nicht verständigen konnten.

Inzwischen habe ich auch mit Brigitte Baumeister gesprochen. Die Bundestagsabgeordnete der CDU war bis zur Bundestagswahl 1998 Bundesschatzmeisterin ihrer Partei. Wie die anderen CDU-Abgeordneten hatte sie sich in den vergangenen Jahren der PDS und mir gegenüber ablehnend verhalten. Jetzt erlebte ich sie als eine Frau, die von den Ereignissen, das heißt dem Streit mit Wolfgang Schäuble um die Umstände der Hunderttausend-Mark-Spende des Waffenlobbyisten Schreiber, getroffen war und die mir ihre Lage durchaus einleuchtend schilderte. Ich kann und will nicht beurteilen, ob ihre Darstellung oder die von Wolfgang Schäuble zutrifft. Aber die Zerstörung menschlicher Beziehungen gerade auf der politischen Ebene wirkt auf mich immer noch erschreckend.

Zu meinem ersten ausführlichen Gespräch mit Helmut Kohl

kam es im Juni 1999. Ich hatte in der Zeit davor registriert, dass er meinen Reden sehr viel aufmerksamer zuhörte und bei Übereinstimmungen gelegentlich sogar applaudierte. Insgesamt hatte ich den Eindruck, dass er inzwischen aufgeschlossener sei, weil er die Bürde des Parteivorsitzes und des Kanzleramts nicht mehr mit sich herumtrug. Er konnte sich ungezwungener verhalten. Also fragte ich ihn im Plenum, ob wir uns denn nicht einmal über die vergangenen neun Jahre unterhalten wollten, was er bejahte. Noch am selben Tag wurde über Juliane Weber das Treffen, das in seinem Büro stattfand, vereinbart.

Das Gespräch war für mich in mehrfacher Hinsicht aufschlussreich. Ganz überwiegend haben wir uns über Geschichte und Personen unterhalten. Ich bin davon überzeugt, dass er meint, Geschichte werde maßgeblich von Personen gemacht, und so erschließt er sie sich über das Studium von Biografien. Im Laufe des Gesprächs erfuhr ich, dass es kaum eine nennenswerte Biografie gibt, die er nicht gelesen hat. Selbst die von Hilde Benjamin kannte er, und so kam es, dass er versuchte, mir seinen Eindruck von ihrem inzwischen verstorbenen Sohn Michael Benjamin zu erläutern, der damals als Sprecher der Kommunistischen Plattform Mitglied des PDS-Parteivorstandes war. Irgendwie fand ich, dass dies zu weit ging, aber interessant war es dennoch. Die Fragen, die er an mich richtete, bezogen sich überwiegend auf Biografisches. Er wollte wissen, in welches Land meine Eltern während der Naziherrschaft emigriert waren, wie sie in Deutschland überlebt hatten, welche Rolle das für meine Kindheit und Jugend gespielt hatte etc. Für ihn ist es wichtig zu wissen, wo Menschen geboren und aufgewachsen sind, das ermöglicht es ihm, ihre Sozialisation, ihre Denk- und Verhaltensweisen zu verstehen. Wir haben uns über Erich Honecker und die ostdeutschen Eliten unterhalten, wir haben versucht, den Vereinigungsprozess noch einmal zu rekapitulieren. Ich habe ihn nicht nach Entscheidungen gefragt, die mir aus seiner Interessenlage heraus einleuchtend erschienen, sondern nur nach solchen, die mir auch, wenn ich sie aus seiner Perspektive betrachtete, unverständlich blieben. Bei ihm sprach ich zum ersten Mal das Thema der Vereinigung ost- und westdeutscher Eliten an und gewann in dem Gespräch den Eindruck, dass er das Problem erkannt, aber den zu erwartenden Widerstand und Protest der westdeutschen Eliten und verschiedener ostdeutscher Gruppen für unüberwindbar hielt. Ich erzählte ihm, wie ich die letzten Jahre unter Erich Honecker und die damaligen deutsch-deutschen Beziehungen erlebt hatte. Alles, was Helmut Kohl sagt, sagt er mit Bedacht. Und dennoch hatte ich das Gefühl, dass er in den Gesprächen mit mir ziemlich offen war, und ich war es auch. Er verleitet zur Offenheit, weil er direkt fragt und man entweder die Antwort verweigern müsste oder aber nur wahrheitsgemäß antworten kann. Ich entschied mich zu Letzterem. Ich habe in den Gesprächen mit Helmut Kohl eine Menge über ihn und die Art, wie er die Dinge sieht, erfahren.

Im Jahr 2000 hielt ich eine Bundestagsrede zur später verabschiedeten Steuerreform der Bundesregierung. Unter anderem kritisierte ich, dass Aktiengesellschaften nach der Reform von Steuern für Veräußerungserlöse befreit würden, während Personengesellschaften solche Erlöse zu versteuern hätten. Vorher mussten Aktiengesellschaften Veräußerungserlöse voll versteuern, während Personengesellschaften nur den halben Steuersatz abzuführen brauchten. Ich kleidete meine Argumentation in ein Beispiel und stellte fest: Unter Helmut Kohl musste der Bäckermeister im Falle eines Verkaufs nur eine halbe Steuer auf seinen Erlös an den Staat abführen, die Deutsche Bank dagegen etwa beim Verkauf von Anteilen eine volle Steuer bezahlen. Unter Gerhard Schröder müsse die Deutsche Bank für einen Veräußerungserlös nichts mehr bezahlen, dafür werde der Bäckermeister in voller Höhe zur Kasse gebeten. Ich polemisierte dann, dies gehe einfach nicht in meine »Birne« hinein. Wäre es umgekehrt gewesen, wären sicherlich Sozialdemokratinnen und Sozialdemokraten mit mir zusammen – wie es sich gehörte – über Helmut Kohl hergefallen. Aber es ließe sich nun einmal nicht leugnen, dass es eine sozialdemokratisch geführte Bundesregierung sei, die die Stellung des Bäckermeisters verschlechtere, dafür aber die Deutsche Bank erheblich begünstige. Dies, so erklärte ich, bringe mich ideologisch durcheinander und ich würde nicht gerne ideologisch durcheinander gebracht werden. Helmut Kohl hat sich über meine Rede amüsiert. In der Lobby des Bundestages sagte er mir, sie habe ihm gefallen, nur hätte ich ganz falsche Vorstellungen von ihm, denn er sei schon immer »ein Mann des Bäckermeisters und noch nie ein Mann der Deutschen Bank« gewesen. Daraufhin verabredeten wir uns zu einem zweiten Gespräch.

Helmut Kohl zeigte vor Beginn des Treffens auf mich und wies seinen persönlichen Mitarbeiter darauf hin, dass dort ein echter Nutznießer des Kapitalismus sitze. Ich zeigte daraufhin auf ihn und erklärte, dass dort ein echtes Opfer des Kapitalismus stehe. Nachdem wir uns beide über unsere jeweiligen Bemerkungen gefreut hatten, war das Eis für das anschließende Gespräch gebrochen.

Ich hätte die Begegnungen mit Helmut Kohl nie an die Öffentlichkeit getragen und bleibe deshalb in der Schilderung eher allgemein. Alles andere wäre für mich eine Verletzung von Vertrauen, das im Rahmen eines solchen Gedankenaustausches entsteht. Ich berichte überhaupt nur darüber, weil durch die Übersendung seines Terminkalenders an den Untersuchungsausschuss des Bundestages unser erstes Gespräch vom Juni 1999 bekannt wurde und es dann für die Journalistinnen und Journalisten ein Leichtes war, auch die weiteren beiden Treffen im Jahr 2000 zu ermitteln. Wir hatten uns ja auch nicht in irgendeiner Weise konspirativ, sondern in seinem Büro getroffen, und es gab immer Leute, die das mitbekamen.

In den Gesprächen verdichtete sich bei mir der Eindruck, dass er durchaus Interesse daran hatte, sein Bild von mir zu erweitern. Er respektiert offenkundig Menschen, mit denen er politisch nicht übereinstimmt, wenn er sie für Patrioten hält. Ich glaube, er könnte dann sogar einen Kommunisten tolerieren. Was mich betrifft, so war er sich wohl nicht sicher, ob ich in die Kategorie »Patriot« einzuordnen sei. Ich glaube, dass er auch nach unseren Gesprächen hinsichtlich dieser Frage unsicher blieb.

Im Jahre 2000 hat er mich im Bundestag von einer Seite kennen gelernt, die er, wie ich glaube, vorher bei mir nicht für möglich gehalten hätte. Wer mich etwas genauer beobachtet, hätte dies aber ahnen, eigentlich sogar wissen müssen. Ich wurde in dieser Zeit nicht zu seinem Verteidiger, wie einige behaupteten. Im Gegenteil, ich meine, dass seine ganze Verhaltensweise in Bezug auf die Finanzen der CDU Ausdruck eines Denkens in den Kategorien des Kalten Krieges ist. Der Zweck sollte die Mittel rechtfertigen, alles war auf die Sicherung des eigenen Einflusses, der eigenen Macht gerichtet. Aufklärung tut dringend Not, und zwar im Interesse der Demokratie, der Akzeptanz des Parlaments. Aber ich nehme die Rechte Betroffener ernst. Ein Recht, das ich mir zubillige, billige ich auch anderen zu. Ob es nun um die Unschuldsvermutung oder ein Zeugnisverweigerungsrecht geht, für mich sind das wichtige rechtsstaatliche Prinzipien. Sie stehen Helmut Kohl ebenso zu, wie sie mir in einer entsprechenden Situation zustünden. Ich mag Leute nicht, die zu solchen Prinzipien ein instrumentelles Verhältnis haben, das heißt, sie dann hoch bewerten, wenn sie selbst darauf angewiesen sind, sie aber niedrig einstufen, wenn andere, insbesondere politische Gegner, sie für sich in Anspruch nehmen.

Bei der ersten Debatte zum Finanzskandal der CDU im Bundestag war lediglich bekannt, dass der ehemalige Schatzmeister der CDU, Walter Leisler Kiep, von einem Herrn Schreiber, der unter anderem mit Waffen handelt, eine Bargeldspende in Höhe von einer Million Mark unter konspirativen Bedingungen entgegengenommen, diese in einem schwarzen Koffer von der Schweiz nach Deutschland transportiert und dort auf ein Anderkonto der CDU eingezahlt hatte. Die Redner der CDU/CSU-Bundestagsfraktion betonten während der gesamten Debatte das Prinzip der Unschuldsvermutung. Ich erklärte in meinem Beitrag, dass ich dieses respektiere. Allerdings gestattete ich mir den Hinweis, wie wohl die Situation gewesen wäre, wenn ein führender PDS-Funktionär eine Million Mark in bar von einem Waffenhändler entgegengenommen und auf ein Anderkonto eingezahlt hätte. Beim besten Willen, sagte ich, könne ich mir nicht vorstellen, dass gerade die Vertreterinnen und Vertreter der CDU/CSU-Bundestagsfraktion den ganzen Tag im Reichstag auf die Unschuldsvermutung zugunsten der PDS-Funktionäre verwiesen hätten.

Selbst die erste Reihe der CDU/CSU-Bundestagsfraktion musste über die Vorstellung lachen. Aber genau darum geht es im Kern. Rechtsstaatliche Prinzipien haben nur einen Wert, wenn man sie auch seinem Gegner zubilligt. Deshalb war ich zum Beispiel dagegen, dass der Bundestag beschließt, die CDU aufzufordern, ihren Wirtschaftsprüfer Weihrauch von der gesetzlichen Schweigepflicht zu befreien. Die Befreiung von einer gesetzlichen Schweigepflicht ist ein höchst persönliches Recht von Mandantinnen, Mandanten, Gläubigen, Patientinnen und Patienten. Der Bundestag darf niemanden auffordern, seinen Rechtsanwalt oder Arzt oder Priester von der gesetzlichen Schweigepflicht zu entbinden. Da dies grundsätzlich gilt, muss es auch dann gelten, wenn der Mandant die CDU ist. Ebenso habe ich mich dagegen gewandt, als der Fraktionsvorsitzende der SPD während einer Plenarsitzung Helmut Kohl zur Niederlegung seines Bundestagsmandates aufforderte. Die Wählerinnen und Wähler der CDU und von Helmut Kohl können dies tun, auch Journalistinnen und Journalisten in ihren Kommentaren. Aber im Plenum des Deutschen Bundestages halte ich ein solches Begehren generell für unzulässig. Fingen wir einmal damit an, uns gegenseitig im Bundestag zur Niederlegung der Mandate aufzufordern, würden wir das aktive und passive Wahlrecht, den Parlamentarismus schlechthin in Frage stellen.

Das bedeutet aber, dass ich mich ebenso verhalten würde, wenn es um F.D.P.-Abgeordnete, Abgeordnete der Grünen, der SPD oder der PDS ginge. Ich mache diesbezüglich eben keinen Unterschied, weil es hier um wichtige Prinzipien geht, ohne die Demokratie nicht funktionieren kann. Aber da es in der Politik durchaus üblich ist, rechtsstaatliche Prinzipien nur zu betonen, wenn sie im eigenen Interesse liegen, stößt ein solches Verhalten bei nicht wenigen auf Unverständnis, und es wird alles Mögliche an Motivation unterstellt. Immerhin glaube ich, Abgeordnete verschiedener Fraktionen akzeptieren inzwischen, dass ich diesbezüglich konsequent bin. Letztlich hat dies wohl auch dazu beigetragen, mein Ansehen im Bundestag zu erhöhen.

Erstaunen löste in der Öffentlichkeit aus, dass ich mich für einen Redebeitrag Helmut Kohls zum zehnten Jahrestag der deutschen Einheit am 3. Oktober 2000 in Dresden einsetzte. Natürlich war mein Ziel, dass er nicht zum Beispiel statt Lothar de Maizière, sondern neben ihm reden sollte. Für mich geht es in solchen Zusammenhängen um historische Ehrlichkeit. Ich fand es beispielsweise falsch, dass George Bush, Helmut Kohl und Michail Gorbatschow anlässlich des zehnten Jahrestages des Mauerfalls im Bundestag gesprochen haben. Alle drei hatten mit dem Ereignis höchstens indirekt zu tun. Diejenigen, die den Mauerfall wirklich bewirkt hatten, kamen nicht zu Wort. Aber mit der Herstellung der deutschen Einheit am 3. Oktober 1990 hatte Kohl nun wirklich eine Menge zu tun, unabhängig davon, wie ich oder andere den Vereinigungsprozess im Einzelnen politisch bewerten. Ich bin es irgendwie leid, dass in Deutschland zu Jahrestagen immer Unbeteiligte reden und nicht jene, die an den jeweiligen Ereignissen verantwortlich mitgewirkt haben. Klar, wenn diese hundert Jahre oder länger zurückliegen, gibt es keine andere Möglichkeit als die, Unbeteiligte sprechen zu lassen. Aber bei einem zehnten Jahrestag spricht doch nichts dagegen, jene in den Vordergrund zu stellen, die unmittelbarsten Einfluss auf das Ereignis hatten. Am 3. Oktober 2000 sprach in Dresden unter anderem der französische Präsident Jacques Chirac, obwohl er zum Zeitpunkt der Herstellung der deutschen Einheit Bürgermeister von Paris war und nichts mit diesem Vorgang zu tun hatte. Eine Rednerliste mit Helmut Kohl und Lothar de Maizière, Michail Gorbatschow und George Bush zum zehnten Jahrestag der deutschen Einheit hätte ich historisch und politisch als gerechter empfunden. Außerdem ärgerte es mich, dass man Helmut Kohl fallen lassen wollte, nur weil inzwischen ein Ermittlungsverfahren wegen Untreue zum Nachteil der CDU gegen ihn lief. Doch selbst wenn er in der Zeit noch ganz andere Dinge angerichtet hätte, er war nun mal der Kanzler, als es zur deutschen Vereinigung kam. Ein Land, eine Bevölkerung muss, finde ich, zu seinen Verantwortungsträgern auch dann stehen, wenn nachträglich unangenehme Umstände bekannt werden, in die sie verwickelt waren. Alles andere verleitet dazu, historische Ereignisse und das Wirken von Personen in der Geschichte davon abhängig zu machen, wie diese Ereignisse und Personen jeweils gegenwärtig bewertet werden. So aber beginnt regelmäßig Geschichtsfälschung.

Im Januar 2001 traf ich mich zum ersten Mal zu einem persönlichen Gespräch mit der neuen Vorsitzenden der CDU, Angela Merkel. Es hatte keinen politischen Hintergrund. Sie stand nur ehrlich dazu, eine Wette verloren zu haben.

Wir hatten uns beim Essen des Bundespräsidenten zu Ehren von Lothar de Maizière anlässlich des zehnten Jahrestages seiner Wahl zum letzten Ministerpräsidenten der DDR gesehen. Dieses Essen fand, wie geschildert, drei Tage nach meiner Ankündigung auf dem PDS-Parteitag in Münster statt, im Herbst 2000 nicht erneut für den Fraktionsvorsitz der PDS im Bundestag zu kandidieren. An demselben Sonntag war Angela Merkel zur Vorsitzenden der CDU gewählt worden. Sie war bei diesem Essen sehr aufgeräumt und in bester Stimmung und erklärte mir, sie glaube keine Sekunde daran, dass ich ernsthaft meine Position im Bundestag aufgeben wolle, und wenn, dann nur, um mich anschließend auf dem Parteitag der PDS erneut zum Vorsitzenden der Partei wählen zu lassen. Ich bestritt dies und bot ihr eine Wette an. Wer verliere, schlug ich vor, müsse den anderen zu einem Essen einladen. Diese Verpflichtung erfüllte sie im Januar 2001. Ich hatte aber auch den Eindruck, dass es uns beiden weder persönlich noch politisch unangenehm war, einmal ausführlicher miteinander reden zu können. Sie hatte zweifellos schon in der DDR einen anderen Entwicklungsweg genommen als ich, erst recht nach der Wende und nach der Herstellung der deutschen Einheit. Programmatik, Politik und Kultur von CDU und PDS unterscheiden sich ganz erheblich. Dennoch gibt es zwischen uns eine Gemeinsamkeit. Wir wurden jeweils Parteivorsitzende in einer Zeit, in der sich die jeweilige Partei in einer tiefen Krise befand, wenngleich die Krise der SED im Dezember 1989 unvergleichlich viel größer und existenzieller war als die Krise der CDU im Jahre 2000. Dennoch gilt: Ohne die schwere Krise der SED wäre jemand wie ich nie Vorsitzender dieser Partei geworden. Ohne die zumindest schwerwiegende Krise der CDU wäre jemand wie Angela Merkel nie Vorsitzende dieser Partei geworden.

Wir tauschten bei diesem Gespräch unsere Sicht auf die Entwicklung in der Bundesrepublik und die Lage in den neuen Bundesländern aus und stellten fest, dass wir bestimmte Personen, denen wir beide begegnet sind, nicht nur unterschiedlich einschätzen. Natürlich wollte ich wissen, wie sie sich die weitere Entwicklung der CDU vorstellt, und sie interessierte sich dafür, wie ich die weitere Entwicklung der PDS sehe, wozu ich mich ja schon mehrfach in diesem Buch geäußert habe. Ich kann zwar verschiedene Möglichkeiten aufzeigen, zu einer sicheren Prognose sehe ich mich aber außerstande. Einen Wahlsieg von CDU/CSU bei der Bundestagswahl 2002 hält sie – im Unterschied zu anderen – keinesfalls für ausgeschlossen.

Wir waren uns darin einig, dass zwischen CDU und PDS in absehbarer Zeit so gut wie nichts laufen werde. Dennoch spürte ich, dass wir beide – trotz der großen politischen Unterschiede zwischen CDU und PDS – eine aus der Geschichte resultierende und für den Vereinigungsprozess nicht unwesentliche gemeinsame Verantwortung sehen, mit der umzugehen allerdings beiden Parteien schwer fällt. Ich erläuterte ihr aus meiner Sicht die besondere Notwendigkeit der Dialogfähigkeit zwischen CDU und PDS in Berlin, um diese Stadt zu vereinen. Sie reagierte, indem sie auf die historisch und aktuell bedingten Schwierigkeiten eines solchen Dialogs verwies.

Sie erregte sich darüber, dass sie nicht selten auf Frauen von Politikern und Wirtschaftsleuten stoße, die die PDS zutiefst ablehnten, sich aber positiv zu mir äußerten. Jedes Mal müsse sie diese Frauen darauf hinweisen, dass ich nicht zufällig in der PDS sei, dass es diesbezüglich eine Einheit gebe und man entweder die PDS und mich ablehnen müsse oder aber beide nicht ablehnen könne. Sie tritt natürlich dafür ein, die PDS und mich abzulehnen.

Ihre Stellung als Vorsitzende der CDU muss für sie eine riesige Herausforderung sein. Die Partei ist westlich dominiert und patriarchalisch strukturiert. Sich an der Spitze dieser Partei als ostdeutsche Frau durchzusetzen scheint mir eine kaum lösbare Aufgabe zu sein. Aber ich gewann den Eindruck, dass sie entschlossen ist, dies zu schaffen. Außerdem bringt sie eine gewisse Leichtigkeit mit. Sie besteht – im Unterschied zu ihren männlichen Konkurrenten – nicht nur aus Ehrgeiz. Sie wird sich sagen, selbst wenn es schief gehen sollte, allemal bleibt eine interessante Lebenserfahrung, eine spannende Zeit mit einzigartigen Herausforderungen. Eine solche Haltung erleichtert souveränes Auftreten.

Immer wieder erlebe ich, dass Journalisten und politische Gegner ihr gegenüber mit tendenziell frauenfeindlichen Argumenten auftreten. Besonders beliebt ist es, darauf zu verweisen, dass sie angeblich in einer Kabinettsitzung unter Bundeskanzler Helmut Kohl geweint haben soll. Ich finde, sie hat einen Anspruch darauf, dass man sich politisch mit ihr auseinander setzt. Jeder Anflug von Frauenfeindlichkeit sollte unterbleiben, und ich riet ihr, bei solchen Bemerkungen auch entsprechend scharf zu reagieren.

Angela Merkel als Vorsitzende der CDU scheint mir auf jeden Fall das größte personelle »Experiment« nach der Vereinigung in Deutschland zu sein. Mit gewisser Spannung erwarte ich deshalb, wie es sich weiterentwickelt. Die CDU wollte mit ihr ein Problem lösen und hat sich nun selbst eins organisiert, das ihr gut tun könnte, vorausgesetzt, Angela Merkel lässt sich nur begrenzt verbiegen.

Relativ unkompliziert war die Kommunikation mit Verantwortlichen von Bündnis 90/DIE GRÜNEN. Ich führte Gespräche mit Joseph Fischer, Jürgen Trittin, Kerstin Müller, Rezzo Schlauch, Antje Radcke, Gunda Röstel und Renate Künast, und sie waren noch unbelasteter als jene mit F.D.P.-Politikerinnen und -Politikern, weil die Grünen von Anfang an der Ausgrenzungsstrategie von CDU und CSU nicht folgten, unabhängig davon, dass sie durchaus Wert darauf legten, die unterschiedliche politische Kultur und Ausrichtung zu betonen und zu pflegen. Die Gespräche mit den genannten Politikerinnen und Politikern waren offen und freundlich. Bei ihnen hatte ich auch den Eindruck, dass sie sich für das »Phänomen« PDS interessierten und im Austausch mit mir auch besser zu verstehen versuchten, weshalb Bündnis 90/DIE GRÜNEN im Osten nicht mehr Einfluss gewann. Sie konnten solche Gespräche auch deshalb besonders gelassen führen, weil ich für sie in keiner Hinsicht ein Konkurrent war und weil auch die Frage von Koalitionen zwischen uns nicht anstand. Sie konnten mir die Stärke der PDS im Osten nicht streitig machen, ich ihnen nicht die im Westen. Nur das Gespräch mit Joseph Fischer verlief etwas anders. Er fragt nicht viel. Er ist eher ein Verhandler, und mit mir gab es wenig zu verhandeln. Seit dem Krieg der Nato gegen Jugoslawien, seit seinen diesbezüglichen Angriffen gegen mich im Bundestag hatte sich allerdings ein deutlich kühleres Klima zwischen uns eingestellt, das sich inzwischen wieder gebessert hat. Zweifellos ist Joseph Fischer einer der intelligentesten Politiker, über die Deutschland gegenwärtig verfügt. Er genießt auch hohe Anerkennung in der Bevölkerung. In seiner Partei wird er gebraucht, weniger geliebt. Den Gebrauchswert kann man aber ziemlich rasch verlieren. Durch die Distanz, die er um sich herum aufbaut, besteht auch die Gefahr, dass er irgendwann Politik an den Interessen der Leute vorbei artikuliert und sich in relativer Einsamkeit wiederfindet. Die gegenwärtig laufenden Angriffe gegen ihn wegen seines Verhaltens Anfang der siebziger Jahre empfinde ich als heuchlerisch. Sie dienen – wie geschildert – dem Versuch der Geschichtsrevision. Sie trafen ihn wohl eher unerwartet, und ich spürte sofort das Verlangen, mich mit ihm diesbezüglich zu solidarisieren. Er wird es durchstehen, vielleicht sogar dabei gewinnen, menschlich. Denn wirkliche Freundinnen und Freunde lernt man in solchen Situationen am besten kennen, vor allem aber schätzen.

Von besonderer Bedeutung für die PDS und für mich waren die Verbindungen zu führenden Politikerinnen und Politikern der SPD. Spätestens 1993/94 begann die CDU solche Kontakte unter eine Art Generalverdacht zu stellen, der eine starke Wirkung entfaltet hat. Außerdem gibt es genügend Leute in der SPD, die von sich aus keine Verständigung mit PDS-Politikerinnen und -Politikern wünschen. Die Partei ist in der Frage des Verhältnisses zur PDS tief gespalten. Es gibt Mitglieder, die eine Zusammenarbeit mit der PDS als die natürlichste Option der SPD ansehen, während andere sie für geradezu widernatürlich halten. Für die einen geht es vornehmlich um Gegenwart und Zukunft, für die anderen um Vergangenheit. Man muss respektieren, dass ein Teil der Mitglieder der SPD nicht vergessen kann und will, wie Sozialdemokratinnen und Sozialdemokraten in der sowjetischen Besatzungszone und später in der DDR von Kommunistinnen und Kommunisten behandelt worden sind. Aber die Differenz in der SPD ist nicht nur durch die unterschiedliche Gewichtung der Geschichte bedingt. Sie hängt auch davon ab, welche Politik die Mitglieder gegenwärtig anstreben. So genannte rechte Sozialdemokratinnen und Sozialdemokraten verspüren auch politisch eine größere Nähe zur CDU/CSU als zur PDS, während linke Sozialdemokratinnen und Sozialdemokraten genau umgekehrt empfinden. Doch wie auch immer sich ein führendes SPD-Mitglied in Bezug auf die PDS verhält, stets wird es aus den eigenen Reihen sowohl Zustimmung als auch Ablehnung erfahren. In solchen Situationen ist es das Beste, einfach der eigenen Vorstellung zu folgen, weil man sie am glaubwürdigsten vertreten kann.

Als ich am 3. Oktober 1990 in den Bundestag einzog, war der Vorsitzende der SPD und ihrer Bundestagsfraktion Hans-Jochen Vogel. Solange er im Amt war, gab es zwischen uns kein Gespräch. Ähnlich wie bei Helmut Kohl und Wolfgang Schäuble kam es zu einem entspannten, ausführlichen Meinungsaustausch zwischen uns erst, nachdem er all seine Ämter aufgegeben hatte. Aber selbst zu dieser Zeit waren wir unfähig, ein solches Gespräch selbst zu organisieren. Wir waren auf die Hilfe eines Dritten angewiesen.

Rudolf Decker, ehemaliger Landtagsabgeordneter der CDU in Baden-Württemberg, ist in einer internationalen Bewegung aktiv, deren Ziel es ist, den Dialog zwischen Politikern zu fördern. Er ist führend an der Vorbereitung und Durchführung des Nationalen Gebetsfrühstücks beteiligt, das regelmäßig zur Eröffnung der Session von Repräsentantenhaus und Senat in den USA stattfindet. Dort werden Politikerinnen und Politiker verschiedener Länder zum Gespräch eingeladen. So organisierte Rudolf Decker auch eine Reise meines Vaters, damals Staatssekretär für Kirchenfragen der DDR, in die Vereinigten Staaten. Es kam sogar zu einer Begegnung zwischen Ronald Reagan, dem damaligen amerikanischen Präsidenten, und meinem Vater, und er lernte darüber hinaus bei diesem Gebetsfrühstück eine Vielzahl amerikanischer Senatoren und Mitglieder des Repräsentantenhauses kennen. Zwischen ihm und Decker entstand eine Freundschaft, die dieser dann auch auf mich übertrug. Seit 1990 bemühte er sich, Politiker verschiedener Parteien zum Gespräch mit mir zu bewegen. Immer wieder versuchte er, Vorurteile gegen mich abzubauen und das Bild, das sich viele von mir machten, zu korrigieren. Ihm habe ich es zum Beispiel zu verdanken, dass nach Jahren des Schweigens wieder ein Kontakt zwischen dem CDU-Abgeordneten Rainer Eppelmann und mir entstand. Schließlich war ich einmal der Anwalt von Eppelmann in einer für ihn sehr schwierigen Phase in der

DDR gewesen. Er bekannte gegenüber Decker freimütig, dass aus seinen Akten, die er beim Bundesbeauftragten für die Unterlagen des Staatssicherheitsdienstes der ehemaligen DDR eingesehen habe, nicht ein einziger Fall ersichtlich sei, in dem ich Informationen von ihm weitergetragen hätte. Er könne und wolle mir als Anwalt nichts vorwerfen. Seitdem wir zusammen in der Volkskammer gewirkt hatten, duzten wir uns sogar. Als aber die massiven Beschuldigungen gegen mich einsetzten, zog auch er sich zurück, ein Gespräch zwischen uns fand nicht mehr statt. Decker sorgte dafür, dass der Zustand der Sprachlosigkeit 1999 endete. Und diesem Rudolf Decker gelang es auch, Hans-Jochen Vogel und mich zu Gesprächen zu bewegen.

Diese Gespräche waren nicht auf Konsens gerichtet, und der konnte auch nicht zustande kommen. Zu unterschiedlich beurteilten wir das Vorgehen der SPD 1989/90, ihren Kampf gegen die PDS, insbesondere in dieser Zeit. Trotzdem war der Gedankenaustausch nicht nur offen, sondern auch aufschlussreich. Ich will nicht verhehlen, dass ich – wenn auch im Nachhinein – Respekt für ihn entwickelt habe. Ende 1989, Anfang 1990 war er – wie geschildert – sehr beeindruckt von den Bürgerbewegungen in der DDR, insbesondere von dem Mut der Gründungsmitglieder der Sozialdemokratischen Partei in der DDR. Bezieht man dies in die Betrachtung ein, versteht man besser, weshalb er notwendige und logische Schritte, zu denen selbst die CDU bereit war, nicht mit vollziehen wollte, zum Beispiel die Amnestie für DDR-Spione.

Nach Hans-Jochen Vogel wurde Björn Engholm Parteivorsitzender und Ulrich Klose Vorsitzender der Bundestagsfraktion der SPD. Engholm sah ich nur gelegentlich, wir wechselten die üblichen Grußformeln, zu einem ausführlichen Gespräch kam es auch mit ihm erst, nachdem er sein Amt hatte aufgeben müssen.

Mit Ulrich Klose war der Kontakt einfacher. Wie erwähnt, empfing auch er Lothar Bisky in meinem Beisein 1993 zu einem Antrittsbesuch.

Nachdem Björn Engholm als Vorsitzender der SPD wegen einer eher lächerlichen Unwahrheit zurückgetreten war, übernahm Rudolf Scharping nach einer Urabstimmung seine Position und zudem bald darauf den Vorsitz der Bundestagsfraktion der SPD. Er gehörte zu denjenigen, die den Kontakt zur PDS nicht wegen des äußeren Drucks, sondern aus innerem Antrieb so gut wie vollständig mieden. Da er nicht sehr pragmatisch, sondern eher ideologisch geprägt ist, war das für ihn ausschlaggebend. Auch steht er inhaltlich der CDU näher als der PDS. Die einzige ausführlichere Unterhaltung, die wir je führten, fand im Jahr 2000 statt. Zu dieser Zeit war er schon fast zwei Jahre Bundesverteidigungsminister und erläuterte den Vorsitzenden der Fraktionen im Bundestag der Reihe nach seine Vorstellungen einer Bundeswehrstrukturreform. Da wir uns darüber ohnehin nicht verständigen konnten, sprachen wir mehr über andere Themen. Die Differenz zwischen uns war in der Zeit des Krieges der Nato gegen Jugoslawien besonders deutlich hervorgetreten. Ich fand die ganze Art seines damaligen Auftretens abstoßend und wenig überzeugend. Nach meinem Gespräch mit ihm muss ich mich in einem Punkt korrigieren. Er ist offensichtlich sehr viel feinfühliger, als ich es angenommen hatte. Unsere politischen Meinungsverschiedenheiten werden dadurch aber nicht geringer.

Der erste SPD-Vorsitzende, der als Amtsinhaber die Mauer des Schweigens zur PDS durchbrach, war Oskar Lafontaine. Er war auf dem Mannheimer SPD-Parteitag 1995 als Gegenkandidat zu Rudolf Scharping von den Delegierten gewählt worden. Viele Politikerinnen und Politiker, Journalistinnen und Journalisten werteten diesen Vorgang als Putsch, und mit demselben Begriff war in früher Zeit auch der Versuch Heiner Geißlers und anderer bezeichnet worden, Lothar Späth als Gegenkandidaten zu Helmut Kohl bei einer Wahl zum CDU-Vorsitzenden aufzustellen. Ohne mir dessen bewusst zu sein, habe ich diese Vokabel auch in mein eigenes Denken übernommen, denn ich fragte Heiner Geißler nach einer gemeinsamen Fernsehsendung am 1. Oktober 2000, wie das damals eigentlich mit dem Putsch gewesen sei. Er starrte mich an und erklärte, er könne nicht glauben, dass ich ernsthaft in diesem vordemokratischen Denken verharrte. Kein Amtsinhaber wäre Eigentümer seines Amtes. In einer demokratischen Partei müsse es selbstverständlich sein, dass bei einer Neuwahl auch andere kandidierten. Es sei allein Angelegenheit der Delegierten, sich zwischen verschiedenen Bewerberinnen und Bewerbern zu entscheiden. Was man damals mit der – nicht zustande gekommenen – Kandidatur von Lothar Späth geplant habe, sei mithin ein normaler demokratischer Vorgang und kein Putsch gewesen. Ähnliches gelte für die Kandidatur Lafontaines gegen Scharping in Mannheim. Recht hat der Mann im Prinzip, und ich ärgere mich selbst darüber, wie ein Papagei die Bezeichnung, die ich aus den Medien kannte, übernommen zu haben. Eine Einschränkung ist dennoch geboten. Wer als Generalsekretär die Gegenkandidatur zum Vorsitzenden organisiert, auf dessen Vorschlag hin er gewählt wurde, putscht doch ein bisschen.

Das erste Gespräch mit Oskar Lafontaine hatte ich mit ihm vereinbart, bevor er zum Parteivorsitzenden gewählt wurde. Da vor ihm die SPD-Vorsitzenden mit PDS-Politikern nicht sprachen, hatte ich einen anderen Weg gesucht, Blockaden abzubauen. Die Abgeordnetengruppe der PDS organisierte gelegentlich Besuche in verschiedenen Bundesländern, und dabei strebten wir auch an, Gespräche zwischen mir und sozialdemokratischen Ministerpräsidenten zu verabreden. Unkompliziert war das bei Manfred Stolpe, der seit 1990 als Ministerpräsident Brandenburgs agierte. Im Westen gelang dies erstmalig in Bremen. Wir besuchten die Hansestadt und trafen uns mit einer Gruppe von Abgeordneten. Plötzlich kam der damalige Erste Bürgermeister, Klaus Wedemeier, hinzu und informierte uns über die Situation in der Hansestadt. So hatte er mit mehreren Bundestagsabgeordneten der PDS gesprochen, ohne direkt ein Einzelgespräch zu gewähren. Heide Simonis war die Erste, die sich persönlich mit mir anlässlich eines Besuchs in ihrem Bundesland unterhielt, und sie hatte nicht einmal etwas dagegen, dass ich gemeinsam mit dem Landesvorsitzenden der

PDS Schleswig-Holsteins zu ihr kam. Sie zeigte sich interessiert und offen und bewies einfach den Mut einer Frau, die sich nicht vorschreiben lässt, mit wem sie redet.

Nach der Wahl Reinhard Höppners zum Ministerpräsidenten in Sachsen-Anhalt im Jahre 1994 sprach ich auch mit ihm. Es war ein Sonntag, und er kam in Freizeitkleidung in den Landtag, um nach außen den privaten Charakter des Gesprächs zu demonstrieren. Es wäre aber ungerecht, würde man ihm in dieser Hinsicht weniger Courage zubilligen als Heide Simonis. Als sie zu einem früheren Zeitpunkt mit mir sprach, stand sie unter keinerlei Druck. Reinhard Höppner hatte gerade eine Minderheitsregierung gebildet, war bei seiner Wahl auf die Stimmen von PDS-Abgeordneten angewiesen und hatte sich zu diesem Schritt gegen den Willen der Parteiführung, insbesondere des damaligen Parteivorsitzenden Rudolf Scharping und dann noch mitten im Bundestagswahlkampf entschlossen. Dies war mutig genug, und er empfing mich ja auch, obwohl die Bonner Baracke dagegen Bedenken hatte. Es war klar, dass die CDU/CSU sowohl die Bildung seiner Minderheitsregierung als auch ein Treffen mit mir gegen die SPD ausschlachten würde. Übrigens war der damalige niedersächsische Ministerpräsident Gerhard Schröder der Erste, der Reinhard Höppner telefonisch ermutigte, sogar eine Koalition mit der PDS zu bilden. Derselbe Gerhard Schröder hat nach der nächsten Landtagswahl in Sachsen-Anhalt 1998 versucht, Höppner die Wiederholung selbst des Tolerierungsmodells auszureden. Er wollte eine Große Koalition von SPD und CDU in Sachsen-Anhalt, weil er befürchtete, dass ein Fortbestehen des Tolerierungsmodells von der CDU im Bundestagswahlkampf gegen ihn genutzt werden könnte. Außerdem strebte er nach meiner Einschätzung damals auch noch auf Bundesebene eine Große Koalition an und konnte deshalb andere Vorbilder gar nicht gebrauchen. Reinhard Höppner hat sich auch 1998 nicht beirren lassen. Dabei spielte für ihn keine unwichtige Rolle, dass es Gerhard Schröder war, der ihm bei der Kanzlerkandidatur Rudolf Scharpings 1994 zum Zusammengehen mit der PDS geraten hatte, anlässlich seiner eigenen Kandidatur 1998 aber davon dringend abriet. So ist nun einmal Politik. Inzwischen denke ich, Schröder ist sowohl mit dem Tolerierungsmodell in Sachsen-Anhalt als auch mit der Regierungskoalition von SPD und PDS in Mecklenburg-Vorpommern ganz zufrieden. Sie erweitern seine Optionen.

Eine Begegnung zwischen dem saarländischen Ministerpräsidenten Oskar Lafontaine und mir wäre also im Jahre 1995 gar nicht mehr etwas so Besonderes gewesen, aber sie diente einem bestimmten Zweck, und der hatte mit Harald Ringstorff zu tun. Er war damals Landesvorsitzender der SPD in einer Großen Koalition mit der CDU. Wir hatten uns zu einem Gespräch verabredet. Es war offenkundig, dass Ringstorff aus der Großen Koalition aussteigen wollte, und dazu musste er sondieren, was mit der PDS ginge und was nicht. An dem Gespräch sollte auch der Landesvorsitzende der PDS in Mecklenburg-Vorpommern, Helmut Holter, teilnehmen. Es war vereinbart worden, zumindest vorher die Öffentlichkeit nicht zu unterrichten. Ringstorff war nicht daran interessiert, das Koalitionsklima zu verschärfen. Außerdem wollte er eine Medienkampagne verhindern. Plötzlich stand aber das geplante Treffen in der Zeitung, und nun brach eine größere Kampagne gegen Harald Ringstorff los. Ich überlegte mir, wie sich der Druck, der auf ihm lastete, reduzieren ließe. Deshalb, und nur deshalb, hatte ich Oskar Lafontaine angerufen, ihn auf die Situation von Ringstorff hingewiesen und gefragt, ob er mich bei einem ohnehin geplanten Besuch in Saarbrücken empfangen würde. Mein Besuch bei Lafontaine sollte das spätere Gespräch mit Ringstorff entlasten, denn dieser konnte dann auf ihn verweisen. Lafontaine war sofort einverstanden und erklärte mir am Telefon, dass er die Ausgrenzung der PDS ohnehin für unglaubwürdig und überholt halte, dass man sich seiner Meinung nach dem Druck von CDU und CSU nicht beugen solle. Wir hatten auch verabredet, das geplante Gespräch öffentlich zu machen, denn nur so konnte eine Entlastung für Harald Ringstorff erreicht werden.

Als wir diese Verabredung trafen, wussten wir aber beide nicht – zumindest ich wusste es mit Sicherheit nicht –, dass Lafontaine noch vor dem vereinbarten Gespräch zum SPD-Vorsitzenden gewählt würde. Genau dies geschah aber in Mannheim. Ich beglückwünschte ihn schriftlich und fragte telefonisch nach, ob es bei unserem Termin bleibe, was er bestätigen ließ. Daraufhin setzte seitens der CDU und CSU, aber auch in den Medien eine Kampagne ein, als stünde der Untergang Deutschlands bevor. Es wurde eine regelrechte Kraftprobe organisiert, ob Lafontaine die Verabredung einhalte oder nicht. Inzwischen formulierten natürlich auch immer mehr Sozialdemokratinnen und Sozialdemokraten Bedenken. Kurz vor dem vereinbarten Gespräch kam dann doch eine Absage von Oskar Lafontaine. Der Grund war ein Treffen mit dem französischen Präsidenten, das selbstverständlich Vorrang hatte. Öffentlich ließ Lafontaine erklären, das Gespräch würde zeitnah verschoben werden. Die meisten Berichterstatterinnen und Berichterstatter gingen nun davon aus, dass die Kampagne Erfolg gehabt hatte.

Tatsächlich verabredeten wir uns für einen Tag vor dem ursprünglich geplanten Termin, was ja auch zeitnah ist. Lafontaine verließ sogar vorzeitig eine Fraktionssitzung der SPD, um mit mir zu reden. Da er sich aber Kritik in der eigenen Fraktion eingehandelt hatte, nahm er Wolfgang Thierse mit, der damals stellvertretender Parteivorsitzender und stellvertretender Fraktionsvorsitzender war. So konnte ihm niemand irgendeine Kungelei mit mir unterstellen. Da er für mich überraschend mit Thierse erschien, entschloss ich mich, den Pressesprecher unserer Fraktion, Jürgen Reents, an dem Gespräch teilnehmen zu lassen. So waren wir eben zu viert. Inhaltlich haben wir so gut wie nichts besprochen, weil der eigentliche Wert des Treffens ohnehin in ihm selbst lag. Er fragte mich, wie sich die Blockparteien in der DDR entwickelt hätten. Bevor ich dazu kam, ihm zu antworten, erklärte Thierse, das brauche er mich nicht zu fragen, da er darüber selbst ausreichend Auskunft geben könne. Das Gespräch verlief also eher angespannt. Aber die Nachricht, um die es ging, war erzeugt. Wir verabschiedeten uns, und Jürgen Reents und ich strebten dem Vordereingang der Saarländischen Landesvertretung in Bonn zu, um das Gebäude zu verlassen. Da hielt uns der Koch auf und schickte uns durch einen Hinterausgang ins Freie, sicherlich, um uns vor den wartenden Journalistinnen und Journalisten zu »schützen«. Die entdeckten uns aber doch und befragten mich zu dem Gespräch, das ich vage und ausweichend kommentierte. Dies war das erste und letzte Mal in meinem Leben, dass ich durch einen Hinterausgang gegangen bin.

Nach diesem Treffen gab es noch mehrere Gespräche zwischen Oskar Lafontaine und mir. Meistens trafen wir uns in seiner Saarländischen Landesvertretung, und allmählich entstand zwischen uns ein Vertrauensverhältnis. Die Gespräche gewannen an Offenheit und Tiefe. Es störte ihn auch nicht, in meinem Beisein private Angelegenheiten mit seiner Frau, zum Beispiel die Vorbereitung des Osterfestes, zu besprechen. Dabei gestand er mir verschmitzt, sowohl seine Mutter als auch seine Schwiegermutter seien ziemlich angetan von mir, und er habe es bislang noch nicht geschafft, dies beiden auszureden. In der Saarländischen Landesvertretung trafen wir uns auch mit Harald Ringstorff, um die Koalition von SPD und PDS in Mecklenburg-Vorpommern vorzubereiten und ihr eine Art Bundessegen zu geben. Lafontaine und ich sprachen über die Notwendigkeit, dass die PDS-nahe Stiftung auf gleiche Weise behandelt werde wie andere parteinahe Stiftungen. Er sagte, er habe es mir übel genommen, dass ich in der Sitzung des Bundestages am 4. Oktober 1990 auf Kosten der SPD ein Gelächter der CDU/CSU-Fraktion ausgelöst hätte, wenngleich er einräumte, ich sei aus der SPD heraus dazu provoziert worden. Außerdem entschuldigte er sich für das Verhalten der SPD-Abgeordneten im Immunitätsausschuss mir gegenüber, worauf er keinen Einfluss gehabt habe.

Oskar Lafontaine verfügt zweifellos über eine hohe Intelligenz und Klugheit. Er ist schnell im Denken und im Sprechen und kann gut argumentieren. Man muss höllisch auf der Hut sein, im Gespräch mit ihm nicht in eine logische Falle zu tappen. Für ihn war nie ganz klar, wohin die PDS steuerte, besser gesagt, wohin ich mit ihr gehen wollte, und ich habe mich darin ja auch absichtlich nicht festgelegt, weil es mir um Formen konkreter Zusammenarbeit und weniger um eine spätere Perspektive ging, die wir, wie ich meinte, ohnehin nur in geringem Umfang beeinflussen könnten. Lafontaine hat später in seinem Buch »Das Herz schlägt links« beschrieben, dass er längerfristig eine Vereinigung beider Parteien anstrebte, weil er die aus der Geschichte bekannten verheerenden Folgen, zu denen die Spaltung der Arbeiterbewegung geführt hatte, für die Zukunft ausschließen wollte. Diese Äußerungen brachten mir Kritik aus den Reihen der Kommunistischen Plattform ein, weil diese befürchtete, ich hätte mich entsprechend mit Lafontaine verabredet. Das war nicht der Fall. Erstaunlich ist allerdings, dass gerade die Vertreterinnen und Vertreter dieser Plattform mir diesbezüglich Vorwürfe machten, da sie noch heute die Form der Vereinigung von KPD und SPD zur SED mit der Behauptung verteidigen, diese sei die richtige Konsequenz aus der Geschichte der Nazidiktatur gewesen. Noch nie haben sie erklärt, dass diese Lehre heute nicht mehr für sie gelte. Also müssten sie Lafontaines Ziel unterstützen und nicht Vorwürfe gegen mich erheben. Ich bin allerdings davon überzeugt, dass auch mittel- und langfristig eine Partei links von der SPD dringend notwendiger Bestandteil des politischen Spektrums in Deutschland bleiben wird.

Ich habe auch erlebt, dass Oskar Lafontaine herzlich lachen, dass er Privatheit ausstrahlen kann. Auf der anderen Seite spürte ich bei ihm eine Ungeduld, die in der Politik problematisch ist. Ich merkte, dass er vieles an sich zog. Er gehört zu jenen, die Arbeit schlecht verteilen und abgeben können. Da ich solche unrühmlichen Züge auch an mir selbst und anderen Leuten, die ich durchaus schätze, festgestellt habe, kenne ich die Folgen. Man traut anderen nicht zu, die Dinge ebenso gut zu erledigen wie man selbst. Dadurch begibt man sich in eine ständige Überlastungs- und

Überforderungssituation, die einem irgendwann zum Verhängnis werden kann. Der Bruch zwischen Lafontaine und Schröder schien mir programmiert. Zwei solche Männer verträgt kaum eine Partei, mit Sicherheit aber nicht ein Kabinett. Respektabel bleibt, dass Lafontaine die Frage »Wer wen?« zu seinem eigenen Nachteil entschieden hat, auch wenn sie kaum anders zu entscheiden war, wollte er nicht Regierung und Partei in eine tiefe Krise stürzen.

Nachdem Oskar Lafontaine seine Funktionen niedergelegt hatte, haben wir gelegentlich telefoniert und uns einmal in Saarbrücken zu einem ausführlichen Gespräch getroffen. Das war im Juni 2000. In den Medien kursierte nach meiner Entscheidung, nicht wieder als Fraktionsvorsitzender zu kandidieren, das Gerücht, Lafontaine und ich wollten zusammen eine neue Linkspartei gründen. So nur schien sich meine Entscheidung aus der Sicht einiger Medien logisch zu erklären. Lafontaine hatte offenbar genug von der SPD, ich anscheinend von der PDS, was lag also näher, als dass wir beide eine neue Partei gründeten, die beste Aussichten hatte, sich erfolgreich zwischen SPD und PDS zu schieben. Nach dieser Theorie sollte ich versuchen, die Reformer aus der PDS abzuziehen und eine entsprechende Zahl von Wählerinnen und Wählern im Osten zu gewinnen, während Lafontaine die Aufgabe gehabt hätte, Linke aus der SPD herauszulösen und für einen entsprechenden Stimmenanteil in den alten Bundesländern zu sorgen. Aber grau ist bekanntlich alle Theorie. Die Gerüchte wurden jedoch immer lauter, sodass ich selbst ein Interesse hatte, diese Fragen mit Lafontaine zu besprechen, um den Spekulationen ein Ende zu machen.

Unmittelbarer Anlass war eine Intervention des Künstlers Alfred Hrdlicka. Sowohl Lafontaine als auch ich sind mit ihm befreundet. Er beschimpfte uns nacheinander am Telefon, was uns eigentlich einfiele, einfach so aus der Politik auszusteigen, und forderte dringend ein Treffen zu dritt, um die Perspektive linker Politik in Deutschland zu erörtern. Diesem Druck konnten weder

Lafontaine noch ich standhalten. Wir telefonierten miteinander und verabredeten uns.

Nachdem ich meinen damaligen Parteivorsitzenden Lothar Bisky und auch die designierte Vorsitzende, Gabriele Zimmer, darüber informiert hatte, fuhr ich in das schöne, übersichtliche Saarland und traf mich mit Oskar Lafontaine, seiner Frau und dem von uns beiden geschätzten Bildhauer Alfred Hrdlicka und seiner Frau im Privathaus der Lafontaines. Abends gingen wir in Frankreich gemeinsam essen, danach zog ich mich in mein Hotel zurück, und wir sahen uns am nächsten Morgen noch einmal. Wir haben die gesamte Situation in der SPD und in der PDS miteinander besprochen. Aber klar war auch, dass wir gemeinsam keine neue Partei gründen werden. Ich selbst hoffe ja nach wie vor auf eine erstarkende PDS, die eine wichtige Reformkraft Deutschlands werden könnte. Ich habe nicht so viel Kraft und Zeit in diese Partei investiert, um mich anschließend aktiv an ihrer Zerschlagung oder ihrem Untergang zu beteiligen. Wenn sie diesen Weg selbst wählen sollte, so will zumindest ich nicht dafür verantwortlich sein. Auch Lafontaine hat andere persönliche und politische Pläne. Es ist uns tatsächlich gelungen, mittels dieses Gesprächs die Gerüchte über die Gründung einer neuen Partei verstummen zu lassen. Während des Treffens haben wir aber auch festgestellt, was zwischen uns politisch möglich wäre. Die inhaltlichen Übereinstimmungen sind nicht gering.

Nach dem Rücktritt Lafontaines erlebte ich den fünften SPD-Vorsitzenden, seit ich Bürger der Bundesrepublik Deutschland bin, Gerhard Schröder. Ich fragte ihn, ob er, wie Oskar Lafontaine, bereit sei, Gespräche mit mir zu führen. Er sagte, er denke darüber nach, und ließ mich dann über den damaligen Bundesgeschäftsführer Ottmar Schreiner wissen, dass er einen Gedankenaustausch so, wie er zwischen Lafontaine und mir stattgefunden habe, nicht fortsetzen könne, weil er ja nicht nur Parteivorsitzender, sondern auch Bundeskanzler sei. Stattdessen solle er, Schreiner, mit mir reden, wenn es zwischen den Parteien etwas zu besprechen gebe. Auch die Vorsitzenden der SPD vor Lafontaine hatten ihre Bundesgeschäftsführer beauftragt, gelegentlich mit mir Kontakt aufzunehmen. Das galt für Günther Verheugen ebenso wie für seine Nachfolger. Aber irgendwie hatte ich nach meinen Gesprächen mit Oskar Lafontaine keine Lust mehr, mich auf die Ebene des Bundesgeschäftsführers reduzieren zu lassen, zumal zu diesem Zeitpunkt schon klar war, dass Ottmar Schreiner diese Funktion nicht lange ausüben würde. Er galt als SPD-Linker, der den Schröder-Kurs immer sehr kritisch begleitet hatte. Ich habe mich gern mit ihm unterhalten. Und wenn Gespräche Spaß machen, ist es mir völlig egal, ob meine Partner Funktionen ausüben oder nicht. Aber hinsichtlich des offiziellen Kontakts wollte ich es so nicht mehr laufen lassen.

Inzwischen hat sich das Verhältnis zwischen Gerhard Schröder und mir deutlich entspannt. Wir trafen uns häufiger in seinem vorübergehenden Amtssitz, dem ehemaligen Staatsratsgebäude der DDR. Gelegentlich haben wir auch telefoniert, zum Beispiel, als es um das Verhalten der Landesregierung von Mecklenburg-Vorpommern im Bundesrat bei der Entscheidung über die Steuerreform ging. In diesem Zusammenhang empfing er auch offiziell Helmut Holter und andere Politikerinnen und Politiker der PDS aus Mecklenburg-Vorpommern. Im Oktober 2000 ging er mit dem Vorsitzenden der PDS, Lothar Bisky, gemeinsam essen. Es ist offenkundig, dass er ein unverkrampftes Verhältnis zur PDS anstrebt. Das ist zweifellos politisch klug, denn so sichert er sich das breiteste Spektrum von Optionen, über das gegenwärtig eine Partei in Deutschland verfügt. Aber das entspricht meines Erachtens auch seinem inneren Bedürfnis. Gerhard Schröder ist offen und unverkrampft, er ist wenig ideologisch geprägt und mag es deshalb nicht, wenn er aus ideologischen Gründen gehindert werden soll, mit Menschen zu reden, die ihm nichts getan haben, die ihm wohlwollend begegnen. Ich denke, dass er mit Leuten wie Lothar Bisky und mir auch etwas anfangen kann. Eine gegenseitige Sympathie sagt wenig aus über die politische Differenz, und die zwischen mir und Gerhard Schröder ist zweifellos größer als die zwischen mir und Oskar Lafontaine.

Bei Gerhard Schröder besticht nicht nur der Erfolg, sondern auch der Weg, den er zurücklegen musste, um ihn zu erringen. Seine Mutter war alleinerziehend und arbeitete überwiegend als Putzhilfe. Er hatte mehrere Halbgeschwister, und man kann mit Fug und Recht sagen, dass er in armen Verhältnissen aufgewachsen ist. Er konnte sich als Kind fast nichts leisten. Seiner Mutter war es auch nicht möglich, ihm den direkten Weg bis zum Abitur zu finanzieren. Er musste auf dem zweiten Bildungsweg das Abitur nachholen. Alles hat er sich selbst erarbeitet, sein Studium, seinen Anwaltsberuf und seine politische Karriere. Hilfe von außen konnte er zu keinem Zeitpunkt erwarten, schon gar nicht aus familiären Kreisen. Einem solchen Weg muss ich schon deshalb Respekt entgegenbringen, weil meine Startbedingungen unvergleichlich viel günstiger waren. Keine Sekunde glaube ich, dass ich mich so erfolgreich wie Gerhard Schröder entwickelt hätte, wenn ich in solchen Verhältnissen aufgewachsen wäre. Menschen, die das trotzdem schaffen, bleiben dadurch für immer geprägt. Entgegen dem Urteil seiner linken Kritiker ist er nicht beliebig, sondern sehr wohl kulturell und traditionell Sozialdemokrat. Im Unterschied zu anderen kann er nachempfinden, was Armut bedeutet.

Allerdings gibt es ein Problem: Aufgrund seines eigenen Lebensweges muss er davon überzeugt sein, dass man sich selbst aus widrigen Verhältnissen befreien kann. Nur gelingt dies den wenigsten, und den anderen ist nicht vorzuwerfen, dass sie es nicht schaffen. Es geschieht nicht selten, dass Menschen, die einen solchen schweren Weg gegangen sind, an andere, die ihn gehen müssten, höhere Anforderungen stellen, als dies Leute meines Schlages tun. Da mir die Fantasie fehlt, mir vorzustellen, wie ich mich bei solcher Herkunft hätte entwickeln können, poche ich viel energischer auf günstigere Bedingungen, als es Gerhard Schröder vielleicht tut, weil er von sich weiß, dass man trotzdem nach oben kommen kann. Man darf aber die Ausnahme nicht zur Regel erheben. Ich kann mir schon vorstellen, dass Schröder nur selten Protektion genossen hat. Er wird auch häufig erlebt haben, dass Versprechen ihm gegenüber gegeben und nicht gehalten wurden. In ihm sitzt also ein bestimmtes Misstrauen, das sicher auch das Verhältnis zu Lafontaine mit geprägt hat. Jemand, der einen solchen Weg gegangen ist, kann auch nicht nur fair gekämpft haben. Das politische System der Bundesrepublik Deutschland ist nicht so organisiert, dass jemand, der sich ausschließlich an den Regeln der Fairness orientierte, erfolgreich sein könnte.

Ich weiß nicht, ob Gerhard Schröder Menschen, die günstigere Bedingungen hatten, um diese beneidet. Ich glaube, er tut es nicht, aber ich nehme an, dass er im Laufe seines Lebens wegen seiner Herkunft auch gedemütigt worden ist. Bei einem unserer Gespräche fragte ich ihn, wie ideologisch die Unternehmer in Deutschland seien, mit anderen Worten, ob ich auch aus dieser Richtung Aufträge erwarten könnte, wenn ich in den Anwaltsberuf zurückkehre. Er sagte, da hätte ich nichts zu befürchten, weil für solche Leute der gleiche Stallgeruch entscheidend sei. Ich glaube, er überschätzt meinen »Stall«, aber seine Antwort machte mir klar, dass es ausreichend Leute in seinem Leben gegeben haben muss, die meinten, ihn nur wegen seiner Herkunft geringschätzig behandeln zu dürfen. Gerade ihnen muss man zeigen, wer der Kanzler im Hause ist. Solche Sprache verstehen sie, so erzielt man mit ihnen auch Verständigung. Er selbst weiß am besten, Anerkennung erreicht man nicht dadurch, dass man nach ihr strebt, sondern dadurch, dass man sich durchsetzt. Das gilt zumindest für die so genannten besseren Kreise unserer Gesellschaft. Ihnen gegenüber wäre ein »Basta« auf jeden Fall angebrachter als gegenüber Gewerkschafterinnen und Gewerkschaftern.

Am Ende meiner Zeit in der ersten Reihe der Politik Deutschlands stelle ich folgenden Anachronismus fest. Während ich inzwischen in der Lage bin, Gespräche mit Helmut Kohl und Wolfgang Schäuble zu führen, sind die beiden nicht mehr imstande, miteinander zu reden. Während ich inzwischen in der Lage bin, Gespräche mit Gerhard Schröder und Oskar Lafontaine zu führen, können die beiden nicht mehr miteinander reden. Wer hätte dies vor zehn Jahren prognostiziert? Was ist das für eine Gesellschaft, in der Menschen über Jahre, über Jahrzehnte aufs engste zusammenarbeiten und sich dann zueinander so verhalten, dass selbst die einfachste Verständigung zwischen ihnen ausgeschlossen ist? Bestenfalls hat das etwas mit demokratischem Wettbewerb zu tun, vielleicht aber eher mit einem Kapitalismus, der alle permanent in eine Art Konkurrenzsituation zueinander drängt, vor allem aber wohl mit Macht, die menschliche Beziehungen nur begrenzt zulässt, häufig sogar zerstört. Ich habe versucht, mich dem zu entziehen, und vielleicht ist es mir gerade deshalb möglich, nicht nur mit Leuten anders umzugehen als sie mit mir, sondern auch anders als sie untereinander.

Epilog

Nachdem klar war, dass ich nicht noch einmal für den Vorsitz der PDS-Bundestagsfraktion kandidierte, wurden nicht nur andere Politikerinnen und Politiker freundlicher zu mir, konnte ich nicht nur innerhalb der PDS widerspruchsfreier leben, sondern ich stellte auch fest, dass ich mir inzwischen eine eigene Position erarbeitet hatte, die über die rein politischen Geschäfte hinausging. Es war für mich beeindruckend zu erleben, wie Journalistinnen und Journalisten fast trauerten, weil sie sich irgendwie an mich gewöhnt hatten, und nach der Ankündigung meines Ausscheidens eine Art Verlustgefühl entwickelten. Insofern war es auch logisch, dass sie das Gerücht, ich könnte später einmal zum Regierenden Bürgermeister von Berlin kandidieren, eher begrüßten, weil es ihnen Spannung verspricht und meine Rückkehr in die politische Auseinandersetzung sichern würde. Ebenso interessant war, dass mich jemand wie Manfred Bissinger, der Herausgeber der *Woche,* anrief und sich hinsichtlich meiner Zukunft sorgte. Dabei waren wir uns früher kaum begegnet. Sofort fand sich auch ein Verlag, der ein Buch von mir veröffentlichen wollte. Es gab Zeiten, in denen sich Buchhandlungen geweigert hatten, meine Bücher auch nur zum Verkauf anzubieten. Mehrere TV-Firmen wandten sich an mich, um mich dafür zu gewinnen, eine eigenständige Sendung zu übernehmen. Sie alle meinten, in mir irgendeine Art von Talent entdeckt zu haben, das es in meinem und ihrem Interesse zu nutzen gelte.

Ich kann und will nicht verheimlichen, dass ich mich darüber gefreut habe. Sicherlich wird dies auch meiner Eitelkeit entgegengekommen sein. Aber das Entscheidende ist für mich etwas anderes. Ich war ja über lange Zeit so etwas wie eine »Persona non grata«, das heißt, in der Gesellschaft unerwünscht. Ich habe beschrieben, wie schwierig es für Politikerinnen und Politiker anderer Parteien war, sich überhaupt auf ein Gespräch mit mir einzulassen. Und wenn man dann nach zehn Jahren Zugehörigkeit zum Bundestag und zur Gesellschaft der Bundesrepublik eine solche Zunahme der Akzeptanz erlebt, liegt die Frage auf der Hand, wie es zu diesem Umschwung gekommen ist. Haben sich die anderen oder habe ich mich selbst so verändert, dass er eintreten konnte?

Sicherlich trifft beides zu. Ich habe, wie mir in vielen Situationen deutlich wird, dazugelernt. Andererseits denke ich, dass ich insgesamt meinen politischen Überzeugungen, meinem Stil, meiner Kultur, meiner Art von Humor treu geblieben bin und dass vielleicht in dieser Treue eher als in irgendeiner Form von Anpassung die gewachsene Akzeptanz begründet liegt. Das hieße dann, dass sich auch Teile der Gesellschaft verändert hätten. Während sie jemanden wie mich zunächst nur als störend, überflüssig, als aus einer fremden Welt und einer gestrigen Zeit stammend angesehen hatten, betrachten sie mich heute eher als eine Bereicherung für sich und andere. Damit habe ich als einzelne Person schon eine Menge an Veränderung erreicht. Der PDS, der Möglichkeit einer sozialistischen Option in der deutschen Gesellschaft, hat dies, davon bin ich überzeugt, genutzt. Es wäre schade, wenn dies im Nachhinein denunziert würde, weil es bedeutete, dass die Partei die darin liegenden Chancen nicht aufgriffe. Es bedeutete auch, dass sie irgendwann aus dem Bundestag verschwände, was wiederum für die Gesamtgesellschaft von Nachteil wäre. Nutzte sie dagegen beherzt die gegebenen Möglichkeiten, würde sie ihre Ängstlichkeit und ihren Hang zur Profilneurose überwinden, dann bin ich optimistisch, dass ich zumindest im höheren Alter erleben werde, wie die PDS auch in den alten Bundesländern die Fünfprozenthürde bei Wahlen überschreiten wird. Ich will mich einfach auf die erste PDS-Landtagsfraktion in Bayern freuen können. Nichts spricht zwingend dafür, aber auch nichts zwingend dagegen. Also ist es zu schaffen.

Was nun die Angebote an mich betrifft, so werde ich mich entscheiden müssen. Ich weiß nicht, wie sich mein nächster beruflicher Lebensabschnitt gestalten wird, ob ich ihn eher als Erfolg oder eher als Niederlage für mich empfinden werde. Dass dies so offen ist, macht mich neugierig auf ihn und damit auch auf mich selbst. Ich glaube nämlich, dass man sich an dem Tag aufgibt, an dem man die Neugier auf sich selbst verliert.

Aber die letzten zehn Jahre möchte ich nicht missen. Ich bin durch sie gereift und gehe bereichert aus ihnen hervor. Es war auch eine quälende und schwere Zeit. Deshalb weiß ich, stünde ich erneut vor der Entscheidung, mich auf solche zehn Jahre einzulassen oder nicht, ich würde in Kenntnis ihres Ablaufs viel länger zögern, als ich es im Dezember 1989 tat, aber letztlich wohl doch wieder Ja sagen. Was ich in der deutschen Linken anstrebte, kann man als Vernunft bezeichnen, und etwas vernünftiger wirkt sie heute. Was ich für die Ostdeutschen wünschte, war Chancengleichheit und Selbstvertrauen, und zumindest selbstbewusster sind wir geworden. Was ich in der politischen Kultur innerhalb und außerhalb des Bundestages herbeiführen wollte, kann man ganz einfach als Normalität bezeichnen, denn die politische Kultur in Deutschland war und ist zum Teil noch heute eher anormal. Erreicht habe ich mein Ziel nicht, aber ein bisschen normaler und damit europäischer ist die politische Kultur in Deutschland in den letzten zehn Jahren schon geworden. Das lag nun zweifellos nicht in erster Linie an der PDS oder gar an mir, aber ein bisschen hatten sie und ich schon damit zu tun.

NACHWORT ZUR TASCHENBUCHAUSGABE

Schneller, als ich bei der ursprünglichen Manuskriptfassung dieses Buches im Jahre 2000 vermutete, fiel die Entscheidung über meine politische Zukunft – und zwar mit meiner Nominierung zum Spitzenkandidaten der PDS für die vorgezogenen Neuwahlen zum Berliner Abgeordnetenhaus am 21. Oktober 2001.

Ich begründete meine Kandidatur am 17. Juni 2001 mit meiner Absicht, mich den Herausforderungen, vor denen Berlin steht, stellen zu wollen. Seit Jahren würde in Berlin falsch gewirtschaftet mit dem Ergebnis, dass die Stadt katastrophal verschuldet sei. Hinzu käme eine selbst verursachte Bankenkrise, die die Stadt Milliarden koste und die das Land auch künftig belasten werde. Ich bemängelte, dass der Vereinigungsprozess in Berlin nach wie vor nicht gelungen sei und dass in ganz Deutschland der Sinn und Zweck einer Hauptstadt ungeklärt wäre. Der Hauptstadtgedanke würde bislang als Konkurrenz zum Föderalismusgedanken und nicht als seine Ergänzung verstanden. Dazu komme, dass die Frage nach dem Sinn und Zweck einer Hauptstadt noch schwieriger zu beantworten sei, seit sich Deutschland europäisch integriere. Ich verwies auf die positiven Traditionen hinsichtlich Wissenschaft, Forschung und Kultur in der Weimarer Zeit und die diesbezüglichen Chancen Berlins – gerade heute wieder. Kurzum: Ich erklärte meine Bereitschaft, mich den finanziellen, ökonomischen, sozialen und intellektuellen Herausforderungen in dieser Stadt politisch stellen zu wollen.

Meiner Kandidatur waren widersprüchliche Gedanken, Gespräche und Auseinandersetzungen vorausgegangen. Mit der Aufgabe meiner Funktion als Vorsitzender der Fraktion der PDS im Deutschen Bundestag im Herbst 2000 hatte ich beabsichtigt, mich aus politischen Ämtern dauerhaft zurückzuziehen. Auf jeden Fall wollte ich nie wieder im engeren Sinne »Parteifunktionär« werden, selbstverständlich ein politisch denkender und handelnder Mensch bleiben und mich auch öffentlich auseinander setzen – aber eben ohne Amt.

Bei meinem Entschluss, nicht wieder Parteifunktionär zu werden, bin ich geblieben. Ein Amt habe ich aber mit meiner Entscheidung vom 17. Juni 2001 wieder angestrebt, wenn auch ein öffentliches, staatliches. Etwa ein Jahr zuvor hatten die damalige Fraktionsvorsitzende der PDS im Berliner Abgeordnetenhaus, Carola Freundl, und der damalige Pressesprecher des Parteivorstandes der PDS, Hanno Harnisch, über die »Berliner Morgenpost« das Gerücht lanciert, dass ich doch ein geeigneter Kandidat für das Amt des Regierenden Bürgermeisters von Berlin wäre, wenn es zu Neuwahlen käme.

Die »Morgenpost« vermutete, dass dies mit mir abgesprochen sei, weil es sich so in einer Partei gehörte, erst recht in der PDS. Sie glaubte einfach nicht, dass Funktionäre der PDS es wagten, eine solche Idee in der Öffentlichkeit zu verbreiten, ohne mit mir darüber gesprochen zu haben. Dabei hatten sie den »Erneuerungsgrad« der PDS unterschätzt, denn weder Carola Freundl noch Hanno Harnisch hatten mit mir ein Wort diesbezüglich gewechselt. Ich bin dieser Meldung damals entgegengetreten, wohl aber nicht definitiv genug, denn ich ging davon aus, dass die große Koalition bis zu regulären Neuwahlen im Jahr 2004 halten würde. Ich dachte mir, wenn es denn der PDS nütze, weshalb sollte sie mit einer solchen Idee nicht spielen dürfen. Und bis zum Jahr 2004 war noch viel Zeit. Entweder hätte ich bis dahin eine Entwicklung genommen, die eine solche Kandidatur ausschlösse, oder mich würde die Langeweile bis dahin so sehr plagen, dass mich eine solche Kandidatur reizen könnte. Aus meiner Sicht sprach also nichts dagegen, die Frage ein wenig offen zu lassen.

Im April 2001 sah es einen Moment lang so aus, als ob sich CDU und SPD gemeinsam auf Neuwahlen verständigen würden. In diesem Zusammenhang erklärte ich, für eine Kandidatur nicht zur Verfügung zu stehen. Kurze Zeit später wurde jedoch deutlich, dass sich die große Koalition auf Neuwahlen nicht einigen konnte.

Tatsächlich geschah dann etwas Erstaunliches. Eberhard Diepgen wurde mit den Stimmen der Abgeordneten der SPD, der PDS und von Bündnis 90/DIE GRÜNEN als Regierender Bürgermeister in einem konstruktiven Misstrauensvotum abgewählt. Gleichzeitig wurde der Kandidat der SPD, Klaus Wowereit, zum Regierenden Bürgermeister Berlins gewählt. Auch die übrigen Mitglieder des neuen Senats, die von SPD und Bündnis 90/DIE GRÜNEN vorgeschlagen worden waren, wurden gewählt. Diese Wahl konnte nur mit Hilfe der Stimmen der Mitglieder der PDS-Fraktion erfolgen und bedeutete, dass die PDS-Fraktion eine Minderheitsregierung aus SPD und Bündnis 90/DIE GRÜNEN tolerierte. Nunmehr war klar, dass es zu Neuwahlen kommen würde, und zwar unter völlig veränderten Rahmenbedingungen. Was hieß das für mich und wie also sollte ich mich entscheiden?

Meine Lebenspläne sprachen zweifellos gegen eine Kandidatur, die politische Herausforderung eher dafür. Die PDS-Bundesvorsitzende Gabriele Zimmer, der PDS-Bundestagsfraktionsvorsitzende Roland Claus, der Bundesgeschäftsführer der PDS, Dietmar Bartsch, die damalige Landesvorsitzende der Berliner PDS, Petra Pau, und die Fraktionsvorsitzenden im Berliner Abgeordnetenhaus Harald Wolf und Carola Freundl versuchten in Gesprächen, mich von der Kandidatur zu überzeugen. Meine Frau, Andrea Gysi, blieb skeptisch, sie sah vor allem die Belastung –

nicht nur für mich – und riet mir eher ab. Ihre Argumente erschienen mir irgendwie einleuchtend. Aber wir schwankten beide, ich stärker als sie.

Selten ist mir eine Entscheidung so schwer gefallen. Die Kandidatur reizte mich, zugleich war mir bewusst, dass sie ein böser Fehler sein könnte. In solchen Situationen setze ich mich meistens selbst unter Druck, indem ich einfach einen Termin zur Abgabe meiner Entscheidung festlege, um mich zu einer solchen zu zwingen. Im Nachhinein ist es kaum zu glauben, aber noch am 16. Juni 2001 war ich unentschlossen. Ich hatte zwei schriftliche Erklärungen vorbereitet: eine zur Begründung meiner Kandidatur und eine zu ihrer Ablehnung. Immer wenn ich eine der beiden Erklärungen las, schien sie mir jeweils überzeugend.

Ich dachte in diesen Tagen häufiger an die Geschichte meiner Familie. Die Vorfahren meines Vaters waren vor nunmehr acht Generationen aus der Gegend um Basel in der Schweiz nach Deutschland eingewandert, und zwar direkt nach Berlin. Sie übten den Beruf des Baders, später des Arztes aus. Noch mein Großvater war als Arzt in Neukölln zugelassen und nach dem Krieg Chefarzt der Inneren Abteilung des Oscar-Ziethen-Krankenhauses in Lichtenberg. Erst mein Vater brach mit dieser Tradition und studierte Volkswirtschaft. Die Familie meiner Mutter lebte seit 1914 in Berlin. Ihr Vater, Anton Lessing, arbeitete als Ingenieur in Sankt Petersburg. Mit Ausbruch des Ersten Weltkrieges wurde er zum feindlichen Ausländer erklärt, und so kehrte die Familie nach Deutschland zurück und kam ebenfalls nach Berlin. Meine Familie war und ist demnach in besonderer Weise mit dieser Stadt verbunden. 1945 war mein Vater sogar für mehrere Monate stellvertretender Bürgermeister von Zehlendorf, verantwortlich für Ordnung und Sicherheit, was ich für eine glatte Fehlbesetzung halte. Die Mutter meines Vaters war während und wegen der Nazi-Diktatur nach Frankreich emigriert, hatte ihre Bindungen und Verbindungen zu Berlin aber niemals aufgegeben.

Zum familiären Bezug kamen aber auch politische Überlegungen hinzu. Es bestand aus der Sicht der einen die Chance und aus der Sicht der anderen die Gefahr, dass es infolge der Neuwahlen zu einer Regierungsbeteiligung der PDS in der deutschen Hauptstadt kommen könnte. Diese Möglichkeit war historisch-politisch von anderer Bedeutung als die erste Regierungsbeteiligung der PDS im vereinigten Deutschland in Mecklenburg-Vorpommern. Berlin zieht national und international eine andere Aufmerksamkeit auf sich, und das nicht nur, weil es die Hauptstadt Deutschlands ist. Berlin ist geschichtsträchtig wie kaum eine andere deutsche Stadt. Die Teilung beider deutschen Staaten manifestierte sich an keinem Ort in Deutschland so bedrückend wie in Berlin. Hier verlief die Nahtstelle zwischen den beiden Blöcken während des Kalten Krieges, hier bestand die reale Gefahr eines dritten Weltkrieges. Insbesondere den Mächten der Anti-Hitler-Koalition, d.h. den USA, Frankreich, Großbritannien und Russland, konnte es nicht gleichgültig sein, wer in Berlin regiert.

Berlin ist kein neues und kein altes Bundesland, sondern beides zugleich. Zwei Drittel der Bevölkerung stammen aus dem Berliner Westen, ein Drittel aus dem Osten. Das ist der bedeutendste Unterschied zu den Verhältnissen in Mecklenburg-Vorpommern. Das Wagnis einer Regierungsbeteiligung der PDS würde deshalb beträchtlich sein. Für die PDS – aber auch für die SPD – war es meines Erachtens nicht unerheblich, den Westberlinerinnen und Westberlinern so wenig anonym wie möglich zu begegnen. Mein relativ großer Bekanntheitsgrad käme diesem Ansinnen zugute. Unabhängig davon, ob die Westberlinerinnen und Westberliner im Einzelnen richtig oder falsch finden, was ich mache – sie können immerhin etwas mit mir anfangen. Dieses Argument meiner Gesprächspartnerinnen und Gesprächspartner konnte ich nicht widerlegen. Übernähme ich die Verantwortung für den PDS-Teil in einer eventuellen gemeinsamen Regierung mit der SPD, könnte dies dazu beitragen, Befürchtungen und Ängste in Grenzen zu halten.

Trotzdem blieb ich schwankend bis zum 16. Juni. Am Abend telefonierte ich noch einmal mit meiner Frau und auch mit meinem Sohn. Bei meiner Frau überwog nach wie vor die Skepsis. Mein Sohn meinte, dass ich mich entscheiden müsste: Entweder ich verließe den Bundestag sofort, kehrte also der Politik gänzlich und unverzüglich den Rücken, oder aber ich könnte zu einer solchen Herausforderung nicht nein sagen und müsste eine Kandidatur anstreben. Diese klar formulierte Analyse gab wohl den letzten Ausschlag dafür, dass ich einen Tag später die Erklärungsvariante verlas, in der ich meine Bereitschaft zur Kandidatur begründete.

Ab diesem Tag begann der pure Stress. Ich bat André Brie darum, mein Wahlkampfleiter zu werden, was er mir zusagte. Tatsächlich hat er wochenlang hart für mich gearbeitet und nicht unwesentlich zum späteren Wahlerfolg beigetragen. Aber auch die Wahlkampfleitung des Berliner Landesverbandes unter Almut Nehring arbeitete eng mit André Brie und mir zusammen und leistete eine wesentliche Unterstützung zur Mobilisierung der Mitglieder, der Wählerinnen und Wähler. Ab 18. Juni 2001 stand ich unter einem gänzlich anderen öffentlichen Druck als in den Monaten zuvor.

Insgesamt verlief der Wahlkampf nicht gerade spannend, vielmehr gab es von außen gravierende Veränderungen und Einschnitte bis zum Wahlsonntag. Natürlich richtete sich zunächst ein beachtliches öffentliches Interesse auf meine Person. Nicht wenige der Medien, die bis dahin den Gedanken meiner Kandidatur eher als reizvoll dargestellt hatten, änderten nun ihr Verhalten mit der Bekanntgabe meiner Nominierung. Ein Teil von ihnen bediente alle früheren Vorbehalte gegen mich aufs Neue. Selbst die »Welt« hatte inzwischen schon fast sachliche Töne mir gegenüber gefunden. Mit Bekanntgabe meiner Kandidatur war damit Schluss. Der Sender Freies Berlin strahlte sofort in seiner Sendereihe »Kontraste« einen Bericht aus, in der die längst widerlegte Behauptung, wonach ich für die Staatssicherheit der DDR tätig gewesen sei, aufgefrischt wurde. Auch konkurrierende Politiker äußerten sich erneut zu diesem »alten« Vorwurf und nicht wenige Zeitungen folgten ihrem Beispiel. Die Anschuldigungen gegen mich waren also nur scheinbar Geschichte und der Versuch einer Wiederholung erschien diesen Medien einfach zu reizvoll. Neu war nur, dass sich die inzwischen neu gewählte Bundesbeauftragte für die Unterlagen des Staatssicherheitsdienstes der DDR, Marianne Birthler, öffentlich zu den mir gemachten Vorwürfen äußerte. Das hätte sie aus Gründen der Vorverurteilung gar nicht gedurft, weil bei ihr kein neues Verfahren gegen mich anhängig war. Aber für sie und für mich gelten nicht die allgemein anerkannten rechtsstaatlichen Regelungen. Sie drückte sich in der Sendung »Kontraste« dahingehend aus, dass ich zwar nicht als, wohl aber »wie« ein IM gewirkt hätte. Bevor sich ein solch schlechter Wahlkampfstil verfestigte, musste ich dagegen gerichtlich vorgehen. Dies tat ich mit Erfolg.

Man fand ein anderes Thema. Am 13. August 2001 jährte sich der Mauerbau zum vierzigsten Mal. Von der PDS und vor allem von mir wurden Entschuldigungen verlangt. Ich denke, dass Parteivorstand und Landesvorstand der PDS sehr kritische und notwendige Erklärungen zum Mauerbau abgegeben haben. Das, was die Medien von uns verlangten, konnten und wollten wir ihnen nicht liefern. Bei einer förmlichen Entschuldigung hätten wir in Kommentaren nachlesen können, dass wir diese nur abgegeben hätten, um an der Regierung beteiligt zu werden. Mit anderen Worten, so hätte es geheißen, stünde hinter einer solchen Entschuldigung kein wirkliches Bekenntnis, sondern blanker Opportunismus.

Nachdem Vorwürfe gegen meine Person und meinen Werdegang nicht verfingen und einigen wenigen auffiel, dass ich zum Zeitpunkt des Mauerbaus erst dreizehn Jahre alt gewesen war, ging der mir gegenüber ablehnend eingestellte Teil der Medien einen anderen Weg. Nun entdeckten sie, dass ich ja ganz gut schwadronieren könne, sicherlich nicht unbegabt sei für Talkshows, aber von konkreter Sachpolitik, insbesondere von harter Regierungsarbeit, nichts verstünde. Vor allem sei mir nicht zuzutrauen, dass ich sorgfältig Akten studierte, um wohl überlegte Entscheidungen zu treffen. Jemand, der wie ich ständig in der Öffentlichkeit stehe, könne sich gar nicht in ein Arbeitszimmer zurückziehen. Und selbst jenen, die nicht bestreiten wollten, dass ich zu ernsthafter politischer Arbeit in der Lage sei, fiel ein, dass ich vielleicht eine bundespolitische Kompetenz besäße, mit Sicherheit aber keine landespolitische. Die erste Charakterisierung zeugt von einer klassischen Fehleinschätzung meiner Person. Wer wie ich 18 Jahre lang als Rechtsanwalt tätig war, kennt sich mit Akten aus und kann sich auch in ein Büro zurückziehen. Richtig war dagegen die Vorhaltung, ich sei bisher nicht in der Landespolitik aktiv und noch nie Mitglied einer Regierung gewesen. Deshalb führte ich zahlreiche Gespräche mit Akteuren in Berlin, um meine landespolitische Kompetenz zu erweitern. Die mangelnde Erfahrung als Regierungsmitglied konnte ich nicht ausgleichen. Dies muss die Zukunft zeigen. Tatsächlich gelang es mir aber, mich von Woche zu Woche eingehender in die Berlin-Problematik einzuarbeiten, sodass ich in den dann regelmäßig stattfindenden Wahlkampfveranstaltungen mit den anderen Spitzenkandidatinnen und Spitzenkandidaten nicht mehr durch signifikante Defizite auffiel.

Der Wahlkampf verlief auf verschiedenen Ebenen. Georg Gafron, verantwortlich für einen Fernseh- und einen Rundfunksender sowie eine Zeitung in Berlin, versuchte es noch einmal mit der vollständigen Wiederbelebung des Kalten Krieges. Durch die ganze Stadt pflasterte er Sprüche gegen die SED, die »Verbrecher« und »Mörder« von einst. Genutzt hat es seinem Anliegen nichts. Er wie auch die CDU-Spitze wurden Opfer ihrer eigenen Propaganda. Eberhard Diepgen hat sich offensichtlich mit der SPD deswegen nicht auf Neuwahlen verständigt, weil er ausschloss, dass ihn die Mitglieder der Fraktion der SPD in ausreichender Zahl mit Hilfe der PDS-Fraktionsmitglieder abwählte und Klaus Wowereit zum Regierenden Bürgermeister bestimmten. Aber genau dies geschah. Offensichtlich hatte er auch für diesen Fall mit einer anderen Reaktion der Berliner Bevölkerung gerechnet. Er wie auch Georg Gafron glaubten, wenn Klaus Wowereit mit den Stimmen der PDS zum Regierenden Bürgermeister gewählt würde, nähme die SPD zumindest bei der Westberliner Bevölkerung einen solchen Schaden, dass sie nicht erfolgreich aus den Wahlen hervorgehen könnte. Das Gegenteil war der Fall.

Besonders gravierend war der entsetzliche Anschlag auf das World Trade Center in New York am 11. September. Seit diesem Tag hat sich weltweit so vieles verändert, dass ich darauf hier im Einzelnen nicht eingehen kann. Auch der Berliner Wahlkampf wurde maßgeblich von der Katastrophe beeinträchtigt.

Zunächst fehlte mir und anderen die innere Motivation. Ein solch schweres Verbrechen relativiert alles, was noch am Vortage wichtig erschien. Wie sollte man in Anbetracht Tausender Toter noch ernsthaft über Haushaltsnotlage, Schwerpunkte in Bildung, Wissenschaft, Forschung und Kultur, über den Flughafenausbau und anderes streiten und diskutieren können? Einige Tage war ich wie gelähmt. Wollten die Berlinerinnen und Berliner bis dahin einen Neuanfang und waren auch bereit zu einem Experiment, schien jetzt der Wunsch nach Beständigkeit angesichts des weltweiten Schocks zu überwiegen.

In der Folge sanken die Umfragewerte für die PDS. In der gesamten Zeit schwankten sie übrigens zwischen 14 bis maximal 20 Prozent. Dann aber entschied sich die USA und mit ihr auch die Bundesregierung, den Terrorismus mit Krieg zu bekämpfen. Die PDS und auch ich waren und sind der Meinung, dass man mit kriegerischer Vergeltung nur neuen Terrorismus erzeugt, ihn aber nicht dauerhaft und erfolgreich bekämpfen kann. Unsere Haltung gegen den Krieg machte wieder Alternativen in Berlin sichtbar und führte zu einer Erhöhung der Akzeptanz der PDS.

Die »Zeit«, aber auch die »Woche« berichteten Anfang September, dass mein Stern auf der Berliner Politbühne zu sinken begänne. Und wie es sich im Zeitalter des Papageienjournalismus gehört, konnte ich diese Einschätzung dann in vielen anderen Zeitungen nachlesen.

Mit dem Wahlsonntag am 21. Oktober 2001 wendete sich das Blatt dann wieder. Die PDS konnte ihr Zweitstimmenergebnis von 17,7 auf 22,6 Prozent verbessern. Sie eroberte alle Direktmandate im Ostteil der Stadt. Die CDU, die dramatisch verloren hatte, lag nur noch 1,1 Prozent vor der PDS. Bereits am Tag nach der Wahl kommentierten dieselben Zeitungen, die gerade noch vom »untergegangenen Stern« berichtet hatten, dass der Wahlerfolg der PDS nur zwei Gründe kenne, nämlich einmal den Spitzenkandidaten und zum anderen die Haltung gegen den Krieg in Afghanistan. Da die Haltung gegen den Krieg von diesen Medien aber als »antiamerikanisch« empfunden wurde, war das Wahlergebnis zwar demokratisch zustande gekommen, aber eben nach Auffassung dieser Kommentatoren schlicht und einfach »falsch«.

Dieser Wahlkampf war völlig anders verlaufen, als ich es bis dahin gewohnt war. Ich hielt mich immer in derselben Stadt auf, während ich sonst durch ganz Deutschland reiste. Ich traf immer wieder mit denselben Leuten auf Podiumsdiskussionen zusammen, was ich in dieser Form aus vergangenen Wahlkämpfen nicht kannte. Vor allem gab es für mich kaum von der PDS organisierte Veranstaltungen, auf denen ich wie in früheren Wahlkämpfen motiviert wurde. Dadurch, dass die Spitzenkandidatinnen und -kandidaten regelmäßig zusammentrafen, wurde der Wahlkampf manchmal ermüdend und zum Teil langweilig. Man kannte sich und die jeweiligen politischen Positionen gut und wusste, wann wer mit welcher Argumentation in die Diskussion eingreifen würde, sodass ich manchmal das Gefühl nicht loswurde, die 23. Vorstellung desselben Stücks zu erleben. Günter Rexrodt und ich waren immerhin in der Lage, dies zu parodieren, indem wir einfach ohne Publikum recht erfolgreich die jeweils andere Position versuchten zu vertreten. Trotz der Gegensätzlichkeit in den politischen Auffassungen haben wir uns während des Wahlkampfes gar nicht so schlecht verstanden. Auch Klaus Wowereit und ich kamen recht gut miteinander aus. Der menschliche Umgang klappte selbst zwischen Frank Steffel und mir, obwohl ich natürlich weiß, dass er in meiner Abwesenheit scharf gegen die PDS und mich auftrat. Aber das ist ja – wenn bestimmte Grenzen nicht überschritten werden – durchaus legitim. Schwieriger ist es mit Sibyll Klotz von Bündnis 90/DIE GRÜNEN. Sie war wie ich in der SED. 1989 verließ sie die Partei und hat seit dieser Zeit ihre politische Karriere bei Bündnis 90 /DIE GRÜNEN gemacht. Sie ist bedeutend jünger als ich, und ich finde ihren Wechsel völlig legitim. Ich bin davon überzeugt, dass sie mit ihren Einstellungen viel besser zu Bündnis 90/DIE GRÜNEN passt, als sie je zur SED gepasst hat oder auch heute zur PDS passte. Offensichtlich verübelt sie mir aber, dass ich einen anderen Weg gegangen bin. Das Verhältnis war von Anfang an kühl und ist es bis heute.

Außer der PDS konnte sich am Wahlsonntag wohl niemand richtig freuen. Die CDU hatte noch dramatischer verloren als angenommen, sodass die Enttäuschung bei ihr nachvollziehbar, wenn auch selbst verschuldet war. Die Grünen hatten zwar nur leicht verloren, mussten aber zur Kenntnis nehmen, dass es für die Fortsetzung der Koalition mit der SPD nicht reichte. Die SPD hatte zwar deutlich gewonnen, aber weniger als vermutet. Sie sah sich schon bei etwa 35 Prozent der Zweitstimmen, landete aber knapp unter 30 Prozent. Ihre Strategen gingen davon aus, dass das an der PDS und vor allem an der Position der PDS gegenüber dem Afghanistan-Krieg lag, was sie uns irgendwie verübelten. Erheblich hatte die F.D.P. gewonnen, die von den Verlusten der CDU lebte, aber registrieren musste, dass es weder für eine Koalition mit der CDU noch für eine Koalition mit der SPD reichte.

Die Stimmung im PDS-Zelt war dagegen ausgelassen und begeistert, zumal eine Koalition von SPD und PDS möglich erschien.

Meine Stimmung war gut, aber nicht euphorisch. Mein Wunsch nach einem guten Wahlergebnis war in Erfüllung gegangen, aber nun bestand real die Gefahr einer Koalition, und ich ahnte, welche Veränderungen eine solche für mein Leben mit sich bringen könnte, welche riesigen Schwierigkeiten vor der PDS und mir in einem solchen Falle lägen.

Kurze Zeit nach den Wahlen stellte sich heraus, dass Bundeskanzler Gerhard Schröder keine Koalition von SPD und PDS wünschte. Er und sein Generalsekretär Franz Müntefering nahmen unsere Haltung gegen den Krieg zum Anlass, um uns außenpolitische Unzuverlässigkeit zu bescheinigen. Die These, dass außenpolitisch nur zuverlässig sei, wer solche Kriege bejahe, darf allerdings bezweifelt werden. Immerhin musste auch die SPD-Bundesspitze zur Kenntnis nehmen, dass die SPD in Berlin gewonnen hatte, obwohl sie vorher eine Koalition mit der PDS nicht ausgeschlossen hatte.

Bald darauf begannen Sondierungsgespräche, und zwar einerseits zwischen SPD und PDS und andererseits zwischen SPD, F.D.P. und Bündnis 90/DIE GRÜNEN. An einem Montag, an dem ich in die Sendung »Reinhold Beckmann« eingeladen war, wollte sich der SPD-Vorstand entscheiden, in welcher Konstellation Koalitionsverhandlungen aufgenommen werden sollten. Mir war inzwischen klar, dass die Sondierungen zwischen SPD und PDS gescheitert waren. Die SPD verlangte mit Rücksichtnahme auf ihre eigene Bundesspitze von uns, dass wir ihr zubilligten, allein über das Abstimmungsverhalten im Bundesrat zu entscheiden. Diese Forderung gab es bislang für keine Koalition in Deutschland. Wir konnten uns auf eine solche Klausel, die uns zum Koalitionspartner zweiter Klasse degradiert hätte, nicht einlassen. Eigentlich wollte Reinhold Beckmann seine Sendung wie immer aufzeichnen. Aber ich sagte ihm, dass ich vor Bekanntgabe des Ergebnisses der Sitzung des SPD-Vorstandes nicht spekulieren würde. Er fand es ungünstig, vor einer solchen Entscheidung die Sendung zu drehen, um sie danach ohne Kommentar zur Entscheidung auszustrahlen. Also warteten wir die Entscheidung des SPD-Landesvorstandes ab und sendeten dann live.

Es kam wie erwartet: Die SPD brach die Sondierungsgespräche mit uns ab und entschied sich für Koalitionsverhandlungen mit F.D.P. und Bündnis 90/DIE GRÜNEN. Am nächsten Tag übten Bekannte Kritik an meiner Reaktion auf die geplatzten Sondierungsgespräche: Ich hätte zwar richtig gegen diese Konstellation argumentiert. Die in meinen Worten zum Ausdruck kommende Empörung habe sich aber in meinem Gesicht nicht widergespiegelt. Ganz im Gegenteil: Dort sei Erleichterung abzulesen gewesen. Ich weiß nicht, ob das stimmt, aber meiner inneren Stimmung entsprach es auf jeden Fall. Politisch fand ich die Entscheidung des Landesvorstandes der SPD falsch, mir fiel dennoch der berühmte Stein vom Herzen. Ich fühlte mich plötzlich wieder freier. Schon aus formalen Gründen wollte ich bis zur Senatsbildung der geplanten Koalition im Berliner Abgeordnetenhaus bleiben, dann aber mein Mandat niederlegen und die restliche Legislaturperiode bis zur nächsten Bundestagswahl im Bundestag verbringen. In dieser Zeit hätte ich mich beruflich neu orientieren können, und ich war eigentlich auch entschlossen, nicht wieder für den Bundestag zu kandidieren. Die nächsten Wochen verlebte ich deshalb relativ vergnügt und konnte vieles erledigen, wozu ich in den vergangenen Monaten nicht gekommen war. Immer wieder fragten mich Journalistinnen und Journalisten, ob ich denn so sicher sei, dass die Koalition aus SPD, F.D.P. und Bündnis 90/DIE GRÜNEN zustande käme. Und ich erklärte gebetsmühlenartig, dass ich nicht im Geringsten daran zweifelte, weil alle drei Parteien unbedingten Regierungswillen zeigten und zum Erfolg verpflichtet wären. Ob diese Koalition ewig hielte, sei eine ganz andere Frage. Für mich stand aber auch fest, dass meine Kandidatur für diese Wahl galt, nicht etwa für den Fall des Bruches einer solchen Koalition ein Jahr oder zwei Jahre später. Ich wurde darauf hingewiesen, dass es doch noch ungewiss sei, wie auf dem Landesparteitag der Grünen entschieden würde. Eine solche Ungewissheit hatte es seit langem nicht mehr gegeben. Immer wieder hoffen Medien darauf, dass grüne Parteitage ihrer Spitze einen Strich durch die Rechnung machen. Aber auch die Basis der Grünen hat sich längst verändert. Deshalb war ich mir ganz sicher, dass ebenso wie die grüne Basis in Rostock dem Krieg in Afghanistan zugestimmt hatte, die Berliner Grünen auch Koalitionsverhandlungen mit der F.D.P. zustimmen würden. Und so geschah es dann auch.

Dennoch: Der politische Irrtum lag bei mir. Da ich bei den Verhandlungen nicht zugegen war und Hintergrundgespräche nicht kenne, will ich über die Gründe des Scheiterns der Koalitionsverhandlungen zwischen SPD, F.D.P. und Bündnis 90/DIE GRÜNEN nicht spekulieren. Die Vermutung, dass die SPD nur zum Schein verhandelt habe, um dann doch mit uns eine Koalition einzugehen, halte ich für abwegig. Ich glaube, Klaus Wowereit, Peter Strieder und die übrige Berliner Parteispitze wollten sehr wohl die Ampelkoalition, auch um ihren Frieden mit der Bundesebene zu bewahren. Es kann sein, dass die Chemie zwischen F.D.P. und Bündnis 90/DIE GRÜNEN überhaupt nicht stimmte. Günter Rexrodt bekam vielleicht auch mit, dass seine Partei zu lange nicht mehr im Berliner Abgeordnetenhaus war, ihren Abgeordneten eine gewisse Professionalität für eine Regierungsbeteiligung fehlte. Andererseits werden die Vertreterinnen und Vertreter von Bündnis 90/DIE GRÜNEN mitbekommen haben, dass die Haushaltslage in Berlin so desolat ist, dass keine Politik realisierbar scheint, die auch nur annähernd ihren Ansprüchen genügte. Wie dem auch sei, diese Koalition kam auf jeden Fall nicht zustande. Wäre sie zustande gekommen, hätte es einen interessanten Nebeneffekt gegeben. Nur CDU und PDS wären gemeinsam in der parlamentarischen Opposition gewesen, was mit Sicherheit über einen längeren Zeitraum auch das Verhältnis beider Parteien zueinander verändert hätte. Aber all das bleibt Spekulation.

Es war an einem Sonnabend, an dem die NPD durch Berlin demonstrierte, um gegen die wieder eröffnete Wehrmachtsausstellung zu protestieren. Zusätzlich hatte es geheißen, dass die NPD an der Berliner Synagoge vorbeiziehen wollte. Diese Provokation war so unerträglich, dass sich Tausende Berlinerinnen und Berliner vor der Synagoge einfanden, um die NPD zu stoppen. Ich wollte an diesem Tage an der Wiedereröffnung der Wehrmachtsausstellung teilnehmen, kam aber nicht dazu, weil ich per Handy unterrichtet wurde, dass es zu gewalttätigen Auseinandersetzungen zwischen Demonstrantinnen und Demonstranten und der Polizei vor der Synagoge komme. Ich begab mich dorthin und traf zunächst auf den Bundestagsabgeordneten von Bündnis 90/DIE GRÜNEN, Christian Ströbele, der mir die Lage schilderte. Nach einem Gespräch mit dem Einsatzleiter der Polizei verständigten wir uns darauf, alles zu unternehmen, um eine weitere Eskalation zu verhindern. Da es kein Megaphon gab, bekam ich sogar die Erlaubnis, über den Lautsprecher eines Wasserwerfers mit den Demonstrantinnen und Demonstranten zu sprechen. Letztlich gelang es, die »Versammlung« friedlich aufzulösen. Wir demonstrierten dann unter dem Schutz der Polizei gemeinsam zur Wehrmachtsausstellung und konnten unserem eigentlichen politischen Anliegen Ausdruck verleihen. Während dieser Demonstration erzählte mir dann ein Journalist, dass die Koalitionsverhandlungen platzen würden. Anschließend erfuhr ich aus den Nachrichten, dass Bündnis 90/DIE GRÜNEN die Verhandlungen verlassen hätten. Allerdings entschieden sie am nächsten Tag, die Gespräche nochmals aufzunehmen. Zu diesem Zeitpunkt machte das Ganze auf mich noch den Eindruck, als solle den Außenstehenden nur demonstriert werden, wie schwer es den Grünen fiele, die Koalition einzugehen. Ich glaubte aber immer noch, dass sie zustande käme. Am Montagabend war dann tatsächlich alles vorbei, nachdem sich diesmal die F.D.P. aus den Koalitionsgesprächen zurückgezogen hatte. Am Dienstag rief Peter Strieder als Landesvorsitzender der SPD Stefan Liebich, den neuen Landesvorsitzenden der PDS in Berlin, an und es wurde ein Sondierungsgespräch für Mittwoch vereinbart. Auch Klaus Wowereit und ich telefonierten. Ich bekam dann noch einige Telegramme, in denen wir vor der Aufnahme solcher Verhandlungen gewarnt wurden. Die Demütigung, uns erst nach dem Scheitern der favorisierten Koalition zu fragen, sollten wir mit einer Absage an die nun angebotenen Verhandlungen quittieren. Ich sah und sehe das anders. Wir hatten im Kern keine Wahl: Eine Gesprächsverweigerung von vornherein hätte bedeutet, ohne Verhandlungen die SPD zur Koalition mit der CDU zu zwingen. Vielleicht hatte es sogar sein Gutes, dass zunächst die Verhandlungen zwischen SPD, F.D.P. und Bündnis 90/DIE GRÜNEN scheiterten, denn so akzeptierte auch ein größerer Teil der Medien und der Bevölkerung, dass nichts anderes übrig blieb, als nunmehr Verhandlungen zwischen SPD und PDS aufzunehmen.

Damit begannen die ersten Koalitionsverhandlungen in meinem Leben, und ich habe dabei so viel gelernt, dass ich sicher bin, die nächsten anders führen zu können, wenn ich jemals dazu Gelegenheit bekommen sollte. Die Verhandlungen verliefen fair und ohne große öffentliche Auseinandersetzungen. Wir hatten uns vorgenommen, schwierige Probleme nicht nach hinten zu verschieben, sondern gleich zu lösen und sie nicht über die Medien auszutragen. Das hat im Wesentlichen funktioniert und sicherlich zu einer vertrauensvolleren Atmosphäre und zu zügigem Verhandlungsstil beigetragen. Es gab zunächst kaum ein negatives Echo in den Medien, weil wohl niemand eine andere Lösung sah. Eine Ausnahme bildete der »Spiegel« (erst später legte der »Tagesspiegel« zum gleichen Thema nach), der in einem Fortsetzungsartikel noch einmal an die Vermögensverhältnisse der PDS im Jahre 1990 erinnerte, dabei aber unterschlug, dass durch einen Vergleich zwischen der PDS und der Bundesrepublik Deutschland alle Fragen im Jahre 1995 abschließend geklärt wurden. Bis jetzt arbeitet eine vom Bund bezahlte, so genannte unabhängige Kommission an der Aufklärung offener Fragen. Alles, was jemals an Vermögen gefunden werden sollte, würde ohnehin der Bundesrepublik Deutschland und nicht der PDS gehören. Bemerkenswert ist allerdings, dass diese unabhängige Kommission seit Abschluss des Vergleichs nicht eine Mark SED-Altvermögen mehr gefunden hat, aber regelmäßig ihre Zuwendungen vom Bund erhält. Und immer wenn der Haushaltsausschuss des Bundestages plant, der Kommission im nächsten Jahr kein Geld mehr zu geben, macht der Vorsitzende ein Interview, in dem er andeutet, kurz vor einer neuen Entdeckung zu stehen, die bisher allerdings jedes Mal ausgeblieben ist.

Die Berliner Medien wurden erst eine Woche vor der Wahl des neuen Senats wach. Plötzlich muss es »Tagesspiegel«, »Morgenpost« (der »B.Z.« sowieso) klar geworden sein, dass eine Koalition aus SPD und PDS bevorstand. Der Chefredakteur des »Tagesspiegel«, Giovanni di Lorenzo, rühmte sich später laut »tageszeitung« damit, in diesem Zusammenhang fast als Einziger die moralische Frage aufgeworfen zu haben. Dieser Einschätzung zufolge hätten 47,6 Prozent der Ostberliner Wählerinnen und Wähler und 6,9 Prozent der Westberliner Wählerinnen und Wähler unmoralisch gewählt. Auf jeden Fall begann ein journalistisches Feuerwerk gegen die geplante Koalition.

Der zunehmende äußere Druck wirkte sich auf die Senatswahl aus. Offensichtlich gab es insbesondere in der SPD-Fraktion Verunsicherungen. Viele, auch ich, bekamen weniger Stimmen, als Abgeordnete der Koalitionsfraktionen an der Wahl teilnahmen. Besonders dramatisch war, dass Peter Strieder im ersten Wahlgang nicht gewählt wurde. Nach dramatischen Sitzungen der SPD- und der PDS-Fraktion bekam er dann ein gutes Wahlergebnis. Das immerhin zeigte, dass diejenigen, die ihn nicht gewählt hatten, nicht etwa die Koalition scheitern lassen wollten. Denn dann wäre es nur konsequent gewesen, Peter Strieder auch im zweiten Wahlgang nicht zu wählen. Es mögen hier die unterschiedlichsten Motive eine Rolle gespielt haben. Fakt ist: Die Senatswahlen waren kein guter Start für das Koalitionsbündnis.

Das Berliner Abgeordnetenhaus erwies sich als ziemlich provinziell. Während der Vereidigung der Senatorinnen und Senatoren rollte die CDU ein Plakat aus, was ich nicht einmal der CDU im Bundestag in einem solchen Fall zutraue. Die Fraktion Bündnis 90/DIE GRÜNEN überreichte dem neuen Senator der PDS für Wissenschaft, Forschung und Kultur, Thomas Flierl, einen Spiegel mit der Aufschrift Wahlbetrüger, obwohl dieser noch nicht einen Tag im Amt war und niemanden betrogen haben konnte. Diese Demonstrationen machten drastisch deutlich, dass die übliche Schonfrist von einhundert Tagen für diesen Senat nicht gelten würde. Tatsächlich war es dann auch so, dass der neu gewählte Senat vom ersten Tag an unter vollem Beschuss eines Teils der Medien und der drei Oppositionsfraktionen stand, häufig fernab von jeder Sachlichkeit. Aber vielleicht macht das nur entschlossener und souveräner, und aus irgendeinem Grund berührt es mich eher wenig.

Von Anfang an war klar gewesen, dass ich im Falle einer Koalition Bürgermeister von Berlin und damit einer der Stellvertreter des Regierenden Bürgermeisters werden sollte. Offen war das konkrete Ressort. Innerlich tendierte ich zum Ressort für Wissenschaft, Forschung und Kultur, schon weil meine Interessen eher in diese Richtung gehen. Aber es blieb offen, wer das Wirtschaftsressort übernehmen sollte, wenn es denn die PDS bekäme. Nachdem klar war, welche Ressorts die PDS bekommen sollte, gab es gerade bei den Wirtschaftsakteuren Unruhe. Sie hatten schon Schwierigkeiten mit der Konstellation von SPD und PDS und noch mehr Schwierigkeiten damit, dass jemand von der PDS für »ihr« Ressort zuständig werden sollte. In der Nacht nach der Festlegung der Ressorts in den Koalitionsverhandlungen erreichten Stefan Liebich, Harald Wolf und mich mehrere Anrufe, in denen Verantwortliche aus diesem Bereich darauf drangen, dann wenigstens mich zu nominieren, weil sie mit mir etwas anfangen könnten, sich auf meinen Pragmatismus verließen und glaubten, mit mir hinzukommen. Harald Wolf argumentierte auch dahingehend, dass der Spitzenkandidat jenes Ressort übernehmen müsse, das von den drei vorhandenen in dieser Konstellation als das wichtigste angesehen werde. Und das sei nun mal das Wirtschaftsressort. Ich habe mich in dem Wissen auf die Position eingelassen, dass die Senatsverwaltung nicht nur für Wirtschaft, sondern auch für Arbeit und Frauen bzw. Gleichstellungspolitik verantwortlich sein wird. Es war das Ziel der PDS, Wirtschaft und Arbeit als Einheit zu begreifen und im Ressort zusammenzuführen. Und es war immer schon der Wunsch der Feministinnen, Gleichstellung in erster Linie über Erwerbsarbeit und nicht etwa über soziale Fragen zu lösen, sodass die Ressorts Arbeit und Frauen zusammenbleiben sollten.

Natürlich wusste ich, dass ich mich als künftiger »Frauensenator« auch dem Spott aussetzen würde. Dazu kam es unmittelbar bei mir zu Hause, da brauchte ich erst gar nicht woandershin zu gehen. Aber ich bin entschlossen, mich der Frage der Gleichstellung mit einer solchen Eindringlichkeit zu stellen, dass ich nach einigen Jahren diesbezüglich vielleicht doch nicht als Fehlbesetzung gelten werde.

Mit meiner Wahl ins Berliner Abgeordnetenhaus konnte auch nicht ausbleiben, dass durch die Oppositionsfraktionen die Frage einer erneuten Stasiüberprüfung auf die Tagesordnung gesetzt wurde. Sie ist ohnehin vorgeschrieben, wird also stattfinden. Jetzt wird darüber diskutiert, wie öffentlich die Ergebnisse werden müssen, obwohl doch jede und jeder weiß, dass in meinem Falle jedes Blatt aus der Gauck-Behörde immer erst zum »Spiegel« geht, bevor es irgendeinen Antragsteller erreicht. Einen Mangel an Öffentlichkeit kann bei mir also niemand ernsthaft befürchten. Es geht auch gar nicht um neue Erkenntnisse, sondern nur um die Wiederholung des Geschehens aus dem Jahre 1998. Jede und jeder weiß, dass die Gauck-Behörde wieder dasselbe sagen wird wie damals, zumal sich Marianne Birthler als neue Bundesbeauftragte diesbezüglich schon öffentlich festgelegt hat. Jede und jeder weiß, dass ich nichts anderes sagen werde als bisher, weil diese Vorwürfe falsch sind. Da nicht damit zu rechnen ist, dass die Gerichte ihre Rechtsprechung verändern, geht es also um keine einzige neue Erkenntnis, sondern nur um Wiederholung. Die erste Debatte fand dazu im Abgeordnetenhaus unmittelbar nach der Wahl des neuen Senats statt. Niemand sollte glauben, dass etwa ein Glas Sekt getrunken worden wäre oder es auch nur eine Pause gegeben hätte. Bemerkenswert am Beitrag des Abgeordneten von Bündnis 90/DIE GRÜNEN war nur, dass er mir vorwarf, dass ich die Gerichte in Anspruch nähme, um bestimmte Tatsachenbehauptungen gegen mich untersagen zu lassen. Nun untersagen Gerichte solche Tatsachenbehauptungen nicht, wenn sie durch Artikel 5 des Grundgesetzes, d. h. durch das Grundrecht auf Meinungsfreiheit, geschützt sind. Sie untersagen auch Behauptungen nicht, die die Ehre eines Menschen verletzen, wenn sie nachweislich wahr sind. Sie untersagen Tatsachenbehauptungen nur dann, wenn sie ehrverletzend nachweislich falsch oder zumindest unbewiesen sind und sich demgemäß strafrechtlich als Verleumdung oder »üble Nachrede« qualifizieren lassen. Auf Letzteres haben sich bisher die Landgerichte in Berlin und Hamburg, das Kammergericht in Berlin und das Hanseatische Oberlandesgericht gestützt. Das Bundesverfassungsgericht hat Beschwerden dagegen abgewiesen. Da der Abgeordnete der Grünen nicht begehrt, künftig die »üble Nachrede« zu erlauben, d. h., ihr Verbot aus dem Strafgesetzbuch zu streichen, ist sein Ansinnen nur so zu verstehen, dass mir ein Recht nicht zustehen soll, das er sich selbst und allen anderen Bürgerinnen und Bürgern zubilligt.

Glücklicherweise urteilen die Richter in Deutschland nicht nach dem Motto, dass bestimmte Rechte nur einigen zustehen, anderen aber nicht. Auf jeden Fall zeigte mir die Debatte, wie sich die Atmosphäre in den nächsten Monaten im Abgeordnetenhaus gestalten wird, denn es ist Bundestagswahlkampf und es besteht die Absicht, das Ansehen der PDS und in diesem Zusammenhang das Ansehen meiner Person herabzusetzen. Die Hoffnung, dadurch die Stimmen für die PDS zu reduzieren, wird sich meiner Meinung nach erneut als Irrtum erweisen. Das Gegenteil wird gerade bei solchen Kampagnen der Fall sein. Allerdings geht diese Art von »Wahlerfolgen« der PDS immer auf meine Kosten, aber da muss ich wohl durch. Dabei sind die Probleme, vor denen Berlin steht, so gewaltig, dass gerade auf den Gebieten der Wirtschafts-, der Arbeitsmarkt- und der Gleichstellungspolitik so viel zu tun wäre, dass man sich auf anderes kaum noch konzentrieren kann.

In den ersten Wochen und Monaten in den neuen Ämtern werde ich mich erst einmal einarbeiten müssen und gleichzeitig eine Fülle weiterer Funktionen übernehmen, ob im Bundesrat, beim Deutschen Städtetag, bei den großen Anstalten des öffentlichen Rechts in Berlin, im Innovations- und Technologiezentrum, in der Wirtschaftsförderung Berlins, in der Stiftung der Deutschen Klassenlotterie Berlin, der Feuersozietät oder wo auch immer. Auf mich wirkt das Ganze gigantisch, und ich fühle mich nicht selten auch überfordert. Aber dann stehe ich wieder neben mir, wundere mich, was mir im Leben so alles widerfährt, und bleibe deshalb guter Hoffnung, den Humor nicht zu verlieren.

Dabei half mir auch die Art des Abschieds aus dem Bundestag, denn die anderen Fraktionen waren zu keiner versöhnlichen Tonlage bereit. Sie sahen mich schon als Regierungspolitiker in Berlin und als Konkurrenten im Bundestagswahlkampf.

Schon die ersten Erlebnisse in meinem neuen Amt waren so vielschichtig, zum Teil sogar amüsant, gelegentlich auch abwegig, dass es sich lohnte, darüber zu schreiben. Ich hoffe nur, dass ich den Großteil der Begebenheiten nicht wieder vergesse und dass ich irgendwann die Zeit dazu finde, sie aufzuschreiben. Absehbar ist das für mich noch nicht.

Vorläufig bin ich hoffnungsvoll, dass diese Koalition mindestens eine Legislaturperiode trägt, dass ich mich in dieser Zeit nicht nur einarbeite, sondern auch das eine oder andere Zeichen setzen kann, und dass die Mitstreiterinnen und Mitstreiter der Koalition nach fünf Jahren konstatieren können, dass in der Gesamtbevölkerung die Hauptstadtrolle akzeptiert und der Haushalt Berlins auf dem Wege zur Konsolidierung ist. Auch wünsche ich mir, dass es um die von mir zu vertretenden Politikfelder nicht schlechter, sondern besser bestellt sein wird. Wer weiß, was dann folgt. Die Jahre bis zur Rente verringern sich, aber es sieht nicht so aus, als ob sie langweilig werden würden. Also, sage ich mir: Auf ein Neues!

Gregor Gysi
im Februar 2002

Personenregister

Albertz, Heinrich 152 f.
Albowitz, Ina 263 f.
Albright, Madeleine 210, 212
Althaus, Peter 152 f.
Angerer, Jo 202
Arafat, Yassir 43, 265
Awdejew, Wladimir 211

Bahr, Egon 44–46, 62
Bahro, Andrej 57
Bahro, Rudolf 57, 79, 267
Barak, Ehud 265
Bartsch, Dietmar 88, 322–325, 387
Baumeister, Brigitte 352
Beckmann, Reinhold 396
Beckstein, Günther 106
Benjamin, Hilde 353
Benjamin, Michael 300, 353
Berghofer, Wolfgang 73 f.
Bertinotti, Faustino 208, 210
Birthler, Marianne 391, 403
Bisky, Lothar 29, 32–34, 44, 53, 88, 154, 205 f., 222, 225, 254, 292 f., 297–300, 320, 322, 324–326, 346, 365, 374 f.
Bismarck, Otto von 91 f.
Bissinger, Manfred 379
Blair, Tony 178, 327
Bläss, Petra 322
Bloch, Ernst 123 f.
Blüm, Norbert 344
Bohl, Friedrich 343
Bohley, Bärbel 56, 58
Böhme, Ibrahim 74
Božić, Milan 193

Brandt, Willy 45, 104 f., 149, 280 f.
Brasch, Peter 89 f.
Braun, Carola von 347
Brecht, Bertolt 123
Brie, André 53, 67, 88, 228, 297–300, 390
Brochlos, Holmer 271 f.
Buddha 261
Bush, George 358

Castorf, Frank 89 f., 152 f.
Ceaușescu, Nicolae 186, 267, 283
Chirac, Jacques 269, 358, 370
Chruschtschow, Nikita 184 f.
Claus, Roland 320 f., 324 f., 387
Clinton, Bill 178, 192, 210, 252
Cossutta, Armando 208, 210
Craxi, Bettino 43

Dalai-Lama 262
D'Alema, Massimo 208–210
Danz, Tamara 152 f.
Decker, Rudolf 364 f.
Dehm, Diether 324 f.
Deter, Ina 152 f.
Diepgen, Eberhard 339, 387, 392
Diestel, Peter-Michael 349 f.
Dini, Lamberto 208 f.
Djindić, Zoran 223
Drašković, Vuk 194

Drewermann, Eugen 152 f.

Eggert, Hans 56
Eichel, Hans 166, 168, 173, 175
Einsiedel, Heinrich Graf 295 f.
Engels, Friedrich 333
Engholm, Björn 128, 351, 365
Eppelmann, Rainer 58, 294, 364 f.
Eschen, Klaus 152 f.
Essen, Jörg van 83

Fischer, Joseph (»Joschka«) 29, 150 f., 153, 171 f., 200 f., 207, 209 f., 213, 216, 219, 232 f., 237–241, 288, 362 f.
Flierl, Thomas 402
Forck, Gottfried 152 f.
Freitag, Thomas 152 f.
Freundl, Carola 386, 387

Gaddhafi, Muammar al 55
Gafron, Georg 392 f.
Gandhi, Rachif 252
Gandhi, Sonia 252
Gauck, Joachim 56, 71, 82
Gaus, Günter 151
Gehrcke, Wolfgang 207, 210, 239, 271, 322, 324 f.
Geiger, Hansjörg 71
Geißler, Heiner 366 f.
Geissler, Rudolf 57
Genscher, Hans-Dietrich 187, 346 f.

Gerhardt, Wolfgang 348
Gillen, Gabi 57
Giordano, Ralph 154
Globke, Hans 56
Gohde, Claudia 58
Gorbatschow, Michail Sergejewitsch 37, 39f., 43, 87, 188, 344, 358
Gottschalk, Thomas 51
Grass, Günter 18, 154
Greinacher, Norbert 152f.
Gysi, Andrea 387
Gysi, Klaus 95, 341, 364

Hallstein, Walter 43f.
Harnisch, Hanno 386
Haug, Frigga 152f.
Haug, Wolfgang 152f.
Havel, Václav 188
Havemann, Annedore 57f.
Havemann, Frank 89f.
Havemann, Robert 57, 79, 89
Heidenreich, Elke 152f.
Hein, Christoph 47
Heisig, Bernhard 89f.
Henkel, Hans-Olaf 169f.
Hermlin, Stephan 152f.
Herzog, Roman 214, 256, 339–341
Heuer, Uwe-Jens 294–297, 300
Heym, Stefan 18, 47, 69, 89f., 152f., 323
Hildebrandt, Dieter 89f., 152f.
Hildebrandt, Regine 18, 157
Hilsberg, Stephan 72, 74, 88
Hintze, Peter 51f., 66
Hirsch, Burkhard 15
Hitler, Adolf 94f., 219, 221
Ho Chi Minh 253

Hodscha, Enver 184, 188, 235, 267
Holter, Helmut 322–325, 369, 375
Hombach, Bodo 171
Honecker, Erich 44, 74, 76, 157, 194, 271, 283, 295, 308, 353f.
Höppner, Reinhard 67, 157, 368f.
Hörster, Joachim 263f.
Hrdlicka, Alfred 89f., 152f., 373f.
Hue, Robert 208, 210
Hundt, Dieter 169f.

Jäger, Michael 57
Jarowinski, Werner 347
Jastram, Inge 89f.
Jastram, Jo 89f.
Jelpke, Ulla 59
Jelzin, Boris 199, 230, 339f.
Jens, Inge 89f.
Jens, Walter 89f., 151
Jeremić, Zoran 205–207, 212, 220, 222, 224
Jiang Zemin 256
Jospin, Lionel 327

Kanther, Manfred 343f.
Karamanlis, Konstantinos 125
Kaufmann, Sylvia-Yvonne 88, 303f.
Keller, Dietmar 294–297, 300
Keller, Marlies 58
Kerschowski, Lutz 152f.
Kersten, Joachim 54
Kiep, Walther Leisler 356
Kim Dae-Jung 267, 269, 280f.

Kim Il Sung 271, 274–276
Kim Jong Il 270f., 276, 277–280
Kim Jong Nam 270f., 273
Kinkel, Klaus 48, 192, 347f.
Kirchbach, Hans-Peter von 203
Klier, Freya 58
Klinkmann, Horst 152f.
Klose, Hans-Ulrich 365
Klotz, Sibyll 395
Knake-Werner, Heidi 322, 324f.
Koch, Roland 169
Kohl, Helmut 51, 59–63, 66, 76, 104f., 109, 115, 140, 142, 149, 151, 155, 157f., 163, 167, 210, 239f., 281, 287f., 339, 341–343, 344, 351–359, 361, 364, 366, 377f.
Koll, Manfred 8
König, Jens 152f.
Koschyk, Hartmut 283
Koštunica, Vojislav 241
Krabatsch, Ernst 271
Krabbe, Katrin 137
Krahl, Toni 152f.
Krawczyk, Stefan 152f.
Kreck, Walter 152f.
Krenz, Egon 44, 133
Kuby, Erich 57
Künast, Renate 362
Küster, Uwe 72, 74, 77, 88
Kutzmutz, Rolf 321

Lafontaine, Oskar 75f., 90, 112f., 156, 162, 164–166, 168–174, 288, 327, 346, 366f., 369–374, 376–378
Lambsdorff, Otto Graf 347
Landowsky, Klaus 125

Lassak, Mirjam 58
Lederer, Andrea (Ehefrau von Gregor Gysi) 15, 16, 58 f.
Lengsfeld, Vera 58, 77 f., 88
Lessing, Anton 388
Liebich, Stefan 399, 402
Liehman, Dieter 58
Loquai, Heinz 203 f.
Lorenzo, Giovanni di 401
Lübke, Heinrich 9
Luft, Christa 69, 321
Lukaschenko, Alexander 211, 229
Lukin, Wladimir 211
Lula da Silva, Luis Inacio 248

Mahrenholz, Ernst-Gottfried 213
Maizière, Lothar de 18, 60, 346, 349 f., 358
Mao Zedong 184
Marchais, Georges 43
Marschewski, Erwin 111 f.
Marx, Karl 260 f., 275
Mattheuer, Wolfgang 89 f.
Matthies, Frank-Wulf 57 f.
Matthies, Hansjürgen 152 f.
Mauroy, Pierre 45
May, Gisela 89 f.
Meckel, Markus 74
Mejdani, Rehep 233
Merkel, Angela 18 f., 116, 359–362
Merz, Friedrich 116
Meysel, Inge 89 f.
Mies, Herbert 340
Milošević, Slobodan 29, 185, 189–195, 197 f., 200–206, 208, 211–213, 216–219, 221–223, 226–231, 238, 240 f., 302, 348
Mittag, Günter 44
Mitterrand, François 43, 45, 187
Modrow, Hans 37, 39 f., 42, 45, 88, 294 f., 300–302, 321, 344 f.
Möllemann, Jürgen 348 f.
Momper, Walter 37 f.
Moosbauer, Christoph 263 f.
Mufti von Belgrad 219, 223, 226
Müller, Heiner 47, 152 f.
Müller, Kerstin 264, 362
Müller, Manfred 69
Müntefering, Franz 173, 396

Nehring, Almut 390
Nuñez, Ricardo 249

Occhetto, Achille 43
Ortleb, Rainer 19

Pachl, Heinrich 152 f.
Paech, Norman 89 f., 152 f.
Papandreou, Andreas 43
Parnass, Peggy 89 f.
Pau, Petra 18, 298, 322–325, 387
Pawel, Patriarch 199, 223, 226–228, 231
Peres, Shimon 43
Perisić, Miodrag 193
Picht, Helga 271
Pieper, Cornelia 19
Pinochet Ugarte, Augusto 218
Poppe, Ulrike 58
Porsch, Peter 296, 322 f., 324 f.
Poašarac, Aleksandra 193
Primakow, Jewgenij 238
Puhdys 137 f.
Putin, Wladimir 238

Rabin, Yitzhak 265
Rathenow, Lutz 58
Rau, Johannes 171, 341 f., 350 f.
Reagan, Ronald 364
Reents, Jürgen 58, 370 f.
Reinartz, Bertold 71 f., 77
Reiser, Rio 152 f.
Rexrodt, Günter 394, 398
Richter, Klaus 71
Riege, Gerhard 65
Ringstorff, Harald 90, 157, 369, 371
Rinser, Luise 267
Ristock, Harry 46 f.
Röhrs, Peter 203
Rugova, Ibrahim 227

Schalck-Golodkowski, Alexander 44
Scharping, Rudolf 113, 156, 201–203, 209, 216 f., 366 f., 368
Schäuble, Wolfgang 115, 140–142, 155, 167, 201, 344–346, 350–352, 364, 378
Schily, Otto 176
Schirinowski, Wladimir 275
Schlauch, Rezzo 362
Schlemmer, Giesbert 89 f.
Schlesinger, Klaus 152 f.
Schlöndorff, Volker 89 f.
Schmähling, Elmar 323
Schmidt, Andreas 72, 88
Schmidt, Helmut 105, 149

Schmitthenner, Horst 89f.
Schönbohm, Jörg 101
Schönhuber, Franz 51
Schreiber, Karl-Heinz 352, 356
Schreiner, Ottmar 173, 374f.
Schröder, Gerhard 29, 75, 90, 112f., 157, 162–168, 170–175, 178, 182, 195, 200, 209f., 215f., 232f., 238–240, 263f., 266, 269, 288f., 327, 331, 348, 354, 368f., 373–378, 396
Schulte, Brigitte 213
Schumann, Michael 88, 299f.
Seiters, Rudolf 346
Selesnjow, Gennadij 210
Senfft, Heinrich 54, 151
Simonis, Heide 367f.
Singh, Jaswant 251
Sjuganow, Gennadij 211
Sölle, Dorothee 152f.
Solter, Frido 152f.
Sontheimer, Michael 152f.
Späth, Lothar 366f.
Spira, Steffi 152f.
Stalin, Josef 122, 183
Stauffenberg, Claus Schenk von 121
Steffel, Frank 395
Steiner, Michael 195, 204
Stihl, Hans Peter 169f.
Stoiber, Edmund 97
Stolpe, Manfred 74, 137, 157, 367
Stoph, Willi 280
Strauß, Franz Josef 281, 351
Strieder, Peter 398, 399, 401

Ströbele, Christian 216, 352, 399
Süssmuth, Rita 346

Thalbach, Katharina 89f.
Thierse, Wolfgang 18, 69, 157, 323, 370
Tito, Josip 183–187, 189f.
Tragelehn, B. K. 89f.
Trittin, Jürgen 153f., 288, 362
Tschö Sa Hon 273
Tucholsky, Kurt 96
Tudjman, Franjo 189–192

Ulbricht, Walter 308
Uschner, Manfred 76

Veit, Marie 89f., 152f.
Verheugen, Günther 375
Vietze, Heinz 88, 299f.
Vogel, Hans-Jochen 44, 76, 140f., 364f.
Vogel, Wolfgang 283
Volante, Luciano 208
Vollmer, Antje 47, 270f.
Voscherau, Henning 73

Wagenknecht, Sahra 293, 307–309
Waigel, Theo 343f.
Wald, Stefan 152f.
Walser, Martin 150
Weber, Juliane 353
Wedemeier, Klaus 367
Wegner, Bettina 152
Weihrauch, Horst 357
Weizsäcker, Richard von 297f., 341
Werth, Mathias 202
Westerwelle, Guido 348f.
Wickert, Ulrich 232

Wieczisk, Georg 89f.
Wiefelspütz, Dieter 72, 88
Wien, Dieter 89f.
Wiesehügel, Klaus 308
Wimmer, Willy 220
Witt, Katarina 133
Wolf, Christa 130
Wolf, Harald 403
Wolf, Winfried 59, 325, 387
Wowereit, Klaus 387, 393, 395, 398, 400

Zimmer, Gabriele 88, 96f., 319f., 324f., 374, 387
Zweig, Arnold 123
Zwerenz, Gerhard 111, 124, 151, 152f.

Geschichte / Politik

rowohlts monographien
Begründet von Kurt Kusenberg, herausgegeben von Wolfgang Müller und Uwe Naumann.

Eine Auswahl:

Konrad Adenauer
dargestellt von
Gösta von Uexküll
(50234)

Kemal Atatürk
dargestellt von Bernd Rill
(50346)

Anita Augspurg
dargestellt von
Christiane Henke
(50423)

Willy Brandt
dargestellt von Carola Stern
(50232)

Heinrich VIII.
dargestellt von
Uwe Baumann
(50446)

Adolf Hitler
dargestellt von
Harald Steffahn
(50316)

Thomas Jefferson
dargestellt von
Peter Nicolaisen
(50405)

Rosa Luxemburg
dargestellt von
Helmut Hirsch
(50158)

Nelson Mandela
dargestellt von
Albrecht Hagemann
(50580)

Mao Tse-tung
dargestellt von
Tilemann Grimm
(50141)

Franklin Delano Roosevelt
dargestellt von Alan Posener
(50589)

Helmut Schmidt
dargestellt von Harald
Steffahn
(50444)

Claus Schenk Graf von Stauffenberg
dargestellt von
Harald Steffahn
(50520)

Richard von Weizsäcker
dargestellt von
Harald Steffahn
(50479)

Weitere Informationen in der **Rowohlt Revue**, kostenlos in Ihrer Buchhandlung, und im **Internet: www.rororo.de**

www.hoffmann-und-campe.de

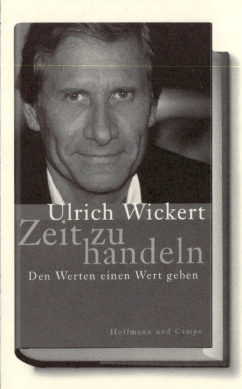

Welche Maßstäbe gelten der Gemeinschaft als Richtlinien? Wie lassen sich ethische Werte wie Zivilcourage, Toleranz, Gerechtigkeit oder Solidarität mit Inhalt füllen? Ulrich Wickert gibt Denkanstöße, um den Werten wieder einen Wert zu geben.

Ulrich Wickert
Zeit zu handeln
Den Werten einen Wert geben

256 Seiten, gebunden